Wörterbuch für den Deutschunterricht

Über die Autoren

Dieter Kliche, geb. 1941 in Oberweißbach/Thür.; 1963/69 Studium der Germanistik und Geschichte an der Humboldt-Universität Berlin; 1969/1990 wiss. Mitarbeiter im Zentralinstitut für Literaturgeschichte an der Akademie der Wissenschaften in Berlin; 1973 Promotion (zu Problemen der Literaturrezeption); seit 1990 Mitarbeiter des in Vorbereitung befindlichen *Historischen Wörterbuchs ästhetischer Grundbegriffe*.
    Veröffentlichungen v. a. zur Literaturtheorie und zu Problemen der Literaturgeschichtsschreibung.

Georg Michel, geb. 1926 in Blankenhagen b. Rostock; Studium der Germanistik an der Päd. Hochschule Potsdam, Staatsexamen; 1956/69 wiss. Mitarbeiter ebd., 1969/73 Hochschuldozent und o. Prof. für Germanistische Sprachwissenschaft an der Päd. Hochschule Güstrow, 1973/91 an der Päd. Hochschule bzw. Universität Potsdam; 1994/96 Professor (Lehrstuhlvertretung) an der Erziehungswiss. Fakultät der Universität Kiel; 1964 Promotion (zu Verben der Redeeinführung), 1970 Habilitation (zu Stiltypen der Publizistik).
    Veröffentlichungen v. a. zur linguistischen Stilistik, zu Textlinguistik und sprachlicher Kommunikation.

Karl-Ernst Sommerfeldt, geb. 1926 in Alt-Karbe/Neumark (Polen); Studium der Russistik und Germanistik, 1958 Staatsexamen (Germanistik) an der Päd. Hochschule Potsdam, 1964 Promotion (*Zur lexikalischen und aktuellen Bedeutung des Adjektivs*), 1969 Habilitation (*Struktur und Leistung der Substantivgruppe in der dt. Sprache der Gegenwart*); 1958/91 wiss. Mitarbeiter, Hochschuldozent, o. Prof. an den Päd. Hochschulen Erfurt, Güstrow und Neubrandenburg.
    Veröffentlichungen v. a. zu Grammatik und Lexikologie der dt. Sprache der Gegenwart.

Wörterbuch für den Deutschunterricht

Begriffe und Definitionen

Von
Dieter Kliche (Literatur)
Georg Michel und
Karl-Ernst Sommerfeldt (Sprache)

Volk und Wissen Verlag GmbH

Die Deutsche Bibliothek – CIP-Einheitsaufnahme

Kliche, Dieter:
Wörterbuch für den Deutschunterricht : Begriffe und
Definitionen / von Dieter Kliche ; Georg Michel und
Karl-Ernst Sommerfeldt. – Orig.-Ausg., 1. Aufl. –
Berlin : Volk-und-Wissen-Verl., 1996
ISBN 3-06-100970-1
NE: HST

Dieses Werk ist in allen seinen Teilen urheberrechtlich
geschützt. Jegliche Verwendung außerhalb der engen
Grenzen des Urheberrechts bedarf der schriftlichen
Zustimmung des Verlages. Das gilt insbesondere für
Vervielfältigungen, Mikroverfilmungen, Einspeiche-
rung und Verarbeitung in elektronischen Medien sowie
für Übersetzungen.

ISBN 3-06-100970-1

1. Auflage
5 4 3 2 1 / 00 99 98 97 96

© Volk und Wissen Verlag GmbH, Berlin 1996
Printed in Germany
Redaktion   Hannelore Prosche
unter Mitarbeit von Klaus Scheddel
Umschlaggestaltung   Gerhard Medoch
Typografische Gestaltung   Lisa Neuhalfen
Gesetzt aus der Garamond der Firma Adobe
Satz   Volk und Wissen Verlag GmbH, Berlin
Druck und Binden   Druckhaus »Thomas Müntzer«
GmbH, Bad Langensalza

Inhalt

Vorbemerkung 6
Hinweise für die Benutzung 7

Alphabetisches Sachwörterbuch
 Teil 1 Literatur und Ästhetik 8
 Teil 2 Sprache und Kommunikation 120

Anhang
 Literaturhinweise 190
 Sachwortregister 192

Hinweise für die Benutzung

Das Wörterbuch besteht aus zwei Teilen: Literatur und Sprache. Beide Teile sind jeweils alphabetisch aufgebaut. Ist man nicht sicher, in welchem Teil das gesuchte Stichwort zu finden ist, schaut man zuerst im Sachwortregister nach. Dort verweisen die fett gedruckten Seitenzahlen auf den betreffenden Artikel zum gesuchten Stichwort. Das Sachwortregister ist ein sogenanntes Sekundärregister, weist also nicht nur die als Stichwort aufgenommenen Begriffe aus. So wird es auch leichter, Querverbindungen herzustellen.

Stichwörter, die mit einem * gekennzeichnet sind (z. B. Anagramm*), werden auch im jeweils anderen Teil des Wörterbuchs erläutert.

Hat ein Stichwort mehrere Bedeutungen, sind diese im Text durch halbfett gedruckte Ziffern (1 ... 2 ... 3 ...) gekennzeichnet.

Bei fremdsprachigen Stichwörtern wird auch die Herkunft und die ursprüngliche Bedeutung des Wortes genannt. Um die korrekte Aussprache zu ermöglichen, werden Vokallänge und Betonung kenntlich gemacht. Lange Vokale sind durch einen waagerechten Strich über dem entsprechenden Buchstaben gekennzeichnet: (lat.) argūmentum, (griech.) chorōs. Mit einem Betonungszeichen (Akzent) sind die griechischen Wörter versehen: anaphorá, archaîos. Bei den lateinischen Wörtern gilt die Regel, daß der Hauptton auf der vorletzten Silbe liegt, sofern deren Vokal lang ist: adiectīvum. Als lang gilt außerdem eine Silbe, wenn sie mit einem Konsonanten endet: accentus. Ist die vorletzte Silbe kurz, so wird die drittletzte Silbe betont: discurrere.

Im Text werden folgende Zeichen verwendet:

	→	Verweis auf ein anderes Stichwort
	↔	Gegensatzwort
in Versschemata	–	lange Silbe
	x́	betonte Silbe
	∪	kurze Silbe
	x	unbetonte Silbe
	|	Takt
	/	Versende im Gedicht

Über die dudenüblichen hinaus werden folgende Abkürzungen verwendet:
Bd(e). – Band, Bände; *e.* – entstanden; *Hg., hg.* – Herausgeber, herausgegeben von; *Hs.* – Handschrift; *Lit., lit.* – Literatur, literarisch; *U.* – Uraufführung; *u. d. T.* – unter dem Titel; *versch.* – verschieden, verschiedene; *Wiss., wiss.* – Wissenschaft, wissenschaftlich; *Zs.* – Zeitschrift.

Vorbemerkung

Das *Wörterbuch für den Deutschunterricht* will Schülerinnen und Schülern der mittleren und oberen Klassen die Möglichkeit geben, sich schnell und knapp über vielfach gebrauchte Begriffe zu informieren, um sie zu verstehen, richtig zu gebrauchen und in sachliche und historische Zusammenhänge stellen zu können.

Die Verfasser strebten nicht ein neues Fachwörterbuch an. Vielmehr haben sie aus der vorliegenden wissenschaftlichen Literatur selbst manche ihrer Informationen bezogen, diese aber dem Ziel untergeordnet, für den Schulgebrauch möglichst kurze, prägnante Definitionen mit anschaulichen und leicht auffindbaren Beispielen zu verbinden und Fachjargon zu vermeiden.

Der Begriffswortschatz für Literatur (Dieter Kliche) und für Sprache (Georg Michel; Karl-Ernst Sommerfeldt) ist hier in einem Band zusammengefasst worden. Die Gründe liegen auf der Hand. In der Schule werden beide Bereiche in einem Fach unterrichtet. Wichtiger aber noch: Sprache und Literatur sind untrennbar voneinander. Keine Literatur ohne Sprache und keine sich fortentwickelnde Sprache ohne den Einfluss auch der Literatur. Davon können sich all jene überzeugen, denen die Formen und Gestaltungen des lebendigen Verständigungsinstruments Sprache bewusst werden, aber auch diejenigen, die von dem sprachlichen Kunstwerk ausgehend danach fragen, von welchen Mitteln und Wirkungsweisen der Sprache Literatur eigentlich lebt. Mit sprachlicher Kommunikation haben wir es in allen Lebensbereichen zu tun, und es ist nützlich, über Sprache reflektieren zu können, sprachliche Erscheinungen zu erkennen und zu benennen, sie zu charakterisieren. Dies gilt auch für den Umgang mit Literatur.

Auf Literaturangaben zu den Stichwörtern wurde verzichtet. Die an einzelnen Themen Interessierten verweisen wir auf die umfangreichen fachwissenschaftlichen Sachwörterbücher und Nachschlagewerke, die in allen Bibliotheken leicht zugänglich sind. In den Anhang ist deshalb, getrennt nach Literatur und Sprache, eine Auswahl von Veröffentlichungen aufgenommen, die weiterführende Informationen zu den Begriffen bieten und auch auf die wichtigste Forschungsliteratur verweisen.

Die Autoren hoffen, dass das Wörterbuch ein nützliches Hilfsmittel für den Deutschunterricht sein wird und sich seine Benutzer zugleich bewusst halten, dass Begriffe und Definitionen stark verallgemeinerte Zusammenfassungen einer konkreten Vielfalt sind, die nur dann ihren Zweck erfüllen, wenn sie auf die vielgestaltigen Formen, Strukturen und Funktionen von Sprache und Literatur rückbezogen werden.

Berlin, Oktober 1996

Abenteuerroman (lat. advenīre – auf jmdn. zu kommen, sich ereignen) | Romanform der Unterhaltungsliteratur mit spannender, aktionsreicher Handlung (→Kriminal-, Spionage-, →Sciencefiction-Roman). Im Mittelpunkt steht ein Held, der sich in gefahrvollen Situationen bewähren und dabei Mut, Ausdauer, Gerechtigkeit, Tugend, Kraft usw. entwickeln muss. Das bzw. die Abenteuer bilden die Grundlage der Handlung: Indem der Held von Stufe zu Stufe und von Situation zu Situation mit neuen Gefahren und Bewährungssituationen konfrontiert wird und in diesen Situationen seine Fähigkeiten unter Beweis stellt, wird der äußere Spannungsbogen der Erzählung erzeugt. A. gab es bereits in der Antike (vgl. Heliodor: *Die äthiopischen Abenteuer von Theapenos und Charikleiea*, 4. Jh. v. Chr.). Züge dieses Genres finden sich auch im ma. höfischen Epos, im Heldenepos, in →Robinsonaden und im →Schelmenroman des 16./17. Jh. Massenhafte Verbreitung fand der A. ab dem 18. Jh. durch die Entstehung eines →Literaturmarktes, der dem Unterhaltungsbedürfnis neuer, breitester Leserschichten nach spannenden Lesestoffen und Identifikation mit dem Helden Rechnung trug, vgl. Ch. A. Vulpius' *Rinaldo Rinaldini* (1799), auch Friedrich Schillers *Der Verbrecher aus verlorener Ehre* (1787). Bekannteste Beispiele des 19. und 20. Jh. sind die Romane Karl Mays, Friedrich Gerstäckers, J. F. Coopers, Jack Londons, B. Travens, aber auch viele histor. Romane und der Western.

Abgesang | →Aufgesang/Abgesang

absurdes Theater (lat. absurdus – misstönend, abgeschmackt) | Sammelname für eine Reihe von dramatischen Werken des 20. Jh., die unter Verzicht auf die traditionelle dramaturgische Ordnung (Figurenentwicklung, motivierte dramatische Handlung, Dialoge, gehobene [Theater-]Sprache) mit grotesken Mitteln (→Groteske) die Sinnlosigkeit des Lebens, die Einsamkeit des Menschen und seine ›Verkrüppelung‹ unter ihm fremden oder feindlichen Verhältnissen zum Ausdruck bringen wollen. Stammvater des a. T. ist Alfred Jarry (*König Ubu*, 1896), der auf Guillaume Apollinaire und die Surrealisten (→Surrealismus) gewirkt hat. Nach dem Zweiten Weltkrieg bildete sich in Paris die Gruppe des Theaters der Absurden (Eugène Ionesco, Arthur Adamow, Samuel Beckett). Weitere Vertreter des a. T. sind in England Harold Pinter und in Polen Sławomir Mrożek. Berühmtestes Stück des a. T. ist Samuel Becketts *En attendant Godot* (1952; dt. *Warten auf Godot*, 1953).

Adaption, auch Adaptation (lat. ad-aptō – anpassen, herrichten) | Oberbegriff für alle Formen der Bearbeitung eines Textes/Werkes für eine andere Gattung oder ein anderes Medium. Die A. wird zumeist nicht vom Autor des zu adaptierenden Werkes vorgenommen, sondern von einem Bearbeiter. Bei einer A. sind die Grenzen zur Neugestaltung fließend. Bis zum Ende des 19. Jh. war die verbreitetste Form der A. die Dramatisierung epischer Stoffe (→Stoff), v. a. liturgischer Texte und biblischer Erzählungen (→geistliches Drama, z. T. auch im →Schuldrama und im Jesuitendrama). Im 20. Jh. erweiterte sich das Spektrum mit dem Aufkommen neuer Medien (Übertragung lit. Texte in die Medien Funk, Film, Fernsehen).

ad spectatores (lat., an die Zuschauer [gerichtet]) | Bezeichnung für die Passagen in Drama und Schauspiel, bei deren Vortrag der Schauspieler ›aus seiner Rolle fällt‹ und direkt an die Zuschauer oder ›beiseite‹ gerichtet spricht. Komödiendichter (z. B. Carlo Goldoni) benutzen das A.-s.-Sprechen, um komische Effekte zu erzielen.

ad usum delphini (lat., [bestimmt] zum Gebrauch des Dauphins [des frz. Kronprinzen]) | Ausgaben antiker Klassiker, die für den Sohn Ludwigs XIV. von moralisch bedenklichen Stellen gereinigt worden waren. Später Bezeichnung der Textausgaben für Unterrichtszwecke.

Agitprop (Verkürzung und Zusammenziehung von ›Agitation‹ und ›Propaganda‹) | Revue- und kabarettartige szenische Darstellungen polit. Inhalte und Programme. Der A. verstand sich als kommunist. Propaganda mit künstler. Mitteln. A.-Gruppen entstanden in Russland nach der Oktoberrevolution, in Deutschland Mitte der 20er Jahre. Die bekannteste Gruppe war »Das Rote Sprachrohr« (Maxim Vallentin). Bertolt Brechts Lehrstück (→episches Theater) *Die Maßnahme* (1930) war für das kommunist. A.-Theater geschrieben.

Akrostichon*, auch Akrostichis (griech. ákron – Spitze; stíchos – Vers) | Aus den Anfangsbuchstaben aufeinander folgender Verse oder Strophen werden senkrecht lesbare Namen oder Sätze gebildet. Beispiel für ein A. ist Bertolt Brechts *Alfabet* (1933/38), in dem jedes Gedicht mit einem Buchstaben des Alphabets beginnt: »Adolf Hitler, dem sein Bart […]«; »Balthasar war ein Bürstenbinder […]«; »Christine hatte eine Schürze […]« usw. Auch Namen von Organisationen, Institutionen und Konsumprodukten werden nach Art des A. gebildet, z. B. →PEN aus den engl. Begriffen poets, essayists, novelists.

Akt (lat. āctus – Geschehen, Handlung, Vorgang) | Ein Hauptabschnitt der Handlung eines →Dramas, das meist aus fünf A. besteht. Der jeweilige A. ist wiederum unterteilt in einzelne ›Szenen‹ und ›Auftritte‹. Neben der dramaturgischen Notwendigkeit (innere Gliederung des Dramas) hat der A. oder auch **Aufzug** (des Vorhangs nämlich), wie es noch im 18. Jh. hieß, auch eine bühnentechnische Funktion, indem er den Auf- und Umbau des Bühnenbildes und der Handlungsorte ermöglicht. Das antike griech. Drama kannte keine A.-Einteilung. Sie trat erst in der Spätantike auf. Im dt. Drama (zunächst Einteilung in drei A.) setzte sie sich im 17. Jh. durch. J. Ch. Gottsched (*Versuch einer Critischen Dichtkunst vor die Deutschen*, 1730) verlangte fünf Akte für die Gliederung des Dramas u. a. deshalb, damit dem Zuschauer die Zeit nicht zu lang wird.

akzentuierendes Versprinzip | →Vers

Album (lat. albus – weiß, hell) | In der röm. Antike eine weiße Holztafel, auf der Verordnungen und Mitteilungen des Senats mit schwarzer Schrift aufgeschrieben wurden. Im MA. zusammengeheftete Blätter, auf denen Sinnsprüche notiert, Gästelisten geführt oder Wappen und →Embleme verzeichnet wurden. In der Neuzeit poetischer →Almanach, →Anthologie oder Mappen für die Sammlung von Zeichnungen, Fotografien, Briefmarken, Telefonkarten; unter Schülern die Eintragung von Sinnsprüchen, Gedichten, persönlichen Widmungen zum Andenken an Freunde und Mitschüler (›Poesie-Album‹, →Stammbuch).

Alexandriner | Romanisches Versmaß. Der Name geht zurück auf den Ende des 12. Jh. entstandenen *Alexanderroman*. In Deutschland zwischen 1600 und 1750 das bevorzugte Versmaß im Drama wie in der Lyrik, danach von freier gefügten Versarten (→Blankvers, →Knittelvers, →freie Rhythmen) verdrängt. Der A. besteht im Dt. aus einer Langzeile, die sich aus zwei Kurzzeilen zusammensetzt. Die Langzeilen werden durch →Endreim miteinander verbunden. Jede Kurzzeile beginnt mit einer Eingangssenkung (jambisch). Sie verwirklicht drei Hebungen und lässt danach Hebungen und Senkungen regelmäßig wechseln (alternieren). Zwischen den beiden Kurzzeilen liegt eine deutliche →Zäsur, in der Regel eine pausierte Hebung: x|x́x|x́x|x́ ∧|x| x́x|x́x|x́(x)|x́ ∧|| [∧ = pausiertes Zeitteilchen]. Beispiel: »Wohl dém und mehr als wóhl, der wéit von Streit und Kríegen / Von Sórgen, Ángst vnd Múh, sein Váttergut kan pflügen« (Martin Opitz: *Die Lust des Feldbawes*). Von Ferdinand Freiligrath stammt das Gedicht *Der Alexandriner* (1832), in dem das Versmaß beschrieben wird: »Spring' an, mein Wüstenross aus Alexandria«.

alkäische Strophe | Antikes Odenmaß (→Ode [2]), benannt nach dem griech. Dichter Alkaios (um 600 v. Chr.); vierzeilige Strophe, bestehend aus zwei elfsilbigen Versen, einem neunsilbigen sowie einem zehnsilbigen Vers. Beispiel: »Nur éinen Sómmer gönnt, ihr Gewáltigen! / Und éinen Hérbst zu réifem Gesánge mír, / Dass wílliger mein Hérz, vom süßen / Spíele gesáttiget, dánn mir stérbe.« (Friedrich Hölderlin: *An die Parzen*, 1798)

Allegorie (griech. allos – ein anderes; agoreúein – öffentlich reden, verkünden) | Sinnliche Darstellung eines abstrakten Begriffs oder Gedankens, z. B. die Darstellung der Gerechtigkeit (›Justitia‹) durch eine Frauengestalt mit Schwert und Waage oder die Darstellung von Macht, Stärke und Würde durch einen Löwen. Die A. vertritt (im Gegensatz zum →Symbol) etwas Ideelles durch ein Bild oder eine Figur und verbindet das Sinnlich-Konkrete mit dem Abstrakt-Allgemeinen. Die gesamte Denkmalskunst seit ihren Anfängen, aber auch die Architektur benutzen die A. In Poesie und Literatur ist sie eines der wesentlichen Mittel sinnlicher Darstellung mit den Mitteln der Sprache, vgl. etwa das Sanatorium in Thomas Manns Roman *Der Zauberberg* (1924), das stellvertretend für das Europa am Vorabend des Ersten Weltkriegs steht.

Alliteration (lat. ad – zu; littera – Buchstabe; neulat. alliterātiō) | Einzelne Wörter stimmen im Anfangslaut ihrer stark betonten Silben überein. Die A. findet sich in der Umgangssprache in solchen formelhaften Wendungen wie ›Mann und Maus‹, ›Haus und Hof‹, ›Kind und Kegel‹, ›Land und Leute‹, ›Himmel und Hölle‹. In der älteren german. Dichtung in der Form des **Stabreims** als versbildendes Element benutzt, um zwei Kurzzeilen zur Langzeile zu verbinden, so in den ahd. *Merseburger Zaubersprüchen* (e. vermutl. 6. Jh.): »ben zi bena, bluot zi bluoda«, oder am Beginn des *Hildebrandslieds* (e. 7. Jh.; Hs. 810/40): »Hiltibrant enti Haðubrand / untar heriun tuem«. Zur Steigerung der Klangintensität wird die A. vielfach im Gedicht und in der Prosa eingesetzt, vgl. Clemens Brentano: »Schamvoll, Schuldvoll überschwankend / wiegt die rote blutge Rose.« (*Romanzen vom Rosenkranz*, 1815) Oder Carl Sternheim: »Wertheims Warenhaus war ihre Wallfahrtskirche.« (*Europa*, 1919/20)

Almanach (ägypt.-griech. almenchiaka [Pl.] – Kalender) | Illustriertes Jahrbuch belletristischer Verlage mit lit. Texten. Jährlich erscheinende A. mit Kalendarium gibt es seit dem 16. Jh. Urspr. mit astrologischen und meteorologischen Notizen, später mit Nachrichten aller Art über Hoffeste, Märkte, Münzplätze oder Stammbäume der Herrscherhäuser und hohen Geistlichkeit. Im 18. Jh. differenziert sich der A. Aus ihm gehen zum einen die wiss. Jahrbücher und die genealogischen Kalender (*Gothaischer Hofkalender*, ab 1763) hervor, zum anderen belletristische Jahr- und Taschenbücher (→Musenalmanach) für die gesellige lit. Unterhaltung. →Anthologie

Amphibrach(ys) (griech., auf beiden Seiten kurz) | Dreisilbiger antiker Versfuß: ∪–∪; im Dt. selten gebraucht: x x́ x (unbetont, betont, unbetont), z. B. von Goethe (*Lied der Parzen*, in: *Iphigenie*, 1787).

Anagramm* (griech. anagráphein – niederschreiben, aufzeichnen, eintragen in ein Register) | Aus einem Wort wird durch Buchstaben- oder Silbenvertauschung ein neues Wort gebildet: ›Lied‹ wird zu ›Leid‹, aus ›Palme‹ wird ›Lampe‹; aus dem Namen ›Arouet l[e] j[eune]‹ das →Pseudonym Voltaire. Wenn Silben getauscht oder umgestellt werden, entsteht der →Schüttelreim. Eine Sonderform ist das **Palindrom** (griech. palíndromos – rückläufig): Eine Folge von Buchstaben oder Wörtern, die rückwärts gelesen denselben oder einen anderen Sinn ergibt (›Anna‹, ›Sarg‹). Als Erfinder des A. gilt der Grieche Lykophron (3. Jh. v. Chr.). Weit verbreitet ist das A. in der ma. christl. und jüdischen →Mystik. Die erste dt. Sammlung von A. stammt aus dem 17. Jh.: F. D. Stenders *Teutscher Letterwechsel* (1667).

Anakreontik | Gedichte und Lieder, die mit leichtem und scherzhaftem Ton die Liebe, den Wein, die Freundschaft und die Natur besingen. Der Name geht auf den griech. Dichter

Anakreon von Teos (1. Jh. v. Chr.) zurück, der am Hof des Polykratos von Samos solche Lieder verfasste. Die A. ist verwandt mit der →Hirtendichtung, von der sie die Szenerie (anmutige ländliche Landschaften) und die Personen (Schäfer und Hirten) übernimmt. Unter Rückgriff auf die Lieder Anakreons entstand die A. in Europa im 17. Jh. und erlangte im 18. Jh. u. a. mit J. W. L. Gleim und J. P. Uz einen Höhepunkt. Lieder in Anakreons Art zu machen wurde zur Mode, vgl. Goethes Schenkenlieder im *West-östlichen Divan* (1819) oder G. E. Lessings Gedicht *An die Leier* (1766): »Töne, frohe Leier, / Töne Luft und Wein! / Töne, sanfte Leier, / Töne Liebe drein!« Die Empfindungs- und Erlebnislyrik des →Sturm und Drang und der →Romantik lösten die A. ab. Sie erhielt sich aber über das 19. Jh. (Friedrich Rückert, Eduard Mörike, Paul Heyse, Emanuel Geibel) bis ins 20. Jh.

Anapäst (griech. anápaistos – zurückgeschlagener [Vers]; wirkt wie ein umgekehrter →Daktylus) | Dreisilbiger, aus zwei kurzen und einer langen Silbe (∪∪–) bestehender antiker Versfuß (→Vers). In der Antike vorzugsweise für Marschrhythmen und Schlachtenlieder gebraucht, im Drama v. a. in Chorpartien. Wegen seiner häufigen Verwendung in Aristophanes' Komödien auch **aristophanischer Vers** genannt. Im Dt. selten nachgebildet und zu xxx́ umgeformt, u. a. von August von Platen: »In dem Pínienháin, an den Búchten des Méers« (*Der romantische Ödipus*).

Anapher*, Pl. Anaphern, Anaphora (griech. anaphorá – Rückbeziehung, Wiederaufnahme) | Begriff der →Rhetorik. Nachdrückliche, die Wirkung steigernde, suggestive Wiederholung eines Wortes oder einer Wortfolge am Anfang mehrerer, aufeinander folgender Sätze: »Lasst ab, ihr finsteren Dämonen! / Lasst ab, und drängt mich nicht!« (Heinrich Heine: *Traumbilder*, 1822). ↔→Epipher

Anekdote (griech. anékdota – eine noch nicht veröffentlichte Schrift) | **1** Erzählgenre, benannt nach den *Anekdota* des byzantinischen Historikers Prokopios (1. Jh.), der darin die inoffizielle, skandalträchtige Geheimgeschichte der Regierung des oströmischen Kaisers Justinian erzählte. Wegen des Bezugs auf interessante Einzelheiten aus dem Leben histor. Persönlichkeiten haben auch spätere röm. Geschichtsschreiber ihre Darstellungen mit ›Anekdoten‹ geschmückt. In der →Aufklärung wird die A. zur eigenständigen kleinen Erzählform und bei J. P. Hebel und Heinrich von Kleist zu einer journalistischen Kunstform, die auch dem Unterhaltungsbedürfnis breiter Leserschichten entgegenkommt. Durch die →Pointe ist die A. mit dem →Witz und mit dem →Aphorismus verwandt. **2** Nach der Erfindung des Buchdrucks auch Bezeichnung für alte, zum ersten Mal durch den Druck veröffentlichte Schriften.

Annalen (lat. [librī] annālēs – Jahrbücher) | →Chronik

Annotation (lat. annōtatiō – Be- oder Anmerkung) | Bezeichnung für eine (meist kurze) Charakterisierung/Besprechung einer lit. oder wiss. Publikation. Über die **bibliografischen Angaben** (Autor, Titel, Verlag, Erscheinungsort und -jahr, Auflage, Seitenanzahl usw.) hinaus informiert die A. knapp über Inhalt und Methode der Darstellung. →Rezension

Antagonist (griech. antagōnistḗs – Gegenspieler) | →Protagonist

Anthologie (griech. anthología – Blumenlese) | Sammlung lit. Texte in Buchform. Die erste A. stammt von dem griech. Dichter und Philosophen Meleagros von Gadara (1. Jh. v. Chr.). In ihr sind epigrammatische (→Epigramm) Texte von über 40 Autoren seiner Zeit zu einem ›Kranz‹ gebunden. In Deutschland seit dem 18. Jh. sehr verbreitete Veröffentlichungsform. Vgl. für das 20. Jh. das *Deutsche Lesebuch* von Hugo von Hofmannsthal (1922/23) und das von Stephan Hermlin (1976). Mit A. werden auch die Textsammlungen v. a. antiker Autoren zu Unterrichtszwecken (auch **Chrestomathie** genannt) und Sammlungen von grundlegenden wiss. Texten zu einem Sachgebiet bezeichnet. Auch die alttestamentliche Psalmensammlung ist als eine A. zu betrachten.

Antike (frz. antique, von lat. antīquus – alt) | Seit dem 18. Jh. Bezeichnung für die Gesamtheit der geistig-kulturellen Leistungen des griech.-römischen Altertums (12. Jh. v. Chr. bis 5. Jh. n. Chr.) mit dem besiedelten Mittelmeerraum als Zentrum. Mit dem Entstehen und der Blüte der griech. Polis ist die Herausbildung von →Epos, →Drama, →Rhetorik, Geschichtsschreibung und Philosophie verbunden. In der röm. Antike wird die griech. Kultur ab dem 3. Jh. v. Chr. wirksam. In der Spätantike beginnt (ab 2. Jh. n. Chr.) die kulturell produktive Auseinandersetzung mit dem Christentum und der Übergang zum Mittelalter. An die A. wurde immer wieder angeknüpft, sie hatte mehrere ›Wiedergeburten‹ (→Renaissance).

Antithese* (griech. anti- – gegen etwas gerichtet; thésis – Behauptung, Ausspruch) | Rhetorische Figur (→Rhetorik), mit der ein Sachverhalt, eine Situation oder eine Handlung unter entgegengesetzten oder sich ergänzenden Gesichtspunkten betrachtet und bewertet wird. Einfache A. finden sich in den traditionellen Gegensatzpaaren der Alltagssprache (gut/schlecht) oder in ästhetischen Wertungen (schön/hässlich; tragisch/komisch). In der Literatur wird die A. verwendet, um die Widersprüchlichkeit oder Zwiespältigkeit eines Handelns oder einer Gestalt zu charakterisieren, vgl. z. B. den Tell-Monolog in Schillers *Wilhelm Tell* (1804) mit seiner Antithetik von Recht und Unrecht, Strafe, Sühne und Mord. Auch satirisch und humorist. gebraucht, dann dem →Oxymoron verwandt: »Die Stadt selbst [Göttingen] ist schön und gefällt einem am besten, wenn man sie mit dem Rücken ansieht.« (Heinrich Heine: *Die Harzreise*, 1826)

Antizipation | →Vorausdeutung

Aphorismus, Pl. Aphorismen (griech. aphorízein – festsetzen, definieren) | Kurze, prägnante und subjektiv geprägte Formulierung in einem Satz (oder wenigen Sätzen), die eine allgemein menschliche, philosophische Wahrheit oder ethische und moralische Grundsätze ausdrückt. Bereits in der →Antike für die pointierte Darstellung philosophischer Einsichten benutzt, wurde der A. in der →Renaissance (vgl. Erasmus von Rotterdam oder Francis Bacon) und in der →Aufklärung (vgl. Montesquieu oder La Rochefoucauld) zu einem lit. Ausdrucksmittel neuer Weltanschauung und eines neuen Menschenbildes. In der dt. Literatur v. a. bei G. Ch. Lichtenberg, Goethe, Arthur Schopenhauer, Friedrich Nietzsche und Karl Kraus, von denen auch die bekanntesten A.-Sammlungen stammen. Vgl. als Beispiel: »Wer von Grund aus Lehrer ist, nimmt alle Dinge nur in Bezug auf seine Schüler ernst, – sogar sich selbst.« (F. Nietzsche: *Jenseits von Gut und Böse*, 1886)

apollinisch/dionysisch | Nach den griech. mythologischen Figuren Apollon (Gott des Lichts, der Musik und der Dichtkunst) und Dionysos (Gott des Weines und des Rausches) benannte →Antithese, die insbesondere von Friedrich Nietzsche (*Die Geburt der Tragödie aus dem Geiste der Musik*, 1872) verwandt worden ist. Sie bezeichnet den Gegensatz zwischen den plastischen, auf Formung und Bildung gerichteten Trieben des Menschen und dem Trieb nach orgiastischer Selbstentgrenzung und rauschhafter Aufhebung des Individuums in Zuständen entlastender kollektiver Ekstase. Nietzsche sah die griech.-attische →Tragödie (Aischylos, Sophokles, Euripides) als Verbindung beider Prinzipien.

Apologie (griech. apología – Verteidigung) | Bezeichnung für eine Rede bzw. Schrift, in der Handlungen oder Auffassungen (bes. im religiösen und weltanschaulichen Bereich) gegenüber Angriffen verteidigt und rechtfertigt werden. Bekannteste Beispiele aus der griech. Antike sind die von Platon und Xenophon aufgeschriebenen Verteidigungsreden ihres Lehrers Sokrates in dem gegen ihn angestrengten Hochverratsprozess (*Apologia Sokratus*, um 390 v. Chr.; dt. *Socrates Schutzrede* […], 1739). Ab dem 2./3. Jh. bildete sich – verbunden mit den zahlreichen Versuchen, das Christentum gegenüber dem Judentum und heidnischen Religionen oder später als Lehre gegenüber dem Klerus zu verteidigen – eine eigene lit.

Tradition aus, die **Apologetik** (vgl. Philipp Melanchthon: *Apologia pro Luthera*, 1521, und *Confessio Augustana*, 1530, dt. 1531, 1920 u. d. T. *Das Augsburgische Bekenntnis*; M. E. Montaigne: *Apologie de Raimond Sebon*, 1580, dt. 1753/54; Blaise Pascal: *Pensées sur la religion*, 1670, dt. *Gedanken über die Religion*, 1701).

Arabeske | Der Begriff ist abgeleitet von der im Altertum den Arabern zugeschriebenen Eigenart, in ihrer Architektur Verzierungen aus Pflanzenranken, stilisierten Blättern, Knospen, Früchten und verschlungenen Figuren zu verwenden. In der Neuzeit bezeichnet A. die Gesamtheit architektonischer Ornamente. Von diesem allg. Gebrauch aus dann auch Bezeichnung eines ›schnörkelhaften‹ Stils der Literatur oder bestimmter stilistischer Figuren in ihr.

Arbeiterliteratur | Im 19. Jh. aufkommende Bezeichnung für den Teil der Literatur, der entweder von Arbeitern oder speziell für Arbeiter geschrieben ist. Dazu werden gerechnet das Arbeiterlied, das Arbeitertheater und die A. im engeren Sinn (Romane und Erzählungen), in denen das Proletariat mehr oder weniger direkt dazu aufgerufen wird, seine soziale Rolle zu erkennen und dieser entsprechend zu handeln. Das **Arbeiterlied** entstand in den 60er Jahren des 19. Jh., als sich die Sozialdemokratische Partei bildete und für ihre sozialen und polit. Kämpfe, für Märsche und Demonstrationen eigene, ihre Ziele und Programme zum Ausdruck bringende Lieder schuf, vgl. Jakob Audorf: *Wohlan, wer Recht und Freiheit achtet* (1864), Johannes Most: *Wer schafft das Gold* (1870) oder Max Kegel: *Sozialistenmarsch* (1891). Das **Arbeitertheater** bildete sich innerhalb der Vereine der Sozialdemokratie in der zweiten Hälfte des 19. Jh. aus (vgl. u. a. Friedrich Bosse oder Ernst Preczang). Je nachdem in welchem polit. oder ideologischen Zusammenhang A. produziert und verbreitet wurde, spricht man von einer sozialdemokratischen A. (Max Kretzer, Bruno Schönlank), einer kommunistischen A. (Willi Bredel, Hans Marchwitza) und auch einer faschistischen A. (Max Barthel, Karl Bröger). Nach dem Zweiten Weltkrieg haben in der BRD die →Gruppe 61 und der »Werkkreis Literatur der Arbeitswelt«, in der DDR die mit dem →Bitterfelder Programm verbundene Bewegung Neuansätze der A. versucht.

Archaismus* (griech. archáios – alt, altertümlich) | Wörter und Sätze, die zum Zeitpunkt ihres Gebrauchs veraltet sind. In Literatur und Dichtung ein stilistisches Mittel zur Erzeugung von Zeitkolorit (so in histor. Romanen) oder zur Figurencharakterisierung, z. B. die Verwendung des Luther-Deutsch für die Person des Adrian Leverkühn in Thomas Manns Roman *Doktor Faustus* (1947): »[…] statt klug zu sorgen, was vonnöten auf Erden, damit es dort besser werde […], läuft wohl der Mensch hinter die Schul und bricht aus in höllische Trunkenheit: so gibt er seine Seel daran und kommt auf den Schindwasen.« In der NS-Ideologie war der A. ein Mittel, um völkisch-nationale Gesichtspunkte zu betonen, so u. a. mit der Einführung der alten dt. Druckschrift ›Fraktur‹, den Bezeichnungen ›Gau‹ für die staatliche Gebietsgliederung oder ›Fähnlein‹, ›Sturm‹, ›Rotte‹ für paramilitärische Einheiten.

Argument* (lat. argūmentum – Darstellung, Beweis) | **1** Teil der Beweisführung, der überzeugen soll (›argumentieren‹). **2** Seit dem MA. gebräuchliche Bezeichnung für die Einleitung des Dramas oder Schauspiels, die den Inhalt oder die moralische Absicht der Darstellung knapp zusammenfasst. Wird auch in den →Volksbüchern (z. B. im *Volksbuch von Dr. Faustus*) und in Romantiteln oder Kapitelüberschriften verwandt. Für das 20. Jh. eigentlich ein →Archaismus, wird das A. von vielen zeitgenöss. Autoren aufgegriffen, um die alte mündlich-epische Herkunft des Romans zu betonen: »Hier erlebt Franz Biberkopf […] den ersten Schlag. Er wird betrogen. Der Schlag sitzt.« (Alfred Döblin: *Berlin Alexanderplatz*, 3. Buch [Einleitung], 1929)

aristophanischer Vers | →Anapäst

aristotelisches Drama | Von Bertolt Brecht geprägter Begriff, der seine →Dramaturgie ›nichtaristotelisch‹ bzw. →episches Theater nannte. Aristoteles (4. Jh. v. Chr.) hatte in seiner *Poetik* wegen der für die Wirkung der →Tragödie notwendigen →Katharsis die psycholog. Einfühlung des Zuschauers verlangt. Brecht sah diese aristotelische Wirkungsästhetik bis in das zeitgenössische, »bürgerlich-kulinarische« Theater in Geltung und wollte sie durch eine zeitgemäße nichtaristotelische Dramaturgie aufheben.

arkadische Poesie | →Bukolik

Artes liberales | →freie Künste

Art nouveau | →Jugendstil

asklepiadeische Strophe | Antikes Odenmaß (→Ode [2]), benannt nach dem griech. Dichter Asklepiades (um 300 v. Chr.); vierzeilige Strophe, bestehend aus zwei oder drei zwölfsilbigen Versen mit einem deutlichen Einschnitt zwischen der dritten und vierten Hebung und einem oder zwei kürzeren Versen. Beispiel: »Wér das Tíefste gedácht, líebt das Lebéndigste, / Hóhe Túgend verstéht, wér in die Wélt geblíckt, / Und es néigen die Wéisen / Oft am Énde zu Schönem sích.« (Hölderlin: *Sokrates und Alcibiades*)

Assonanz (lat. assonare – anklingen) | Vokalischer Halbreim, angewendet im Versinneren oder (v. a. in roman. Sprachen) als versbindendes Element (→Reim), aber auch in der Prosa, klangmagischer Wirkungen wegen.

Ästhetik (griech. aisthētikós – der Wahrnehmung fähig; griech.-lat. Neubildung: aesthetica) | Heute die Bezeichnung der Wissenschaft, die sich mit dem Schönen, Hässlichen (→Schönes/Schönheit), →Erhabenen, →Komischen, →Tragischen (ästhetische Kategorien), mit der durch die Sinne (Auge, Ohr, Tastsinn, Geruchs- und Geschmackssinn) erfolgenden Wahrnehmung von Natur und menschlicher Umwelt, mit der menschlichen Einbildungskraft und →Phantasie, mit den Bedingungen und dem Wandel des Geschmacks, nicht zuletzt mit den Künsten (Musik, bildende Kunst, Poesie, Literatur und Theater, Design, Architektur) und deren Produktion und Wirkung befasst. Über die sinnliche Wahrnehmung und die Künste wurde bereits seit der Antike, über den Geschmack und die Einbildungskraft seit dem 17. Jh. und über das Schöne zu allen Zeiten und bei allen Völkern in versch. philosophischen und religiösen Zusammenhängen nachgedacht. Als Begriff für eine wiss. Disziplin, die die genannten Gebiete zusammenfassend und mehr oder weniger systematisch behandelt, wird Ä. aber erst seit der Mitte des 18. Jh. gebraucht. Die erste Ä. schrieb der Philosoph A. G. Baumgarten. Der Begriff bürgerte sich dann im Verlauf des 19. Jh. als Übernahme aus dem Dt. auch in anderen Sprachen ein. Die wichtigsten dt. Ä. sind die von Immanuel Kant im 18. Jh., von G. W. F. Hegel und seinen Schülern im 19. Jh. und von Th. W. Adorno und Georg Lukács im 20. Jh. Diese werden als ›philosophische Ä.‹ bezeichnet. Daneben haben aber auch nahezu alle Künstler über das Ästhetische und seine Besonderheiten reflektiert (›Künstler-Ä.‹). Ästhetisches Verhalten (als Differenz zum wiss., religiösen, moral. Verhalten) ist eine Ureigenschaft aller Individuen, auch in ihrer alltäglichen Lebenswelt, in Bezug auf ihre Kleidung, ihren Körper, ihre Sexualität, in Sport, Familie, Freizeit und Konsum.

Ästhetizismus (abgeleitet von ›Ästhetik‹) | Zunächst im abwertend-kritischen Sinn für den übertriebenen Kult des Schönen und die Überbetonung des ästhetischen Verhaltens gegenüber anderen (moralischen, polit., praktischen) Verhältnissen und Zwecken des Menschen. Als Stammvater des Ä. gilt der franz. Schriftsteller Théophile Gautier mit dem Vorwort zu seinem Roman *Mademoiselle Maupin* (1835), in dem es heißt: »Es gibt nichts wahrhaft Schönes außer dem Zweckfreien; alles Nützliche ist hässlich.« Der Ä. (philosophisch beeinflusst von Arthur Schopenhauer und Friedrich Nietzsche und verwandt mit dem Kunstprogramm des →L'art pour l'art) ist Ende des 19./Anfang des 20. Jh. ein Kennzeichen versch. Kunstströmungen, so des →Symbolismus, des →Impressionismus und des →Jugendstils. Vertreter sind in England Walter Pater,

Oscar Wilde, Aubrey Beardsley; in Frankreich Stéphane Mallarmé, Marcel Proust, J.-K. Huysmans; in Italien Gabriele d'Annunzio und in Deutschland Stefan George, teilweise R. M. Rilke und Hugo von Hofmannsthal.

Aufgesang/Abgesang | Teile einer dreiteiligen Strophe besonders im →Meister(ge)sang und →Minnesang in der Form A A B. Die beiden ersten metrisch gleich gebauten Teile (A A), auch **Stollen** genannt, sind der Aufgesang und untereinander gereimt. Der dritte Teil (B) ist der Abgesang. Ein Lied enthielt drei, fünf oder sieben solcher Strophen. Wegen ihres Vorkommens in ital. →Kanzonen auch ›Kanzonenform‹ genannt.

Aufklärung | Epochenbegriff für die philosophie- und literaturgeschichtliche Grundströmung des 17. und 18. Jh. in allen europäischen Ländern. Der Name A. (frz. les lumières; engl. enlightenment) wurde von den Zeitgenossen als ein Programm verstanden und bedeutet: Licht in die Finsternis tragen, d. h., eine alte Weltanschauung, geprägt von Unwissenheit, Vorurteilen und angemaßten Rechten, sei durch die Verbreitung richtigen Wissens über Natur und Gesellschaft zu ›erleuchten‹ und durch lit. ›Kritik‹ (auch dieser Begriff erhält in der A. programmatische Bedeutung) schließlich zu überwinden. Die A. entstand im Zusammenhang mit der Englischen (1688) und Französischen Revolution (1789) und drückte das unter den feudalabsolutistischen Verhältnissen gewachsene Selbstbewusstsein des jungen Bürgertums aus, wenngleich auch bedeutende Vertreter des Adels und des Klerus die Bewegung aktiv mittrugen. Wichtige Vertreter der engl. Aufklärung sind John Locke, David Hume, in Frankreich v. a. die um das großartige Unternehmen der *Encyclopédie* (1751/1772) versammelten Philosophen (u. a. d'Alembert und Denis Diderot) und in Deutschland Moses Mendelssohn, Friedrich Nicolai, G. E. Lessing, Immanuel Kant, F. G. Klopstock und Ch. M. Wieland, aber auch J. G. Herder und J. W. Goethe. Th. W. Adorno und Max Horkheimer haben 1947 in der *Dialektik der Aufklärung* unter dem Eindruck von Nationalsozialismus und Holocaust ihre Kritik des aufklärerischen Emanzipationsideals vorgetragen, die bis heute in den Debatten zwischen →Postmoderne und Aufklärungsanhängern umstritten ist.

Auftakt | Im 19. Jh. aus der musikalischen Fachsprache in die dt. →Metrik übernommener Begriff (→Takt, →Vers). Bezeichnung für einen Versbeginn mit einer Senkung (→Hebung/Senkung), d. h. einer oder mehreren unbetonten Silben. Allgemein sind etwa jambische Verse (→Jambus) auftaktig, trochäische (→Trochäus) auftaktlos; daktylische Verse (→Daktylus) können mit und ohne A. beginnen.

Auftritt | →Szene

Aufzug | →Akt

auktoriale Erzählsituation (abgeleitet von lat. au[c]tor – Urheber, Verfasser) | Eine der →Erzählperspektiven; die ursprüngliche und älteste erzählerische Darbietungsweise. In ihr tritt der Erzähler (oft in der Ich-Form) so auf, als sei er ›allwissend‹, v. a. in Hinsicht auf seine Kenntnisse und seinen Einblick in das Innere seiner Figuren, ihrer Beweggründe und seelischen Motive. In der a. E. erfährt der Leser alles Dargestellte nur durch den Mund des Erzählers, obwohl dieser als Person im Erzählten nicht anwesend bzw. nicht greifbar sein muss. Der komische und der humoristische Roman spielen ironisch mit dieser Erzählfunktion, so heißt es bei Jean Paul: »Wir wollen nun sämtlich weiter in die Kaplanei eindringen und uns um die Eymannische Familiengeschichte so genau bekümmern, als wohnten wir drei Häuser weit von ihr.« (*Hesperus oder 45 Hundsposttage*, 1795)

Ausgabe letzter Hand | Die letzte von einem Autor noch zu seinen Lebzeiten durchgesehene und genehmigte →Edition seiner Werke. Den Begriff gibt es seit Goethes *Vollständiger Ausgabe letzter Hand*, die 1827/30 sein Stuttgarter Verleger Heinrich Cotta herausbrachte. Die A. l. H. ist meist Grundlage einer →historisch-kritischen (Werk-)Ausgabe.

Autobiografie (griech. autós – selbst, eigen; bíos – Leben; gráphein – einritzen, zeichnen, schreiben) | Selbstbeschreibung des eigenen Lebens im Unterschied zur →Biografie, die von jemand anderem über die betreffende Person verfasst wird. Die Grenzen der A. zum Genre der →Memoiren sind fließend. In der Regel aber ist die A. stärker lit. gestaltet. Auch die Grenzen zwischen der Selbstbeschreibung des eigenen Lebens und der romanhaften A., die dann stärker mit fiktionalen (→Fiktion) Zügen arbeitet (vgl. Gottfried Keller: *Der grüne Heinrich,* 1854/55), sind nicht scharf zu ziehen. Die A. entstand mit der religiösen Selbstaussprache des Individuums innerhalb des Christentums (vgl. Augustinus: *Confessiones,* 397 n. Chr.), sie erlangte in der →Renaissance (vgl. Dante: *La vita nuova,* 1292/93; dt. *Das neue Leben,* 1824) und in der →Aufklärung und →Klassik (J.-J. Rousseau: *Confessions,* 1782/88; dt. *Bekenntnisse,* 1789/90; Goethe: *Dichtung und Wahrheit,* 1811/33) hohe künstler. Blüte und ist bis in die Gegenwart ein wichtiges, Selbst- und Weltbeschreibung miteinander verbindendes lit. Genre.

Autor (lat. au[c]tor – Urheber, Verfasser) | Verfasser eines lit. Werkes. Bedeutende uns überlieferte antike und ma. Literaturdenkmäler (vgl. die biblischen Bücher, die *Ilias* oder das *Nibelungenlied,* aber auch noch die Volksbücher) kennen den A. als identifizierbare biografische Einzelpersönlichkeit nicht, weil die betreffenden Werke durch kollektive mündliche Überlieferung weitergegeben wurden, ehe man sie schriftlich festhielt. Erst in dem Maße, wie →Werk und Person teils durch ein neues individuelles Selbstbewusstsein (→Humanismus und →Renaissance), teils durch die ökonomischen Gesetze des →Literaturmarktes (18. Jh.) miteinander verschmolzen, entstand auch die juristische Notwendigkeit, den A. zweifelsfrei namhaft zu machen und in einem speziellen Urheberrecht vor einer ungenehmigten Verbreitung seiner Werke rechtlich zu schützen.

Avantgarde (frz. avant-garde – Vortrupp, Vorposten) | Eine urspr. militärische Bezeichnung, die in der Französischen Revolution aufkam. Den Sinn des ›Vor-der-Masse-Seins‹, ihr voranzugehen, machten sich dann in der Mitte des 19. Jh. polit. Richtungen und Bewegungen in Frankreich (v. a. die utopischen Sozialisten) zu Eigen. Am Beginn des 20. Jh. schließlich bürgert sich A. als Bezeichnung für künstler. Strömungen und ihre neuartigen Ausdrucksformen, Formexperimente und Manifeste ein, so für den →Expressionismus in Deutschland, den →Surrealismus in Frankreich, den →Futurismus in Italien und Russland.

Aventuire (altfrz. aventure, von mittellat. adventura – Begebenheit, Abenteuer) | Begriff der erzählenden mhd. Literatur, in verschiedenen Bedeutungen verwandt: 1. Bezeichnung für den Zweikampf, den der Held seines gesellschaftlichen Ansehens (êre) wegen zu bestehen hat. 2. Einzelkapitel in ma. Epen, in denen ein Zweikampf, ein Turnier u. a. beschrieben wird (im Dt. zuerst im *Nibelungenlied,* um 1200). 3. Ausweitung der Bezeichnung auf Epen, die Zweikämpfe zum Inhalt haben. 4. Vereinzelt Umdeutung zur allegorischen Figur (→Allegorie), z. B. in Wolfram von Eschenbachs *Parzival,* 1200/10, die »Frou A.«.

Ballade (ital. ballata; engl. ballad – Tanzlied) | Im MA. v. a. in Italien und Südfrankreich ein zum Tanzen gesungenes Lied mit Refrain und strenger Strophengliederung. Vermutlich als Volksballade über England und Schottland nach Deutschland überliefert. Seit Mitte des 18. Jh. lyrisch-epische Gattung der Kunstliteratur mit einfacher, oft dramat. Handlung und einsträngiger Erzählung. In Deutschland erreicht die Balladendichtung nach L. Ch. H. Hölty, J. W. L. Gleim und G. A. Bürger mit Goethe und Schiller (›Balladen-Jahr‹ 1797) einen Gipfelpunkt (vgl. Goethe: *Erlkönig, König in Thule, Der Fischer;* Schiller: *Der Handschuh, Der Taucher, Der Ring des Polykrates*). Diese B. werden die bekanntesten dt. Gedichte überhaupt. Über das 19. Jh. hin ist die B., unter oft eingreifender Veränderung der Stoffe, bis in die Gegenwart lebendig geblieben. Sie hat im 20. Jh. bei Bertolt Brecht einen neuen künstler. Höhepunkt gefunden (vgl. *Ballade von den Seeräubern*, 1926).

Bänkelsang (Bänkel – Holzbank [von den Bänkelsängern als Podest benutzt]) | Seit dem 17. Jh. auf Jahrmärkten vorgetragene, von der Drehorgel begleitete einfache, volkstümliche Lieder, die Geschichten von Verbrechen und deren Sühne erzählen (**Moritat**); 1706 erstmals als B. bezeichnet. Im 20. Jh. von Dichtern wie Frank Wedekind oder Bertolt Brecht in satirisch-komischer Verfremdung wieder aufgegriffen, vgl. Frank Wedekind: *Der Zoologe von Berlin*. Auch zeitgenössische Liedermacher wie F. J. Degenhardt oder Wolf Biermann benutzen die Form des B.

Bardendichtung (altir. baird – Dichter) | Der röm. Geschichtsschreiber Tacitus (1. Jh.) berichtet in seiner *Germania*, die Germanen hätten mit ihrem hinter vorgehaltenen Schild rhythmisch akzentuierten Schlachtgeschrei »barditus« die Römer in Angst und Schrecken versetzt. Diese Tacitus-Stelle wurde im 18. Jh. – verbunden mit der Bezeichnung ›baird‹ für einen altirischen Dichter-Sänger – als Beleg genommen für die Existenz auch eines altgerman. Dichter-Sängers, **Barde** bezeichnet, dessen Dichtungen man als eine Urform german. Dichtung identifizieren zu können glaubte. Im Stil dieser Sänger der Vorzeit sollte die B. zur Bekräftigung des Patriotismus wiederbelebt werden, so bei Thomas Percy und Thomas Gray in England, bei F. G. Klopstock (*Hermann und Thusnelde*, 1753) und Wilhelm von Gerstenberg (*Gedichte eines Skalden*, 1766) in Deutschland. Die B. richtete sich gegen die →Anakreontik des →Rokoko und stellte thematisch die wilde Natur, männliche Tugenden und kriegerische Schlachten in den Mittelpunkt. Die zur Mode gewordene B. wurde in den 70er Jahren des 18. Jh. von den Dichtungen des →Sturm und Drang abgelöst.

Barock (portugies. barocco – schief, unregelmäßig oder lat. baroco – komplizierte und merkwürdige logische Schlussfigur in der ma. →Rhetorik) | Zunächst in Frankreich und Deutschland des 17. und 18. Jh. Synonym für ›bizarr‹, ›exzentrisch‹, ›missgestaltet‹. Ab Ende des 19. Jh. durch den Kunsthistoriker Heinrich Wölfflin gebräuchlich werdende, Literatur, Musik, Architektur und bildende Kunst erfassende Stil- und Epochenbezeichnung für das 17. Jh. Sozialgeschichtlicher Hintergrund des B. sind die Erfahrungen einer Krisenzeit (katholische Gegenreformation und der Dreißigjährige Krieg), wodurch die epochentypische Grundstimmung der ›Vanitas‹ (lat., Vergeblichkeit: alles Irdische ist vergänglich, vergeblich und ›eitel‹, das Jenseitige aber dauernd) entstand. In der Formensprache des B. findet sich deshalb die Spannung zwischen Lebensfreude (prunkvolle, ausladende Formen, Betonung der Körperlichkeit) und Todessehnsucht (lat. memento mori – gedenke des Todes, v. a. angesichts der Schönheit). Lit. Gipfelpunkte der Epoche liegen in der Lyrik Ch. H. von Hofmannswaldaus, D. C. von Lohensteins, Andreas Gryphius', im Kirchenlied (Paul Gerhardt), im Roman (H. J. Ch. von Grimmelshausen: *Simplicissimus*, 1668) und im jesuitischen →Welttheater. Martin Opitz' *Buch von der deutschen Poeterey* (1624) gab die erste deutsche →Poetik. Die →Sprachgesellschaften setzten sich die Pflege der dt. Sprache zum Ziel und bekämpften den ›Grobianismus‹ (→grobianische Dichtung).

Beatgeneration (engl. beat – Schlag [im Jazz Grundschlag der Rhythmusgruppe]) | Bezeichnung für eine Gruppe junger US-amerik. Schriftsteller um 1950 (›Beatniks‹), die mit betont anarchistischen Lebensformen (Sex, Drogen, provozierender vulgärer Sprache, Liebe zum Jazz als musikalischem Ausdrucksmittel) gegen die Wohlstandsgesellschaft der Nachkriegszeit protestierten. Hauptvertreter der Gruppe: Allen Ginsberg und Jack Kerouac mit seinem berühmt gewordenen Roman *On the Road* (1957; dt. *Unterwegs*, 1959). Ende der 50er Jahre verlor die B. an Bedeutung, weil folgende Generationen (→Untergrundliteratur, →Popliteratur) in die Kulturszene nachdrängten.

Beispielgeschichte (mhd. bîspel; bî – bei; spel – Rede, Erzählung) | Kleine poetische Erzählung, die einen moralischen Lehrsatz didaktisch veranschaulichen soll. Aus dem 13. Jh. stammen die B. des fahrenden Dichters Der Stricker (z. B. *Die Gäuhühner*). Der *Meier Helmbrecht* (nach 1250) von Wernher dem Gartenaere (Gärtner) ist beeinflusst von der B. Auch die ma. Tierfabeln (→Tierdichtung) gehören zum Genre der B. →Lehrdichtung

Belletristik (von frz. belles-lettres – schöne Wissenschaften) | Im Rahmen der humanistischen Bildung (→Humanismus) umfassen die ›schönen Wissenschaften‹ Grammatik, Redekunst (→Rhetorik) und →Poesie. Bei der Übersetzung von belles-lettres ins Deutsche trat im 18. Jh. eine Begriffsverengung ein, in deren Folge Grammatik und Rhetorik aus dem Begriff ausgegrenzt wurden und B. den Sinn von ›schöngeistiger Literatur‹ erhielt. Heute gilt B. v. a. als Bezeichnung für fiktionale Literatur (→Fiktion) im weiteren Sinn in Abgrenzung zum →Sachbuch.

Bericht | Sachliche, von Wertungen und individueller Interpretation freigehaltene Darstellung eines Handlungsablaufs oder Ereignisses. In dieser Bedeutung eine Grundform aller journalistischen Nachrichtenvermittlung, wenngleich unseriöse Medien Sachlichkeit oft nur vortäuschen, tatsächlich aber Emotionen und Affekte erzeugen und erzeugen wollen. In der fiktionalen Literatur ist der B. wie die **Beschreibung** eine Grundform epischen Erzählens, die kompositorisch in versch. Erzählzusammenhängen gebraucht werden kann. Im Drama ist der B. ein dramaturgisches Mittel, um gleichzeitiges Geschehen (→Mauerschau) oder vergangene Ereignisse (→Botenbericht) in die szenische Handlung auf der Bühne einzubeziehen.

Beschreibung | →Bericht

Bestiarium, Pl. Bestiarien (lat. bēstia – Tier) | Allegorisches (→Allegorie) Tierbuch, in dem Tiere (Löwe, Elefant, Einhorn, Adler, Kranich, Rabe) und ihnen zugeschriebene Eigenschaften im Rahmen christl. Heilslehre gedeutet werden. Der Ursprung aller B. ist der im 2. oder 3. Jh. n. Chr. in Alexandria entstandene *Physiologus* eines unbekannten Verfassers, der im MA. in versch. Übersetzungen weit verbreitet war. Im 20. Jh. hat Fritz Blei (*Bestiarium literaricum*, 1920) diese Form ironisch-satirisch aufgegriffen, um Künstler seiner Zeit (u. a. die Brüder Mann, Gerhart Hauptmann, R. M. Rilke, Stefan George) und die Eigenart ihrer Werke zu karikieren.

Bestseller (engl. best – am besten; to sell – verkaufen: das am besten zu verkaufende [Buch]) | Um 1905 in den USA aufgekommene Bezeichnung für ein Buch, das innerhalb eines bestimmten Zeitabschnitts sehr häufig verkauft wird. Indem Zeitschriften und Zeitungen regelmäßig B.-Listen veröffentlichen, nehmen sie Einfluss auf eine weitere Steigerung der Verkaufszahlen bereits erfolgreicher Bücher.

Bewusstseinsstrom (Übers. von engl. stream of consciousness) | Den Begriff prägte der US-amerik. Psychologe William James am Ende des 19. Jh. Gemeint ist die ungeordnete, sprunghafte und gedanklich nicht durchgeformte Folge von Gedankensplittern, Emotionen, Erinnerungen, bruchstückhaften Reflexionen und Bewusstseinsinhalten. In der Romanliteratur des 20. Jh. (John Dos Passos, James Joyce, Marcel Proust, Alfred Döblin) spielt der B. eine herausragende Rolle. Er wird mit den Erzähltechniken der →erlebten Rede und des →inneren Monologs lit. darstellbar.

Bibliografie (griech. bíblos – Buch; gráphein – schreiben) | Im eigtl. Wortsinn: Buchbeschreibung. Heute alle nach bestimmten Gesichtspunkten (Autoren, Fachgebiete/Themen, Erscheinungsjahr) zusammengestellten Übersichten publizierter Texte. B. können im Anhang von Publikationen stehen, erscheinen aber auch als eigenständige Werke. In der wiss. Diszipilin der Bibliothekskunde ist B. die Lehre von der Ermittlung, Beschreibung und Ordnung von Texten.

bibliografische Angaben | →Annotation

Bibliomanie (griech. bíblos – Buch; manía – Verlangen, Sucht) | Büchersucht oder Bücherwahn. Krankhaft gesteigerte Sammelleidenschaft für v. a. alte, seltene, kuriose oder besonders ausgestattete Bücher (Illustrationen, Einbände, Papiersorten). Den Typus des **Bibliomanen** hat Elias Canetti mit der Gestalt des Professors Kien in seinem Roman *Die Blendung* (1935) lit. verewigt.

Bibliophilie (griech. bíblos – Buch; phílios – lieb, liebend, freundlich, Freund) | Im Gegensatz zur →Bibliomanie ist die B. eine Bücherliebhaberei, bei der die Wertschätzung der Form des Buches (schöner Druck, Buchausstattung, Typografie) mit der seines Inhalts eng verbunden ist. Die B. gibt es seit der Antike, dann v. a. im →Humanismus. Seit dem 19. Jh. wird sie in eigens dafür gegründeten Vereinen gepflegt, so in der nach dem Humanisten Willibald Pirckheimer (15./16. Jh.) benannten Gesellschaft.

Biedermeier | Der Name stammt von dem Arzt Adolf Kußmaul und dem Juristen Ludwig Eichrodt, die ab 1854 in der Witz-Zeitschrift »Fliegende Blätter« die Gedichte eines (fiktiven) schwäbischen Dorfschullehrers namens B. karikierten und damit einen Figurentypus erfanden, der sich durch provinzielle und philiströse Beschränktheit (›Spießbürger‹) auszeichnet. Seit etwa 1930 ist die Bezeichnung B. für die dt. Geschichts- und Kulturepoche zwischen dem Ende der napoleonischen Ära (1815) und der Märzrevolution von 1848 gebräuchlich. Derselbe Zeitabschnitt wird auch →Vormärz oder Restaurationsperiode genannt. In der Kunstgeschichte bezeichnet B. einen Stil der Mode und Möbelkunst, der als dt. Bürgerstil dem franz. Kaiserstil Napoleons I. (›Empire‹) entgegengesetzt wird. Als Literaturepoche bezeichnet B. die Zeit zwischen →Romantik und →Realismus. Grundmerkmale der B.-Zeit sind nationale Enttäuschung nach dem Aufschwung der Befreiungskriege, Rückzug in das private familiäre Leben, Hinwendung zur Natur, zur Geschichte und zu den kleinen unscheinbaren Dingen des alltäglichen Lebens, Konservativismus und Traditionsbewusstsein. Zugleich aber ist der B., im Widerspruch zu seinem Namen, vielschichtiger zu sehen, da in diese Zeit auch das publizistisch aktive →Junge Deutschland, die auf polit. Emanzipation drängenden Schüler des Philosophen Hegel, ›Junghegelianer‹ genannt (Bruno Bauer, D. F. Strauß, Karl Marx u. a.), und die polit. Lyrik des →Vormärz gehören. Zu den bedeutenden lit. Leistungen des B. gehören die landschaftsgebundenen Romane, Erzählungen und Gedichte von Adalbert Stifter, Jeremias Gotthelf, Annette von Droste-Hülshoff, Eduard Mörike, Nikolaus Lenau, die Dramen Franz Grillparzers und die in der Tradition Sir Walter Scotts stehenden histor. Romane von Wilhelm Hauff und Willibald Alexis.

Bild | Über die einfache Nennung und Bezeichnung eines Gegenstandes oder Sachverhalts hinaus sind die Wörter einer Sprache (z. B. ›Nacht‹, ›Meer‹ oder ›Mond‹) immer auch zugleich Sprachbilder, die Stimmungen, Assoziationen, Emotionen, Vorstellungen wecken, die mittels der sinnlichen Phantasie des Lesers oder Hörers interpretierend und deutend verwirklicht werden. Der bewusste Einsatz dieses Zusammenhangs von klarer Bezeichnung und freier Assoziation und Vorstellung ist Merkmal auch der alltagssprachlichen Kommunikation (z. B. ›jemanden erobern‹, ›sich in Verhältnissen einrichten‹, ›die Nacht zum Tag machen‹ usw.), zeichnet aber in besonderer Weise die poetische Sprache aus. Die Möglichkeiten des Sprachbildes sind dabei nahezu unbegrenzt, sowohl was den Umfang (vom einzelnen Wort bis zum ganzen Roman), die Aufnahme von traditionellen Bildern und ihre Neugestaltung (→Topos und →Tropus) als auch ihre Funktionsweise innerhalb lit. Texte (→Metapher, →Allegorie, →Symbol, →Emblem, →Metonymie, →Fabel usw.) betrifft. Alle lit. Gattungen arbeiten mit B., allerdings in den von den versch. Medien diktierten Unterschieden. Emotions- und stimmungsintensive Genres der Lyrik z. B. drängen mit sich gegenseitig ablösenden oder überschichtenden B. zum möglichst lückenlosen bildlichen Ausdruck: »Der Mond von einem Wolkenhügel / Sah kläglich aus dem Duft hervor, / Die Winde schwangen leise Flügel, / Umsausten schauerlich mein Ohr.« (Goethe:

Willkommen und Abschied, 1775) Der Roman hingegen ist über weite Strecken v. a. Bericht, Erzählung und Dialog, in denen dann der bildliche Ausdruck und seine Eigenart Erzähler oder Romanfiguren charakterisieren.

Bilderbogen | Seit dem späten MA. auf Jahrmärkten vertriebenes Flugblatt (→Flugschrift) mit einem Bild oder einer Bildfolge und meist gereimten moralisch-didaktischen Texten (Moritat, →Bänkelsang). B. blieben bis ins 19. Jh. in Deutschland eine wichtige Form der Verbreitung zeitgeschichtlicher Neuigkeiten. William Hogarth in England, Honoré Daumier in Frankreich und Daniel Chodowiecki in Deutschland entwickelten Ende des 18. Jh. aus dieser Tradition die **Bild(er)geschichte**. Im 19. Jh. konnten durch neue Druck- und Reproduktionstechniken B. in hohen Auflagen verbreitet werden, z. B. *Neuruppiner Bilderbogen* (seit 1775), *Weißenburger Bilderbogen* (seit 1830) und *Münchner Bilderbogen* (seit 1844). Wilhelm Busch (*Max und Moritz*, 1865) und der Arzt Heinrich Hofmann (*Struwwelpeter*, 1847) gaben der Bildgeschichte dann einen humoristischen Grundton, ohne aber auf die abschreckende moralisch-didaktische Wirkung des erzählten und bebilderten Geschehens zu verzichten. Mit der illustrierten Massenpresse, Rundfunk usw. verloren Bilderbogen bzw. Bildergeschichten an Bedeutung; sie leben aber in anderer Form in den heutigen →Comics weiter.

Bild(er)geschichte | →Bilderbogen, →Comic

Bildgedicht | Umsetzung/Übersetzung des Gehalts oder der Wirkung eines bildkünstlerischen Werkes (Gemälde, Skulptur, Grafik) in ein Gedicht und in den lyrischen Ausdruck: »Wir kannten nicht sein unerhörtes Haupt, / darin die Augenäpfel reiften. Aber / sein Torso glüht noch wie ein Kandelaber, / in dem sein Schauen, nur zurückgeschraubt, / sich hält und glänzt …« (R. M. Rilke: *Archaischer Torso Apollos*, 1908)

Bildungsroman | Von Wilhelm Dilthey um 1870 geprägte Bezeichnung für einen Romantypus, der sich seit der →Aufklärung und der Weimarer →Klassik besonders in Deutschland ausgeprägt hat. Sein Grundschema ist die Darstellung der (Persönlichkeits-)Bildung eines meist jugendlichen bürgerl. Individuums, das über versch. Stufen mit gesellschaftlichen Milieus konfrontiert wird, dabei Erfahrungen sammelt, sich selbst finden lernt, seine Persönlichkeit und Individualität ausbildet und sich schließlich in die durch Staat, Politik und Familie vorgegebenen und bestimmten Verhältnisse eingliedert. Fließende Übergänge zum →Erziehungsroman und →Entwicklungsroman. Der B. setzt ideen- und kulturgeschichtlich die Herausbildung des aufklärerischen Individualismus voraus (→Aufklärung), der den einzelnen Menschen als bildungs-, erziehungs- und entwicklungsfähig ansieht. Bedeutende Beispiele des B. sind J. W. Goethes *Wilhelm Meister* (1795/96; 1821/29), Novalis' *Heinrich von Ofterdingen* (1802), Gottfried Kellers *Der grüne Heinrich* (1845/55; 2. Fassg. 1879/80). Im 20. Jh. verlor der B. an Bedeutung, weil die Voraussetzungen des bürgerl. Individualismus schwanden. Thomas Mann verwendet den Romantypus ironisch (→Ironie), z. B. in *Der Zauberberg* (1924) oder *Die Bekenntnisse des Hochstaplers Felix Krull* (1954).

Binnenerzählung | →Rahmenerzählung

Binnenreim, auch innerer Reim, Schlagreim, Zäsurreim | Reim innerhalb eines Verses; er wird v. a. eingesetzt, um die Klangintensität eines Gedichts zu erhöhen, vgl. die Ballade *Lenore* (1773) von G. A. Bürger: »Nach Mitternacht begrabt den Leib / Mit Klang und Sang und Klage!« Oder Heinrich Heine: »Da schollert's hinab ins Meer – O Weh – / Schaddey! Schaddey! Adonay! – « (*Nächtliche Fahrt*, 1851)

Biografie (griech. bíos – Leben; gráphein – schreiben) | Lebensbeschreibung. Umfasst als Sammelbezeichnung die lit. Formen →Autobiografie, →Vita, →Nekrolog und →Memoiren. Als eigene und spezielle lit. Form: Darstellung der Lebensgeschichte einer wirklichen, nicht erfundenen Persönlichkeit, ihrer individuellen Entwicklung, ihrer wiss., polit. oder künstler. Leistungen im Rahmen der jeweils zeitgenössischen Gesellschaft. Im Grenzbereich zwischen Geschichtsschreibung und Literatur angesiedelt, hat die B. eine bis in die Antike zurückreichende Geschichte, vgl. Plutarchs *Bioi paralleloi* (46 n. Chr.), Parallelbiografien griech. und röm. Persönlichkeiten, oder Suetons *De vita Caesarum* (e. 121), Biografien der Kaiser von Cäsar bis Domitian. Im MA. als Heiligen- und Fürstenvita mit exemplarischem Anspruch, seit der →Renaissance (vgl. Giovanni Boccaccios *Das Leben Dantes*, um 1360) auf die individuelle Eigenart der Persönlichkeit orientiert. Je mehr der authentische Anspruch zurücktritt sowie fiktionalisierende Züge (→Fiktion) und lit.-künstler. Ansprüche die Darstellung bestimmen, nähert sich die B. der **Romanbiografie** oder dem **biografischen Roman** an, vgl. Stefan Zweig: *Marie Antoinette* (1932) oder *Maria Stuart* (1935).

Bispel | →Beispielgeschichte

Bitterfelder Programm | 1959 berief die Führung der SED eine Kulturkonferenz ins Chemiezentrum Bitterfeld (heute Sachsen-Anhalt) ein, um ihren Führungsanspruch auf kulturellem und künstler. Gebiet zu bekräftigen. Die Konferenz forderte u. a., die Kluft zwischen professioneller und Laienkunst, von ›hoher‹ und Unterhaltungskunst, von Vergangenheits- und Gegenwartsstoffen abzubauen und die Kultur der DDR als eigene National- und Massenkultur mit sozialistischem Inhalt auszuprägen. Anknüpfend an die Traditionen kommunist. Arbeiterkultur in der Weimarer Republik, sollte unter der Losung »Greif zur Feder, Kumpel!« der Arbeiter zum Schreiben ermuntert werden (so entstand z. B. das Brigade-Tagebuch als dokumentarisches Kunstgenre). Berufsschriftsteller sollten ihrerseits in die Produktionsstätten gehen, um neue Stoffe für die Kunst zu erschließen (Regina Hastedt: *Die Tage mit Sepp Zach,* 1959). Das B. P. wurde in den nachfolgenden Jahren als **Bitterfelder Weg** zur bestimmenden Linie der Kultur- und Kunstpolitik der DDR, konnte sich aber nicht durchsetzen, weil Differenzierung und Spezialisierung des künstler. Schaffens in einer hochgradig arbeitsteiligen Industriegesellschaft nicht rückgängig zu machen sind.

Blankvers (engl. blanc verse – reiner, reimloser Vers) | Fünfhebiger ungereimter Vers, der immer mit einer Eingangssenkung, also jambisch (→Jambus) beginnt. Schema: x|x́x|x́x| x́x|x́x|x́x. Im 16. Jh. in England entwickelt, findet er sich z. B. in Shakespeares Dramen. In Deutschland im 18. Jh. übernommen, den bislang gebräuchlichen →Alexandriner verdrängend. Der B. erlaubt eine prosanahe Gestaltung, deren sich v. a. das dt. Versdrama bei Goethe, Schiller und Heinrich v. Kleist bedient: »Freúd ist und Schmérz, dir, séh ich, gléich verdérblich, / Und gléich zum Wáhnsinn réißt dich béides hín.« (Kleist: *Penthesilea*, 1808)

Blut- und Bodenliteratur | Sammelbezeichnung für die von der NS-Ideologie favorisierte Literatur, in der Volkstum, Scholle, erblicher Bauernstand, erobernde und kolonisierende Landnahme, Brauchtum, Heimat, Sippe und Rasse die bevorzugten Inhalte sind. Die im 19. Jh. entstandene →Heimatdichtung (Hermann Löns, Peter Rosegger, Berthold Auerbach u. a.) bringt die meisten dieser Themen in die Literatur ein, die dann aber von der B. u. B. mit aggressivem Chauvinismus und Antisemitismus aufgeladen werden, verbunden mit flacher, kolportagehafter (→Kolportage) Handlung und einer altertümelnden Sprache (→Archaismus), vgl. Romane von Hans Grimm, Adolf Bartels, Werner Beumelburg, Heinrich Anaker, Josefa Berens-Totenohl u. a.

Boheme (frz. bohème – der Böhme, auch Zigeuner) | Um 1830 zuerst in Paris gebräuchliche Bezeichnung für die Künstler, Literaten und Studenten des Quartier Latin und des Montmartre, die sich durch ihr exzentrisches Äußeres und ihren Lebensstil von der bürgerl. Umwelt und der Elterngeneration nonkonformistisch absetzten, so beschrieben von Henry Murger in dem Roman *Scènes de la vie de Bohème* ([Szenen aus dem Leben der Boheme] 1851), der Puccini zu seiner Oper *La Bohème* (1896) anregte. Dann auch Bezeichnung für das Künstlerproletariat, dem der soziale Aufstieg in die bürgerl. Schichten verwehrt blieb, und für die Künstlerkreise, die sich in den europ. Großstädten Wien, München, Berlin, Paris, Mailand, London in Gruppen oder an bestimmten Orten (z. B. Cafés) sammelten und eine freie, antibürgerliche Lebensweise demonstrierten.

Botenbericht | Dramentechnisches Mittel, um Vorgänge und Ereignisse, die außerhalb der Szene geschehen und technisch nur schwer oder gar nicht auf der Bühne darstellbar sind (z. B. Schlachten), in die Handlung einzubeziehen. Der B. wird von einer der dramat. Personen gegeben. Vielfach im antiken Drama verwandt (Euripides, Aischylos). In der dt. Dramatik u. a. bei Schiller (*Wallensteins Tod* [1800], Bericht des Hauptmanns). Heinrich von Kleists Trauerspiel *Penthesilea* (1808) beginnt mit dem B. des Odysseus über die Amazonenschlacht. →Mauerschau

Boulevardstück | Typus von Theaterstücken, die ab Mitte des 19. Jh. auf den Bühnen der großen Pariser Boulvards gespielt wurden. Mit ihren witzigen Dialogen, einer leicht eingängigen Handlung (amouröse Verwicklungen, Intrigen, komische Situationen, versöhnliche Lösungen) v. a. im Milieu des bürgerl. Salons dienten sie dem Amüsement des neureichen Großbürgertums. Klassischer Typ des B. ist Eugène Scribes *Le verre d'eau* (1840; dt. *Das Glas Wasser*, 1842), an dem sich viele andere Bühnenautoren orientiert haben. Heute generell in der Bedeutung des leichten Unterhaltungstheaters. →Vaudeville, →Revue

Brief (lat. breve scrīptum – kurzes Schriftstück) | Schriftl. Mitteilung (als Gesprächsersatz), gerichtet an einen bestimmten Empfänger/Adressaten. Der B. ist so alt wie die Schrift; die ältesten erhaltenen Beispiele stammen aus Ägypten, Mesopotamien und dem *Alten Testament* (seit 2200 v. Chr.). Zu unterscheiden sind Privat-B., offizielles Schreiben und fingierter B. bzw. **Episteln** (griech. epistolé, lat. epistula – Brief): im Unterschied zum B. bewusste lit. Gestaltung der B.-Form als Sendschreiben, Briefgedicht, Briefessay, Lehrbrief u. a. Die Episteln des *Neuen Testaments* (Sendschreiben an versch. Gemeinden) sind die bekanntesten Formen dieser Gattung, die auch in der Zeit der Reformation eine Blüte erlebte. ›Offene‹ B. haben (wie die Episteln) keine private, sondern öffentliche Wirkungsabsicht. Nur scheinbar an einen Adressaten gerichtet, sind sie eher →Essays, Reden, →Traktate, →Predigten oder →Satiren. Fingierte B. konstituieren auch den →Briefroman und sind eine beliebte Form der →Reiseliteratur. Vgl. zur Gattung B. Senecas *Epistulae morales* (e. 62 n. Chr.; dt. 1536, 1924 u. d. T. *Moralische B.*) oder Hugo von Hofmannsthals *Ein Brief* [Chandos-B.] (1901/02), daneben die freundschaftliche Privatkorrespondenz als lit. Gattung im 16./17. Jh. oder in der →Romantik, im →Vormärz den B. als Form der Reiseliteratur (vgl. Ludwig Börne: *Briefe aus Paris*, 1832).

Briefroman | An die Stelle eines auktorialen oder Ich-Erzählers (→auktoriale Erzählsituation) treten zwei oder mehrere fingierte Briefschreiber, wodurch die →Erzählperspektive sich aufgliedert und die Selbstaussagen der einzelnen Briefschreiber sich im Dialog ergänzen oder gegenseitig korrigieren. Die Traditionen des B. reichen in die →Antike zurück (vgl. Ovids *Heroides*, e. 20 v. Chr./8 n. Chr.; dt. *Heldenbriefe*). Seine Blüte erlebt er im Zeitalter der →Empfindsamkeit, vgl. Samuel Richardsons *Pamela* (1740; dt. 1743) oder J.-J. Rousseaus *Nouvelle Héloïse* (1759; dt. *Die neue Heloïse*, 1761). Die bekanntesten dt. B. sind Goethes *Die Leiden des jungen Werthers* (1774) und Friedrich Hölderlins *Hyperion* (1797).

Buchmarkt | →Literaturmarkt

Bühne | Vom Zuschauerraum durch einen Vorhang getrennte, meist erhöhte Spielfläche im Theater. Mittels Kostümen, Dekorationen, Kulissen (Bühnenbild), Beleuchtung und dem Wechsel der Handlungsorte (›Szenenwechsel‹) erweckt die B. die Illusion einer vom realen Leben der Zuschauer abgehobenen zweiten (fiktiven) Welt. Das antike Drama, das kultischen Ursprungs ist, wurde auf der Orchestra, dem Platz vor dem Tempel des Dionysos, dargestellt, später, nach der Lösung vom Kultus, vor der Skene (einem Gebäude, in dem die Schauspieler sich umziehen) auf dem Proszenium. Im MA und in der Renaissance bildeten sich zahlreiche B.-Formen aus. Die **Shakespearebühne** (Globe-Theatre in London Ende des 16. Jh.) z. B., eingefügt in einen hölzernen, nach oben offenen Rundbau mit Zuschauergalerien, ist ein erhöhtes Podium mit Hinter- und Oberbühne. Die moderne B. (**Guckkastenbühne**, d. h.: der Zuschauer blickt in den Bühnenraum hinein) entstand Anfang des 17. Jh.; techn. Neuerungen wie **Drehbühne** oder **Versenkbühne** gibt es seit Ende des 19. Jh. Die **Freilichtbühne** ist eine Schöpfung des 20. Jh., die an die kultische Wirkung des antiken Theaters und an die Naturbühne anknüpft.

Bukolik (lat. būcolicus – zu den Hirten gehörig) | Sammelbezeichnung für Schäfer- und →Hirtendichtung, auch **arkadische Poesie**, abgeleitet von ›Arkadien‹, einer Landschaft auf dem Peloponnes, die in der Antike als Land der Hirten und Jäger galt.

bürgerliches Trauerspiel | In der →Aufklärung entstandene dramat. Gattung, die Ausdruck des wachsenden bürgerl. Selbstbewusstseins in der feudalständischen Gesellschaft ist. Das b. T. setzt sich von der seit Aristoteles geltenden Ständeklausel ab, nach der in der →Komödie Personen niederen, in der →Tragödie dagegen nur solche gehobenen Standes auftreten sollen, weil nur jene komisch und nur diese heroisch und tragisch sein können. Lessings *Miss Sara Sampson* (1755) und *Emilia Galotti* (1772) sind in Deutschland die ersten bedeutenden b. T., in denen bürgerl. Moral und Ethik (individuelle Tugend, Sittlichkeit und Würde) auf Standesanmaßung und fürstlichen Machtmissbrauch treffen und den tragischen Konflikt auslösen. Weitere künstler. Höhepunkte des b. T. sind Schillers *Kabale und Liebe* (1784) und Friedrich Hebbels *Maria Magdalena* (1844).

Burleske (ital. burlesco – spaßhaft, Scherz, Schwank) | Seit Mitte des 16. Jh. zunächst in Italien gebräuchliche Bezeichnung für eine Stilart (→Stil), in der das →Erhabene und →Tragische ins Niedrige, →Komische und Alltägliche verwandelt werden. John Gays *Beggar's Opera* ([Bettler-Oper] 1728) z. B., die Brecht als Vorlage für seine *Dreigroschenoper* (1930) diente, bezieht ihre komische Wirkung aus der Parodie des (hohen) Opernstils.

Captatio Benevolentiae (lat., Haschen nach Wohlwollen) | Werbung um die Gunst des Zuschauers oder Lesers, z. B. eines Autors am Beginn seines Romans: »Müßiger Leser! Ohne Eidschwur kannst du mir glauben, dass ich wünschte, dieses Buch, als der Sohn meines Geistes, wäre das schönste, stattlichste und geistreichste, das sich erdenken ließe.« (Cervantes: *Don Quijote*, 1605/1615)

Caput (lat., Haupt, Kopf) | Kapitel eines Buches, z. B. in Heinrich Heines satirischem Versepos *Deutschland. Ein Wintermärchen* (1844).

Chanson (frz., Lied) | Im ma. Frankreich alle volkssprachigen lyrischen und epischen, instrumental begleiteten Vortragslieder. Im modernen Sprachgebrauch alle Arten des mehr- und einstimmigen Liedes. Während der Französischen Revolution entwickelte sich die engere Bedeutung: das volkstümliche, satirisch-politische Ch. (die berühmtesten *Ça ira* und *La Carmagnole*), ein mehrstrophiges, für den Vortrag auf Kleinkunstbühnen, in Varietees, Kabaretts oder auch Versammlungen geschriebenes kritisches, witziges, ironisches oder satirisches Lied, das besonders von der individuellen Eigenart und Kunst des Vortrags lebt. Es hatte seine Blütezeit in den Pariser Kabaretts der zweiten Hälfte des 19. Jh. In Deutschland fand es im Zusammenhang mit der Entwicklung des Kabaretts nach der Jahrhundertwende große Verbreitung (z. B. die Ch. von Frank Wedekind, Kurt Tucholsky, Joachim Ringelnatz, Erich Kästner, Felix Hollaender); eng verwandt mit →Song und →Couplet.

Chanson de Geste (frz., Heldenlied; lat. gesta – Taten) | Bezeichnung für das altfranz. Heldenepos des MA. (11./12. Jh.). Vorgetragen von ›Spielleuten‹ mit Saiteninstrument-Begleitung (→Spielmannsdichtung). Die Stoffe stammten aus der nationalen Geschichte und handeln von den Kreuzzügen, großen Schlachten (z. B. gegen die Araber/Mauren) oder ruhmreichen Taten von Herrschern und Heerführern. Das bekannteste und älteste ist das *Chanson de Roland* ([Rolandslied] e. 1106/24). Mitte des 13. Jh. setzte durch die zunehmende Darstellung von Abenteuern bei der Erlangung von Ruhm und Frauengunst die Wandlung zum höfischen Epos (→höfische Dichtung) ein.

Charakterdrama | Im Gegensatz zum Handlungsdrama (→Handlung) entwickelt sich das dramat. Geschehen im Ch. (Charakterkomödie und Charaktertragödie) aus der Eigenart einer widerspruchsvollen Persönlichkeit, ihrem Charakter, vgl. z. B. Schiller: *Wallenstein* (1798/1800).

Charaktermaske | →Maske

Charge (frz., Bürde) | Bezeichnung für eine stark typisierte Nebenrolle im Theaterstück (Kammerdiener, Bote, Arzt, Stubenmädchen). Da diese Rollen auch bei der theatralischen Umsetzung oft karikierend weiter überhöht werden, bedeutet in der Sprache des Theaters und der Kritik das Verb **chargieren** abwertend eine übertriebene Spielweise, die individuelle Nuancen vermissen lässt.

Chiffre (frz., Ziffer) | **1** Mit einem Kode verschlüsselte Geheimschrift, in der jeder Buchstabe (Zeichen) für einen anderen steht. **2** Symbolartiges (→Symbol) Zeichen v. a. in der modernen Lyrik, das in der individuellen →Poetik des Lyrikers einen komplexen Sinn- oder Sachzusammenhang vertritt, z. B. bei R. M. Rilke die Rose als Ch. für die Unaussprechbarkeit der Schönheit.

Chor (griech. chorōs – Tanzplatz; übertragen: Tanz mit Gesang, Gruppe gemeinsam singender und/oder tanzender Personen) | Im →Drama Sprecher- oder Sängerkollektiv, das als handelnde, kommentierende oder urteilende Person auftritt. In der griech. Tragödie des Aischylos und des Sophokles (5. Jh. v. Chr.) unter Leitung eines **Chorführers** dem einzelnen Schauspieler als Gruppe gegenüberstehend und dessen Handlungen kommentierend und wertend. In dem Maße, wie die dialogischen Elemente wichtiger werden, verliert der Ch. seine zentrale dramat. Bedeutung. Das →bürgerliche Trauerspiel kennt keinen Ch. Gleichwohl wird er von einzelnen Dramatikern seiner epischen Wirkung (→episches Theater) wegen bis ins 20. Jh. verwendet, vgl. Schiller: *Die Braut von Messina* (1803); Ludwig Tieck: *Prinz Zerbino* (1799); Bertolt Brecht: *Die Maßnahme* (1930); Peter Weiss: *Vietnam-Discurs* (1968).

Chrestomathie (von griech. chrestos – brauchbar; manthánein – lernen) | →Anthologie

Chronik (griech. chronicá – Zeitbuch) | Seit der →Antike bis zum 16./17. Jh. mit religiösen Deutungen und poetischen Mitteln gemischte Darstellung geschichtlicher Begebenheiten. Verwandt mit den **Annalen**, in denen die Ereignisse (Krönungen, Naturkatastrophen, Seuchen, Sterbefälle, Verbrechen, Ketzerverfolgungen usw.) in strikter zeitlicher Abfolge und ohne Rücksicht auf ihren ursächlichen Zusammenhang aneinander gereiht werden. Zunächst in Versform (**Verschronik**), seit dem 13. Jh. zunehmend in Prosa abgefasst. Zentrum der Ch. ist die Lebens- bzw. Regierungszeit von Kaisern, Bischöfen, Äbten, aber es gibt auch Welt-, Stadt-, Landes- oder Familien-Ch. Die bedeutendste und älteste Welt-Ch. aus dem dt. Sprachraum ist Eike von Repgows *Sächsische Weltchronik* (um 1230). Lit. Verwendung findet die Ch.-Form u. a. bei Brecht: *Mutter Courage und ihre Kinder. Eine Chronik aus dem Dreißigjährigen Krieg* (U. 1941).

Collage (frz., Aufkleben) | In der bildenden Kunst Zusammenkleben vorgefundener Elemente, die durch ihre komponierende Zusammenstellung etwas Neues ergeben. Auf die Literatur übertragen bedeutet C. sowohl die

Technik wie auch das Ergebnis der zitierenden Kombination vorgefundener, aus versch. Zusammenhängen stammender Texte innerhalb eines sprachlichen Kunstwerks. Zunächst weitgehend synonym mit →Montage gebraucht, hat sich im Zusammenhang mit dem →Futurismus, →Dadaismus und →Surrealismus eine besondere Bedeutung von C. durchgesetzt: die Kombination widersprüchlichster Elemente, die verfremden und provozieren soll, vgl. Lautréamonts Formel von der ›zufälligen Begegnung einer Nähmaschine und eines Regenschirms auf dem Operationstisch‹. Literarische C. u. a. bei Alfred Döblin: *Berlin Alexanderplatz* (1929), Karl Kraus: *Die letzten Tage der Menschheit* (1918/19), Arno Schmidt: *Zettls Traum* (1970).

Comic (von engl. comic strip – komischer Bildstreifen) | Ende des 19. Jh. in den USA zeitgleich mit dem Stummfilm entstandene komische Form der Bildgeschichte (erstmals erschienen 1896 in »New Yorker World« *The Yellow Kid* von Richard Outcault). In einer Folge gezeichneter oder gemalter Bilder wird eine Geschichte erzählt. Die Aussagen der handelnden Personen oder Tiere stehen in Sprechblasen oder Bildunterschriften. C. erscheinen in Fortsetzungsserien in Zeitungen, Zeitschriften oder als selbstständige C.-Hefte (Comicbooks). Die Inhalte, die auch den jeweiligen Typus des C. bestimmen, sind Märchenthemen, Tiergeschichten (Walt Disneys *Mickey Mouse*, ab 1930, *Donald Duck*, ab 1937), phantastische Abenteuer mit Helden von übernatürlicher Kraft (›Phantom‹, ›Superman‹, ›Tarzan‹), aber auch Kriegs-, Kriminal-, Sciencefiction- und erotische oder pornografische Stoffe. Lange Zeit wurden C. ausschließlich der →Trivialliteratur/Trivialkunst zugerechnet. Nach dem Zweiten Weltkrieg wurden ihre Stilmittel von der →Untergrundliteratur und von der Popart (→Popliteratur) aufgegriffen.

Commedia dell'Arte (ital. commedia – Schauspiel; arte – Kunst, Handwerk) | Mitte des 16. Jh. in Italien entstandene volkstümliche Stegreifkomödie (→Komödie, →Stegreifspiel). Da lediglich die Szenenfolge festgelegt war, mussten die Schauspieler während des Spiels im Dialog mit Mimik, Witz, Tanz und Gesang improvisieren. Weil dies besondere artistische Geschicklichkeit verlangte, wurde die C. d. A., im Gegensatz zur →Commedia erudita, von Berufsschauspielern aufgeführt. Das Figurenpersonal ist streng typisiert: Dem jungen Liebespaar stehen mit Halbmasken (›Charaktermasken‹) und immer gleichen Kostümen der gelehrt daherschwatzende Dottore (Doktor), der geizige Kaufmann Pantalone, der prahlende Offizier Capitano und die beiden Dienerfiguren Colombina und Arlecchino (Vorbild für Truffaldino, Harlekin, Figaro) gegenüber. Die C. d. A. hat besonders in Frankreich (Molière) und England (Shakespeare) gewirkt, in Deutschland auf Andreas Gryphius, in Österreich auf J. N. Nestroy, Franz Grillparzer und Hugo von Hofmannsthal.

Commedia erudita (ital., gelehrte Komödie) | In der ital. →Renaissance von Humanisten (→Humanismus) für gebildete höfische Laienspieler geschaffene Komödienform (→Komödie, →Commedia dell'Arte). Vgl. Nicolo Macchiavelli: *Mandragola* (1520).

Couplet (frz., Paar; von lat. cōpula – Verbindung) | Form des →(Theater-)Liedes, urspr. →Reim- bzw. Verspaar, auch →Strophe mit rhythmisch gleichartigen Verszeilen und →Refrain. Die Musik ist entweder eigens dazu komponiert oder dem Text werden vorhandene, z. T. bekannte Melodien unterlegt. Seit dem 18. Jh. als Gesangseinlage zuerst im →Vaudeville und im →Singspiel, dann in →Posse und →Volksstück sowie in Operette, →Revue und →Kabarett als heitere oder satirische Liedform mit witziger Pointe im Refrain herausgebildet. Im 20. Jh. eng verwandt mit →Song und →Chanson.

Dadaismus (von dada, Wortherkunft umstritten: dt. Lallen des Kindes; frz. Holzpferdchen [Kindersprache]?) | Avantgardistische (→Avantgarde) Literatur- und Kunstströmung, die 1916 von einer Gruppe pazifistischer und anarchistischer, im Zürcher »Cabaret Voltaire«

sich versammelnder Künstler (Hugo Ball, Kurt Schwitters, Richard Huelsenbeck, Hans Arp, Tristan Tzara u. a.) ausgeht. Unter dem Eindruck der Schrecken des Ersten Weltkriegs verstand sich der D. als alle bisherigen Kunstkonventionen aufkündigende, Kunst und Kultur (als bürgerl. Institutionen) überhaupt infrage stellende Kunstrevolution. Den →Expressionismus, →Futurismus und Kubismus fortführend und radikalisierend, sind nach Huelsenbeck die ästhetischen Prinzipien des D. der Bruitismus (= simultan erfasste Geräusche des Alltagslebens nach frz. bruit – Geräusch, Lärm), die Simultaneität (→Simultantechnik) und neue Techniken in der Malerei (→Collage). Nach Ende des Krieges gab es versch. Richtungen des D. in Deutschland (vertreten durch R. Huelsenbeck, die Brüder Herzfelde, George Grosz, Raoul Hausmann, Max Ernst). In Frankreich (Tristan Tzara, Hans Arp, Louis Aragon, André Breton u. a.) geht der D. um 1923 in den →Surrealismus über. Vom bürgerl. Publikum zunächst als provokanter Unsinn abgetan, hat der D. große Bedeutung für die Form- und Ausdrucksmöglichkeiten der Kunst im 20. Jh. erlangt.

Daktylus (lat., nach griech. dáktylos – Finger) | Antiker Versfuß (→Vers), der aus einer langen und zwei kurzen Silben besteht (–⏑⏑). Verse, in denen dieser dreisilbige Takt dominiert, werden **daktylische Verse** (→Hexameter, →Pentameter) genannt. In der dt. Dichtung gilt als D. die Kombination einer betonten und zweier unbetonter Silben (x́xx), vgl. den *Chor der Engel* in Goethes *Faust II* (1832): »Wendet zur Klarheit / Euch, liebende Flammen!«

Dandy (engl., Stutzer, Geck) | Mitte des 18. Jh. aufkommender Londoner Figurentypus eines jungen, reichen Aristokraten mit extravagantem Lebensstil (genussorientierter Müßiggang, Desinteresse an sozialen und polit. Problemen und am bürgerl. Alltag). Davon abgeleitet **Dandyismus** als Bezeichnung für eine künstler. Grundhaltung in der engl. und franz. Romantik, die sich von den Vernützlichungstendenzen ihrer bourgeoisen Umwelt durch einen artistischen künstler. Stil und ästhetisierende Lebenspräsentation abgrenzen wollten (→Boheme, →L'art pour l'art, →Dekadenz). Zu den Vertretern des Dandyismus werden u. a. in Großbritannien Oscar Wilde (*The Picture of Dorian Gray*, 1891; dt. *Das Bildnis des Dorian Gray*, 1901), in Frankreich Maurice Barrès (Romantrilogie *Le culte du moi* [Der Ichkult], 1888/91) und J.-K. Huysmans (*A rebours*, 1884; dt. *Gegen den Strich*, 1897), in Deutschland (bedingt) Stefan George und Ernst Jünger gerechnet.

Dekadenz (frz. décadence – Verfall) | **1** Epoche gesellschaftlichen, moralischen und polit. Niedergangs (Metapher von ›Blüte und Verfall‹, ›Größe und Niedergang‹). So z. B. gebrauchte der Aufklärer Montesquieu den Begriff, um, nicht ohne Bezug auf die eigene Zeit, innerhalb der röm. Antike versch. polit. Phasen voneinander abzuheben, vgl. *Considérations sur les causes de la grandeur des Romains et de leur décadence* (1734; dt. *Betrachtungen über die Ursachen der Größe und des Verfalls der Römer*, 1786). Ab der zweiten Hälfte des 19. Jh. wird der Begriff in der Kulturkritik u. a. von Friedrich Nietzsche, Jacob Burckhardt, Max Nordau und Oswald Spengler gebraucht, um kulturelle Abstiegsphasen der bürgerl. Gesellschaft zu benennen. **2** Im spezielleren literarhistor. Sinn: **Dekadenzdichtung**. In der zweiten Hälfte des 19. Jh. in allen europ. Ländern auftretende widersprüchliche künstler. Tendenz, die in Frankreich von der Auseinandersetzung mit dem →Naturalismus Émile Zolas ihren Ausgang nimmt (J.-K. Huysmans, Charles Baudelaire). Dann Sammelbezeichnung für versch. Strömungen der künstler. Moderne im Zeichen des →Fin de Siècle (v. a. →Impressionismus und →Symbolismus). Als gemeinsame Merkmale werden benannt: Pessimismus, Weltschmerz, Ekel und Überdruss, artistische Verfeinerung der Sinne im Zeitalter kulturellen Verfalls, Streben nach einer Schönheit, die das Hässliche gänzlich ausschließt usw. Charakteristisch ist der positive (die programmatische Selbstbezeichnung von Künstlern als ›décadents‹, so in der Zeitschrift »Le Décadent« [1886/89], aber auch bei Nietzsche) wie der negative Gebrauch des Begriffs, so v. a. in der marxistischen Kultur- und Kunstkritik (→Moderne).

Dekonstruktion (engl. deconstruction – Dekonstruierung) | Richtung in der franz. und US-amerik. Literaturwissenschaft, die den lit. Text als vielsinnig (d. h.: mehrere Bedeutungen überlagern sich) versteht. Daraus resultiert die Forderung, durch ›dekonstruierende‹ (= destruierende und neu konstruierende) Lektüre die Festlegung auf eine Bedeutung aufzubrechen und den vieldeutigen Schriftsinn aufzudecken. Hauptvertreter in den USA Paul de Man (*Allegories of Reading*, 1979; dt. *Allegorien des Lesens*, 1988), in Frankreich Jacques Derrida (*L'ecriture et la différence*, 1967; dt. *Die Schrift und die Differenz*, 1972).

Detektivgeschichte | →Kriminalroman

Deus ex Machina (lat., der Gott aus der Maschine) | Sprichwörtlich gewordener Ausdruck für die überraschende und plötzliche Wendung eines Dramas oder eines Romans durch das Dazwischentreten einer Person oder eines Zufalls. Im antiken Theater wurde zur Lösung des tragischen Konflikts und dem Wunsch des Zuschauers nach einem guten Ausgang des Dramas entsprechend mittels einer Theatermaschine ein helfender Gott in die Szene herabgelassen. Im neuzeitlichen Theater das Eingreifen eines ›reitenden Boten des Königs‹ (vgl. Molière: *Tartuffe*, 1664; Gerichtsrat Walter in Heinrich von Kleists *Der zerbrochene Krug*, 1808). Brecht verwendet den D. e. M. ironisch-satirisch in der *Dreigroschenoper* (1928).

Deutsche Philologie | →Germanistik

Dialektdichtung | →Mundartdichtung

Dialog (griech. diálogos – Unterredung) | 1 Teil der dramat. Handlung, eingeführt mit dem zweiten Schauspieler im antiken Drama. Im Gegensatz zum →Monolog wird im D. durch Wechselrede der Bühnenfiguren die dramat. Handlung befördert. 2 Selbstständige lit. Gattung, die auf Platons *Dialoge* (5. Jh.

v. Chr.) zurückgeht. Dort wurde durch philosophische Wechselrede zwischen versch. am **Symposion** (griech., das Zusammen-Trinken) teilnehmenden Personen Erkenntnis vorangetrieben. Im MA. war der D. z. B. im **Streitgespräch** (vgl. Johannes von Saaz: *Der Ackermann und der Tod*, um 1400 in nhd. Sprache) Mittel der Auseinandersetzung um die angemessene Auffassung von einer Sache. Die →Aufklärung benutzte den D. im Sinne ihres humanistischen Erziehungsprogramms, vgl. Lessings *Ernst und Falk* (1778), J. G. Herders *Gott. Einige Gespräche* (1787). Auch im 20. Jh. hat der D. seine lit. Bedeutung behalten, vgl. u. a. Brechts *Flüchtlingsgespräche* (1940).

Dichtarten | →Gattung

Dichter (von ahd. tihtōn – schreiben, ordnen, herrichten) | Deutsche Bezeichnung für den mit →Phantasie und →Genie begabten Gestalter/Schöpfer eines fiktionalen sprachlichen Kunstwerks. Seit dem 12. Jh. gebräuchlich (mhd. tichter), aber erst im 18. Jh. als Synonym zu dem aus dem Griech. und Lat. sich herleitenden Begriff **Poet** (griech. poiesis – das Machen, Verfertigen, Darstellen) gebräuchlich (→Poesie). So wie ›Poet‹ seit dem 18. Jh. hat auch die Bezeichnung D. im 20. Jh. eine Bedeutungsabwertung im Sinne des Abgehobenseins vom praktischen Alltag erfahren und wird im heutigen Sprachgebrauch durch wertneutrale bzw. differenzierende Begriffe wie →Autor, Erzähler, →Schriftsteller, Lyriker, Liedermacher oder Stückeschreiber ersetzt.

Dichterkreis, auch -zirkel, -gruppe | Zumeist zeitlich und örtlich begrenzte Zusammenkünfte von Schriftstellern (oft sind Künstler, Philosophen, Kritiker u. a. einbezogen), die bestimmte künstler. Ziele, Wirkungsabsichten, soziale Erfahrungen eint oder die einer dominanten Autorenpersönlichkeit verpflichtet sind und u. U. auch mit einem Programm hervortreten. D. gibt es seit Bestehen individueller Autorschaft. In Deutschland vgl. z. B. →Schlesische Dichterschule, →Sprachgesellschaften, →Göttinger Hain oder im 19. Jh. die **Salons** (etwa von Rahel Varnhagen, →Romantik), weiter den Verein »Durch!« und den Friedrichshagener Dichterkreis, die beide Naturalisten vereinten, im 20. Jh. den George-Kreis, 1892/ 1919, gruppiert um die Zeitschrift »Blätter für die Kunst«, sowie, nach 1945, die →Gruppe 47.

Dichterkrönung | →Poeta laureatus

Dichterpoetik | →Poetik

Dichtung | Die Gesamtheit der dramat., lyrischen und epischen Werke (→ Gattungen) oder auch das einzelne Werk. Im 18. Jh. wird D. synonym zu →Poesie und bedeutet, im Gegensatz zum Tatsächlichen (vgl. Goethes Autobiografie *Dichtung und Wahrheit*, 1811/ 33), ein fiktives sprachliches Kunstwerk bzw. deren Gesamtheit. Im 19. Jh. werden neben D. die Bezeichnungen ›schöne‹ bzw. ›schöngeistige Literatur‹, →Belletristik, ›literarisches Kunstwerk‹ usw. verwendet. Im 20. Jh. bleibt der Begriff D. für die künstler. anspruchsvollsten sprachlichen Kunstwerke reserviert und steht in Spannung zum Begriff →Literatur, der zwar D. mit einbezieht, aber ohne vorrangige Wertung tendenziell die Gesamtheit des Geschriebenen (die Literaturwiss. spricht in Bezug auf ihren Forschungsgegenstand von einem ›weiten Literaturbegriff‹) umfasst. **Dichtungswissenschaft** ist eine nach dem Zweiten Weltkrieg vertretene Richtung innerhalb der →Literaturwiss. Sie betont den *künstlerischen* Charakter des sprachl. Kunstwerks, indem sie D. scharf von Literatur, die außerästhetische Zwecke verfolgt, abgrenzt und das Ideal werkimmanenter →Interpretation in den Mittelpunkt stellt.

didaktische Dichtung | →Lehrdichtung

Didaskalien (griech. didaskalía – Unterweisung, Lehre) | Urspr. Bezeichnung für die Regeln der Einstudierung des antiken →Chores. Ab dem 5. Jh. v. Chr. dann Verzeichnis der Aufführung von Tragödien und Komödien. Wiederum davon abgeleitet, bezeichnet der Begriff die Bewertung (Kritik) von Stücken und praktische Anweisungen zu ihrer →Inszenierung (→Dramaturgie).

Dilettant (ital. dilettare – ergötzen) | Seit dem 17. Jh. gebräuchliche Bezeichnung für jemanden, der Kunst oder Wissenschaft nicht von Berufs wegen, sondern nebenher und zu seinem Zeitvertreib oder Vergnügen betreibt. Deshalb **Dilettantismus/dilettantisch** mit der Bedeutung ›Nichtkönnen‹ oder ›Pfuschen‹ im Gegensatz zu den Fertigkeiten des Meisters, Könners oder Spezialisten. Goethe und Schiller (*Schema über den Dilettantismus*, 1799) benutzen das Wort noch in diesem Sinn, geben ihm aber auch neuen Bedeutungsgehalt, indem sie in der Liebhaberschaft für die Künste zugleich den geschmacksbildenden Faktor hervorheben. Im 20. Jh. wird der D. in den Künsten von versch. Konzepten aus bejaht und die Bedeutung der Laienkunst in einer hochgradig arbeitsteiligen industriellen Welt hervorgehoben.

Dinggedicht | Lyrische Darstellung eines Kunstwerks, aber auch alltäglicher Gegenstände des gewöhnlichen Lebens (→Bildgedicht, →Epigramm); ausgeprägt erstmals bei C. F. Meyer (*Der römische Brunnen*, 1892). Am bekanntesten sind die D. von R. M. Rilke, vgl.: »Der weiche Gang geschmeidig starker Schritte, / der sich im allerkleinsten Kreise dreht, / ist wie ein Tanz von Kraft um eine Mitte, / in der betäubt ein großer Wille steht.« (*Der Panther*, 1907) Das Beispiel klärt zugleich, dass es in einer Situation, in der das Verhältnis zwischen Ich und Welt krisenhaft geworden ist, im D. weniger um Objektivierung als um die stark subjektgeprägte Deutung eines Gegenstandes geht.

dionysisch | →apollinisch/dionysisch

Diskurs* (lat. discursus, frz. discours – [gelehrte] Darlegung, Erörterung; Gespräch, Unterhaltung) | Erörterung einer Sache oder eines Sachzusammenhanges unter versch. Gesichtspunkten, vgl. *Discours préliminaire* (1751; dt. *Einleitung zur Enzyklopädie,* 1955), mit dem Jean Le Rond d'Alembert das wiss. System der von ihm und Denis Diderot herausgebenen *Encyclopédie* (1751/65), des Hauptwerks der franz. →Aufklärung, entwickelte. Die **Diskursanalyse** ist in der modernen →Literaturwissenschaft eine wiss. Methode, die den zu untersuchenden Text als sprachlich-lit. Redehandlung versteht und in den Zusammenhang anderer Sprech- und Handlungsweisen stellt.

Distichon, Pl. Distichen (griech., Doppelvers) | Verspaar, das in der Regel aus einem →Hexameter und einem →Pentameter besteht: »Im Hexameter steigt des Springquells flüssige Säule, / im Pentameter drauf fällt sie melodisch herab.« (Schiller: *Das Distichon*, 1797) Bauelement von →Epigrammen (die auch aus nur einem D. bestehen können) und →Elegien. Im Dt. seit dem 16. Jh. (Johann Fischart) nachgebildet. Goethe und Schiller haben das D. u. a. in ihren *Xenien* (1797) verwandt (→Xenie).

Dithyrambus (lat., nach griech. dithýrambos) | Zuerst im Kult des Weingottes Dionysos (dessen Beiname ist Dithyrambos) ein ekstatisches Lied, das sich im 6. Jh. v. Chr. aus dem religiösen Zusammenhang löst und zur Kunstform wird; mit der →Ode verwandt; unregelmäßige Strophen. Durch die Aufnahme von epischen Elementen wird der D. zur Urform der griech. →Tragödie. Eine dt. Nachbildung im strengen Sinne gibt es nicht, wohl aber seit dem →Sturm und Drang Dichtungen mit hymnisch-dithyrambischem Charakter (u. a. bei F. G. Klopstock, Friedrich Hölderlin, Goethe, Schiller, Friedrich Nietzsche): »Also / adlerhaft, pantherhaft / sind des Dichters Sehnsüchte, / sind *deine* Sehnsüchte unter tausend Larven, / du Narr! du Dichter!« (Nietzsche: *Dionysos-Dithyramben*, 1889).

Dokumentarliteratur | Sammelbezeichnung für Theaterstücke, Gedichte, Prosawerke, Filme, Hör- und Fernsehspiele, die auf →Fiktion weitgehend verzichten und, indem sie überprüfbare Fakten, Dokumente, authentische Personenaussagen u. Ä. in die Darstellung einmontieren (→Montage), eine direkte sozial- und gesellschaftskritische oder polit. Wirkung erreichen wollen. Bevorzugte Formen der D. sind →Reportage und →Bericht, die in den 20er Jahren durch E. E. Kisch, Joseph Roth, Ernst Toller u. a. sich zur eigenständigen lit. Kunstform entwickelt haben. Nach 1945 sind im Bereich der D. v. a. Günther Wallraffs sozialanalytische Berichte (*Unerwünschte Reportagen*, 1970; *Ihr da oben – wir da unten*, 1973), Erika Runges *Bottroper Protokolle* (1968) oder die vielen, seit den 70er Jahren aus Interviews entstandenen Bücher, z. B. Maxie Wanders *Guten Morgen, du Schöne* (1977), zu nennen. Erster Höhepunkt des **Dokumentartheaters** war in der Weimarer Republik Erwin Piscators »dokumentarisches Theater«; nach 1945 vgl. Rolf Hochhuth: *Der Stellvertreter* (1963), Peter Weiss: *Die Ermittlung* (1965), H. M. Enzensberger: *Das Verhör von Habana* (1976).

Dorfliteratur | Sammelbezeichnung für künstler.-lit. Texte (v. a. Romane und Erzählungen, aber auch die **Dorfkomödie**), die im dörflichen oder ländlichen Milieu spielen und das Bauernleben zum Thema haben. Teil der →Heimatliteratur. Frühformen der D. gibt es bereits im MA., z. B. das Versepos *Ruodlieb* (Mitte 11. Jh.), Wernher der Gartenaere [der Gärtner]: *Meier Helmbrecht* (nach 1250). Die D. im eigentlichen Sinn entsteht erst im 19. Jh. Durch Industrialisierung und Urbanisierung werden nun das Dorf, seine Bewohner und das ländliche Leben zum idealisierten oder idyllisierten gesellschaftlichen Raum und Gegenpol einer modernen Zivilisationswelt (Nähe mancher D. zur späteren →Blut- und Bodenliteratur); es finden sich aber auch milieurealistische Züge, die der Idealisierung entgegenwirken. Wichtige Werke der D. sind K. L. Immermanns *Oberhof* aus dem Roman *Münchhausen* (1838); das Gesamtwerk von Jeremias Gotthelf (z. B. *Uli der Pächter*, 1849), Peter Rosegger (z. B. *Als ich noch der Waldbauernbub war*, 1900/02) und Ludwig Anzengruber (z. B. die Komödie *Der Meineidbauer*, 1878), weiterhin Wilhelm von Polenz' *Der Büttnerbauer* (1878) und Maria v. Ebner-Eschenbachs *Das Gemeindekind* (1887). Im 20. Jh. sind Adam Scharrers *Maulwürfe* (1934), O. M. Grafs *Der große Bauernspiegel* (1962) und Erwin Strittmatters *Der Ochsenkutscher* (1945, 1950) zu nennen.

Drama (griech., Handlung) | Neben →Epik und →Lyrik eine der drei lit. Grundgattungen (→Gattung). Entsteht mit den mythischen, aus Gesang und Tanz bestehenden Kulten des frühgeschichtlichen Menschen (→Dithyrambus) und erreicht in der attischen →Tragödie seinen ersten Höhepunkt. In einer in sich abgeschlossenen →Handlung agieren die dramat. Personen (dramatis personae) durch →Monolog und →Dialog in gegensätzlichen Gruppierungen, sodass über den →Konflikt und die Kollision der Widersprüche der für das D. typische Spannungsbogen entsteht. Die dramat. Handlung ist in meist drei bzw. fünf Akte (→Akt) gegliedert, die sich an der Folge von →Exposition, erregenden und retardierenden Momenten (→Retardation), über Steigerungen und Verwicklungen bis zum konfliktlösenden Schluss orientieren. Mit der Darstellbarkeit auf einer →Bühne ist die Forderung nach der Beschränkung in Raum und Zeit (→drei Einheiten) verbunden, die das D. von →Epos und →Roman unterscheiden. Die Antike kannte nur →Tragödie und →Komödie. Mit dem stärkeren Durchschlagen des →Mimus kam es zur Einbeziehung des Alltagslebens und der Wechselrede in Prosa, die sich schließlich in der dramatischen Gattung durchsetzte, in der sich immer neue Subgattungen bzw. Genres herausbildeten.

Dramatik | Alle Formen und Gattungen der darstellenden Literatur umfassender Begriff.

Dramaturgie (griech. drāmatūrgeín – dramat. Darstellung) | Von G. E. Lessing in die dt. Sprache eingeführt (vgl. *Hamburgische Dramaturgie*, 1768/69) und den alten griech. Begriff →Didaskalien ersetzend. Als Dramatiker des jungen dt. →Nationaltheaters verstand sich Lessing zugleich als Theaterkritiker, künstler. Berater von Bühnenleitung und Schauspielern sowie als Theoretiker des modernen Dramas und seiner ästhetischen Besonderheiten (vgl. u. a. die Auseinandersetzung mit der aristotelischen →Katharsis). Hieraus ergibt sich der mehrfache Sinn von D.: 1. Tätigkeit und Institution des **Dramaturgen** am Theater, aber auch bei Film, Fernsehen und Funk; 2. die ästhetischen Regeln (→Poetik und →Ästhetik des Theaters) für die Verfertigung und Aufführung von Dramen (→Fabel und Figurenaufbau, sprachliche Gestaltung, innere Struktur des Dramas und seiner Aufführung usw.); 3. gelegentlich auch Bezeichnung für die Theorie(n) des Dramas, die es seit Aristoteles' *Poetik* (4. Jh. v. Chr.) in allen Jh. gegeben hat. In der Lessing'schen Tradition der D. (als Einheit von Theaterpraxis und -theorie) stehen in Deutschland in der klass. Periode v. a. Schiller und Goethe, im 20. Jh. Bertolt Brecht, vgl. *Der Messingkauf* (1939/40) und *Kleines Organon für das Theater* (1949).

Drehbuch | Das Textbuch zu einem Film oder →Fernsehspiel, das neben den →Dialogen der handelnden Personen auch genaue Angaben für Bild und Bildfolgen (Sequenzen), Bewegungen in der Szene, Lichtverhältnisse, Geräusche, Kameraeinstellungen usw. enthält. Entsteht in versch. Stufen über das **Exposé** (Darstellung der Filmidee) und das **Treatment** (gegliederter Handlungsablauf mit optischen und akustischen Angaben zur filmischen Umsetzung). Das D. ist in erster Linie Instrument zur Herstellung, sein Autor Teilproduzent eines →Werkes der audiovisuellen Medien. Es kann aber auch einen gewissen lit. Eigenwert haben, der seine selbstständige Veröffentlichung rechtfertigt (z. B. die D. von Ingmar Bergman).

Dreiakter | →Drama in drei →Akten, entsprechend der Forderung des Aristoteles in seiner *Poetik* (4. Jh. v. Chr.). Der erste Akt gibt die →Exposition des →Konflikts, der zweite Akt entfaltet diesen, der dritte Akt löst durch die →Katastrophe den Konflikt. Neben dem Fünfakter die gebräuchlichste europ. Dramenform.

drei Einheiten | Die d. E. von Ort, Zeit und Handlung im →Drama. Eine Forderung und Regel der →Dramaturgie, die auf die *Poetik* des Aristoteles (4. Jh. v. Chr.) zurückgeht. Einheit des Ortes bedeutet: kein Szenenwechsel während der Aufführung eines Stückes; Einheit der Zeit: der Zeitablauf der dramat. Handlung soll mit der Dauer der Spielzeit möglichst übereinstimmen; Einheit der Handlung: der dramat. Aufbau soll strikt auf Konflikt, Kollision und Lösung orientiert sein (keine Nebenhandlungen). Die Forderung nach den d. E. ist v. a. von der franz. Klassik des 17. Jh. (vgl. Pierre Corneille: *Discours sur les trois unités* [Abhandlung über die drei Einheiten], 1660, und Nicolas Boileau: *L'art poétique*, 1674; dt. *Gedanken von der Dichtung*, 1745) erhoben worden. Seit G. E. Lessing und besonders seit dem →Sturm und Drang, der sich am Theater Shakespeares orientierte, treten die d. E. in den Hintergrund. Die Einheit der Handlung aber bleibt bis ins moderne Drama eine der grundlegenden dramaturgischen Regeln.

Duodrama | →Drama, in dem nur zwei Personen auftreten, z. B. Hugo von Hofmannsthals *Der Tor und der Tod* (1899).

écriture automatique (frz., automatisches Schreiben) | →Surrealismus

Edition (lat. ēditiō – Herausgabe, Ausgabe) | Veröffentlichung eines Werkes in gedruckter Form. Im engeren Sinn: mit den Methoden der Textkritik (→Text) hergestellte wiss. Ausgabe eines Werkes (oder des Gesamtwerkes eines Autors). Im engsten Sinn ist mit E. eine →historisch-kritische Ausgabe gemeint. **Editionstechnik** ist ein wiss. Verfahren besonders zur Herstellung von historisch-kritischen Ausgaben; sie schließt u. a. die Überprüfung der überlieferten Varianten/→Lesarten eines Textes, die Rekonstruktion der vom Autor als gültig erachteten Fassung, die Textherstellung und Druckeinrichtung der Ausgabe ein.

Einakter | →Drama, das aus nur einem →Akt besteht; mit konzentrierter Handlung, ohne Szenenwechsel. Seit dem 18. Jh. gebräuchliche Form, vgl. z. B. G. E. Lessings *Philotas* (1759) oder Heinrich von Kleists nur in ›Auftritte‹ untergliedertes Lustspiel *Der zerbrochene Krug* (U. 1808). Im →absurden Theater des 20. Jh. ist der E. eine u. a. von Samuel Beckett und Eugène Ionesco bevorzugte Dramenform.

Einbildungskraft | →Phantasie

Einheiten | →drei Einheiten

Elegie (wahrsch. von griech. élegos – Klagelied, Trauergesang) | **1** Der Form nach ein Gedicht, das aus →Distichen, Verspaaren mit der Verbindung von →Hexameter und →Pentameter, besteht und dem →Epigramm eng verwandt ist. Inhalte und Themen der E. in dieser Wortbedeutung des Versmaßes sind völlig frei. **2** Dem Inhalt nach ein Gedicht im trauernden, klagenden, schwermütigen und resignativen Ton. – Beide Bedeutungen sind auseinander zu halten, wenngleich es die Verbindung des trauernden Gedichts mit dem Strophenmaß des Distichons bereits in der Antike gibt. Die ersten E. gab es im 7. Jh. v. Chr. Im 17. Jh. wurden E. im Dt. von Martin Opitz mit dem →Alexandriner nachgebildet und waren bis Mitte des 18. Jh. an dieses Muster gebunden. Schiller definiert das **Elegische** als moderne, ›sentimentalische‹ Dichtungsart, mit der das (verlorene) Ideal der (schlechten) Wirklichkeit entgegengesetzt und der Verlust betrauert wird (*Über naive und sentimentalische Dichtung*, 1795). Goethe verwendet in den *Römischen Elegien* (1788/90) das elegische Distichon noch nach antikem Vorbild, vgl.: »O wie fühl' ich in Rom mich so froh! gedenk ich der Zeiten, / da mich ein graulicher Tag hinten im Norden umfing«. Die *Marienbader Elegie* (1823) dagegen ist ein Trauergedicht, ohne Bindung an das elegische Versmaß: »Mir ist das All, ich bin mir selbst verloren, / der ich noch erst den Göttern Liebling war«. Vgl. im 20. Jh. auch die *Buckower Elegien* (1953) von Bertolt Brecht.

Elfenbeinturm | Bezeichnung für die Haltung eines Künstlers, aber auch Wissenschaftlers, der sich von den polit. und sozialen Verhältnissen seiner Zeit isoliert und nur für seine Kunst bzw. Wissenschaft lebt (→L'art pour l'art, →Ästhetizismus). Der Begriff stammt von dem franz. Kritiker und Essayisten Charles Saint-Beuve, der ihn 1837 in einem seiner Gedichte verwendete (frz. tour d'ivoire). Saint-Beuve seinerseits bezieht sich auf eine von Luther übersetzte Stelle des alttestamentlichen *Hohelieds Salomos* (7, 5): »Dein Hals ist wie ein elfenbeinerner Turm.«

Ellipse* (griech. élleipsis – das Auslassen, Mangel) | Bedeutet in der →Rhetorik das Weglassen von Satzgliedern, um das Wesentliche eines Gedankenganges stärker hervorzuheben und das minder Wichtige unausgesprochen zu lassen. So auch in der Alltagssprache: ›10 zu einer Mark‹ für: ›Bitte 10 Briefmarken zu einer Mark‹. In der Dichtung, v. a. in der Lyrik, ein Mittel, um den Ausdruck zu steigern (→Expressionismus): »Weit von Fluren zerspült, / Durchsplittert ährigen Scheins: / Kelch, drin bitterster Tag / Mit Gestirnen sich mischt.« (J. R. Becher: *Abend*, 1918)

Eloge | →Panegyrikos

Emblem (griech. émblēma – Eingesetztes, Einlegearbeit) | Das E. ist antiken Ursprungs und besteht aus drei zusammengesetzten künstler. Elementen: 1. einem symbolhaften Zeichen in bildlicher Darstellung aus Natur, Kunst oder Mythologie (→Bild), z. B. eine Schlange; 2. einem darüber oder direkt ins Bild gesetzten Text (›Motto‹), z. B. einem Sinnspruch oder dem Zitat eines Klassikers; 3. einem unter das Bild gesetzten, dessen Sinn aufschließenden →Epigramm, oft auch einem freien Prosatext. Das E. wurde besonders im Zeitalter des →Barock zur allegorischen (→Allegorie) Deutung eines Bildsinns benutzt: die Schlange als Sinnbild der Hinterlist und Verführung, die Palme für Beständigkeit, die Eule für Weisheit und Wachsamkeit usw. E. wurden seit dem 16. Jh. in speziellen Handbüchern der ›Sinnbildkunst‹ (**Emblemata/ Emblematik**) gesammelt. Für die Literaturgeschichte und die Toposforschung (→Topos) sind E. wichtige Zeugnisse, ohne deren Kenntnis die Bildersprache des Barock unverständlich bliebe.

Emigrantenliteratur (lat. ēmigrāre – auswandern) | →Exilliteratur

Empfindsamkeit | Strömung innerhalb der europ. →Aufklärung. Die Bezeichnung geht auf den Roman *A Sentimental Journey Through France and Italy by Mr. Yorick* (1768; dt. *Yoricks Reise des Herzens*, 1768; *Empfindsame Reise durch Frankreich und Italien*, 1921) von Lawrence Sterne zurück: G. E. Lessing schlug als Übersetzung des engl. ›sentimental‹ das dt. ›empfindsam‹ vor. Ausgehend von England (vgl. Samuel Richardson: *Pamela, or Virtue Rewarded*, 1740; dt. *Pamela oder Die belohnte Tugend*, 1742; *Clarissa, or the History of a Young Lady*, 1747/48; dt. *Die Geschichte der Clarissa*, 1748/51; Oliver Goldsmith: *The Vicar of Wakefield*, 1766; dt. *Der Landprediger von Wakefield*) und Frankreich (vgl. J.-J. Rousseaus Briefroman *Julie ou La Nouvelle Héloïse*, 1761; dt. *Julie oder Die neue Héloïse*, 1761/66), bildete sich in Deutschland zwischen 1740 und 1780 eine individualitätsbetonte, empfindungsintensive, gelegentlich schwärmerische Gefühlskultur aus, die sich gegen erstarrte Konventionen des Lebens und der Kunst wandte und im sensiblen und mitmenschlich fühlenden bürgerl. Individuum ihr neues Leitbild suchte. Freundschaft und Freundeskreis, Liebe, familiäres Glück, Geselligkeit, Natur wurden die Leitworte der E. In der Lyrik und der erzählenden Prosa kommt es zu einer neuartigen Intensität psycholog. Darstellung der sozialen und Naturbeziehungen, so bei F. G. Klopstock, J. W. L. Gleim, der Gruppe des →Göttinger Hains oder bei J. G. Herder. Goethes Briefroman *Die Leiden des jungen Werthers* (1774) bildet den Höhepunkt, aber auch den Abschluss der Periode, indem nun auch die Gefahren der E. (Gefühlskult und ›Empfindelei‹) dargestellt wurden. Vgl. dazu die sentimentalen, ›gefühligen‹, oft tränenseligen Stücke und Romane von J. T. Hermes (dessen L.-Sterne-Nachahmung *Sophiens Reise von Memel nach Sachsen*, 1769/73, wurde der meistgelesene Moderoman der Zeit), A. W. Iffland und August von Kotzebue.

Empire | →Biedermeier

Endreim | Im Gegensatz zum →Binnenreim Gleichklang zweier oder mehrerer Versenden von ihrem letzten betonten Vokal an, also die gewöhnliche Form des →Reims: »Mann der Arbeit, aufgewácht! / Und erkenne deine Mácht! / Alle Räder stehen still, / wenn dein starker Arm es will.« (Georg Herwegh: *Bundes-*

lied, 1863) Hier erscheint der E. in der Form des →Paarreims: aa bb. Im Ahd. und Mhd. kommt auch die Reimbindung zwischen unbetonten Endsilben (**Endsilbenreim**) vor, z. B., wenn auch selten, im *Nibelungenlied* (um 1200).

Engagement (frz., Verpflichtung) | Selbstgewählte Verpflichtung eines Schriftstellers, mit seinem künstler. Werk für die Ziele einer bestimmten Idee, sozialen Richtung oder polit. Partei einzutreten (→Parteilichkeit, →Tendenzdichtung). In der speziellen Bedeutung einer **engagierten Literatur** (frz. littérature engagée) wurde der Begriff von Jean-Paul Sartre in seinem Essay *Qu'est-ce que la littérature?* (1947; dt. *Was ist Literatur?*, 1950) eingeführt. Im Sinne des franz. Existentialismus (→existentialistische Lit.) der Nachkriegszeit begründete Sartre, dass die Prosa (im Unterschied zu anderen Künsten) (Sprach-)Zeichen verwende, die eine Enthüllung der Wahrheit durch Schreiben und die Verantwortung für Veränderungen im Sinne dieser Wahrheit fordern. ↔ L'art pour l'art

Enjambement; Zeilensprung oder Strophensprung (frz., Überschreiten/Hinüberspringen) | Vers- und Satzgliederung überschneiden sich: »Schon, horch, hörst du der ersten Harken / Arbeit; wieder den menschlichen Takt / in der verhaltenen Stille der starken / Vorfrühlingserde. Unabgeschmackt // scheint dir das Kommende [...]« (R. M. Rilke: *Die Sonette an Orpheus*, 1923) Das E. bricht die Geschlossenheit des Verses auf und bewirkt prosanahes lyrisches Sprechen. Gleichzeitig werden Versende und -anfang besonders hervorgehoben. Bei gereimten Versen mit E. wird von einem **gebrochenen Reim** gesprochen.

Entwicklungsroman | Romantypus, in dem die geistige Entwicklung eines meist jungen Menschen im Mittelpunkt steht. Im Unterschied zum klass. →Bildungsroman, dem die Vorstellung von Entwicklung als Bildung im Sinne von Persönlichkeitsbildung zugrunde liegt, lässt sich der E. nicht auf ein bestimmtes Konzept festlegen. Deshalb können so unterschiedliche Romane wie H. J. Ch. v. Grimmelshausens *Simplicissimus* (1669), Adalbert Stifters *Der Nachsommer* (1857), Alfred Döblins *Berlin Alexanderplatz* (1929) oder Günter Grass' *Die Blechtrommel* (1959) zum E. gerechnet werden. Häufig werden aber auch E., Bildungsroman und →Erziehungsroman synonym gebraucht, wobei E. als der umfassendere Begriff gilt.

Enzyklopädie (griech. enkýklios paidéia – Kreis der Bildung/Wissenschaften) | Seit dem 5. Jh. v. Chr. die Bezeichnung für umfassende Bildung und für den systematisch geordneten, klassifizierten Wissensvorrat einer Zeit. Der Name E. als Titel für Werke/Bücher existiert seit Beginn des 16. Jh. Die neuzeitliche Geschichte der E. erreichte mit der von den franz. Aufklärern (→Aufklärung) Denis Diderot und Jean Le Rond d'Alembert unter Mitarbeit von 200 Autoren (**Enzyklopädisten**) hg. *Encyclopédie, ou Dictionnaire raisonné des sciences, des arts et des métiers* ([Enzyklopädie oder Kritisches Wörterbuch der Wissenschaften, Künste und Gewerbe], 1751/65) den Höhepunkt. Nachfolgend entstanden in allen europ. Ländern große nationale E.; in Deutschland wurde die umfassendste von J. S. Ersch und J. G. Gruber als *Allgemeine Encyclopädie der Wissenschaften und Künste* herausgegeben; sie erschien 1818/89 in 167 Bänden und blieb dennoch unvollendet. Diese E. zeigt zugleich, dass bereits Anfang des 19. Jh. die Zeit der alle Gebiete des Wissens umfassenden Universal-E. vorbei war. Es entstand einerseits der Typus des Konversationslexikons (vgl. die E. der Verlage Brockhaus und Meyer), der dem Bildungsbürgertum das für seine gesellschaftliche Stellung notwendige Wissen zur Verfügung stellen soll, andererseits der Typus der Spezial-E., der den Wissensvorrat der einzelnen Wissenschaften präsentiert.

epigonale Literatur (von griech. epígonos – Nachgeborener, Nachkomme) | Bezeichnung für Literatur, die sich an großen Vorbildern orientiert, handwerklich-technisch diese durchaus erreicht, aber keine eigene schöpferische Leistung darstellt, weil sie nur traditionelle

Formmuster nachahmt. Im engeren Sinn werden mit e. L. in Deutschland Teile der nachklassischen Literatur (→Klassik, →Romantik) des 19. Jh. bezeichnet (August von Platen, Emanuel Geibel, Friedrich Dahn, Paul Heyse), deren Vertreter sich angesichts der künstler. Leistungen von Klassik und Romantik selbst als **Epigonen** empfanden und bezeichneten. Vgl. den zeitkritischen Roman (→Zeitroman) von Karl Immermann: *Die Epigonen* (1836), in dem es heißt: »Wir sind Epigonen […] und tragen an der Last, die jeder Erb- und Nachgeborenschaft anzukleben pflegt.«

Epigramm (griech. epígramma – Aufschrift) | Urspr. in der griech. Antike (6. Jh. v. Chr.) kurze Aufschrift auf Standbildern oder Grabmälern (→Emblem) im Strophenmaß des elegischen →Distichons. Als selbstständige lit. Gattung wird das E. auch als **Sinnspruch** oder **Sinngedicht** in Bezug auf Personen, Ereignisse und Orte verstanden. Mit satirischer oder ironischer →Pointe übt es Kritik an Verhaltensweisen und polit. Zuständen. Die berühmteste antike E.-Sammlung ist die *Griechische Anthologie* (1. Jh. v. Chr.). G. E. Lessing (*Zerstreute Anmerkungen über das Epigramm*, 1771) definiert das E. mit der →Antithese ›Erwartung‹ (= Spannung, wie ein Sachverhalt aufgeklärt werden wird) und ›Aufschluss‹ (= Lösung der Spannung in einer überraschenden Wendung). Goethes und Schillers *Xenien* (1796) sind E. in diesem Sinn: »Eine große Epoche hat das Jahrhundert geboren, / Aber der große Moment findet ein kleines Geschlecht.« Vgl. auch Goethes *Venezianische Epigramme* (1790).

Epik (von griech. epikós – erzählerisch, erzählend) | Bis zum 19. Jh. die Bezeichnung für die Gesamtheit aller Epen (→Epos), dann Sammelbezeichnung für alle Arten fiktiver Erzählungen in →Vers und →Prosa, die sich in ihren ästhetischen Grundmerkmalen von Dramatik (→Drama) und →Lyrik unterscheiden lassen (→episch/lyrisch/dramatisch). Solche Merkmale sind u. a.: 1. Darstellung innerer und äußerer Ereignisse, die der Vergangenheit angehören und deshalb vorzugsweise im **epischen Präteritum** (»Es war einmal …«) dargeboten werden. 2. Ein **Erzähler** (Ich-Erzähler, Er-Erzähler, personaler Erzähler), der nicht mit dem →Autor identisch ist, vermittelt zwischen dem Dargestellten und dem Leser bzw. Hörer. Von ihm wird der **Erzähl(er)standpunkt** (engl. point of view) und die →Erzählperspektive bestimmt. 3. Aller E. ist im Verhältnis von erzählter Zeit und →Erzählzeit eine bestimmte Zeitgestaltung eigen (raffend oder dehnend). Die Formen der E. sind vielgestaltig. In der Antike gehörten neben dem Epos auch die epischen Kurzformen des →Epigramms und die →Elegie zur E., später alle Formen der →Sage, des →Märchens und der →Legende; in der Neuzeit →Roman, →Erzählung und →Novelle. Das 20. Jh. hat neue, zumeist kurze epische Formen hervorgebracht, z. B. →Glosse, →Kurzgeschichte (engl. short story) oder →Reportage und →Feuilleton.

Epilog (griech. epílogos – Redeschluss) | 1 Urspr. in der →Rhetorik Bezeichnung für den Schlussteil einer Rede (lat. conclūsiō). 2 In →Drama und →Schauspiel meint E. die Schlussrede einer dramat. Figur nach Beendigung der Handlung, hervorgegangen aus der antiken röm. Komödie seit Wegfall des →Chores (erstmals bei Plautus, 3./2. Jh. v. Chr.). Eine der handelnden Figuren tritt aus ihrer Rolle heraus und wendet sich direkt an das Publikum, meist mit der Bitte um Beifall, mit einer Kommentierung der Handlung, moraldidaktischer Ausdeutung des gerade Gesehenen oder der Ankündigung eines neuen Stückes. Vgl. die E. in Shakespeares *Heinrich IV.* oder Schillers *Braut von Messina*. Im ›Illusionstheater‹ des 19. Jh. unüblich, ist der E. seiner epischen Wirkung wegen im 20. Jh. u. a. bei Bertolt Brecht wiederbelebt worden: »Verehrtes Publikum, jetzt kein Verdruss: / Wir wissen wohl, das ist kein rechter Schluss. / Vorschwebte uns: die goldene Legende. / Unter der Hand nahm sie ein bitteres Ende. / Wir stehen selbst enttäuscht und sehn betroffen / Den Vorhang zu und alle Fragen offen.« (*Der gute Mensch von Sezuan*, 1938/40) ↔Prolog

Epiphanie (griech., Erscheinung einer Gottheit) | Offenbarwerden eines Sinns. So in der

→Poetik von James Joyce die plötzliche Erkenntnis einer geistigen Konstellation bei der Beobachtung des Banalen und Alltäglichen.

Epipher (griech. epiphorá – Zugabe) | Begriff der →Rhetorik: nachdrückliche Wiederholung eines Wortes oder einer Wortgruppe jeweils am Ende eines Satzes oder Satzteiles zur Erhöhung der Wirkung: »Ihr überrascht mich nicht / erschreckt mich nicht.« (Friedrich Schiller: *Maria Stuart*, 1801) ↔Anapher

episch/lyrisch/dramatisch | Die Adjektive bezeichnen die Zugehörigkeit eines Werks zu →Epik, →Lyrik oder Dramatik (→Drama). Im weiteren Sinn werden sie gebraucht, um Eigenschaften versch. lit. Aussageweisen zu erfassen. Diese Aussageweisen sind nicht unbedingt an die Gattungen Epik, Lyrik, Dramatik gebunden, sodass von einem ›lyrischen Roman‹, einem ›dramatischen Gedicht‹ oder vom →epischen Theater gesprochen werden kann. In der Weimarer →Klassik wurden epischer/lyrischer/dramatischer Ausdruck als ›Naturformen der Dichtung‹ bezeichnet, so von Goethe und Schiller in der gemeinsam verfassten Schrift *Über epische und dramatische Dichtung* (1797) und in Goethes *Noten und Abhandlungen zum besseren Verständnis des west-östlichen Divans* (1815): »Es gibt nur drei echte Naturformen der Poesie: die klar erzählende, die enthusiastisch aufgeregte und die persönlich handelnde: *Epos, Lyrik* und *Drama*. Diese drei Dichtweisen können zusammen oder abgesondert wirken.« Auf die Definition Goethes ist immer wieder zurückgegriffen worden, u. a. von dem Literaturwissenschaftler Emil Staiger bei seinem Versuch, einen überzeitlichen lyrischen, epischen und dramatischen →Stil zu unterscheiden (vgl. E. Staiger: *Grundbegriffe der Poetik,* 1946).

episches Präteritum | →Epik

episches Theater | Von Bertolt Brecht in den 20er Jahren des 20. Jh. entwickelte →Dramaturgie des Theaters, die sich vom →aristotelischen Drama und seiner Wirkungsästhetik (→Katharsis) abgrenzt. Brecht griff auf alte epische Mittel (→Chor, →Botenbericht, →Mauerschau) zurück und entwickelte neue episch-erzählende Momente des Dramas (Szenenmontage statt strenger Akteinteilung, Film- und Schriftprojektionen, Songs, offener Schluss). Er wollte damit die starren Grenzen zwischen →Epik und →Dramatik einreißen und mit dem Einbau erzählender Elemente (statt ›Einfühlung‹ →Verfremdung der dramat. Handlung) die seit der Einführung der Guckkastenbühne (→Bühne) erfolgte Trennung von Bühne und →Publikum rückgängig machen: Das Theaterstück sollte Modell möglicher Handlungsweisen, der Zuschauer distanziert-kritischer Beurteiler des Geschehens, Schauspieler und Zuschauer sollten Lernende sein, denen im **Lehrstück** Wissen, Kenntnisse und Fertigkeiten vermittelt werden. Seine Theorie des e. T. entwickelte Brecht in den Notizen *Das epische Theater* (1935), den *Anmerkungen zur Oper »Aufstieg und Fall der Stadt Mahagonny«* (1930/38) und in der die ›Überspitzungen‹ korrigierenden Schrift *Kleines Organon für das Theater* (1948), v. a. aber in seinen Stücken und den Dokumentationen ihrer Aufführungspraxis: vgl. die frühen ›epischen Opern‹ *Dreigroschenoper* (1928) und *Mahagonny* (1928/29), die Lehrstücke *Die Maßnahme* (1930) und *Die Mutter* (1930) sowie seine bedeutendsten Stücke während der Emigration *Mutter Courage und ihre Kinder* (1938), *Leben des Galilei* (1938/39) und *Der kaukasische Kreidekreis* (1944/45).

Episode (griech. epeísodos – Hinzu-, Hineinkommen) | In der griech. →Tragödie die in die Chorgesänge eingebauten Sprechpartien. – Allg.: Nebenhandlung in dramat. oder epischen Werken, d. h. solche Handlungen, die mit dem streng gefassten Dramenschema (→Drama) →Exposition, →Konflikt, Lösung bzw. mit der epischen →Fabel nicht direkt zusammenhängen. Im →Drama bewirkt die E. →Retardation (vgl. die Max-Thekla-E. in Schillers *Wallenstein,* 1798/1800). Im Roman kann sich eine Verselbstständigung der E. bis zur →Novelle vollziehen (vgl. Goethe: *Die neue Melusine*, in: *Wilhelm Meisters Wanderjahre,* 1821).

Epistel | →Brief

Epitaph (griech. epitáphīon – zum Grab gehörig) | 1 In der griech. Antike ein →Epigramm als Grabmalinschrift mit dem Schema: Ehrung des Toten, Trost für die Hinterbliebenen, Mahnung den Lebenden; weit verbreitet im Zeitalter des →Barock. 2 Im heutigen Sinn auch die ehrende Totenrede für einen Verstorbenen, vgl. Goethes E. für den Weimarer Schreiner und Drechsler Mieding *Auf Miedings Tod* (1782).

Epitheton (griech., Beiname, Beiwort) | Begriff aus der antiken →Rhetorik. Ein dem Substantiv oder einem Namen vorangestelltes Adjektiv in der Form 1. des sachlich unterscheidenden E. (z. B. ›blauer Himmel‹ im Unterschied zum verhangenen Himmel); 2. des schmückenden, individualisierenden bzw. charakterisierenden E., das der Person oder Sache Eigenschaften zuweist (z. B. bei Homer »schnellfüßiger Achill« oder »rosenfingrige Eos« [die Göttin der Morgenröte], im Volkslied: »kühles Grab« oder »wilder Jäger«); 3. des unerwarteten, überraschenden E., verwandt mit dem →Oxymoron (z. B. »dicke Dummheit«, »seidener Pöbel«, »begeisterte Sterne« bei Heinrich Heine).

Epoche (griech., Fix-, Haltepunkt) | 1 Eigentlich ein Zeitpunkt oder ein bedeutsames Ereignis, mit dem eine neuartige Entwicklung beginnt. 2 Heute Bezeichnung für einen geschichtl. Abschnitt, der sich durch bestimmte polit., soziale oder kulturelle Strukturmerkmale von voraufgehenden oder folgenden Perioden oder Zeitaltern unterscheiden lässt, z. B. die E. der →Renaissance, des →Barock oder der →Aufklärung, an denen sich die literaturgeschichtliche Epochengliederung (Periodisierung) orientiert.

Epode (griech. epōdós – das Dazu- oder Nachgesungene) | In der griech. →Metrik 1. ein kurzer Vers, der (z. B. im →Distichon) auf einen langen Vers folgt; 2. die dritte Strophe im Chorlied (→Chor), die auf →Strophe und Antistrophe folgt, von den beiden ersten Strophen im Rhythmus abweicht und vom ganzen Chor gesungen wurde, vergleichbar dem Abgesang (→Aufgesang/A.) im →Meister(ge)sang.

Epopöe (griech. epopoiía – epische Dichtung) | Veraltete Bezeichnung für →Epos, v. a. für Götter- und →Heldendichtung.

Epos, Pl. Epen (griech. épos – Wort, Rede, Erzählung, Kunde, Sage, Lied) | Großform erzählender Dichtung in Versen. Die Ursprünge des E. sind bei allen europ. Völkern in vorgeschichtlicher Zeit zu finden. Seine Themen entstammen der →Mythologie und den Geschichten sagenhafter Kämpfe von Helden (→Heldendichtung). Der geschichtliche Hintergrund der E. sind Staatenbildungen oder -zerfall, Wanderungsbewegungen (z. B. Völkerwanderung), Grenz- und Glaubenskriege. E. wurden innerhalb eines Volkes zunächst mündlich überliefert und hatten keinen →Autor. Sie wurden an Herrscherhöfen von →Rhapsoden oder Barden (→Bardendichtung) mit Instrumentalbegleitung vorgetragen, erst später dann schriftlich aufgezeichnet. Zu den ältesten gehört das babylonische *Gilgamesch-Epos* (2. Jahrtausend v. Chr.). Die berühmtesten E. der Antike sind Homers *Ilias* und *Odyssee* (e. 8. Jh. v. Chr., aufgeschrieben im 6. Jh. v. Chr.). Als wichtigste dt. E. des MA. gelten das ahd. *Hildebrandslied* (e. 7. Jh., Hs. 820/40) und das mhd. *Nibelungenlied* (um 1200); in Frankreich entstand das *Rolandslied* (e. 1106/24), in England der *Beowulf* (um 730), in Skandinavien die *Edda* (9./13. Jh.). Seit der →Renaissance gibt es das E. auch als Kunstschöpfung eines einzelnen Autors, vgl. Dantes *La Divina Commedia* (um 1320; dt. *Göttliche Komödie*, 1839/49), John Miltons *Paradise Lost* (1667; dt. *Das verlorene Paradies*, 1732), Voltaires *La Henriade* (1713/18; dt. *Der Heldengesang auf Heinrich IV.*, 1751) und F. G. Klopstocks *Der Messias* (1748/73). In der →Aufklärung vollzog sich die Abwendung vom E. hin zum →Roman, der nun als ›subjektives‹ und ›bürgerliches‹ E. verstanden wurde.

Erbauungsliteratur | Abgeleitet von ›Erbauung‹, der Pflege individueller religiöser Innerlichkeit und Andacht. Seit dem 16. Jh. gebräuchliche Bezeichnung für Literatur in Prosa und Vers, die in seelsorgerischer Absicht die religiöse Gemeinde oder den einzelnen Gläubigen zu Frömmigkeit, Glaubensstärke und rechter Lebensführung auffordert oder darin bestärkt. Sie bildet in den Formen volkstümlicher Bibelausgaben, Predigtsammlungen, Andachts-, Gebets-, Trost- und Sterbebüchern, Stundenbuch, Heiligenvita usw. den Hauptteil des religiösen Schrifttums. Vgl. z. B. Martin Luthers *Betbüchlein* (1522) und *Kirchenpostille* (1525/27), Johann Arndts *Vier Bücher vom wahren Christentum* (1605/09) oder Heinrich Zschokkes *Stunden der Andacht* (1809/16).

erhaben/Erhabenes | Ästhetischer Begriff für das über alle Maßen Große (Hochgebirge), Weite (Ozean, Wüste) oder Unendliche (Sternenhimmel/Kosmos); beim Betrachter wegen dieser die gewöhnliche menschliche Natur übersteigenden Dimensionen das Gefühl von Ehrfurcht, aber auch Ohnmacht, Angst und Schrecken auslösend. Der Begriff stammt aus der antiken und ma. →Rhetorik (engl./frz. sublime) und bezeichnet dort den hohen und getragenen Stil einer Rede. Der engl. Philosoph Edmund Burke stellte in seiner *Philosophical Enquiry into the Origin of our Ideas of the Sublime and Beautiful* (1753; dt. *Philosophische Untersuchungen über den Ursprung unserer Begriffe vom Erhabenen und Schönen*, 1773) als erster das E. dem Schönen entgegen. Während das Schöne beruhigend und bestätigend wirke, löse das E. einen »delightful horror« [angenehmen/wunderbaren Schrecken] aus. Zwischen dem E. und dem →Komischen gibt es Übergänge/Umschläge; vgl. den als klass. geltenden Ausspruch Napoleons I. während seiner Flucht aus Russland: »Du sublime au ridicule il n'y a qu'un pas.« [Vom Erhabenen zum Lächerlichen ist es nur ein Schritt.]

Erlebnisdichtung | Im Gegensatz zu der an bestimmten poetischen Regeln, Mustern und Formen (→Poetik) orientierten Dichtung (→Humanismus, →Barock, →Rokoko) ist E. stark subjektiv geprägter Ausdruck individuellen Gefühlserlebens. Sie ist typisch für die Epochen der →Empfindsamkeit, des →Sturm und Drang und der →Romantik, in denen sich das individuelle Gefühl emanzipiert und die Emotionalität des Menschen betont wird. Vgl. z. B. Goethes Jugendlyrik und seinen Briefroman *Die Leiden des jungen Werthers* (1774). Am Beginn des 20. Jh. entstand in der dt. Literaturwiss. eine lebensphilosophisch begründete Theorie der Dichtung als Erlebnis, die von Wilhelm Dilthey und seiner Schrift *Das Erlebnis und die Dichtung* (1905) ausging.

erlebte Rede | Mittel epischer Gestaltung, v. a. im →Roman. Die e. R. steht zwischen direkter Rede (*Er entgegnete: »Ich werde noch heute abreisen.«*) und indirekter Rede (*Er entgegnete, dass er noch heute abreisen werde*). Bei der e. R. werden die Gedanken und Bewusstseinsinhalte einer Person im Indikativ der 3. Person und im epischen Präteritum (→Epik) wiedergegeben: »Heute wusste K. nichts mehr von Scham, die Eingabe musste gemacht werden. Wenn er im Büro keine Zeit für sie fand, dann musste er sie zu Hause in den Nächten machen.« (Franz Kafka: *Der Process,* 1914/15)

erotische Literatur | Wenngleich die Grenzen fließend sind, ist zwischen →Pornografie (eine ganz auf den Geschlechtsakt und seine technischen Details gerichtete Darstellung), Liebesdichtung (Darstellung sinnlich-geistiger Gefühle der Liebenden) und e. L. (Darstellungen körperlicher Liebe und Sexualität mit dem Anspruch lit. und ästhetischer Qualität) zu unterscheiden. Ob sich ein besonderer Bereich e. L. bestimmen lässt, ist umstritten, weil Sexualität in der gesamten Weltliteratur eine Rolle spielt. Dennoch gibt es seit dem Altertum eine lit. Tradition, in der die Geschlechtlichkeit des Menschen in ihren verschiedensten Formen ganz betont im Mittelpunkt steht. Herausragende Beispiele e. L. sind das indische *Kamasutra*, *Das Hohelied Salomos* aus dem *Alten Testament*, Petronius' *Satiricon* (1. Jh.), Ovids *Ars amatoria* ([Liebeskunst] um die Zeitenwende), Giovanni Boccaccios *Decamerone* (1348/53; dt. 1472/73), P. A. F. Choderlos de Laclos' *Les liaisons dangereuses* (1782; dt. *Die gefährlichen Liebschaften*, 1783), Goethes *Römische Elegien*

(1788/90) und *Venezianische Epigramme* (1795) und Honoré de Balzacs *Contes drôlatiques* (1832/37; dt. *Tolldreiste Geschichten*). Das 20. Jh. kennt eine Fülle e. L. Aufgrund veränderter moralischer Konventionen (›sexuelle Revolution‹) und einer liberaleren →Zensur hat sich e. L. vormals tabuisierter Themen angenommen und die Darstellbarkeit des Erotischen beträchtlich erweitert.

Erzähler | →auktoriale Erzählsituation, →Epik, →Erzählperspektive

Erzählperspektive | Die Perspektive, aus der in allen Formen der →Epik die lit. Darstellung erfolgt. Gebunden an einen **Erzähler**, der als fiktive Gestalt und Teil des Erzählten nicht mit dem realen →Autor verwechselt werden darf, und dessen **Erzähl(er)standpunkt** (engl. **point of view**). Gewöhnlich werden die auktoriale E. (der Erzähler ist ›allwissend‹, →auktoriale Erzählsituation) und die personale E. (Ich-Roman oder mit den Mitteln des →inneren Monologs und der →erlebten Rede arbeitende Erzählung) unterschieden. Zwischen beiden E. gibt es unzählige Übergänge und Mischungen.

erzählte Zeit | →Erzählzeit

Erzählung | **1** Oberbegriff für epische Werke (→Epik) und die Eigenart ihrer (erzählenden) lit. Darstellung. **2** Im engeren Sinne eine einzelne, allerdings schwer abgrenzbare epische Gattung mittleren oder geringen Umfangs, die keinen strengen Formgesetzen unterliegt. Am deutlichsten lässt sich die Prosa-E. fassen, die sich im 19. Jh. z. B. bei Heinrich von Kleist, Adalbert Stifter, Wilhelm Raabe oder Gottfried Keller, im 20. Jh. bei Thomas oder Heinrich Mann zur epischen Kleinform ausbildet.

Erzählzeit | Der Begriff bezieht sich auf die ursprüngliche mündliche Kommunikationssituation, in der Erzähler und Hörer im direkten Kontakt sind (→Epos). In der schriftlichen Vermittlung von Literatur bedeutet E. die Zeit, die das Lesen z. B. eines Romans in Anspruch nimmt. Die E. erlangt ihre Bedeutung nur in Bezug auf die **erzählte Zeit**, das ist der Zeitraum, über den sich die dargestellte Handlung erstreckt. Das Verhältnis beider sagt etwas aus über die Zeittechnik des Erzählens. Die traditionellen epischen Formen arbeiten mit Zeitsprüngen, Aussparungen oder Rückblenden (zeitraffendes Erzählen). In der modernen Literatur des 20. Jh. dagegen gibt es die Tendenz, durch →inneren Monolog, →erlebte Rede oder →Dialog die erzählte Zeit zu strecken und mit der E. in Deckung zu bringen (zeitgleiches Erzählen). Vgl. James Joyce' mehrere hundert Seiten umfassenden Roman *Ulysses* (1922, dt. 1927) mit einer erzählten Zeit von 24 Stunden oder Alexander Solschenizyns Erzählung *Odin den' Ivana Denisoviča* (1962; dt. *Ein Tag aus dem Leben des Iwan Denissowitsch*, 1963).

Erziehungsroman | Eine besondere Form des →Entwicklungs- und des →Bildungsromans und von diesen nicht streng zu unterscheiden. Im Mittelpunkt dieses Romantypus steht die Bildung eines jungen Menschen durch einen persönlichen Erzieher und mit einem bestimmten Erziehungsprogramm: so z. B. in J.-J. Rousseaus Roman *Émile ou De l'éducation* (1762; dt. *Emile oder Von der Erziehung*, 1762) mit dem Ziel der Erziehung des Menschen zu einem polit. denkenden Staatsbürger. Zum E. können auch die seit der Antike tradierten **Fürstenspiegel** gerechnet werden, in denen in biografischer Erzählung das Musterbild eines Herrschers aufgestellt wird, das wiederum zur Erziehung eines jungen Fürsten durch das lit. Beispiel dienen soll; vgl. François Fénelon: *Les aventures de Télémaque* (1699; dt. *Die Abenteuer des Telemach*, 1734/39) und Ch. M. Wieland: *Der goldene Spiegel* (1772).

Essay (frz. essai – Versuch) | Literarische Darstellungsform zwischen Wissenschaft, Kunst und Journalismus zur lockeren, unsystematischen Erörterung und mit ungewohnten, neuen Ansichten eines Themas. Der E. zeichnet sich durch einen subjektiven, oft aphoristischen (→Aphorismus) Stil aus. Der E. entstand in der →Renaissance, als sich die wiss. und künstler. →Prosa von den ma. Formen der

Abhandlung und des →Traktats löste, um dem neuzeitlichen Individualitätsbewusstsein Ausdruck zu geben. Der Begriff stammt von dem franz. Schriftsteller Michel de Montaigne, der in seinen *Essais* (1580/88) traditionelle (v. a. theologische) Lehrmeinungen kritisch erörtert, dabei Erkenntnis seiner selbst und der Natur des Menschen betreibt. Die Bezeichnung wird dann von dem engl. Philosophen Francis Bacon in seinen *Essays* (1597, erweitert 1625) übernommen. Im 18. Jh. wird der E. sehr geschätzt, weil er für die Aufklärer die geeignete Form der kritisch abwägenden, undogmatischen und breite Leserschichten erreichenden Wissensvermittlung ist. In der klass. Periode prägen u. a. J. J. Winckelmann, J. G. Herder und Alexander und Wilhelm v. Humboldt dieses Genre aus. Für das 19. Jh. sind v. a. Heinrich Heine (vgl. *Die Romantische Schule*, 1833), Ludwig Börne (vgl. *Über den Umgang mit Menschen*, 1824) und Friedrich Nietzsche (vgl. *Die Geburt der Tragödie aus dem Geiste der Musik*, 1874) zu nennen. Im 20. Jh. wird im E. die Wiederannäherung von Geistes- und Naturwissenschaften versucht. Auch im modernen Roman (so bei Robert Musil, Thomas Mann, Hermann Broch) findet der E. als selbstständiger, die geschlossene Form sprengender Erörterungsteil Eingang.

Euphemismus*, Pl. Euphemismen (griech. euphēmízein – ein gutes Wort für eine üble Sache gebrauchen) | Verhüllende oder beschönigende Bezeichnung einer als unangenehm oder anstößig empfundenen Sache wie ›Freund Hein‹ oder ›Sensenmann‹ für den ›Tod‹, ›Liebe machen‹ für ›Beischlaf‹ oder etwa in der NS-Propagandasprache ›Frontbegradigung‹ für ›Rückzug‹. E. werden auch gebraucht, um Tabuwörter zu vermeiden, so ›Fürst der Finsternis‹ für ›Teufel‹, oder um einen als heilig empfundenen Namen nicht durch allzu häufigen Gebrauch zu ›verschleißen‹, so ›der Allmächtige‹ für ›Gott‹ (→Litotes).

Exegese (griech. exégēsis – Auslegung) | Der Begriff taucht erstmals bei dem griech. Philosophen Platon (5. Jh. v. Chr.) auf und meint die deutende Auslegung eines Textes. E. hat zunächst in der Theologie große Bedeutung für das Verständnis des wahren Schriftsinns der heiligen Bücher, dann auch bei der Gesetzesauslegung in der Rechtsprechung. Seit der →Renaissance geht die E. in die wiss. Methode der →Hermeneutik ein. In der Literaturwiss. bedeutet Textexegese so viel wie →Interpretation.

Exempel (lat. exemplum – Muster, Nachbild, nachzuahmendes oder warnendes Beispiel) | Seit der Antike eine kurze Erzählung, die gute oder schlechte menschliche Verhaltensweisen zur Belehrung oder Warnung darstellt (→Lehrdichtung); im MA. weit verbreitet in der Form der →Beispielgeschichte. Weitere Formen des E. sind →Gleichnis, →Parabel, →Fabel und in gewissem Sinn auch der →Schwank.

Exilliteratur (lat. exilium – Verbannungs-, Zufluchtsort) | In allg. Bedeutung die Literatur, die wegen eines aus polit. oder religiösen Gründen erzwungenen oder freiwilligen Exils außerhalb der Heimat eines Autors geschrieben und verlegt wird. Auch als **Emigrantenliteratur** (lat. ēmigrāre – auswandern) bezeichnet, so erstmals 1871 von dem dänischen Literaturhistoriker Georg Brandes in Bezug auf die von Napoleon I. aus Frankreich verbannte Madame de Staël. E. gab es bereits in der Antike (der röm. Dichter Ovid wurde im Jahr 8 n. Chr. aus Rom verbannt und schrieb sein Hauptwerk im Exil), dann in allen folgenden Jh., besonders in Kriegs- und Revolutionszeiten (Franz. Revolution 1789, russ. Oktoberrevolution 1917). Einen bis dahin nicht gekannten Umfang erreichte die E. nach der Ernennung Adolf Hitlers zum Reichskanzler Anfang 1933 in Deutschland, als ein großer Teil der dt. Literatur zur E. wurde. Die vom NS-Regime verfolgten Autoren (Verbrennung des ›unerwünschten Schrifttums‹ im Mai 1933 auf öffentlichen Plätzen dt. Universitätsstädte), darunter ausnahmslos alle jüdischen Schriftsteller, flohen nach Paris, Amsterdam, Prag, London, Moskau, später v. a. in die USA und nach Mexiko und bildeten dort, teils mit eigenen Verlagen, Zeitschriften und Verbänden die Zentren der E. Das lit. Publikum in Deutschland erreichte die E. erst wieder nach dem Ende des Zweiten Weltkrieges.

existentialistische Literatur | Lit. Strömung im 20. Jh., die auf der Philosophie des **Existentialismus** (Sören Kierkegaard, Arthur Schopenhauer, Henri Bergson; später Karl Jaspers, Martin Heidegger u.a.) basiert und sich Grundfragen der Existenz des Menschen stellt. Die stärksten Impulse gingen von Frankreich aus, besonders von Jean Paul Sartre, Albert Camus, Simone de Beauvoir, George Bernanos u.a. Sartre führt in seinem Roman *La nausée* (1938; dt. *Der Ekel*, 1949) den Ekel des Menschen zurück auf die sinnleere Welt, die zur Freiheit verurteilt. Unterstützt durch die Erfahrung der Résistance, entwickelt er das Konzept der Littérature engagée (→Engagement). Im Deutschland der Nachkriegszeit gewann Sartres Existentialismus breite öffentliche Resonanz; beeinflusste Autoren sind z.B. Alfred Andersch, Hermann Kasack, H.E. Nossak, Wolfgang Koeppen und Peter Handke.

Exotismus (lat. exōticus – ausländisch, fremd) | E. bezeichnet die lit. Darstellung fremdartiger Kulturen, Landschaften und Menschen, der Reisen in ferne Länder, der Entdeckung bislang unbekannter Weltgegenden. Der lit. Reiz des E. beruht auf der Spannung zwischen dem bekannten, vertrauten eigenen Lebensbereich (Heimat) und der fremden, fernen, unbekannten Welt. Funktion des E. ist somit Kenntniserwerb fremder Kulturen, aber auch Bestätigung des Kontrastes zwischen Heimat und Fremde. Weiterhin wird der E. als Mittel lit. →Verfremdung eingesetzt, indem die heimischen polit. und sozialen Verhältnisse durch die Verlegung der Handlung in exotische Milieus indirekt kritisiert oder karikiert werden, vgl. z.B. den satirischen Roman des franz. Aufklärers Montesquieu *Lettres persanes* (1721; dt. *Persianische Briefe*, 1760) oder die vielen →Robinsonaden des 18. Jh., in denen der unverdorbene ›edle Wilde‹ dem zivilisierten Europäer gegenübergestellt wird. Den E. verwendet auch der →Abenteuerroman (vgl. z.B. die Romane von Karl May).

Exposé (frz., Darlegung, Bericht) | →Drehbuch

Exposition (lat. expositiō – Darlegung) | Als Teil des →Dramas die Darstellung der Voraussetzungen und der Vorgeschichte (Personen und ihre Verhältnisse, Handlungsort und -zeit) der dramat. Handlung und des →Konflikts. Die E. nimmt im fünfaktigen Drama meist den ersten Akt in Anspruch. Ein →Prolog oder Vorspiel kann die E. ersetzen oder Teil der E. sein.

Expressionismus (lat. expressiō – Ausdruck, Darlegung, Anschaulichkeit) | Der Begriff wird seit den 50er Jahren des 19. Jh. in den USA als Stilcharakterisierung für Gruppen in der bildenden Kunst (v.a. in der Malerei) verwendet. In Deutschland bezeichnet er eine Kunst- und Literaturströmung im Zeitraum zwischen 1910 und 1920 (›expressionistisches Jahrzehnt‹). Vielfach wird seine Dauer aber bis 1925 angesetzt, weil erst zu diesem Zeitpunkt die Stilrichtung der →Neuen Sachlichkeit deutlich wird. Der E. wird zuerst in der Malerei, dann in allen Künsten bis zur Architektur als künstler. Abkehr von →Naturalismus und →Impressionismus wirksam, in der Literatur als avantgardistische (→Avantgarde) ›Literaturrevolution‹ (→Dadaismus). Der lit. E. wird von einer jungen Künstlergeneration (Georg Heym, J.R. Becher, Georg Trakl, Else Lasker-Schüler, Ernst Stadler, August Stramm [Lyrik]; Carl Sternheim, Ernst Barlach, Walter Hasenclever, Ernst Toller [Dramatik]; Carl Einstein, Alfred Döblin, Kasimir Edschmid, Klabund, Ernst Weiß [Epik]) getragen, die gegen Gesellschaft und Kultur des Wilhelminischen Kaiserreiches Front macht und in Abkehr von den Ästhetisierungstendenzen der Jahrhundertwende (→Ästhetizismus) nach neuem, Individuum und Menschheit verbindendem künstler. Ausdruck sucht. Die bekannteste Lyrik-Anthologie des E. (*Menschheitsdämmerung*, 1919, Hg. Kurt Pinthus) nennt in ihren Gruppenüberschriften die zentralen Themen des E.: »Sturz und Schrei«, »Erweckung des Herzens«, »Aufruf und Empörung«, »Liebe den Menschen«. Charakteristisch für den E. sind oft kurzlebige Gruppenbildungen um Zeitschriften und Anthologien, denen programmatische Titel gegeben werden, die zugleich auf das expressionistische →Pathos deuten, vgl. die Zeitschriften »Die Aktion«, »Der jüngste Tag«, »Der Sturm«, »Neue Jugend«, »Revolution«, »Neue Blätter« oder neben *Menschheitsdämmerung* die →Anthologien und →Almanache *Kameraden der Menschheit, Verkündigung, Der rote Hahn, Der dramatische Wille*.

Fabel (lat. fabula – Erzählung) | **1** In den Werken der Dramatik (→Drama) und →Epik der innere Zusammenhang der Handlung, von dem die Struktur des ganzen Werkes wie auch die Funktion der dramat. und epischen Einzelelemente abhängen; auch (engl.) **Plot** genannt. **2** Kleine lit. Gattung, in der Tieren (→Tierdichtung) menschliche Eigenschaften verliehen (Löwe = stark und klug, Fuchs = schlau, Schlange = listig) und in deren Handlungen eine menschlich bedeutsame Wahrheit oder ein moralischer Lehrsatz sichtbar werden. Die Urform der F. wird dem legendären antiken Sklaven Aisopos (6. Jh. v. Chr.) zugeschrieben, weshalb die ganze Gattung gelegentlich auch als **äsopische F.** bezeichnet wird. Im MA. war die F. als Bestandteil der →Lehrdichtung weit verbreitet und in versch. F.-Sammlungen (z. B. *Edelstein* von dem Schweizer Dominikanermönch Ulrich Boner, 14. Jh.) überliefert. Die bedeutendsten F.-Dichter sind der franz. Erzähler Jean de La Fontaine (*Fables*, 1668/1694; dt. *Fabeln*, 1791/94), in Deutschland im Zeitalter der →Aufklärung Friedrich von Hagedorn (*Versuch in poetischen Fabeln und Erzählungen*, 1738), M. G. Lichtwer (*Vier Bücher äsopischer Fabeln*, 1748), Ch. F. Gellert (*Fabeln und Erzählungen*, 1746/48), G. E. Lessing (*Fabeln. Drei Bücher. Nebst Abhandlungen mit dieser Dichtungsart verwandten Inhalts*, 1759) und in Russland I. A. Krylow.

Faksimile (lat. fac simile – mache ähnlich) | Originalgetreue Wiedergabe einer Handschrift, einer Zeichnung oder eines Drucks mit den Mitteln moderner Reproduktionstechniken, z. B. die Gutenberg-Bibel von 1452/55, die der Leipziger Insel-Verlag 1914 im F. herausgab.

Familienroman | Romantypus, bei dem das Schicksal einer Familie und ihrer Generationen den Leitfaden der Handlung bildet und sinnbildlich für eine bestimmte Epoche oder Zeitenwende steht. Vgl. das 20bändige Romanwerk Émile Zolas *Les Rougon-Macquart, histoire naturelle et sociale d'une famille sous le second Empire* (1871/93; dt. *Die Rougon-Macquart, Natur und Sozialgeschichte einer Familie unter dem zweiten Kaiserreich*, 1871/93) oder *Buddenbrooks. Verfall einer Familie* (1901) von Thomas Mann.

Farce (frz., lustiges Spiel oder Füllsel) | Seit dem 14. Jh. derb-komische Einlagen im franz. →Mysterienspiel; später selbstständige kurze, zur Karnevalszeit auf Jahrmärkten aufgeführte Stücke, in denen Missstände des privaten und öffentlichen Lebens mit →Humor oder →Satire angeprangert werden. Entspricht dem dt. →Fastnachtsspiel. Die bedeutendste franz. F. ist die in Versen verfasste *Farce de Maistre Pathelin* (1464). Im 17. Jh. erlangte die F. im Zusammenhang mit der →Commedia dell'Arte neue Bedeutung und wirkte dann im 18. Jh. auch auf Deutschland; vgl. die F. des jungen Goethe, u. a. die Literatursatire *Götter, Helden und Wieland* (1773).

Fastnachtsspiel | Der Ursprung des F. liegt in den dt. Städten des beginnenden 15. Jh., wo zur Fastnachtszeit (urspr. die Zeit des Fastens vor Ostern) Gruppen von jungen verkleideten Männern durch die Häuser zogen und den dort versammelten fröhlichen Gesellschaften kleine dramat. Szenen mit derbem Humor vortrugen. Es erreicht im 16. Jh. in der städtischen Gesellschaft Nürnbergs seinen Höhepunkt. Allein von dem Meistersinger Hans Sachs (→Meister[ge]sang) stammen etwa 85 F. (vgl. u. a. *Der fahrend Schuler im Paradeis*, 1550; *Das Kälberbrüten*, 1551). Während das F. im 17. Jh. an Bedeutung verlor, griffen die Vertreter des →Sturm und Drang im 18. Jh. wieder auf diese lit. Tradition zurück; vgl. Goethes *Fastnachtsspiel von Pater Brey* (1774).

Fazetie (lat. facētiae – Witz, Scherz) | Auf eine →Pointe zugespitzte epische Kleinerzählung (→Anekdote, →Schwank, →Witz). Entsteht in der ital. →Renaissance mit den F. des Florentiners G. F. Bracciolini, genannt Poggio: *Liber facetiarum* (zuerst um 1452 handschriftlich publiziert, gedr. 1470; dt. *Die Schwänke und Schnurren*, 1905). Diese Sammlung wurde vielfach nachgeahmt. Die berühmteste Sammlung von F. in Deutschland ist die des Humanisten (→Humanismus) Heinrich Bebel: *Liber facetiarum iucundissimi* ([Fazetienbücher] 1508/12), die ihrerseits europaweit gewirkt hat.

Feature (engl., Darbietung, Aufmachung) | Besonders im Hörfunk (→Hörspiel), aber auch in der Zeitung (→Reportage) und im Fernsehen verwendete publizistische Darstellungsform; zuerst in den angelsächs. Ländern vor dem Zweiten Weltkrieg ausgebildet. Das F. bereitet ein bestimmtes Thema der Geschichte, Zeitgeschichte oder Kultur mit versch. Mitteln wie Zitat, Dokumentation, dialogische Handlung, Kommentar u.a. so auf, dass einerseits die Besonderheiten des jeweiligen Mediums, andererseits die Erwartungen des Publikums nach Information und Unterhaltung Berücksichtigung finden.

Feengeschichte (frz. fée – Zauberin) | Eine Fee ist in der oriental., romanischen und german. Volksüberlieferung eine geisterhafte Frauengestalt, der höhere, wunderbare Kräfte zugeschrieben werden. Die poetische Ausgestaltung der Feenstoffe geschieht im **Feenmärchen** und im **Feen-** oder **Zauberstück** (frz. féerie), worunter die theatralische Darbietung von Feenmärchen in Gestalt des Schauspiels, des Puppenspiels, der Oper, des Balletts und der Pantomime zusammengefasst werden. Die F. gibt es, verschmolzen mit christl. Elementen, seit dem MA, u.a. in der *Artus*-Dichtung und bei Wolfram von Eschenbach (12. Jh.). Im 17. Jh. wird die F. in Frankreich als Kunstmärchen (vgl. die Sammlung von Charles Perrault: *Contes du temps passé* [Märchen aus vergangener Zeit], 1697) und als **Feenoper** zu einer Modeerscheinung. In Deutschland u.a. durch Ch. M. Wieland (vgl. *Oberon*, 1780) und viele Romantiker aufgegriffen. →Märchen/Kunstmärchen

Fernsehspiel | Sammelbezeichnung für versch. Darstellungsformen des Fernsehens. Im engeren Sinn die auf die techn. Belange des elektronischen Mediums abgestimmte dramat. Form, die wegen der relativ geringen Abmessungen des Bildschirms ähnlich wie im Theater stark mit Dialogen und einer knappen Handlungsführung arbeitet und im Unterschied zum Theaterstück vor der Sendung aufgezeichnet wird. Der **Fernsehfilm** dagegen orientiert sich eher am Kinofilm (freie Folge der Szenen, Montage, Schnitt, wechselnde Kameraeinstellungen usw.). Das **Fernsehfeature** (→Feature) oder die **szenische Dokumentation** stellen Themen von Politik und Geschichte informationsaufarbeitend und unterhaltend mit teils dramat. Mitteln (→Dialog, →Bericht) dar. Darüber hinaus wird das Fernsehen zum Vermittler von Theaterinszenierungen und Filmen. Im Unterhaltungsbereich hat sich die **Fernsehserie** einen Spitzenplatz erobert und sich als die dem Gebrauch des Mediums am besten angepasste dramat. Form erwiesen.

Festspiel (lat. fēstum – Fest, Festtag) | 1 Im Rahmen eines Kultes oder aus Anlass eines Festes aufgeführte Dramen. Der Ursprung des F. in diesem Sinn liegt in den antiken Dionysien, den jährlichen Festen zu Ehren des Dionysos (Gott der Fruchtbarkeit und des Weines), aus denen das →Drama hervorgeht. Mittelalterl. F., gebunden an hohe kirchliche Feiertage, sind die Passions- und Weihnachtsspiele. Seit der →Renaissance wird das weltliche höfische Fest der Anlass des F. (Opern, Ballette, festliche Theateraufführungen). Im 19. Jh. hat der Komponist Richard Wagner den Gedanken der F. wiederbelebt (*Bayreuther Festspiele*, seit 1876). Seither gelten F. (oft über Tage oder Wochen gehend) entweder einem Künstler und der Pflege seines Werks (Shakespeare-F. in Stratford-upon-Avon, Mozart-F. in Salzburg, Händel-F. in Halle), einer bestimmten künstler. Tradition (Passionsspiele in Oberammergau, die versch. Theatertreffen) oder finden aus Anlass herausragender Ereignisse statt. **2** Eigens für ein bestimmtes Fest oder Jubiläum verfasstes Bühnenstück, so im Zeitalter des →Barock die versch. F. zur Beendigung des Dreißigjährigen Krieges (vgl. Sigmund von Birken: *Teutscher Kriegsab- und Friedenseinzug*, 1650). Goethe hat sein Drama *Des Epimenides Erwachen* (1814) anlässlich des Sieges über Napoleon verfasst, Gerhart Hauptmann sein *Festspiel in deutschen Reimen* (1913) dem 100. Jahrestag der Schlacht bei Leipzig gewidmet.

Feuilleton (frz., Heft von 8 Seiten, Beiblatt) | **1** Der kulturelle Teil einer →Zeitung, der in bunter Mischung Theater-, Literatur- und Kunstkritiken, Gedichte, Kurzgeschichten, Betrachtungen und Kommentare zum Geistes- und Kulturleben und meistens auch einen →Fortsetzungsroman enthält. Der Begriff geht auf den franz. Abbé J. L. de Geoffroy zurück, der 1800 der Pariser Zeitung »Journal des Débats« ein Anzeigenblatt beilegte, das auch Rezensionen und interessante Mitteilungen aus dem Geistesleben enthielt. Später wurde das F. durch einen dicken Querstrich von den polit. Nachrichten der Zeitung getrennt; F. deshalb auch als Bezeichnung für das, was ›unter dem Strich‹ steht. Das F. verdankt seine Entstehung und Verbreitung dem Unterhaltungs- und Informationsbedürfnis breiter Schichten im Zeitalter der Industrialisierung und der zunehmenden Differenzierung der Wissensgebiete. Heute ist das F. der großen Zeitungen meist eine eigene Kultur- und Unterhaltungsbeilage. **2** Bezeichnung für ein journalistisches →Genre, dessen Form sich innerhalb des Zeitungs-F. histor. ausgebildet hat. Dem →Essay verwandt, aber kürzer als dieser. Die Darstellungsweise ist locker und unsystematisch; deshalb auch der abwertende Begriff ›Feuilletonismus‹. Das F. knüpft an Alltägliches an und kommt bei den Meistern des F. im scheinbar unterhaltenden Plaudern zu wesentlichen kulturkritischen Einsichten. Bedeutende Vertreter des F. sind im 19. Jh. viele Schriftsteller des →Jungen Deutschland und des →Vormärz (Heinrich Heine, Ferdinand Kürnberger, Ludwig Börne), im 20. Jh. die Wiener Peter Altenberg, Alfred Polgar, Egon Friedell (»Wiener Feuilleton«), im Berlin der 20er Jahre Kurt Tucholsky, Joseph Roth, Franz Hessel u. a.

Figur | **1** Als rhetorische (→Rhetorik) Figuren werden vorgeprägte und schematisierte stilistische Gestaltungen bezeichnet, die der Veranschaulichung und Ausschmückung einer Rede dienen (→Anapher, →Antithese, →Epiphora usw.). **2** Gestalt in einem lit. Werk, besonders im Drama. Davon abgeleitet spricht man auch von einem **Figurenensemble** oder, die Beziehungen der Figuren untereinander betreffend, von **Figurenkonstellation**.

Figurengedicht, auch Bildgedicht | Gedicht, in dem durch wechselnde Zeilenlängen die Umrisse von Gegenständen (Bäume, Herzen, Kreuze, Vasen u. Ä.) entstehen. Mit diesem grafischen, eine Spannung zwischen Bild und Sprache erzeugenden Element wird in der Lyrik seit der Antike gespielt. Berühmt sind die F. des franz. →Surrealismus; vgl. Guillaume Apollinaire: *Calligrammes* (1918; dt. *Kalligramme*, 1953). Im Dt. hatte das F. im →Barock eine Blüte; im 20. Jh. griffen u. a. Christian Morgenstern und die Dadaisten (→Dada) darauf zurück. Eine Erneuerung erfuhr das F. als visuelle Dichtung u. a. durch Vertreter der →konkreten Poesie.

Fiktion (von lat. fingere – bilden, erdichten) | **1** In allg. Bedeutung eine Annahme, für die kein Wahrheitsbeweis angetreten wird. **2** Im speziellen Sinn die Als-ob-Wirklichkeit der erzählenden und dramat. Dichtung. Reale oder erfundene Sachverhalte werden als wirkliche dargestellt, ohne dass der Anspruch erhoben wird, dass sich aus dieser (fiktiven) Kunstwelt direkte Rückschlüsse oder Folgerungen für die Realität und das Verhalten in ihr ziehen ließen. Deshalb ist auch der Unterschied zwischen F. und Fingiertsein (es wird vorgetäuscht, dass es sich um etwas Real-Wirkliches handelt) zu beachten. Das Bewusstsein dieser Differenz setzt sich erst in der Neuzeit durch. Bis dahin galt in einer auf den antiken Philosophen Platon (5./4. Jh. v. Chr.) zurückgehenden Tradition, dass die Dichter lügen, weil sie etwas Nicht-Wirkliches (Fiktives) als Wirklichkeit ausgeben. Der Begriff **fiktionale Literatur** geht auf die engl. Bezeichnung ›fiction‹ für die fiktive Erzählliteratur zurück. Im Gegensatz dazu **Nonfiction** als Sammelbezeichnung für die versch. Genres nichtfiktiver Literatur, insbesondere für die →Dokumentarliteratur.

Fin de Siècle (frz., Ende des Jahrhunderts, Jahrhundertwende) | Literarhistor. Epochenbezeichnung (→Epoche) für das ausgehende 19. Jh., das die Zeitgenossen als Endzeit und Zeit der →Dekadenz empfanden. Der Begriff geht auf ein 1888 in Paris aufgeführtes Lustspiel zurück, das diesen Titel trug.

Flugschrift (Übers. von frz. feuille volante – loses Blatt, Flugblatt) | Seit dem 18. Jh. gebräuchliche Bezeichnung für aktuelle, in polit. oder religiöse Auseinandersetzungen eingreifende lit. Produktionen von geringem Umfang, die unter Umgehung der →Zensur auf Straßen und Jahrmärkten vertrieben werden. Erscheint zumeist anonym oder unter →Pseudonym. Mittels F. erfolgten z. B. die religiösen Auseinandersetzungen im Zeitalter der Reformation (etwa Martin Luther: *Von der Freiheit eines Christenmenschen*, 1525; Thomas Müntzer: *Fürstenpredigt*, 1525). Vgl. auch Georg Büchners *Der hessische Landbote* (1835) und die F. der dt. Sozialdemokratie v. a. während der Zeit des Sozialistengesetzes (1878 bis 1890). Während der NS-Diktatur haben sich die illegalen antifaschistischen Gruppen der F. bedient (z. B. die Geschwister Scholl 1943).

Folklore (engl. folk – Volk; lore – Lehre, Kunde) | **1** →Volksdichtung; **2** Im 19. Jh. anfangs gleichbedeutend mit Volkskunde. Heute überwiegt die engere Bedeutung (1).

Form (lat. fōrma – Gestalt) | Die äußere Erscheinung eines sprachlichen Kunstwerks. Bezeichnung für die Gesamtheit der sprachlichen Mittel, die zur Gestaltung eines lit. Stoffes und zur Darstellung eines geistigen Inhalts eingesetzt werden. F. zählt zu den allgemeinsten Kategorien der ästhetischen Analyse. Deshalb wird der Begriff in den versch. Schulen der →Literaturwissenschaft auch mit versch. Bedeutungen gebraucht, meist in Gegensatzpaaren: Form/Inhalt, äußere/innere F., Gehalt/Gestalt, Sinn/Form usw. Die moderne Literaturwissenschaft bevorzugt anstelle des F.-Begriffs den der →Struktur. →geschlossene F., →offene F.

Formalismus | **1** Abwertende Bezeichnung für Denkrichtungen, in denen die Form zum Nachteil der Inhalte überbetont wird. In dieser Bedeutung ist in der Kunstpolitik der frühen DDR ein Großteil der zeitgenössischen Philosophie, Kunst und Literatur als F. abgetan worden (→sozialistischer Realismus, →Moderne/Modernismus). **2** Neutrale Bezeichnung für die russ. **Formale Schule** in der Literaturwiss. (1915–1930) mit ihren Hauptvertretern Viktor Schklowski, Juri Tynjanow, Boris Eichenbaum. Sie lehnte, in enger Bindung an die Kunstrichtung des russ. →Futurismus, die traditionellen, auf die Biografie eines Schriftstellers, auf die Psychologie der lit. →Figuren oder auf die sozialen Bedingungen der lit. Produktion und Rezeption gerichteten Analysemethoden ab und betonte die Eigengesetzlichkeit des sprachlichen Kunstwerks. Sie untersuchte die Technik des Machens und die Formung des Materials wie der Sprache unter dem Gesichtspunkt der Funktion der Einzelelemente für das Ganze eines Werkes. Die Formale Schule hatte bedeutenden Einfluss auf die Entwicklung des Strukturalismus (→Struktur).

Fortsetzungsroman | In einzelnen Abschnitten und in regelmäßiger Folge innerhalb einer →Zeitung oder →Zeitschrift veröffentlichter Roman. F. gibt es seit dem 18. Jh.; vgl. die Veröffentlichung von Schillers *Der Geisterseher* in der Zeitschrift »Thalia« (1787/89). Auch viele Romane erschienen zuerst als F., z. B. von Charles Dickens, Wilhelm Raabe, Theodor Fontane, Thomas Mann, Joseph Roth u. a. Bei eigens für den Fortsetzungsabdruck geschriebenen Romanen muss jede Folge einen neuen Spannungsbogen aufbauen, um zum Kauf der nächsten Ausgabe anzuregen, aber auch um den einzelnen Abschnitt für sich verständlich zu machen. Dieses ›Gesetz der Serie‹ erzeugt die oft stereotypen, klischee- und kolportagehaften (→Kolportage) Handlungsmuster des F. Das gilt besonders für den **Feuilletonroman**, wie er sich seit den 40er Jahren des 19. Jh. in Frankreich ausbildete und dann in ganz Europa nachgeahmt wurde. Durch den Abdruck des Romans *Le juif errant* (1843; dt. *Der ewige Jude*, 1844) von Eugène Sue steigerte die Pariser Zeitung »Constitutionel« ihre Abonnentenzahl von 5 000 auf 80 000. Deshalb wird der F. bald zur ›industriellen Literatur‹ (frz. littérature industrielle) oder auch →Trivialliteratur gerechnet. Dem F. verwandt ist die **Romanserie**, periodisch erscheinende Hefte, die denselben Helden in versch. Geschichten präsentieren.

Fragment (lat. fragmentum – abgebrochenes Stück, Bruchstück) | 1 Unvollständiges, bruchstückhaftes lit. Werk, wobei zwischen versch. Ursachen der Unvollständigkeit zu unterscheiden ist: 1. Das Werk war von seinem Autor abgeschlossen worden und ist erst in der Überlieferung zum F. geworden. Das betrifft besonders Werke aus der Antike und dem MA., z. B. die Dramen des griech. Tragödiendichters Aischylos (5./4. Jh. v. Chr.). 2. Durch den Tod des Autors ist das Werk unvollendet geblieben, z. B. das *Woyzeck*-Drama (1875 veröffentlicht) von Georg Büchner. 3. Die Arbeit an einem Werk ist wegen künstler. Misslingens abgebrochen worden, z. B. das Drama *Robert Guiskard* (1807/08) von Heinrich von Kleist. 2 Davon zu unterscheiden ist das F. als bewusste künstler. Gestaltungsform. Hier wird die fragmentarische Form benutzt, um die Unabgeschlossenheit, Vorläufigkeit und Unfertigkeit zu betonen, vgl. J. G. Herders *Über die neuere dt. Literatur. Fragmente* (1767). Vertreter der →Romantik (v. a. Friedrich und A. W. Schlegel und Novalis) benutzten das F. als zentrales künstler. Ausdrucksmittel in einer dem →Aphorismus verwandten, die Subjektivität und Unabgeschlossenheit ihrer Reflexionen betonenden Weise, vgl. die *Blütenstaub*-Fragmente (1798) von Novalis oder Friedrich Schlegels *Kritische Fragmente* (1797).

Frauenliteratur | Von Frauen verfasste Literatur, besonders auf die geistige und soziale Emanzipation der Frau gerichtete Werke. Obwohl auch in der Antike und im MA. Frauen als lit. Autorinnen auftraten, ist von F. erst seit der →Aufklärung zu sprechen. Erst mit den Bildungs- und Emanzipationsideen des 18. Jh. erlangten Frauen in größerer Zahl Zugang zum lit. Leben, teils als Gastgeberinnen bedeutender lit. Salons (Rahel Varnhagen), teils als Romanautorinnen oder Lyrikerinnen (Sophie von La Roche, A. L. Karsch, Bettina von Arnim, Karoline von Günderrode u. a.). Seit den 30er Jahren des 19. Jh. tritt F. auch für die gesellschaftl. Gleichstellung der Frau ein (Fanny Lewald, Louise Otto-Peters). Gleichzeitig brachte das 19. Jh. eine Fülle von F. hervor, die zumeist →Trivialliteratur und →Kitsch zuzurechnen ist (vgl. die Romane von Charlotte Birch-Pfeiffer, Eugenie Marlitt, Hedwig Courths-Mahler u. a.). Im 20. Jh. und v. a. seit den 70er Jahren tritt eine avancierte F. nicht mehr nur für die Gleichheitsrechte von Frauen ein, sondern fordert im Sinne des Feminismus auch eine Neuinterpretation der geschichtl. und lit. Überlieferungen (vgl. z. B. Christa Wolf: *Kassandra*, 1983; *Medea*, 1996) und eine gesellschaftliche Kultur, in der die eingestandene oder uneingestandene Dominanz des Männlichen überwunden wird.

Frauenlob | →Minnesang

Freie Bühne | 1889 von Otto Brahm, Paul Schlenther, Maximilian Harden u. a. gegründeter Theaterverein; führte v. a. naturalistische Dramen auf (Zeitschrift »Freie Bühne«, ab 1894 »Neue dt. Rundschau«, später »Die neue Rundschau«). Ähnliche Vereine entstanden in Berlin (→Volksbühne), München, Leipzig, Wien, London und Kopenhagen.

freie Künste (lat. artes līberāles) | In der Antike die Künste/Wissenschaften, die nicht mit körperlicher Arbeit verbunden sind, deshalb dem freien Bürger ziemen. Im MA. ist die Einteilung der sieben freien Künste die Grundlage des Bildungssystems, zusammengefasst 1. im **Trivium** (lat., Dreiweg): Grammatik, Rhetorik, Dialektik; 2. im **Quadrivium**

(lat., Vierweg): Arithmetik, Astronomie, Musik und Geometrie.

freie Rhythmen | Reimlose Verse ohne feste metrische Bindung. Im Unterschied zu den in der Lyrik des 20. Jh. dominierenden Spielarten freier Versgestaltung haben die f. R. des 18. und frühen 19. Jh. noch metrische Bausteine und knüpfen besonders an die Oden Pindars (→Ode) an. Zuerst von F. G. Klopstock gebraucht, dann v. a. vom jungen Goethe: »Wen du nicht verlässest, Genius, / Nicht der Regen, nicht der Sturm / Haucht ihm Schauer übers Herz.« (*Wandrers Sturmlied*, 1774)

freie Verse | 1 Verse mit →Reim und wechselnder (freier) Hebungszahl, in denen →Hebungen und Senkungen regelmäßig wechseln. Im 18. Jh. zuerst in Frankreich (frz. vers libres). Daneben kommen sie im →Madrigal vor und werden daher auch ›Madrigalverse‹ genannt. Stets mit Eingangssenkung gebrauchte Goethe die f. V. in seiner *Faust*-Dichtung: deshalb die Bezeichnung ›Faustvers‹, in dem die Zahl der Hebungen zwischen vier und sechs schwankt. Im Unterschied zu freien Rhythmen wird der f. V. gereimt, vgl. »Der erste Chor / springt aus den Häusern der Geducktten vor / in den Wind, der über die Stirnen strich, / und besinnt sich« (Rudolf Leonhard: *Prolog zu jeder kommenden Revolution*, 1919). 2 Neuerdings auch die Bezeichnung für →freie Rhythmen.

Furcht und Mitleid | →Katharsis

Fürstenspiegel | →Erziehungsroman

Futurismus (lat. futūrum – Zukunft) | Avantgardistische (→Avantgarde) Künstlerbewegung zwischen 1910 und 1930 v. a. in Italien und Russland. Gemeinsame ästhetische Merkmale des F. sind die Ablehnung lit. Traditionen, der Versuch, eine eigene neue Syntax und Grammatik zu bilden, der Anspruch, der modernen Technik und der gesellschaftl. Dynamik des 20. Jh. Ausdruck zu verleihen. F. T. Marinetti begründete den ital. F. mit dem *Manifeste du futurisme* (1909). Mit seiner Verherrlichung von Tat, Technik, Arbeit und Kampf näherte er sich dem Faschismus und wurde schließlich zu einem seiner entschiedensten Parteigänger. Der russ. F. entstand im Zusammenhang mit dem lit. Traditionsbruch vor dem Ersten Weltkrieg, bei dem sich eine junge Künstlergeneration von der Literatur des 19. Jh. (A. S. Puschkin, F. M. Dostojewski, L. N. Tolstoi u. a.), aber auch vom →Symbolismus strikt abkehrte und neue poetische Sprache und Stoffe forderte (vgl. das Manifest von Welimir Chlebnikow, W. W. Majakowski u. a.: *Eine Ohrfeige dem öffentlichen Geschmack*, 1912). Die experimentelle Kunst des F. stand zunächst im Einklang mit der Kunstpolitik nach der Oktoberrevolution. Als Majakowski 1923 jedoch die radikale Kunstzeitschrift »LEF« gründete, stieß er zunehmend auf Widerspruch, v. a. von L. D. Trotzki und A. W. Lunatscharski. Der russ. F. stand mit dem →Formalismus in enger Berührung und hatte entscheidenden Einfluss auf die spätere Richtung des →Proletkults.

galante Dichtung (frz. galant – elegant, fein gekleidet, höfisch) | Literarische Moderichtung zwischen →Barock und →Rokoko; in Frankreich besonders in der Form des **galanten Romans**. In Deutschland wird im Zusammenhang mit der →Schlesischen Dichterschule von g. D. gesprochen.

Gattung | Literaturwiss. Kategorie zur Ordnung und Klassifikation der Fülle sprachlicher Kunstwerke nach bestimmten gemeinsamen, übergreifenden Merkmalen. Die geläufige Dreiteilung in →Epik, →Lyrik und →Dramatik geht auf Goethe zurück, der diese drei G. als »Naturformen der Poesie« (=Dichtung) bezeichnet hat (vgl. *Noten und Abhandlungen zum besseren Verständnis des West-östlichen Divans*, 1819). Eine vierte Gattung, die didaktische Literatur (→Lehrdichtung, →Gebrauchsliteratur), schloss Goethe aus. G. unterliegen histor. Wandel, weil sich die gesellschaftl. Bedingungen ändern, in denen Literatur produziert, verbreitet und rezipiert wird. So wurde z. B. im Übergang von der mündl. zur vorrangig schriftl. Kultur und infolge sozialen Wandels das ma. →Epos durch den neuzeitlichen →Roman abgelöst. Eine Gattungslehre (Gattungspoetik) gibt es seit der Antike, wenngleich, so in der →*Poetik* des Aristoteles (4. Jh. v. Chr.), eine Dreiteilung noch nicht gebräuchlich war, weil die Lyrik nicht als selbständige G. aufgefasst wurde. Zwischen den G. gibt es eine Fülle fließender Übergänge, eine genaue Abgrenzung ist also nicht möglich. Gleichfalls auf Goethe geht der Begriff **Dichtarten** zurück, womit Unterklassen der G., z. B. →Ballade, →Erzählung, →Idylle, →Epos, oder mit den Medien neu entstandene Formen wie →Hör- und →Fernsehspiel, →Feature, →Reportage usw. gemeint sind. Dafür ist heute (v. a. in Frankreich und in den angelsächs. Ländern) auch die Bezeichnung **Genre** üblich.

Gebrauchsliteratur | Für einen bestimmten Zweck geschriebene und gebrauchte Literatur. Zur G. zählen demzufolge unterschiedlichste Literaturformen: ein Großteil der religiösen Literatur, die der Erbauung dienen soll; Literatur, die den Leser zu einer Stellungnahme veranlassen soll oder im Dienste einer polit. Richtung steht (engagierte Literatur, →Tendenzdichtung, →Agitprop); die für einen bestimmten Anlass geschriebene Literatur (→Gelegenheitsdichtung), aber auch Reklame- und Schlagertexte. Der Begriff dient der Abgrenzung zur eigentlichen Kunstliteratur (→Poesie), ist aber ungenau, weil letztlich jede Literatur einen Zweck verfolgt, auch wenn sie sich zweckfrei gibt (→L'art pour l'art), und sei es auch nur den, von einem Leser oder Hörer rezipiert zu werden. Schriftsteller des 20. Jh. (u. a. Bertolt Brecht und H. M. Enzensberger) betonen diesen Gesichtspunkt, wenn sie vom ›Gebrauchswert‹ ihrer lit. Produktion sprechen.

gebrochener Reim | →Enjambement

gebundene Rede | Von der →Prosa unterschiedene, durch →Metrum und →Rhythmus, nicht unbedingt durch →Reim oder →Strophe ›gehobene‹ Sprache.

Gedankenlyrik | Gedichte, in denen Ideen, gedankliche Reflexion oder eine philosophische Thematik zum poetischen Gegenstand werden (vgl. z. B. Schillers philosophische Gedichte *Die Götter Griechenlands*, 1783; *Das Ideal und das Leben*, 1795; *Die Künstler*, 1789, u. a. oder für das 20. Jh. R. M. Rilkes *Sonette an Orpheus*, 1923). →Lyrik

Gedicht | Bis zum 18. Jh. Sammelbegriff für lit. Werke, die nicht in →Prosa, sondern in →gebundener Rede (metrische Versstruktur) verfasst sind (→Dichtung). Die Bezeichnung G. war also nicht auf die Gattung →Lyrik begrenzt: Schiller nannte sein Drama *Don Carlos* (1801) ein »dramatisches Gedicht«, Goethes Versepos *Hermann und Dorothea* (1797) galt als »episches Gedicht«. Ab dem 18. Jh. wird der Begriff G. allmählich auf Lyrik eingegrenzt, weil dramat. und epische Werke zunehmend in Prosa verfasst wurden.

geflügelte Worte | Der Begriff geht auf die Epen Homers (3./2. Jh. v. Chr.) zurück und meint dort Worte, die »wie auf Flügeln dem Munde des Sprechenden enteilen«. Zum festen Begriff für Aussprüche und Zitate berühmter Politiker, Dichter und Philosophen wird die Wendung durch das Buch *Geflügelte Worte. Der Zitatenschatz des deutschen Volkes* (1864) von Georg Büchmann, das seither unzählige Nachauflagen bzw. Bearbeitungen erfuhr.

Gehalt/Gestalt | Von dem Literaturwissenschaftler Oskar Walzel (*Gehalt und Gestalt im Kunstwerk des Dichters*, 1923) eingeführte Unterscheidung der Inhalt- und Formseite eines sprachlichen Kunstwerks (→Form). Dabei geht der Begriff ›Gestalt‹ auf eine ältere Tradition in der Wahrnehmungspsychologie (Christian von Ehrenfels: *Über Gestaltqualitäten*, 1890) zurück, die besagt, dass jede Wahrnehmung eines Kunstwerks zunächst und vor allem Erleben einer Gestalt (Komposition, Farben, Flächen, Perspektive, Figurenensemble usw.) ist.

Geistesgeschichte | Forschungsrichtung der →Literaturwissenschaft, die sich insbesondere der Kulturgeschichte zuwendet und die lit. Werke als Ausdruck und Zeugnis einer bestimmten Epoche und ihrer Kultur begreift. Bekannte Werke der literaturwiss. G. sind Wilhelm Diltheys *Das Erlebnis und die Dichtung* (1905), H. A. Korffs *Der Geist der Goethezeit* (1923/53), Fritz Strichs *Deutsche Klassik und Romantik* (1922) u. a.

geistliches Drama, auch geistl. Spiel | Dominierende Dramenform vom 13. bis 15. Jh., die den Gläubigen das christliche Heilsgeschehen in dramat. Gestaltung vergegenwärtigen sollte. Ausgangspunkt des g. D. ist die kirchliche Liturgie. Das Frage-Antwort-Schema des **Osterspiels** wurde dann übertragen auf das **Weihnachtsspiel**; mit der Einbeziehung von Szenen aus der Leidensgeschichte Christi kam es zur Entwicklung des **Passionsspiels**. Die einzelnen Spiele wurden zunächst an Festtagen im Rahmen des Gottesdienstes in den Kirchen aufgeführt. Mit der Zutat von Szenen aus dem Alltagsleben und der Einbeziehung von Laien in die Darstellung ging das Eindringen volkssprachlicher Elemente in das g. D. einher, im 14. Jh. kam es vielerorts zur Verlegung der Spiele auf den Marktplatz. Träger der Spiele war nun nicht mehr ausschließlich der Klerus, sondern die Bürgerschaft der Städte, die z.T. auch verantwortlich war für die Kostüme und die Gestaltung der →Simultanbühne. Diese Entwicklung begünstigte im späten MA. die Herausbildung **weltlicher Spiele**. In Verbindung mit dem jeweiligen Fastnachtsbrauchtum entstand ein possenhaft-satirisches, meist derbes Spiel – Frühform des dt. →Lustspiels, das bis ins 17. Jh. fortbestand. Die wichtigste Ausprägung dieses Spiels sind die →Fastnachtsspiele; einige der meist nicht genannten Autoren dieser Spiele sind auch mit der Entwicklung des →Meister(ge)sangs verbunden, so Hans Rosenplüt (um 1400–1470) und Hans Folz (um 1435/40–1513). – Zu eigenständigen dramat. Formen entfalteten sich im späten MA. aus dem g. D. die →Mysterienspiele und die **Moralitäten** (engl. morality plays, moralities; frz. moralités): geistliche Spiele moralisch-lehrhaften Charakters (→Lehrdichtung), in denen abstrakte Eigenschaften (Gut/Böse, Leben/Tod, Tugenden/Laster u. a.) personifiziert als allegorische Figuren (→Allegorie, →Personifikation) auftreten (z. B. in den *Jedermann*-Spielen) sowie in einem weiteren Sinne allegorische Spiele überhaupt, die in Deutschland ins →Schuldrama einmündeten.

Gelegenheitsdichtung | Aus einem bestimmten Anlass (Königskrönung, Geburt, Heirat, Tod, Jubiläen versch. Art) und meist als Auftragsarbeit entstandene lit. Werke. Eine Form der →Gebrauchsliteratur, die besonders in →Renaissance und →Barock an den Fürsten- und Königshöfen gepflegt wurde, vgl. *Ode an den Prinzen Eugen* (1718) von J. Ch. Günther oder *Den 3ten November 1760, groß durch den Sieg des Königs bei Torgau* (1760) von Anna Louisa Karsch, einer Dichterin, die fast ausschließlich von Gelegenheitsgedichten lebte. Es gibt vielfältige Formen der G.: →Epigramm, →Sonett, →Ode, →Epos oder →Festspiel.

Genie (lat. genius – Schutzgeist, Geist; ingenium – Charakter, Begabung, Geist, Witz) | Bezeichnung für einen Menschen, der über ein Höchstmaß an Begabung, Phantasie und Gestaltungskraft verfügt. Im 17. und 18. Jh. einer der zentralen Begriffe der →Ästhetik. Von England und Frankreich ausgehend wurden mit dem G.-Begriff →Phantasie und Vernunft, Freiheit und Originalität (→Original) des schöpferischen Menschen verherrlicht. In Deutschland verdrängt G. dann den älteren Begriff →Witz im Sinne von ›Geist‹ bzw. ›Geist haben‹ (frz. esprit) und wird im →Sturm und Drang zu einem Schlagwort der jungen Dichtergeneration um J. G. Herder und Goethe. Deshalb wird in der Literaturgeschichte die zweite Hälfte des 18. Jh. auch als **Genieperiode** bezeichnet. Gefordert wird eine Dichtung, die fernab von Regeln und Mustern (→Poetik) ganz Ausdruck des »Kraft-« oder »Originalgenies« ist. Dahinter steht die Rebellion gegen erstarrte gesellschaftliche Verhältnisse und die Berufung auf Natur und natürliche individuelle Freiheit. Vom Konflikt zwischen dieser beanspruchten Freiheit des Genies und den Fesseln sozialer Normen und gesellschaftlicher Konventionen handelt ein großer Teil der Dichtungen der Genieperiode, vgl. z. B. J. M. R. Lenz' *Der Hofmeister* (1774).

Genre | →Gattung

Germanistik, auch Deutsche Philologie | Wiss. von der dt. Sprache und Literatur. Sie untergliedert sich in die Fachgebiete Sprachwiss. (Linguistik), Literaturwiss. und Landeskunde bzw. nach den Zeitabschnitten, die bearbeitet werden, in Altgermanistik (bis zum Ausgang des MA.) und Neugermanistik. Nachdem im 18. Jh. J. G. Herder und die →Romantik die Grundlagen geschaffen hatten, entwickelte sich die G. als eigene Wissenschaftsdisziplin und als Universitätslehrfach ab Mitte des 19. Jh. (Jacob und Wilhelm Grimm, G. G. Gervinus, Karl Lachmann, Hermann Hettner u. a.).

Gesamtkunstwerk | Vereinigung versch. Künste (Musik, Tanz, Dichtung) in *einem* Kunstwerk. Das Streben nach dem G. ist typisch für das 19. Jh.: Die urspr., z. B. im antiken Theater, nicht getrennten Künste sollten wieder zusammenführt werden. Den Begriff prägte Richard Wagner (*Das Kunstwerk der Zukunft*, 1850) in Bezug auf seine als →Festspiel verstandenen Musikdramen. Gegen die gängigen Opernaufführungen seiner Zeit sollte der dramat. Text aufgewertet werden. In Wagners Opernpraxis bleibt allerdings die Musik die führende Kunst. In den 20er Jahren des 20. Jh. gibt es erneut Bestrebungen um das G., so im Theater Max Reinhardts und im russ. Theater (V. E. Meierhold).

Geschichtsroman | →historischer Roman

geschlossene Form | Bauform literarischer Werke, die sich streng an vorgegebene Gattungsregeln und -normen hält, vgl. z. B. in der →Lyrik den strengen Aufbau des →Sonetts, in der erzählenden Literatur die →Novelle (im Gegensatz zum lockeren Bau des →Romans) und in der →Dramatik das traditionelle →Drama mit der bereits von Aristoteles in seiner *Poetik* geforderten Einheit der Zeit, des Ortes und der Handlung (→drei Einheiten) und seinem drei- oder fünfaktigen Aufbau (→Dreiakter). Die poetische (→Poetik) Forderung nach g. F. wird besonders nachdrücklich im →Klassizismus vertreten. ↔offene Form

Geschmack (lat. gusto – genießen, schmecken; dt. Lehnübersetzung von frz. bon goût; ital. gusto) | Die individuelle Fähigkeit zur ästhetischen Wertung. Der Begriff bürgerte sich im 18. Jh. als zentrale Kategorie der →Ästhetik ein und richtete sich gegen die bislang geltenden Lehren, die Kunst an erlernbare Kunstregeln banden (→Poetik). Dagegen wurde der G. als natürliche Fähigkeit des gebildeten und harmonisch entwickelten Menschen verstanden, in der unmittelbar sinnlichen Wahrnehmung von Natur und Kunst zwischen schön und hässlich, →Kitsch und Kunst, tragisch und komisch und anderen ästhetischen Werten unterscheiden zu können. Worin nun der G. seine überindividuellen, objektiven Maßstäbe finden kann, blieb in der Geschmacksdebatte des 18. Jh. eine breit diskutierte Frage. Der Aufklärer Immanuel Kant stellte Ende des 18. Jh. dieses Problem auf eine neue Stufe, indem er den Begriff der »ästhetischen Urteilskraft« einführte und dieser einen überindividuellen (»transzendentalen«) Bezug gab (*Kritik der Urteilskraft*, 1790): ›Schön‹ ist für ihn ein Werturteil, dem potentiell alle Individuen eines Kulturkreises zustimmen können. G. dagegen sei individuell, d. h. von Individuum zu Individuum verschieden.

Gesellschaftsroman, auch sozialer Roman | Romantypus, der sich innerhalb des →Realismus im 19. Jh. herausbildet und eine breite, oft sozialkritische Darstellung der Gesellschaft und ihrer inneren Schichtung in einer bestimmten Epoche liefert. Deshalb entsteht der G. erst auf der Grundlage einer in sich differenzierten, industriell entwickelten Gesellschaft. Für Frankreich sind die Romane Gustave Flauberts, Honoré de Balzacs, Stendhals und Émile Zolas zu nennen; für England die von Charles Dickens und W. M. Thackerey; für Russland F. M. Dostojewski und L. N. Tolstoi. In der deutschsprachigen Literatur entwickelt sich der G. innerhalb des poetischen Realismus (→Realismus). Ihm fehlt zunächst die gesellschaftskritische Schärfe des engl. und franz. G. (vgl. Wilhelm Raabe, Otto Ludwig), die erst am Jahrhundertende durch Theodor Fontane, dann im 20. Jh. durch Thomas und

Heinrich Mann, Robert Musil u. a. aufgenommen wird.

Gestalt | →Gehalt/Gestalt

Gestus (lat., Bewegung der Hände, Gebärde des Schauspielers oder Redners) | Urspr. Begriff der →Rhetorik, der die genormten Haltungen und Gesten des Redners beim Vortrag bezeichnet. In der Theatertheorie Bertolt Brechts Ausdruck für die Körpersprache des Schauspielers. Da Brecht die psycholog. Individualisierung der Bühnenfiguren des bürgerl. Theaters kritisch sah, strebte er in seinem →epischen Theater einen Körperausdruck des Schauspielers (Gestik, Mimik, Bewegungen in der Szene) an, der (über das gesprochene Wort hinaus und mit diesem in Spannung stehend) soziale Beziehungen zwischen den Figuren offen legt (vgl. z. B. die Körpersprache von Herr und Knecht in dem Stück *Herr Puntila und sein Knecht Matti*, 1940/41).

Ghasel (arab. ġazal – Gespinst, Liebesdichtung) | Seit dem 8. Jh. in der arab.-persischen Literatur gebräuchliche Gedichtform. Im Dt. nachgebildet v. a. von Friedrich Rückert und August von Platen. Formmerkmale sind: beliebige Anzahl von Verspaaren (die Strophe kann bis zu dreißig Zeilen umfassen); das erste Verspaar ist gereimt; dieser Reim kehrt in allen geraden Zeilen (4, 6, 8, …) wieder, die ungeraden Zeilen (3, 5, 7, …) sind reimlos: »Du Duft, der meine Seele speiset, verlass mich nicht! / Traum, der mit mir durchs Leben reiset, verlass mich nicht! / Du Paradiesesvogel, dessen Schwing ungesehn / Mit leisem Säuseln mich umkreiset, verlass mich nicht!« (Friedrich Rückert: *Ghaselen. Schlusslied*, 1822). Das G. hat sich seiner Künstlichkeit wegen in der dt. Literatur nicht durchgesetzt.

Ghostwriter (engl., Geisterschreiber) | Autor, der für einen Auftraggeber und unter dessen Namen Aufsätze, Bücher oder Reden verfasst.

Gleichnis | Sprachliche Gestaltungsform auf der Grundlage des Vergleichs, in der drei Ebenen wirksam werden: 1. auf der Bildebene die Schilderung eines Vorgangs, die 2. zur Veranschaulichung und Verdeutlichung eines Sachverhaltes (Sachebene) dient. Zwischen der Bild- und der Sachebene wird die Verbindung nach dem Muster ›so … wie‹ hergestellt. Die einander entsprechenden Momente beider Ebenen verweisen 3. in einem Punkt auf ein Drittes, das Tertium Comparationis [das Dritte des Vergleichs], worin die ›Wahrheit‹, ›Moral‹ oder ›Lehre‹ des G. aufscheint. Darin liegt der Unterschied des G. zur →Fabel, wo der Vergleich in allen Einzelzügen übereinstimmt. Vgl. die G. des *Neuen Testaments* (so das *Gleichnis von den anvertrauten Pfunden*, Lukas 19,11 ff.). Vom einfachen Vergleich ist das G. durch breitere Ausgestaltung unterschieden, von der →Parabel dadurch, dass bei letzterer die Sachebene nicht ausdrücklich entwickelt wird, sondern erschlossen werden muss.

Glossar | →Glosse

Glosse (griech. glōssa – Zunge, Sprache) | 1 Erklärung oder Übersetzung eines nicht mehr verständlichen Wortes oder Ausdrucks; in antiken und ma. Handschriften ist die G. entweder zwischen die Zeilen (Interlinear-G.) oder an den Rand (Rand-G.) gesetzt. Seit der Antike in sogenannten **Glossaren** (Vorläufer der Wörterbücher) gesammelt, die der Forschung wichtige Aufschlüsse über die Sprach- und Kulturentwicklung geben. 2 Publizistische Kleinform des →Feuilletons mit polemischem Inhalt.

Gnome (griech. gnómē – Meinung, Spruch) | Kurzer pointierter Sinnspruch, der auf eine allgemeine Wahrheit zielt und ›etwas zu denken geben‹ soll. Seit der Antike in allen Literaturen gebräuchliche Form der →Lehrdichtung. Verwandt mit dem →Aphorismus. Vgl. die Spruchsammlung des ma. Dichters Freidank: *Bescheidenheit* (1215/30), die als ›weltliche Bibel‹ betrachtet wurde.

Göttinger Hain, auch Hainbund | 1772 gegründeter Freundeskreis junger Dichter, die an der Göttinger Universität studierten und ihre Gedichte im *Göttinger Musenalmanach* veröffentlichten. Zum G. H. gehörten J. H. Voß, L. H. Ch. Hölty, Matthias Claudius, G. A. Bürger u. a. Ästhetisch waren sie mit der Strömung der →Empfindsamkeit und dem →Sturm und Drang verbunden. Lit. Leistungen des G. H. sind v. a. die Entwicklung der dt. Naturlyrik, der →Ode und der (Kunst-)→Ballade (vgl. G. A. Bürger: *Lenore*).

grobianische Dichtung (Grobian – grober, ungeschliffener Mensch) | Sebastian Brant führte in seinem satirischen Hauptwerk *Das Narrenschiff* (1494) die Figur des groben, unerzogenen, unanständigen Menschen (Grobianus) ein. Nach diesem Vorbild entstand im 16. Jh. die g. D., die ein parodistisches Gegenstück zu der ›Tischzucht-Literatur‹ bildete, in der die guten und vornehmen Sitten und das anständige Betragen gelehrt wurden (vgl. z. B. in der →höfischen Dichtung des MA. Wolfram von Eschenbachs *Parzival,* 1200/ 10). Durch die negative Beschreibung von schlechten Sitten sollte abschreckende Wirkung erzielt werden. Das bekannteste Werk der g. D. ist Friedrich Dedekinds *Grobianus. De morum simplicitate libri duo* (1549; dt. *Grobianus. Von groben sitten und unhöflichen geberden*, 1551).

Groteske (ital. grotta – Grotte, Höhle) | Der Name leitet sich von den Ende des 15. Jh. in Rom ausgegrabenen antiken Wandmalereien her, in denen sich bislang unbekannte, verschnörkelte Ornamente fanden. Nach dem Fundort in Grotten und Höhlen wurden diese Ornamente G. genannt. Der Begriff erweiterte sich auf die Bezeichnung eines künstler. Stils (**grotesk/das Groteske**), womit Erscheinungen des Ungeheuerlichen, Unnatürlichen, Grausigen und Monströsen (z. B. bei den niederl. Malern Pieter Breughel und Hieronymus Bosch) charakterisiert wurden. Im Grotesken wird scheinbar Unvereinbares miteinander verbunden und damit eine dem →Komischen und Satirischen (→Satire) ähnliche Wirkung erzielt. Allerdings findet keine Lösung der Spannung statt, das Lachen bleibt also ›im Halse stecken‹. Das G. wird so zum Ausdruck einer schaurigen, widernatürlichen, unmenschlichen Welt. In der Literatur des 19./20. Jh. u. a. bei E. T. A. Hoffmann, E. A. Poe, N. W. Gogol, Franz Kafka, Frank Wedekind, Carl Sternheim, Friedrich Dürrenmatt und im →absurden Theater.

Gruppe 1925 | Lockerer Zusammenschluss linksbürgerl. und kommunist. Schriftsteller in der Weimarer Republik: J. R. Becher, Bertolt Brecht, Alfred Döblin, E. E. Kisch, Ernst Toller, Rudolf Leonhard, Joseph Roth, Leonhard Frank. Wegen unterschiedlicher Auffassungen konnte man sich auf ein gemeinsames Ziel oder Programm nicht einigen. Nach der Wahl Döblins in die Preußische Akademie der Künste (1928) zerfiel die Gruppe.

Gruppe 47 | Am 10. September 1947 in München von H. W. Richter u. a. begründeter loser Kreis von Schriftstellern und Publizisten, die sich für eine erneuerte dt. Literatur einsetzten und die gesellschaftspolit. Verantwortung des Schriftstellers stärken wollten. Auf jährlichen Tagungen wurden neu entstandene Werke vorgelesen und kritisch diskutiert. Die Gruppe hat Maßstäbe für die dt. Nachkriegsliteratur gesetzt. In den 60er Jahren verlor sie an Bedeutung. Zu den Mitgliedern zählten u. a. Günter Grass, Heinrich Böll, Ingeborg Bachmann, Johannes Bobrowski und Peter Handke.

Gruppe 61 | Maßgeblich von Fritz Hüser organisierter Arbeitskreis von Schriftstellern, Kritikern, Publizisten und Verlagslektoren, der sich die Förderung einer auf die moderne Arbeitswelt orientierten Literatur zum Ziel setzte. Entstanden 1961 in Dortmund im Zusammenhang mit einer →Anthologie von Bergmannsgedichten. Mitte der 60er Jahre geriet die Gruppe in die Krise. Ihr wurde vorgeworfen, sich einseitig auf sozial-funktionale Momente auszurichten und den Kunstcharakter der Literatur zu vernachlässigen. Danach kam es zur Abspaltung und Gründung des **Werkkreises Literatur der Arbeitswelt** (1970 in Köln; Hauptvertreter Günter Wallraff und Erika Runge).

Guckkastenbühne | →Bühne

Hainbund | →Göttinger Hain

Handlung | Die Ereignis- und Geschehensfolge im →Drama, aber auch in den epischen Genres. Im Unterschied zur →Fabel fasst H. die Gesamtheit des epischen oder dramat. Geschehens. Je nach →Gattung werden an Aufbau und Struktur der H. versch. poetologische (→Poetik) Forderungen gestellt, im Drama z. B. die nach der Einheit der H. (→drei Einheiten). In →Ballade, →Novelle oder →Erzählung unterscheidet man Haupt- und Neben-H. (→Episode) sowie innere (geistig-inhaltliche) und äußere (stoffliche Zusammenhänge, Abfolge der Ereignisse) H. Ein Sonderfall in der erzählenden Literatur ist die Rahmen-H. (→Rahmenerzählung).

Handschrift | **1** Von einem →Autor per Hand geschriebener Text (**Manuskript**; lat. manus – Hand; scriptum – Schrift, Buch), auch in Maschinenschrift (**Typoskript**). Die H. ist wichtig für die Herstellung einer →historisch-kritischen Ausgabe oder für die Textkritik (→Text) bei Vorliegen versch. H. eines Werkes. **2** Ein vor der Erfindung des Buchdrucks (1450) handschriftlich hergestelltes Buch (→Kodex) auf versch. Schreibmaterialien wie Papyrus, Pergament oder (seit dem 12. Jh.) Papier.

Hanswurst (Hans – Bezeichnung des Narren; Wurst – für dicken Leibesumfang) | Grotesk-komischer Figurentypus (→Groteske) der dt. Bühne seit dem 16. Jh., meist als verfressener, versoffener und linkischer Dickwanst dargestellt. Die Bezeichnung taucht 1519 in einer Bearbeitung von Sebastian Brants *Narrenschiff* auf, dann in den Streitschriften Martin Luthers (z. B. in dem gegen den Herzog von Braunschweig gerichteten Pamphlet *Wider Hanns Worst*, 1541), schließlich im →Fastnachtsspiel und in den →Haupt- und Staatsaktionen. Der H. spielte aus dem Stegreif (→Stegreifspiel) und verfremdete die Handlung durch seine derb-komischen Kommentare und Gesten. Im 17./18. Jh. gab es auch das selbständige, auf Wanderbühnen und Jahrmärkten aufgeführte **Hanswurstspiel** (›Hanswurstiade‹), in dem der H. die Hauptperson ist. Unter dem Einfluss der →Commedia dell'Arte wurden im 18. Jh. H. und **Harlekin** zu Synonymen. Der Frühaufklärer J. Ch. Gottsched (*Critische Dichtkunst*, 1730) und die Schauspielerin Caroline Neuber drängten auf die Vertreibung dieser Figur, um die deutsche Bühne sittlich zu reformieren. G. E. Lessing (*Hamburgische Dramaturgie*, 1768/69) sah darin den Versuch, das volkstümliche Theater abzuschaffen. Justus Möser verfasste 1761 die eigens dem H. gewidmete Schrift *Harlequin oder Verteidigung des Groteske-Komischen*. Der →Sturm und Drang griff die volkstümliche Tradition des H. auf (vgl. Goethe: *Hanswursts Hochzeit*, 1775), so auch vereinzelt im 19. und 20. Jh.; zuletzt Peter Weiss mit seinem Stück *Wie Herrn Mockinpott das Leiden ausgetrieben wird* (1968).

Happening (engl., Geschehen, Ereignis) | Kunstveranstaltung auf dem Theater und in der bildenden Kunst, die den Zuschauer in die Entstehung eines Kunstwerks als unmittelbares, im Augenblick ablaufendes Ereignis einbeziehen will. Die ersten H. wurden 1959 in New York veranstaltet und verstanden sich als Protest gegen die bürgerl. Kunst und die moderne Konsumwelt. Im Mittelpunkt des H. stehen Kreativität und unmittelbares Erleben: Lebende Plastik, Rezitation, Gesang und banale Aktionen sollen provozieren und schockieren. Seit den 60er Jahren vorzugsweise von freien Gruppen veranstaltet, hatten H. ihren Höhepunkt während der 1968er Studentenrevolte.

Harlekin | →Hanswurst

hässlich/Hässliches | →Schönes/Schönheit

Haupt- und Staatsaktion | Bezeichnung für das Repertoire der dt. Wanderbühnen im 17. und 18. Jh., deren Stücke in der Regel nicht gedruckt wurden und sich im ausschließlichen Besitz der wandernden Truppe befanden. Vielfach wurden auch Vorlagen von Stücken (z. B. Christopher Marlowes *Doctor Faustus* oder Shakespeares *Hamlet*) für die Aufführung bearbeitet, dabei vereinfacht und dem Geschmack des Publikums angepasst. Regelmäßig tritt der

→Hanswurst auf, der durch derbe, improvisierte Zoten den Gang der Handlung unterbricht. Die polemische Bezeichnung H.- u. S. stammt von dem Frühaufklärer J. Ch. Gottsched. Sie meint die Grundstruktur dieser Stücke, die vorzugsweise große staatspolit. Vorgänge behandelten und diese mit Pracht und Pomp ausschmückten.

Hebung/Senkung | Betonte (durch verstärkten Atemdruck hervorgehobene) und unbetonte (druckschwache) Silben in einem Vers. Das Verhältnis von H. u. S. bestimmt im Dt. den Versfuß (→Vers). In der Regel genügt es, bei der grafischen Wiedergabe nur die Hebungen zu bezeichnen: »Es wár ein Kónig in Thúle / gar tréu bis án das Gráb« (Goethe: *Der König in Thule,* 1773).

Heimatliteratur | Im 19. Jh. entstandener Literaturtypus, in dem die Erfahrung der Heimat (landschaftsgebundener, meist ländlicher Raum mit besonderem Brauchtum und Lebensweisen) zentral ist. Die H. knüpft an die Neuentdeckung der Landschaft im 18. Jh. an und entsteht als Reaktion auf die Industrialisierung und die Bildung großer Städte (→Dorfliteratur). Sie stellt zumeist eine überschaubare, geordnete, oft idyllisierte Gegenwelt zu der durch soziale Konflikte, Armut und Gewinnstreben gekennzeichneten Stadtwelt dar; vgl. die Romane und Erzählungen von Berthold Auerbach, Peter Rosegger, Ludwig Anzengruber, Wilhelm Jensen u. a. Wo Heimat als konkreter, nicht konfliktfreier Raum behandelt wird, entstehen innerhalb der H. kritisch-realistische Werke, so bei Annette von Droste-Hülshoff, Gottfried Keller, Fritz Reuter, Theodor Storm u. a. Um die Jahrhundertwende entstand die besondere Form der **Heimatdichtung** oder **Heimatkunst**, die von konservativen kulturpolit. Theoretikern (Julius Langbehn, Paul de Lagarde und H. St. Chamberlain) geistig vorbereitet wurde. Die ideologischen Schlagworte waren: Abkehr von der durch Zivilisation verseuchten Stadt und von der modernen Großstadtkultur (→Dekadenz, →Naturalismus, →Impressionismus) und Bindung an Scholle und Volkstum. Zu ihren Vertretern gehören u. a. Gustav Frenssen, Hermann Löns, H. H. Ewers, Lulu von Strauß und Torney, in der Schweiz J. C. Heer, Ernst Zahn u. a., in Österreich R. H. Bartsch, Friedrich von Gagern u. a. Die Heimatdichtung zählt überwiegend zur →Trivialliteratur, sie fand in der faschistischen →Blut- und Bodenliteratur eine tendenziös übersteigerte Fortsetzung.

Held | Bezeichnung für die Hauptfigur eines Dramas oder Romans. Urspr. war mit H. eine Mittelpunktsfigur gemeint, die heldenhaft (heroisch) ist und handelt. Später wird die Bezeichnung H. auch für solche Personen des Dramas und des Romans benutzt, die zwar zentrale Figur des Geschehens sind, keineswegs aber H. in dem urspr. Wortsinn, deshalb auch ›mittlerer H.‹, ›negativer H.‹, ›passiver H.‹, ›positiver H.‹ und ›Anti-H.‹. →Protagonist

Heldendichtung | Zusammenfassende Bezeichnung für Heldenepos, Heldenlied und Heldensage. Die älteste Form der H. ist die **Heldensage**: eine kurze, mündlich überlieferte Erzählung histor. Ereignisse aus der Vorgeschichte der Völker, die geschichtliche Umbruchszeiten (z. B. die Völkerwanderung des 4./6. Jh.) auf die Figuren eines Herrschers, seines Hofes und seiner Gefolgsleute konzentriert. Allen Heldensagen ist gemeinsam, dass der zeitliche Ablauf und die kausale Verknüpfung histor. Ereignisse aufgehoben sind. Dadurch können zeitlich und räumlich weit auseinander liegende Geschehnisse in einer Heldensage zusammenkommen. Durch Verbindung versch. Heldensagen entstehen stofflich zusammenhängende Sagenkreise, so im griech.-ägäischen Raum die Troja- und Odysseus-Sage, im german. Raum die Nibelungensage. Die franz. Heldensage des MA. hat als histor. Hintergrund die Kämpfe der Franken gegen die arab. Eroberer in Spanien und Südfrankreich. Vom 3. bis 7. Jh. entstand das **Heldenlied**, die balladenförmige poetische Ausgestaltung von Stoffen der Heldensage in Langversen mit Stabreim (→Alliteration), das im Unterschied zum Heldenepos nur von geringem Umfang ist. Weil das Heldenlied von einem Sänger (→Rhapsode, Skalde, Skope) mündlich vorgetragen wurde, konzentriert sich die Handlung auf wenige Szenen. Das bekannteste im german. Raum ist das um 810/40 im Kloster Fulda aufgezeichnete *Hildebrandslied*, dessen Stoff (der Vater-Sohn-Konflikt) aus der Nibelungensage stammt. Vgl. auch die Heldenlieder der altisländ. *Edda* (9./13. Jh.). Durch epische Dehnung (Ausschmückung von Details und Episoden) entsteht aus dem Heldenlied das **Heldenepos**, das im Unterschied zu diesem schriftlich überliefert ist. Allerdings wurde auch das Heldenepos mündlich vorgetragen und während des Vortrags nach den Bedürfnissen des jeweiligen Publikums verändert. Die Dichter sind anonym. Das älteste Heldenepos ist das altmesopotamische *Gilgamesch*-Epos (2700 v. Chr.). Die bedeutendsten antiken Heldenepen sind *Ilias* und *Odyssee* (aufgezeichnet im 6. Jh. v. Chr.), im europ. MA. das aus dem 12. Jh. stammende altfranz. *Rolandslied* (→Chanson de Geste) und das mhd. *Nibelungenlied* (um 1200). →Epos

Hermeneutik (griech. hermēneutiké – Auslegung) | Kunstlehre zum richtigen Verstehen und Ausdeuten eines Textes (→Interpretation). In der Antike und im MA. zunächst v. a. angewandt für die Auslegung der klass. antiken Dichtungen, der Bibel (→Exegese) und von Gesetzestexten. In der Neuzeit bedeutet H. (v. a. in der →Geistesgeschichte) die wiss. Theorie der Auslegung und des Sinnverstehens aller schriftlichen Überlieferungen.

Hexameter (griech. hex – sechs; métron – Maß) | Ein antiker, bes. im griech. und röm. →Epos verwendeter sechsfüßiger Vers: –∪∪| –∪∪|–∪∪|–∪∪|–∪∪|–∪, meist aus Daktylen (→Daktylus) gebildet. Die ersten vier können durch Spondeen (→Spondeus) ersetzt werden, der letzte Daktylus ist meist verkürzt. Seit dem 16. Jh. im Dt. nachgebildet. Erst Klopstock (*Messias*, 1773) aber begründet die eigentliche dt. Tradition des H. (vgl. Dichtungen von Voß, Goethe, Schiller, H. v. Kleist, G. Hauptmann). Der H. erhält im Dt., wo die Längen und Kürzen durch betonte und unbetonte Silben (→Hebung/Senkung) ersetzt werden, die rhythmische Gestalt: x́xx|x́xx|x́xx| x́xx|x́xx|x́x. Beispiel: »Pfíngsten, das líebliche Fést war gekómmen; es grünten und blühten / Féld und Wáld; auf Hügeln und Höhn, in Büschen und Hécken / übten ein fröhliches Líed die néu ermúnterten Vögel; /« (Goethe: *Reineke Fuchs*, 1794).

Hiatus (lat., Kluft, Öffnung) | Bezeichnung für das Zusammentreffen zweier Vokale am Ende und am Anfang aufeinander folgender Wörter: ›die Welle ebbt ab‹. Weil mit dem anlautenden Vokal die Stimme neu gehoben werden muss, wird der H. einerseits als störend empfunden und durch Tilgung eines Vokals (Elision) vermieden: ›die Well' ebbt ab‹. Er wird andererseits bei manchen Lyrikern als besonderes Stilmerkmal bewusst eingesetzt: »Eine Elfjährige schleppte / ein Kind von vier Jahr / Hatte alles für eine Mutter / Nur nicht ein Land, wo Frieden war.« (Bertolt Brecht: *Kinderkreuzzug 1939*, 1941)

Hirtendichtung, auch Schäferdichtung oder →Bukolik (nach der *Bucolica* [griech. būkólos – Rinderhirt] des röm. Dichters Vergil aus dem 1. Jh. v. Chr.) | Dichtung, die in einer anmutigen Landschaft (→Locus amoenus) spielt, von Schäfern und Hirten handelt und das Bild einer harmonischen und bedürfnislosen Existenz (›goldenes Zeitalter‹) entwirft. Der Ursprung der H. liegt bei dem griech. Dichter Theokrit (3. Jh. v. Chr.) und für die Tradition des **Hirtenromans** bei dem gleichfalls aus dem 3. Jh. stammenden Schäferroman *Daphnis und Chloe*. Auch das **Hirtengedicht** (→Idylle) entstand in der Antike. Seit der →Renaissance erfreute sich die H. in allen europ. Ländern neuer Beliebtheit. Sie wird im →Barock und im →Rokoko wichtiger Bestandteil der höfischen Kultur (künstlich angelegte Meiereien, Schäferspiele in Parks und Gärten, Feste in antiken Hirtenkostümen). Seit dem 18. Jh. verlor die H. an Bedeutung.

historischer Roman | Typus des Romans, der histor. Persönlichkeiten, Ereignisse und Epochen zum Stoff hat. Die Entstehung des h. R. ist an zwei Voraussetzungen gebunden, zum einen an die im 18. Jh. erfolgende Anerkennung des Romans als eigenständige Kunstform, zum anderen an die mit der →Aufklärung erfolgende Ausbildung eines modernen Zeit- und Geschichtsbewusstseins, in dem Vergangenheit, Gegenwart und Zukunft unterschieden und durch den Gedanken der Entwicklung oder des Fortschritts verbunden werden. Die Darstellung der histor. Stoffe befriedigt kulturgeschichtliche Interessen der Leser, fördert die Besinnung auf nationale Identität und zielt zugleich auf aktuelle soziale oder polit. Probleme der jeweiligen Gegenwart. Als Begründer des h. R. gilt der engl. Schriftsteller Sir Walter Scott (vgl. die Romane *Waverley*, 1814; dt. 1876, oder *Ivanhoe*, 1820; dt. 1876). Scotts h. R. haben in allen europ. Ländern gewirkt. Für Deutschland sind in dieser Tradition v. a. Wilhelm Hauff (*Lichtenstein*, 1826), Willibald Alexis (*Die Hosen des Herrn von Bredow*, 1846) und Gustav Freytag (*Die Ahnen*, 1873/78) zu nennen. Die dt. →Exilliteratur des 20. Jh. hat sich in der Verfremdung des h. R. mit dem Terror-Regime der NS-Zeit auseinandergesetzt, so u. a. Thomas Mann in seiner Roman-Tetralogie *Joseph und seine Brüder* (1933/43) und in dem Goethe-Roman *Lotte in Weimar* (1939), Hermann Kesten in *Ferdinand und Isabella* (1936) oder Heinrich Mann in *Henri Quatre* (1935/38).

historisch-kritische Ausgabe | Mit wiss. Methoden (Textkritik, →Text) hergestellte →Edition eines Werks oder des Gesamtwerks eines Dichters. Die h.-k. A. legt einen vom Verfasser autorisierten Text (→Ausgabe letzter Hand) zugrunde und verzeichnet im Anhang (›Apparat‹) alle davon abweichenden Varianten (→Lesart [1]), die auf versch., zeitlich auseinander liegende Fassungen eines Werktextes zurückgehen, sowie alle Vor- und Nebenarbeiten, Skizzen und Entwürfe (→Paralipomenon). H.-k. A. sind für die Analyse der Entwicklung eines Dichters von großem Wert. Bedeutende h.-k. A. liegen z. B. für die Werke Goethes (*Werke*. Hg. im Auftrag der Großherzogin Sophie von Sachsen ›Weimarer Ausgabe‹ oder ›Sophien-Ausgabe‹, 1877/1919) oder G. E. Lessings (*Sämtliche Schriften*. Historisch-kritisch hg. von Karl Lachmann, 1838/40) vor.

Die **kritische Ausgabe** rekonstruiert einen nicht im Original erhaltenen Text aus den versch. →Handschriften und Drucken eines Werks.

höfische Dichtung | Sammelbezeichnung für die höfische →Lyrik und →Epik der hochfeudalen Zeit des 12./13. Jh. Die h. D. war Ausdruck des Aufstiegs des Feudaladels und der ritterlichen Standeskultur besonders in Frankreich und Deutschland. Sie war gebunden an bedeutende Fürstenhöfe, in Deutschland z. B. an den des Landgrafen von Thüringen (Wartburg bei Eisenach). Die h. D. war nicht mehr in Latein, sondern in den Volkssprachen verfasst und wurde von den Ritter-Dichtern am Hof mündlich vorgetragen. Sie verherrlichte die ritterlichen Ideale von ›êre‹ (Ansehen), ›triuwe‹ (Treue), ›minne‹ (Frauenverehrung, Frauendienst), ›zuht‹ (höfische Lebensart) und ›mâze‹ (sittliches Betragen, Mäßigung). Die **höfische Lyrik** trat v. a. in der Form des →Minnesangs und in der Lyrik Walthers von der Vogelweide auf. Der **höfische Roman** oder das **höfische Epos** ist eine epische Großform, die sich vom Heldenepos (→Heldendichtung) im Wesentlichen durch die Stoffe und die Sprache unterscheidet. Der Held ist ein fahrender Ritter, der für seine Dame (›vrouwe‹) und im Dienste der Minne mannigfache Kämpfe zu bestehen hat und sich dabei zu den ritterlichen Idealen läutert. Das höfische Epos nahm von Frankreich seinen Ausgang; vgl. die Artusromane von Chrétien de Troyes (*Érec et Énide; Yvain; Lancelot ou le chevalier à la charette; Perceval. Li coutes del graal*; Mitte des 12. Jh.). Der dt. höfische Roman orientierte sich an diesem Vorbild; die bedeutendsten sind Wolfram von Eschenbachs *Parzival*, Hartmann von Aues *Iwein* und *Erec* sowie Gottfried von Straßburgs *Tristan*.

Hörspiel | Das den techn. Mitteln des Hörfunks angepasste dramat. Genre, auch als Funkspiel, Hör- oder Funkdrama bezeichnet. Teils eigens für das Radio geschrieben, teils als funkdramat. Bearbeitung anderer lit. Vorlagen. Es arbeitet mit gesprochenem Wort, Musik und Geräuschen. Auch Formmittel der erzählenden Literatur (→innerer Monolog,

→Dialog, →Bericht) werden eingesetzt. Das H. entstand (zuerst in England) in den 20er Jahren des 20. Jh., nachdem Rundfunkanstalten den regelmäßigen Sendebetrieb aufgenommen hatten. Der erste Höhepunkt lag in den Jahren vor der NS-Diktatur (vgl. Brechts *Radiotheorie*, 1927/32, und sein eigenes H. *Der Flug der Lindberghs*, 1929), dann wieder nach dem Krieg, vgl. das zuerst als H. gesendete Schauspiel *Draußen vor der Tür* (e. 1946, U. 1947) von Wolfgang Borchert. Verwandte funkdramat. Formen sind das **Hörbild** (keine Handlungsentwicklung), die **Hörfolge** (eine Reihe selbstständiger Szenen ohne direkte Verknüpfung) und das →**Feature** (publizistische Aufarbeitung eines Stoffes ohne Spielhandlung).

Humanismus (lat. hūmānus – menschlich, gebildet) | Geistige Strömung des 14. bis 16. Jh. innerhalb der Epoche der →Renaissance, an der Grenze zwischen MA. und Neuzeit. Seine Träger waren Gelehrte und Künstler, die sich v. a. um die Wiederentdeckung der griech. und lat. Sprache und Literatur bemühten. Der H. blieb dem Christentum eng verbunden, wandte sich aber gegen die verhärtete kirchliche Dogmenlehre und Scholastik, die dem Forschungs- und Entdeckertrieb des Menschen enge Grenzen setzte. Der H. ging von den Fürstenhöfen und Universitäten Italiens aus, in erster Linie von Florenz (Förderung durch die Fürstenfamilie der Medici). Er hatte bedeutenden Einfluss auf die Entwicklung der Wiss. und der Universitäten. Die Erfindung des Buchdrucks mit beweglichen Lettern Mitte des 15. Jh. verschaffte den Schriften der Humanisten eine bis dahin unbekannte Breitenwirkung. Dt. Zentren des H. waren Augsburg, Nürnberg, Heidelberg und Straßburg. Zu den bedeutendsten lit. Leistungen des H. gehört die von Erasmus von Rotterdam verfasste Satire *Lob der Torheit* (1509) sowie die gegen Borniertheit und Scheingelehrsamkeit der kirchlichen Stände gerichteten, kollektiv verfassten und 1515/17 in zwei Teilen anonym veröffentlichten *Epistolae obscurorum virorum* [Briefe von Dunkelmännern], zu denen u. a. Ulrich von Hutten beitrug. Der H. wurde zum Wegbereiter der Reformation.

Humor (lat., Feuchtigkeit) | Ästhetischer Begriff, der wortgeschichtlich auf die antike und ma. Medizin zurückgeht. Sie unterschied vier Hauptsäfte im menschlichen Körper, von deren jeweiliger Mischung das Temperament und die Gemütsverfassung eines Individuums abhänge. H. bezeichnet eine menschliche Haltung, in der Widersprüche und Konflikte heiter-gelassen und ohne moralische Vernichtung des anderen gelöst werden. H. setzt weise Erkenntnis der Unzulänglichkeit der Welt und menschlicher (verzeihbarer) Schwächen voraus und ist in der Haltung des Sich-Abfindens subjektive Bewältigung des Leids, ja sogar des Grauens und Schreckens (›Galgenhumor‹, ›schwarzer Humor‹). Der H. gehört zu den Formen des →Komischen und ist mit →Ironie und →Satire verwandt, teilt aber nicht deren kritische Schärfe; die Übergänge sind allerdings fließend. H. gibt es in der Literatur seit der Antike. Mit dem 18. Jh. wird er eine Form bürgerl. Selbstbewusstseins (→Empfindsamkeit) und erlangt bei den ›englischen Humoristen‹, v. a. mit Lawrence Sternes berühmtem Roman *The life and Opinions of Tristram Shandy* (1759/67; dt. *Leben und Meinungen des Herrn T. S.*, 1774/75), besondere lit. Bedeutung. Humoristische Wirkung wird durch komische Stoffe (vgl. Cervantes: *Don Quijote*, 1605/1615; dt. 1620), aber auch durch komische Darstellungstechniken (langatmige erzählerische Abschweifungen, Gestaltungsbrüche, komische Stilmischungen usw.) erzeugt. In der dt. Literatur prägt sich der lit. H. besonders deutlich u. a. bei Jean Paul, Gottfried Keller, Theodor Fontane und Thomas Mann aus. Der Begriff **Humoreske** bürgert sich im 19. Jh. analog zu →Groteske oder →Burleske ein und meint anspruchslose, heitere Geschichten aus dem Alltag.

Hybris (griech., Hochmut, Frevel) | Bezeichnet in der griech. Tragödie den frevelhaften Hochmut des Menschen, der durch die Götter bestraft wird.

Hymne (griech. hýmnos – Lied, Fest-, Lobgesang) | In der griech. und röm. Antike Lob- und Preislied auf einen Gott oder Helden

(→Dithyrambos). In der geistlichen Dichtung des MA. als Lob Gottes Teil des Kirchengesangs (→Kirchenlied) im Gottesdienst. Seit dem →Barock löst sich die H. aus ihrem religiösen Zusammenhang und wird zu einer der →Ode verwandten weltlichen lit. Kunstform. Im Zeitalter der →Empfindsamkeit wurde die H. von F. G. Klopstock und dem jungen Goethe als Ausdruck für das Gefühl des →Erhabenen in →freien Rhythmen gestaltet (vgl. z. B. Goethe: *Prometheus*, 1785), dann auch z. B. von dem Romantiker Novalis (*Hymnen an die Nacht*, 1799) in Prosaform. Einem hymnischen lyrischen Stil begegnen wir bei Friedrich Nietzsche und im →Expressionismus.

Hyperbel* (griech. hyperbállein – über das Ziel hinauswerfen, übertreffen, übersteigen) | Aus der →Rhetorik stammender Begriff für die dichterische Übertreibung, die das Außerordentliche bezeichnen soll, z. B.: ›Sein Leben hing an einem seidenen Faden.‹ Die H. wird auch eingesetzt, um eine komische Wirkung zu erreichen, z. B.: »Es war ein junger Handlungsbeflissener mit fünfundzwanzig Westen und ebensoviel goldenen Petschaften, Ringen, Brustnadeln usw.« (Heinrich Heine: *Die Harzreise*, 1824)

Idylle (griech. eidýllion – Bildchen) | Urspr. in der griech. Antike ein Gedicht, in dem eine harmonische ländliche Welt mit bescheiden lebenden und der Natur verbundenen Menschen dargestellt wird; Teil der →Hirtendichtung. Die bekanntesten antiken I. stammen von dem griech. Dichter Theokrit (3. Jh. v. Chr.) und in der röm. Periode von Vergil (*Bucolica*, zwischen 41 und 39 v. Chr.). In dieser Form wurde sie in der europ. Dichtung bis ins 18. Jh. nachgeahmt, zuletzt in der Schäfer- und Hirtendichtung der →Anakreontik. Diese Tradition der I. als Genre hatte Einfluss auf die idyllischen Naturbeschreibungen des 18. Jh., in denen sich bürgerl. Empfindungskultur (→Empfindsamkeit) gegen feudalständische Konventionen ausdrückte, vgl. Albrecht von Hallers episches Lehrgedicht *Die Alpen* (1729), B. H. Brockes' Naturdichtung *Irdisches Vergnügen in Gott* (1721/48) oder Salomon Geßners in rhythmisierter Prosa verfasste *Idyllen* (1756). Friedrich Schiller unterschied in seiner Schrift *Über naive und sentimentalische Dichtung* (1795/96) die antike I. (als ›naive‹ Dichtform) von der modernen Empfindungs- und Dichtweise der I., die ›sentimentalisch‹ sei, d. h. aus dem Widerspruch zwischen Ideal und Wirklichkeit, Natur und Geist lebt. Wenngleich idyllische Gestaltungen auch im 19./20. Jh. anzutreffen sind, so verliert die I. angesichts von Industrialisierung und Urbanisierung doch zunehmend an Bedeutung und droht zur Verklärung von Wirklichkeit zu werden (›idyllisieren‹). Möglich bleibt ihre ironische (→Ironie) Brechung, so bei Jean Paul, vgl. seine Humoreske (→Humor) *Leben des vergnügten Schulmeisterlein Maria Wuz in Auenthal* (1793), die er mit dem Untertitel *Eine Art Idylle* versah.

Imitation (lat. imitātiō – Nachahmung) | Nachbildung lit. Formen, die als Norm angesehen werden, so in der röm. Antike die Werke griech. Dichter oder im →Klassizismus des 17. Jh. die Nachahmung antiker Dichtungen (→Mimesis). Die I. verliert in dem Maße an Bedeutung, wie sich die einzelnen Nationalliteraturen auf ihre eigenen Traditionen besinnen. Damit erhält der Begriff abwertende Bedeutung (›imitieren‹ = unecht).

Impressionismus (frz. impression – Eindruck, Empfindung) | Stilrichtung, zunächst in der Malerei. Benannt nach einem Bild von Edgar Monet: *Impression, soleil levant* ([Eindruck, Sonnenaufgang] 1872) In der Literatur meint I. eine Literaturströmung zwischen 1890 und 1910, die sich auf die Wiedergabe von Stimmungen und Empfindungen konzentrierte. Gegen den →Naturalismus und seine soziale Thematik gerichtet, gestaltet der I. mit größter Genauigkeit und Detailtreue die sinnlichen, flüchtigen Eindrücke des Augenblicks und die Feinheiten geistiger und seelischer Empfindungen. Die kompositorische Gestaltung tritt zugunsten der Wiedergabe subjektiver Befindlichkeiten zurück. Als Gestaltungsmittel bevorzugt der I. Klangmalerei (→Onomatopöie) und →Synästhesie, von den lit. Gattungen und Genres v. a. das Gedicht, weiterhin →Skizze, →Novelle und den dramat. →Einakter. Der lit. I. geht von Frankreich aus (Marcel Proust, Anatole France, J.-K. Huysmans). Im dt. Sprachraum zählen zum I. u. a. Detlev von Liliencron, Richard Dehmel und in ihrer ersten Schaffensperiode Hugo von Hofmannsthal und R. M. Rilke als Lyriker; als Dramatiker v. a. Arthur Schnitzler; als Erzähler Eduard von Keyserling und Richard Beer-Hoffmann.

Impressum (lat. imprimere – ein-, aufdrücken) | Bei Büchern die Nennung des Verlages, der Druckerei u. Ä., meist auf der Rückseite des Innentitelblattes (=Impressumseite); bei Zeitschriften und Zeitungen zusätzlich Angaben zu Redaktion und Herausgeberschaft.

Imprimatur (lat., es werde gedruckt) | Urspr. die Druckerlaubnis durch die →Zensur; später die vom Autor oder Verleger oder seinem Beauftragten erteilte Genehmigung zum Druckbeginn.

Index, Pl. Indices (lat., Register, Verzeichnis, Katalog; eigtl. Anzeiger) | **1** Alphabetisches Verzeichnis von Namen, Sachen, Begriffen, z. B. als Register im Anhang eines Sachbuches oder einer wiss. Untersuchung. **2** *Index librorum prohibitorum* (lat., Verzeichnis verbotener Bücher). Vom Vatikan veröffentlichtes Verzeichnis, in dem alle die Bücher aufgeführt sind, die aus moralischen und religiösen Gründen für die katholischen Gläubigen als ungeeignet angesehen und ihnen verboten werden. Eine solche Maßnahme wurde erst nach Erfindung des Buchdrucks und nach der Zurückdrängung des Lateinischen notwendig. Der erste ›Index librorum prohibitorum‹ stammt von Papst Paul IV. aus dem Jahre 1559. Davon leitet sich der Ausdruck ›auf den Index setzen‹ für das Verbot eines Buches (→Zensur) ab.

Inkunabel (lat. incūnābula – Windeln, übertragen: Wiege, Ursprung) | Bezeichnung für die Bücher, die nach Erfindung des Buchdrucks mit beweglichen Lettern im Zeitraum von 1450 bis 1500 gedruckt wurden. Auch als **Wiegendruck** [= am Ursprung des Buchdrucks] bezeichnet. Dazu zählen etwa 20 000 Drucke, zum großen Teil geistliches Schrifttum (Bibeln, Predigtsammlungen u. Ä.), aber auch juristische und medizinische Literatur sowie Werke antiker Autoren und →Volksbücher. Gedruckt wurden die I. in den zahlreichen dt. Buchdruckerstädten, u. a. in Augsburg, Leipzig, Straßburg, Nürnberg. Die I. sind Gegenstand einer darauf spezialisierten Wiss., der **Inkunabelnkunde**.

innere Emigration | Von dem Schriftsteller Frank Thieß geprägte Bezeichnung für die geistige Haltung jener Schriftsteller, die zwar nicht mit dem NS-Regime sympathisierten, aber nach 1933 Deutschland nicht verließen (→Exilliteratur). Zum Teil leisteten sie in ihren Werken, meist in verschlüsselter Form, gegen die NS-Diktatur inneren Widerstand. Vertreter der i. E. sind: Werner Bergengruen, R. A. Schröder, Ernst Wiechert, Rudolf Hagelstange, Ricarda Huch, Erich Kästner, Gottfried Benn, Ernst Jünger u. a.

innerer Monolog | Erzähltechnik des 20. Jh. zur Umsetzung der Gedanken, Vorstellungen, Empfindungen einer Romanfigur in eine Form der lit. Rede (→Bewusstseinsstrom). Meist in der Ich-Form und im Präsens, aber auch in der Er-Form mit Imperfekt (→erlebte Rede). Die strengen Regeln der Syntax sind aufgehoben. Die →Erzählzeit wird gegenüber der erzählten Zeit gedehnt. Durch seine subjektive Prägung führt der i. M. zu einer ›Verinnerlichung‹ des Erzählens. Nach Vorläufern Ende des 19. Jh. wurde der i. M. bei James Joyce (vgl. den berühmten i. M. der Molly Bloom am Ende des Romans *Ulysses,* 1922; dt. 1927), Virginia Woolf, William Faulkner und Marcel Proust zu einem strukturbestimmenden Element ihrer Romane. Im deutschsprachigen Raum u. a. bei Arthur Schnitzler (*Leutnant Gustl*, 1900), Hermann Broch, Thomas Mann und Alfred Döblin.

Inszenierung (griech. skēnē – Bühne, Szene) | Theatralische (oder filmische) Umsetzung eines dramat. Werks für die Bühne bzw. den Film durch einen Regisseur oder Spielleiter (→Regie).

Interlinearversion (lat. inter – zwischen; linea – Zeile; versio – Wendung) | In einen fremdsprachigen Text wird die Übersetzung Wort für Wort und ohne Berücksichtigung syntaktischer Beziehungen zwischen die Zeilen geschrieben, z. B. in der Übertragung lat. Texte ins Ahd.

Interpretation (lat. interpretātiō – Erklärung, Auslegung) | Bewusst reflektiertes Verstehen und Deuten eines theologischen, juristischen oder lit. Textes (→Hermeneutik). Die I. lit. Texte kann sich auf versch. Seiten und Zusammenhänge des Kunstwerks beziehen. Dadurch sind Richtungen/Schulen und Methoden in der →Literaturwissenschaft zu unterscheiden: 1. Der Autor und sein Werk werden als Ausdruck und Zeugnis einer bestimmten Gesellschaft (soziologische und marxistische I.) oder geistigen Kultur (geistesgeschichtliche I.) betrachtet. 2. Der lit. Text wird unter dem Gesichtspunkt seiner offenen, erst von einem Leser realisierten Bedeutung untersucht (rezeptionsästhetische I.). 3. Das Werk wird von diesen Beziehungen getrennt und in seiner inneren lit. Struktur analysiert (phänomenologische und werkimmanente I. [→Werk; im Gegensatz dazu: werkübergreifende I.]. Zu dieser Richtung gehört der **New Criticism**, der sich in England und den USA nach dem Zweiten Weltkrieg herausgebildet hat (→Formalismus). Heute hat sich die Auffassung durchgesetzt, dass keine dieser I. allein den Beziehungsreichtum der Literatur ausschöpfen kann und mit den versch. Ansätzen nur Teilaspekte erhellt werden können; deshalb die Forderung nach ›Methodenpluralismus‹, um der Komplexität der lit. Phänomene gerecht zu werden.

Intertextualität (lat. inter – zwischen; textus – Aufeinanderfolge, Zusammenhang) | Moderne Richtung der →Interpretation, die Beziehungen zwischen verschiedenen lit. Texten erkennen will. Diese Methode geht von der Erkenntnis aus, dass jeder Text einen anderen voraussetzt und jeder Autor bereits beim Schreiben in Traditionen der Gattungen, Stoffe und Sprache steht, die auf andere lit. Werke verweisen.

Inversion* (lat. inversiō – Umkehrung) | Rhetorische Figur (→Rhetorik), mit der die natürliche Subjekt-Prädikat-Folge des Aussagesatzes umgekehrt wird, um ein Wort bzw. einen Begriff nachdrücklich hervorzuheben. Beispiel: Statt ›Ich kenne den Mann‹ – ›Den Mann kenne ich‹. Beliebtes stilistisches Mittel in der Literatur, um den Ausdruck zu steigern.

Ironie (griech. eirōnéia – Verstellung, feiner Spott) | Eine Redeweise, in der das Gegenteil des ausdrücklich Gesagten gemeint ist oder durch Unter- und Übertreibung etwas lächerlich gemacht wird (›verstelltes Sprechen‹). Das Verstehen ironischen Sprechens ist stark an Situation und Kontext gebunden. Dem →Humor eng verwandt. Von der Antike bis ins 18. Jh. war die I. v. a. ein rhetorischer (→Rhetorik) →Tropus, insbesondere in der Gerichtsrede eingesetzt: Etwas nicht Beweisbares kann nicht direkt vorgebracht werden; es wird durch offensichtlich übersteigertes Lob indirekt ausgesagt – und zwar so, dass der Zuhörer dies durchschaut und das beabsichtigte negative Werturteil über eine Sache oder Person nachvollziehen kann (vgl. die lit. Formen →Satire, →Parodie, →Travestie). Damit verwandt ist die sogenannte sokratische Ironie als pädagogische Methode der Wahrheitsfindung und Wissensvermittlung im Verhältnis von Lehrer und Schüler, Wissendem und Nichtwissendem. In den Dialogen des Platon (5./4. Jh. v. Chr.) stellt sich Sokrates scheinbar naiv und unwissend, um durch den Widerspruch seiner Schüler im Gespräch zur Erkenntnis des Richtigen zu kommen. Diese Haltung schließt zugleich Selbstironie des Wissenden ein. Der für eine solche Methode stehende Begriff ist **Maieutik** (griech., Hebammenkunst; übertragen: der Wahrheit ans ›Licht der Welt‹ verhelfen). Vorbereitet durch die engl. Erzählliteratur (vgl. Lawrence Sterne: *Tristram Shandy*, 1759/67), wurde I. im 18. Jh. zum ästhetischen Begriff. Die romantische Ironie (→Romantik) meinte eine Welthaltung des Subjekts, mit der die Unvollkommenheit und Widersprüchlichkeit der Welt durchschaut und die Poesie zum Mittel wird, die Mangelhaftigkeit der Welt im freien Spiel der Phantasie überwinden (›transzendieren‹) zu können. In der Literatur des 19. und 20. Jh. wurde die I. zu einem bevorzugten Stilmittel, u. a. bei Heinrich Heine, E. T. A. Hoffmann, Thomas Mann und Robert Musil.

Jambus (griech. íambos) | Antiker Versfuß (→Vers), im Griech. aus einer kurzen und einer langen Silbe (⌣–) bestehend, in dt. Nachbildung aus einer unbetonten und einer betonten Silbe (x x́), z. B. ›Erfólg‹. **Jambisch** werden Verse genannt, die mit einer Senkung beginnen und in denen →Hebung und Senkung regelmäßig wechseln. Beispiel: »Wer nie sein Brot mit Tränen aß« (Goethe: *Lied des Harfners*, 1795/96). ↔→Trochäus

Journal (frz., Tagebuch, Zeitung, Zeitschrift; älter: Bericht über Tagesereignisse) | Im 17. Jh. ins Dt. übernommen; bezeichnet zunächst Zeitschriften gelehrten Inhalts, dann Anwendung auch auf belletristische u. a. Zeitschriften, schließlich auch auf Tageszeitungen. Davon abgeleitet ›Journalist‹ (nach frz. journaliste) als der, der für die Presse arbeitet, und ›Journalismus‹. Erstes dt. gelehrtes J.: »Acta Eruditorum«, 1682 von Otto Mencke in Leipzig begründet nach dem Vorbild des seit 1662 bestehenden Pariser »Journal des Sçavans«. →Zeitschrift, →lit. Zeitschrift, →Zeitung

Jugendstil | Dt. Begriff für eine europ. Stilrichtung der modernen Kunst um die Jahrhundertwende, in Frankreich als ›Art nouveau‹, in England als ›Modern Style‹, in Italien als ›Stile floreale‹ und in Österreich-Ungarn als ›Sezessionsstil‹ bezeichnet. Der dt. Name geht auf die Münchner Wochenzeitschrift »Jugend« (1896/1940) zurück. Der Begriff bezieht sich zunächst auf die bildende Kunst (angewandte und Gebrauchskunst) und meint einen ornamentalen, asymmetrischen, mit verschlungenen Kurven und Pflanzenmotiven arbeitenden Stil. Der J. entstand in Abgrenzung von →Naturalismus und →Realismus und war Ausdruck der Kultur des großstädtischen Bürgertums. Ob auch von einem lit. J. gesprochen werden kann, ist in der Literaturwiss. bis heute umstritten. Wenn dies, vorrangig für die Lyrik, bejaht wird, sind damit die frühen Werke von Richard Dehmel, Hugo von Hofmannsthal, R. M. Rilke, Georg Heym, Cäsar Flaischlen und Max Dauthendey gemeint.

Junges Deutschland | Bezeichnung für eine lit. Bewegung zwischen 1830 und 1850 mit zeitkritischer, polit. Tendenz, erstmals so benannt von Ludwig Wienbarg in *Ästhetische Feldzüge* (1834) nach dem Vorbild anderer polit. Gruppenbezeichnungen (»Junges Europa«, »Junges Italien«). Das J. D. war keine programmatische Gruppenbildung. Ein Zusammenhang zwischen den versch. Autoren wurde erst mit einem Zensurbeschluss (→Zensur) des Bundestages herbeigeführt. Aufgrund einer Denunziation des Kritikers Wolfgang Menzel wurden 1835 der Roman *Wally die Zweiflerin* von Karl Gutzkow und mit ihm alle Schriften der »literarischen Schule« von Ludwig Wienbarg, Heinrich Laube, Theodor Mundt und Heinrich Heine wegen Verletzung der Sittlichkeit und Untergrabung der gesetzlichen Ordnung verboten. Gemeinsam war diesen Schriftstellern eine Instrumentalisierung der Literatur für liberale, gegen die metternichsche Reaktion gerichtete polit. (Freiheit des Geistes und des Individuums) und soziale (Emanzipation der Frau) Ziele sowie die Abkehr von der durch Goethe repräsentierten ästhetischen ›Kunstperiode‹. Zugleich blieb gerade Goethe das nicht einholbare künstler. Vorbild des J. D. Literaturgeschichtl. bedeutsam ist das J. D. durch die Ausbildung des gesellschaftskrit. →Zeitromans und der publizistisch-lit. Genres polit. Gedicht, →Skizze, Reisebild (→Reiseliteratur), →Essay und →Feuilleton.

Kabarett (frz. cabaret – Wirtshaus, Schenke) | Kleinkunstbühne, auf der in einem lockeren Nummernprogramm witzige, ironische und satirische →Gedichte, →Balladen vorgetragen, →Chansons, →Couplets oder →Songs gesungen oder Sketche, Pantomimen, →Travestien und →Parodien gespielt werden; auch artistische Einlagen und Tanznummern. Teil der Großstadtkultur zwischen Kunst und Unterhaltung. Das K. hat zeitkritischen Charakter und lebt vom Einverständnis mit seinem Publikum, Personen und Verhältnisse satirisch und karikierend zu überhöhen – und zu verlachen. Das erste K. wurde 1881 in Paris (»Chat noir«) eröffnet. Das erste dt. K. gründete Ernst von Wolzogen 1901 in Berlin (»Überbrettl«). Die Blütezeit erreicht das K. in Deutschland vor (»Schall und Rauch«, Berlin 1902; »Elf Scharfrichter«, München 1901; »Cabaret Voltaire«, Zürich 1916) und nach dem Ersten Weltkrieg (»Kabarett der Komiker«, 1924; »Katakombe«, 1929; »Die vier Nachrichter«, 1931). 1922 gab es allein in Berlin 40 K. Für die Zeit nach 1945 sind für den Westen Deutschlands die »Stachelschweine« in Berlin und die Münchner »Lach- und Schießgesellschaft« zu nennen. In der DDR, wo das K., der Staatsdoktrin entsprechend, als Mittel sozialistischer Bewusstseinsbildung fungieren und ›positive Satire‹ geben sollte, entwickelte es sich (vgl. die Berliner »Distel« oder die Leipziger »Pfeffermühle«) zu einer Mischung von harmlosem, humoristischem Vergnügen an den menschlichen Schwächen, scharfer politischer Kritik des ›Klassengegners‹ und vorsichtiger, durch die →Zensur immer wieder behinderter innerer Systemkritik.

Kadenz (lat. cadere – fallen) | Form des Versschlusses (→Vers). Im nhd. Vers werden besonders weibliche K. (der Vers endet zweisilbig mit einer Senkung, →Hebung/Senkung): »Hȍr, es klȁgt die Flȍte wieder« (Clemens Brentano: *Abendständchen*) und männliche Kadenz (der Vers endet einsilbig mit einer Hebung, d. h. einer betonten Silbe: »Sȁh ein Knȁb ein Rȍslein stehn« (Goethe: *Heidenröslein*, 1789) unterschieden. Die Benennung ›männlich‹/›weiblich‹ rührt von der Bezeichnung der Adjektivendungen im Franz. her.

Kalender (von lat. calendārium – Schuldbuch) | Verzeichnis der Tage, Wochen und Monate eines Jahres. Der K. fand besonders nach der Erfindung des Buchdrucks mit beweglichen Lettern (1450) mit praktischen Tipps und belehrenden Hinweisen, später mit →Anekdoten, →Rätseln und →Fabeln weite Verbreitung. Innerhalb des K. entstand im 16. Jh. das lit. Genre der **Kalendergeschichte**, eine kurze, volkstümliche Erzählung, die bis ins 19. Jh. an die Publikationsform des gedruckten Jahres-K. gebunden blieb und diesem eine breite Leserschaft sicherte. Später wurde sie auch selbstständig, oft in Sammlungen (vgl. J. P. Hebel: *Schatzkästlein des rheinischen Hausfreundes*, 1811) veröffentlicht. Im 20. Jh. löste sich die Kalendergeschichte vollends vom K. (vgl. O. M. Grafs *Kalendergeschichten,* 1929; Brechts *Kalendergeschichten,* 1949; Erwin Strittmatters *Schulzenhofer Kramkalender,* 1969).

Kammerspiel | 1 Erstmals von dem schwed. Autor August Strindberg so benannter Dramentyp (vgl. *Brända tomten*, 1907, dt. *Brandstätte*, 1908; *Spöksonaten*, 1907, dt. *Gespenstersonate*, 1908, u. a.), in dem wenige Personen agieren, die zwischenmenschliche Konflikte auf vorwiegend psychologischer Ebene austragen. Diese Bezeichnung trifft auch zu auf Stücke von Arthur Schnitzler, Frank Wedekind, Maurice Maeterlinck u. a. 2 Gleichzeitig bürgerte sich **Kammerspiele** als Bezeichnung für Theatergebäude ein, deren architektonische Innengestaltung eine enge Beziehung von Bühne und Zuschauer ermöglichte. Max Reinhardt eröffnete mit Henrik Ibsens Stück *Gespenster* (*Gengangere*, 1881; dt. 1884) die Kammerspiele des Dt. Theaters in Berlin.

Kanon (griech. kanṓn – Maßstab, Richtschnur) | Urspr. Bezeichnung der für ein bestimmtes (Sach-)Gebiet als verbindlich erklärten Werke (›kanonische Literatur‹), besonders innerhalb religiöser Gemeinschaften, so in der christl. Religion das *Alte* und *Neue Testament* oder innerhalb des Islams der *Koran*. Dann auch die als Bildungsnorm gesetzte Auswahl beispielhafter lit. Werke, insonderheit für den Schulgebrauch.

Kanzone (ital. canzóne – Gesang, Lied) | Mehrstrophiges Lied mit dreiteiliger Strophe, in →Aufgesang und Abgesang geteilt. In der ital. →Renaissance v. a. von Dante und Petrarca verwendet. Dt. Versuche der Nachbildung bei A. W. Schlegel, Zacharias Werner, August von Platen und Friedrich Rückert.

Katachrese (griech. kátachrēsis – Missbrauch) | Uneigentlicher bzw. unrichtiger Gebrauch eines Wortes, z. B. ›Krone‹ eines Baumes, ›Bett‹ eines Flusses oder ›Zahn‹ eines Rades. Stilistisches Mittel, verwandt mit →Metapher und →Tropus. Bei der Verbindung von nicht zueinander passenden Wendungen (›Bildbruch‹) erzeugt die K. komische Wirkung und ist dann dem →Oxymoron nahe: »Die Stadt Göttingen, berühmt für ihre Würste und Universität, gehört dem König von Hannover und enthält 999 Feuerstellen […]« (Heinrich Heine: *Harzreise*, 1824). Bei unfreiwillig komischer Wirkung spricht man von →Stilblüte oder →Stilbruch.

Katastrophe (griech., Wendung, Umkehr) | In der antiken →Tragödie die entscheidende, zur Lösung des Grundkonflikts führende Wendung des Handlungsverlaufs (→Deus ex Machina).

Katharsis (griech., Reinigung) | In der *Poetik* des Aristoteles (4. Jh. v. Chr.) begründete zentrale Kategorie der Tragödientheorie (→Tragödie). Danach wirkt der durch die tragische Handlung beim Zuschauer hervorgerufene ›Schauder und Jammer‹ (griech. ›phóbos‹ und ›éleos‹) reinigend, weil sich die im Menschen immer vorhandenen wilden psychischen Affekte in ihnen entladen und in ein physisch-psychisches Lust- und Wohlgefühl übergehen können. Dadurch hat die Tragödie eine medizinische, psychotherapeutische Wirkung. In der langen Überlieferungsgeschichte der *Poetik* des Aristoteles wird seit dem →Humanismus das urspr. ›Schauder und Jammer‹ mit ›Mitleid und Furcht‹ (lat. ›misericordia‹ und ›metus‹) übersetzt und damit auf ethische Vorgänge umgedeutet: Durch Mitleid mit dem Helden und durch die Furcht, ein ähnliches Schicksal zu erleiden, werden die Leidenschaften des Zuschauers sittlich gereinigt. G. E. Lessing (vgl. *Hamburgische Dramaturgie*, 1767/69) interpretiert die K. als die Verwandlung von Mitleid mit dem Helden in ›Furcht für uns selbst‹, und d. h. (im Sinne der →Aufklärung) in ›tugendhafte Fertigkeiten‹. Die Lessing'sche Interpretation ist lange als gültig angesehen worden. Erst im 20. Jh., so bei dem Altphilologen Wolfgang Schadewaldt, beginnt die Rückbesinnung auf den urspr., medizinisch-therapeutischen Sinn von ›Schauder und Jammer‹. Brecht (→episches Theater) lehnt die K. (in der Interpretation Lessings) als psychologisch verstandene ›Einfühlung‹ ab und setzt an deren Stelle eine andere wirkungsästhetische Kategorie, die →Verfremdung, um den Menschen des ›wissenschaftlichen Zeitalters‹ eine rationale Welterkenntnis zu ermöglichen.

Kehrreim | →Refrain

Kirchenlied | Am Ausgang des MA. entstandenes, leicht singbares mehrstrophiges Lied, das innerhalb des christl. Gottesdienstes gesungen wird; zunächst in lat. Sprache und vom Chor vorgetragen (→Leis). Seit der Reformation gibt es das protestantische K., das in der Form des Gemeindegesangs zentraler Bestandteil der gottesdienstlichen Feier wurde. Martin Luther übersetzte und bearbeitete ältere K. und schuf eigene, so unter Vorlage der *Psalmen* als die bekanntesten *Ein' feste Burg ist unser Gott* und *Aus tiefer Not schrei ich zu dir*. 1524 erschien unter seiner Mitwirkung das erste Kirchen-Gesangbuch (*Geystliches gesangk Büchleyn*). Im →Barock schuf v. a. Paul Gerhardt eine Reihe sehr populär gewordener K. (*Wie soll ich dich empfangen* und *Befiehl du deine Wege*). Katholische und evangelische Kirche stellen alte und neue K. in ihren jeweiligen Kirchengesangbüchern zusammen.

Kitsch (Wortherkunft umstritten: wahrsch. aus versch. mundartl. Bedeutungen des Verbs ›kitschen‹ – streichen, schmieren, etwas verramschen, billig losschlagen usw.) | K. meint ein geschmackloses Produkt, das mit einem überzogenen Kunst- und Schönheitsanspruch auftritt und das Hässliche (↔Schönes/Schönheit) und seine Formen grundsätzlich ausschließt (vgl. Öldrucke mit den Motiven ›Tanz der Elfen‹ oder ›Berglandschaft‹ oder Postkarten mit ›süßlichen‹ Darstellungen von Gefühlen). Auch durch massenhaften, verschleißenden Gebrauch kann etwas zum K. werden (vgl. die unzähligen Reproduktionen etwa von Albrecht Dürers *Feldhasen*). Was als K. zu bezeichnen ist, ist höchst relativ und wechselt je nach der sozialen Geschmacksträgerschicht. Deshalb lassen sich genaue Formmerkmale auch nicht angeben. Sozialgeschichtlich gesehen entstehen die mit K. bezeichneten ästhetischen Erscheinungen in der industriellen Massengesellschaft, in der es einen einheitlichen, gesellschaftlich anerkannten →Geschmack nicht mehr gibt. Der Begriff bürgerte sich Ende des 19. Jh. in Deutschland ein und bezog sich zunächst nur auf Gegenstände der bildenden Kunst, der Gebrauchskunst und des Kunsthandwerks, bezeichnete dann auch Erscheinungen wie den patriotischen, Kriegs- und religiösen K., im 20. Jh. dann v. a. die sentimentalen und melodramat. Genres des Films. Vielfach wird auch zwischen ›süßem K.‹ (gefühlige und verniedlichende Gestaltungen) und ›saurem K.‹ (ambitionierter intellektueller Anspruch ohne ethische Ernsthaftigkeit) unterschieden. Der Begriff ›literarischer K.‹ ist weitgehend mit dem der →Trivialliteratur synonym.

Klangmalerei | →Onomatopöie

Klassik (lat. classicus – der ersten Bürgerklasse angehörend; übertragen: mustergültig, erstrangig) | Kultur- und Geistesepoche in einer Blüte- und Reifezeit, deren künstler. Werke im Rückblick als besonders wertvoll, maßstabsetzend und normgebend angesehen werden und für nachfolgende Generationen als nachahmenswerter →Kanon gelten. In diesem Sinne sprechen Literaturgeschichte und Literaturkritik von griech. und röm. K., von der franz. K. (frz. classicisme) des 17. Jh. und von der dt. Hoch-K. oder **Weimarer K.** (zwischen Goethes ital. Reise 1786 und Schillers Tod 1805), aber auch von einer ahd. und mhd. K. Für die deutsche K. des 18. Jh. (der Begriff wird erst in der Mitte des 19. Jh. gebildet) gelten als Merkmale: die Verbindung von Vernunft und Sinnlichkeit; Vermeidung des →Grotesken, Absurden, →Barocken, Hässlichen und Willkürlichen und Suche nach ausgewogenen, harmonischen Formen; die Idee der Humanität und des Guten, Wahren, Schönen usw. Als histor. Epoche der dt. Literatur wird die K. von der →Romantik abgelöst, wenngleich sich Frühromantik (90er Jahre des 18. Jh.) und K. zeitlich überschneiden. Von K. leiten sich die Begriffe **klassisch** (vorbildhaft, mustergültig) und **Klassiker** (Person oder Werk mit normsetzender Leistung bzw. Bedeutung) ab, die über die Kunst hinaus auch für die Bereiche Wissenschaft und Technik verwendet werden: z. B. Isaac Newton als ›Klassiker der Physik‹; *My fair Lady* als ›klassisches Musical‹ usw.

klassische Philologie | →Philologie

Klassizismus | Stil- und Wertungsbegriff für die Dichtung, die sich an antiken Stoffen und Formen orientiert und auch die antike →Poetik (v. a. Aristoteles und Horaz) als theoretische Dichtungsnorm setzt. Der K. trat in versch. Varianten im Zeitraum zwischen →Renaissance und →Romantik auf, weil vom 15. bis Anfang des 19. Jh. die Antike polit. und kulturell als Vorbild galt. In Deutschland wird der K. v. a. durch den Begründer der wiss. Archäologie und der dt. Kunstgeschichtsschreibung J. J. Winckelmann repräsentiert, der in seinem einflussreichen Hauptwerk *Geschichte der Kunst des Altertums* (1764) die Schönheit griech. Plastik mit ihrer »edlen Einfalt und stillen Größe« als Muster aller Kunst ansah. In dem Maße, wie die Antike als Vorbild verblasste, erhielt der Begriff auch kritische Bedeutungen (im Sinne eines idealistischen, wirklichkeitsenthobenen Kunstideals, Glätte der Formen, Nachahmung von Mustern, →Ästhetizismus usw.).

Knittelvers (von Knittel/Knüttel – Knoten: holpriger Vers) | Urspr. abwertende Bezeichnung für den vierhebigen, paarweise gereimten dt. Vers. Fortbildung des mhd. Reimverses. Im 16. Jh. die herrschende Versform, z. B. in den →Fastnachtsspielen des Hans Sachs. Später vom →Alexandriner abgelöst. Zu unterscheiden sind der freie K. ohne feste Silbenzahl und der strenge K. mit acht oder neun Silben. Seinen besonderen rhythmischen Charakter erhält der K. durch die Freiheiten in der Ausfüllung der Senkungen (→Hebung/Senkung). Mit der Wiederbelebung volkstümlicher Formen seit dem →Sturm und Drang neu verwendet, z. B. in Goethes *Urfaust* (e. 1773/75) und in Schillers *Wallensteins Lager* (1798): »Was steht ihr und legt die Hände in Schoß?/ Die Kriegsfuri ist an der Donau los,/Das Bollwerk des Bayerlands ist gefallen,/Regensburg ist in des Feindes Krallen«.

Kodex, Pl. Kodizes (lat., gespaltenes Holz [als Material für Schreibtafeln]) | **1** Buchform der Antike und des MA., aus Pergament- oder Papierblättern bestehend, mit Deckeln aus lederbezogenem Holz oder Metall. Ein berühmter K. ist die gotische Bibelübersetzung des Bischofs Ulfila, der sogenannte *Codex Argenticus* (6. Jh.). Nach der Erfindung des Buchdrucks mit beweglichen Lettern (1450) wurden mit dem Begriff K. Handschriften bezeichnet. **2** Name für eine Sammlung von Gesetzestexten. Davon leitet sich wiederum die Bezeichnung K. für eine Regelsammlung (vgl. ›Ehren- oder Sittenkodex‹) her.

Kolon, Pl. Kola, Kolons (griech., [Körper-] Glied, gegliedertes Gebilde) | Begriff aus der griech. →Metrik und →Rhetorik; Bezeichnung für eine rhythmische Spracheinheit in Vers und Prosa, die auf einer Atem- und Stimmpause beruht (grafisch oft wiedergegeben durch Satzzeichen). Diese Einheit kann ein Wort, aber auch mehrere Wörter umfassen. Der →Rhythmus eines Textes ergibt sich also aus verschieden langen K.

Kolportage (frz. colportage – Wanderhandel) | Seit dem 15. Jh. wurden von den mit der Rückenkiepe (frz. col – Hals; porter – tragen) umherziehenden Hausierern (**Kolporteure**) neben Waren des täglichen Gebrauchs auch religiöse Erbauungsschriften, Kalender und Volksbücher, später Ritter- und Räuberromane und sonstige volkstümliche Unterhaltungsliteratur angeboten. Von der Form dieser Verbreitung von Literatur durch Wanderhandel und Verkauf aus der Kiepe leitet sich der Begriff **Kolportageliteratur** als negativ wertende Bezeichnung für Schund- und seichte Unterhaltungsliteratur her. Teil der →Trivialliteratur. Kolportageliteratur wendet sich an ein lit. ungebildetes Massenpublikum und orientiert sich an dessen Lesebedürfnissen. Im Zeitalter der Industrialisierung und infolge des raschen Anwachsens der städtischen Bevölkerung wurden die Kolportageliteratur und der Handel mit ihr zu einem eigenen, vom offiziellen Buchhandel unabhängigen Industriezweig. Am Ende des 19. Jh. versorgten im deutschsprachigen Raum 45 000 Kolporteure ca. 20 Millionen Leser mit Lesestoff.

Komisches (griech. kōmos – Festzug, lustiger Umzug, Gelage [zu Ehren des Weingottes Dionysos]) | Zentraler ästhetischer Begriff (↔Tragisches; Mischform das Tragikomische, →Tragikomödie). Die unzähligen Formen des K. lassen sich auf einen grundsätzlichen, freilich abstrakten Konflikt zurückführen: Zwei ungleichwertige Prinzipien, Personen, Anschauungen, Handlungen, Absichten usw. geraten in eine spannungsvolle Konfrontation, die durch den physisch und psychisch befreienden Akt des Lachens gelöst wird. In diesem Lachen und Verlachen siegt das höhere, vernünftigere, überlegene Prinzip (das Gesetz, die Ordnung, die Regel oder der gesunde Menschenverstand). Dadurch werden im komischen Vorgang Widersinn, Anmaßung, Schein, falsche Autorität, Herrschaft und Macht entlarvt, aber im Unterschied zum Tragischen wird der Konfliktpartner nicht (physisch) vernichtet, sondern nur in seine Grenzen verwiesen und auf sein natürliches Maß zurückgestutzt. Komische Gestaltungen gibt es in allen lit. →Gattungen (→Komödie, →Satire, →Witz, →Travestie usw.). Vielfach wird zwischen derb-komischen (→Farce, →Posse, →Fastnachtsspiel) und höheren, feinsinniger angelegten Formen des K. (→Komödie, Lustspiel, →Witz, →Parodie, →Humor) unterschieden.

Komödie (von griech. kōmos – Festzug, Gelage; ōdós – Sänger) | Dramatische Darstellung des →Komischen; Bühnenwerk mit komischer oder heiterer Handlung (↔Tragödie, Mischform →Tragikomödie). Je nachdem, von welchen dramat. Elementen die komische Wirkung ausgeht, wird nach Typen-/Charakter-, Situations- und Intrigenkomödie unterschieden. Das →Boulevardstück ist die rein unterhaltende Form der K. Innerhalb der klassizistischen (→Klassizismus) →Poetik von der →Renaissance bis zum Ausgang des 18. Jh. wirkte die **Ständeklausel**, wonach in der K. nur Personen niederen Standes agieren dürfen. Wie die Tragödie entstand auch die K. aus dem antiken Dionysoskult (→Dithyrambos, →Drama). Sie bildete sich um 500 v. Chr. in Griechenland als eigene Kunstform aus und erreichte mit Aristophanes (5./4. Jh. v. Chr.) und seinen 14 überlieferten Stücken (vgl. u. a. *Lysistrata*, 411 v. Chr.; *Der Frieden*, 421 v. Chr.) ihren ersten Höhepunkt. Die röm. K. wird v. a. durch Plautus (3./2. Jh. v. Chr.) und Terenz (2. Jh. v. Chr.) repräsentiert. Das MA. verdrängt die antike K.-Tradition; komödische Formen erhalten sich in der →Farce und im →Fastnachtsspiel. Eine Neubelebung setzt in der →Renaissance zuerst in Italien ein (→Commedia erudita, →Commedia dell'Arte), dann in England (vgl. William Shakespeare) und Frankreich (v. a. Molière). In Deutschland wird im 18. Jh. die Bezeichnung **Lustspiel** (als Übersetzung von lat. cōmoedia) weitgehend synonym mit K. verwandt. G. E. Lessings *Minna von Barnhelm* (1767) gilt als die erste deutsche K. von Rang. Im Unterschied zu anderen europ. Ländern gibt es in der dt. Dramenliteratur des 19. und 20. Jh. nur wenige bedeutende K., so u. a. Kleists *Der zerbrochene Krug* (1808), Georg Büchners *Leonce und Lena* (1836), Gerhart Hauptmanns *Der Biberpelz* (1893), Carl Sternheims *Die Hose* (1914). Nach dem Zweiten Weltkrieg wurden in der K. durch Friedrich Dürrenmatt (vgl. *Der Besuch der alten Dame*, 1956) und Max Frisch (vgl. *Biedermann und die Brandstifter*, 1958) stärker satirische und groteske Gestaltungsmittel verwendet, so auch in den Stücken des →absurden Theaters.

Komparatistik; allgemeine und vergleichende Literaturwiss. (lat. comparāre – gleichstellen, vergleichen) | →Literaturwissenschaft

Kompilation (lat. compīlāre – ausplündern, berauben, ausbeuten) | Sammlung; aus anderen Quellen zusammengetragenes, kein eigenständiges, schöpferisches Werk. Im Unterschied zum →Plagiat werden bei der K. die Quellen ausgewiesen.

Konflikt (lat. cōnflīctus – feindlicher Zusammenstoß) | Zentrales Bauelement des →Dramas, womit der Widerstreit von Personen, Ansichten, Bestrebungen, Zielen in der Gestaltung des dramat. Handlungsbogens (→Handlung) umgesetzt wird. Im komischen K. (→Komisches, →Komödie) kollidieren ungleichwertige Partner. Seine Lösung ist versöhnlich und ohne Vernichtung einer K.-Partei (vgl. die Lösung von Kleists *Der zerbrochene Krug*, 1808). Der tragische K. (→Tragisches, →Tragödie) ist unaufhebbar und wird erst mit dem Untergang einer Partei gelöst (vgl. G. E. Lessings Tragödie *Emilia Galotti*, 1772, die mit der Tötung der Tochter durch den Vater endet). Die Lösung des tragischen wie des komischen K. wird nach der *Poetik* des Aristoteles (4. Jh. v. Chr.) als →Katastrophe bezeichnet.

Konjektur (lat. coniectūra – Vermutung, Wahrsagung) | Begriff der Textkritik (→Edition). In einem fehlerhaft oder lückenhaft überlieferten Text (›verderbter Text‹) wird die betreffende Stelle durch den Herausgeber ersetzt, und zwar auf der Grundlage von Kombinationen und Vermutungen, wie der originale Text geheißen haben könnte.

konkrete Poesie | Richtung der modernen Lyrik des 20. Jh., die aus dem konkreten Sprachmaterial (Wörter, Silben, Buchstaben) und unter Verzicht auf syntaktische Fügungen und Wortbedeutungen gedichtähnliche Gebilde baut. Den Terminus ›konkret‹, von dem Schweizer Max Bill 1944 erstmals für jene »konkrete kunst« reklamiert, die er als »Realisierung und Darstellung einfacher Maßverhältnisse« definierte, übertrug sein Landsmann Eugen Gomringer auf die Lyrik; er forderte dazu auf, »vom vers zur konstellation« überzugehen; »konstellation« versteht er als »ordnungseinheit, in welcher die zahl, die zeit und der ort bestimmende faktoren sind«. Gomringer folgten mit eigenen Ausprägungen k. P. Helmut Heißenbüttel und Franz Mon;

gleiche Tendenzen verfolgten in den 50er Jahren die Vertreter der »Wiener Gruppe« (Friedrich Achleitner, H. C. Artmann, Konrad Bayer, Gerhard Rühm, Oswald Wiener). Vorläufer der k. P. finden sich im →Futurismus und im →Dadaismus. Auch die →Lautgedichte Ernst Jandls sind zur k. P. zu rechnen.

Konstruktivismus (lat. cōnstrūctiō – Entwurf, Bau, Zusammenfügen) | Literarische Gruppe in Russland zwischen 1924 und 1930. Sie forderte, die Verbindung von polit. und techn. Revolution zum zentralen Thema der Literatur zu machen. Alle formale Gestaltung sollte sich diesem Ziel unterordnen. Vertreter waren u. a. Wera M. Inber und K. L. Selinski.

Kontext* (lat. com – zusammen, gemeinsam; textum – Gewebe, Geflecht) | Der übergreifende Zusammenhang, in dem ein Satz oder auch ein einzelner Text mit dem Blick auf andere Sätze oder Texte steht. Unter dem Begriff **Kontextualität** ist die Berücksichtigung dieser Zusammenhänge zu einer Grundforderung moderner literaturwiss. Interpretationsmethoden geworden.

Konversationslexikon | →Enzyklopädie

Kothurn (von griech. kóthornos – Stiefel) | In der antiken →Tragödie trugen die Schauspieler geschnürte Stiefel mit sehr hoher Holzsohle, die Schauspieler der →Komödie dagegen flache Schuhe. Aus diesem Gegensatz entwickelte sich durch Bedeutungsübertragung (→Metonymie) die Bezeichnung K. für den gehobenen, erhabenen Stil (→Pathos).

Kreuzreim, auch Wechselreim | Gekreuzter →Reim mit der Folge abab. Vielfach im Volkslied und der volksliedhaften →Lyrik verwandt. Beispiel: »Schläft ein Lied in allen Dingen, / Die da träumen fort und fort, / Und die Welt hebt an zu singen, / Triffst du nur das Zauberwort.« (Joseph von Eichendorff: *Wünschelrute*, 1835)

Kreuzzugsdichtung | Historische Voraussetzung der K. sind die Kreuzzüge des ausgehenden 11. bis 14. Jh., mit denen das »Heilige Land«, Jerusalem und das Grab Christi, von den ›ungläubigen‹ Moslems befreit und zugleich der Einfluss der christl. Religion auf den Vorderen Orient ausgedehnt werden sollte. K. ist die Sammelbezeichnung für die im Zusammenhang mit den Kreuzzügen entstandene Dichtung in Form der **Kreuzzugsepik**, des **Kreuzzugsliedes** und der **Kreuzzugschronik**. Die Darstellung der Abenteuer und Heldentaten im Dienste des christl. Glaubens verbindet sich mit den ritterlichen Idealen, so z. B. in den Epen Wolframs von Eschenbach.

Kriminalroman (lat. crīmen – Verbrechen) | Im Mittelpunkt steht ein Verbrechen oder eine Rechtsverletzung (meist ein Mord). Die Analyse der Gründe oder die forschende Suche nach dem Täter bilden den spannend angelegten Handlungsbogen. Eine eigenständige, in den USA und England entstandene Variante des K. ist die **Detektivgeschichte**, in der sich das erzählerische Schwergewicht auf die Person des Ermittlers verlagert. Der Detektiv (engl. to detect – entdecken, auffinden) ist meist ein sonderlingshafter Einzelgänger, der mit einem ihm geistig unterlegenen Partner durch Kombinationen und psycholog. Schlüsse ein mysteriöses Geschehen aufklärt. Urform des Detektivromans ist E. A. Poes *The Murders in the Rue Morgue* (1841; dt. *Der Doppelmord in der Rue Morgue*, 1853/59). Die bekanntesten Vertreter der Detektivgeschichte sind Arthur Conan Doyle, Agatha Christie, Raymond Chandler, Edgar Wallace, Ian Fleming u. a. Vorläufer des K. ist der →Abenteuerroman. Seit dem 18. Jh. entstanden K. vielfach nach der Vorlage wirklicher Verbrechen und Kriminalfälle, die in einem →Pitaval gesammelt und veröffentlicht wurden. Im 20. Jh. wurde der K. (oft in Heftreihen oder Fortsetzungsbänden) zu einem zentralen Genre der →Unterhaltungsliteratur. Kriminalfälle haben aber auch bedeutende Schriftsteller aufgegriffen und gestaltet, vgl. Friedrich Schiller (*Der Verbrecher aus verlorener Ehre*, 1786), Heinrich von Kleist (*Michael Kohlhaas*, 1810), Annette von Droste-Hülshoff (*Die Judenbuche*, 1843), Theodor Fontane (*Unterm Birnbaum*, 1842), Jakob

Wassermann (*Caspar Hauser,* 1908), Friedrich Dürrenmatt (*Der Verdacht,* 1953) u. a.

kritische Ausgabe | →historisch-kritische Ausgabe

kritischer Realismus | →Realismus

Kryptogramm (griech. kryptos – verborgen; grämma – Buchstabe, Geschriebenes) | In einem Text versteckte Worte oder Daten (Widmungen, Namen, Geburtsdaten), die durch Entschlüsselung aufgeklärt werden; vgl. →Akrostichon und →Anagramm. Als lit. Gesellschaftsspiel war das K. besonders im →Barock und im →Rokoko beliebt.

Küchenlatein | Im MA. Bezeichnung für ein schlechtes, fehlerhaftes Latein. Da Latein die herrschende Kunst- und Wissenschaftssprache war, die Masse der niederen Geistlichkeit (Mönche) die Sprache aber nur unzureichend beherrschte, wurden u. a. Wörter der Volkssprachen mit lat. Endungen versehen. Im →Humanismus, der sich auf das klass. Latein der röm. Antike zurückbesinnt, wird das K. der Mönche Gegenstand beißenden Spottes, so in den *Epistolae obscurorum virorum* ([Briefe von Dunkelmännern] 1515).

Künstlerroman/Künstlernovelle | Literarische Darstellung des Lebens und Schaffens eines Künstlers. Sie entstand Ende des 18. Jh., als sich die Künstlerpersönlichkeit zunehmend in Spannung und im Widerspruch zur umgebenden Gesellschaft begriff. Der erste, das Schicksal eines Malers behandelnde K. stammt von J. W. Heinse: *Ardinghello* (1787). Indem die →Romantik den Künstler zum Leitbild erhob, gestaltete sie auch bevorzugt das Künstlerschicksal, vgl. Novalis' *Heinrich von Ofterdingen* (1802) und Friedrich Schlegels *Lucinde* (1799). Aus den vielen K. des 19. Jh. ragt Gottfried Kellers *Der grüne Heinrich* (1854/55) heraus. Im 20. Jh. entsteht aus dem oft autobiografische Züge tragenden K. die romanhafte **Künstlerbiografie**, vgl. u.a. Franz Werfels *Verdi* (1924) und Lion Feuchtwangers *Goya* (1951). Bei Thomas Mann ist der Künstler als besonders sensibler, unbürgerlicher und tragischer Mensch zentraler Bezugspunkt nahezu aller seiner Romane und Erzählungen (v. a. *Tonio Kröger,* 1903; *Tod in Venedig,* 1912; und *Dr. Faustus,* 1947).

Kunstmärchen | →Märchen

Kunstwerk | →Werk

Kurzgeschichte (Übers. von engl. short story) | Kurze, mit →Anekdote und →Novelle verwandte Prosaerzählung und von diesen nicht scharf zu unterscheiden. Ihre Herausbildung ist zum einen mit der Novelle und zum anderen mit der Entwicklung der Zeitschriften und Magazine eng verbunden. Kennzeichen der K. sind: straffe Komposition, meist einlinige Handlungsführung, begrenzter stofflicher Ausschnitt und offener Schluss. Vorläufer in Deutschland sind die Erzählungen J. P. Hebels (Kalendergeschichten, →Kalender), Heinrich von Kleists und E. T. A. Hoffmanns. Die **Shortstory** (vgl. E. A. Poe, Joseph Conrad, William Faulkner, Ernest Hemingway) bildete sich im engl.-amerik. Sprachraum aus und wurde erst nach 1945 von deutschsprachigen Schriftstellern aufgenommen, so von Heinrich Böll, Wolfgang Borchert, Wolfdietrich Schnurre, Friedrich Dürrenmatt, Günter Kunert, Gabriele Wohmann u. a.

Laienspiel (lat. laius – zum Volk gehörig; wird zu: Nichtfachmann) | Theaterstück für Laien und seine Aufführung durch Laienspieler, d. h. nicht berufsmäßige Schauspieler, im Rahmen religiöser (→Fastnachtsspiel), pädagogischer (Schülertheater), politischer (→Agitprop) oder gewerkschaftlicher (Arbeitertheater) u. a. Bewegungen. Im L. stehen deshalb auch pädagog., polit., soziale und ethische Zwecke, nicht das ausgefeilte künstler. Spiel des Berufstheaters im Vordergrund. In Deutschland entstand, aus der Jugendbewegung erwachsend, um 1910 die L.-Bewegung, die eine Erneuerung auch des Berufstheaters anstrebte.

Langzeile, auch Langvers | Rhythmische Einheit aus zwei Kurz- oder Halbzeilen. L. treten v. a. in der älteren Dichtung auf, z. B. im Stabreim-Vers (→Alliteration) des *Hildebrandsliedes* (e. 7. Jh.; Hs. 810/40) oder im Vers der →Nibelungenstrophe: »Ez wúohs in Búrgónden ein vil édel mágedîn / dáz in állen landen niht schǿners mȯhte sîn« (*Niebelungenlied*, um 1200).

Laokoon | Priester des Gottes Apollo, von dem in Homers *Ilias* erzählt wird, dass er die Trojaner vor dem hölzernen Pferd der Griechen warnte und deswegen durch die Götter bestraft wurde: Zusammen mit seinen Söhnen wird er von einer Schlange getötet. Den Augenblick dieses Todeskampfes hat ein griech. Künstler im 1. Jh. v. Chr. in einer monumentalen Plastik (*Laokoon-Gruppe*) gestaltet, an der sich im 18. Jh. ein wichtiger kunsttheoretischer Streit (Laokoon-Problem) über das Verhältnis von Malerei und Poesie entzündete. Dabei war die Ausgangsfrage, warum die Schmerzen des Todeskampfes in der Plastik nicht gestaltet wurden, während sie in lit. Darstellungen (so in Vergils *Aeneis*, 1. Jh. v. Chr.) in ihrem ganzen Schrecken zum Ausdruck kommen. Die wichtigste Schrift in dieser Diskussion ist G. E. Lessings Abhandlung *Laokoon oder Über die Grenzen der Malerei und Poesie* (1766). Lessing argumentiert, dass Schrecken, Schmerz, Verzerrung und Hässlichkeit wohl in der Poesie (zeitliches Nacheinander der Handlung), nicht aber in der Plastik/Malerei (räumliches Nebeneinander ohne Zeitablauf) zum Ausdruck gebracht werden können. Damit wurde eine jahrhundertelang gültige Kunsttheorie erschüttert, in der die bildende Kunst eine Spitzenstellung hatte und die Poesie sich an ihr orientieren sollte (lat. ut pictūra poēsis – wie ein Bild [sei] das Gedicht). Lessing hat damit als einer der ersten den Unterschied der Künste in ihren versch. Darstellungsmedien erfasst und die Grundlage für eine Medienästhetik geschaffen.

L'art pour l'art (frz., die Kunst für die Kunst, Kunst um der Kunst willen) | Von dem franz. Schriftsteller Victor Cousin (*Du vrai, du beau et du bien* [Vom Wahren, Schönen, Guten], 1836) geprägte Formel für die Zweckfreiheit und Unabhängigkeit (›Autonomie‹) der Kunst; von Theophile Gautier im Vorwort zu *Mademoiselle Maupin* (1834) zum Programm erhoben und zu einer Kunsttheorie ausgebaut. L'art pour l'art bezeichnet eine künstler. Richtung in Frankreich zwischen 1830 und 1870, die sich gegen jegliche Indienstnahme der Kunst für polit., moralische, religiöse oder sonstige Ziele wandte und den Selbstzweck der Kunst und der zweckfreien Schönheit betonte (→Ästhetizismus). Er wandte sich auch gegen bürgerliche Moral- und Lebensvorstellungen (→Boheme, →Dandy) und gegen das Nützlichkeitsdenken einer auf Handel und Erwerb orientierten Gesellschaft. Vertreter in Frankreich waren u. a. Gustave Flaubert, Charles Baudelaire und J.-K. Huysmans; in England Oscar Wilde. In Deutschland wirkte er auf den Dichterkreis um den Lyriker Stefan George.

Lautgedicht | Form der phonet. (→Phonetik) oder akustischen Dichtung, die aus einer Buchstaben- oder Lautfolge ohne konkrete semantische Aussage (→Semantik) besteht. Spielerische Formen liegen in Abzählvers, Kinderlied und der Nonsensdichtung (→Unsinnspoesie) oder mit Christian Morgensterns *Das große Lalula* (*Galgenlieder*, 1905) vor. Als experimentelle Form, bei der die Laute systematisch oder aber bewusst willkürlich eingesetzt werden, begegnet das L. bei den russ. Futuristen (→Futurismus) und den Dadaisten (→Dadaismus), z. B. bei Hugo Ball, Kurt Schwitters, Raoul Hausmann, wo es zum programmatischen Genre wird. In den 50er Jahren wurde das L. von der »Wiener Gruppe« (H. C. Artmann u. a.) und v. a. von der →konkreten Poesie aufgenommen (bes. Ernst Jandl, vgl. etwa *schtzngrmm*, 1957, oder seine Sprechopern).

Lautmalerei | →Onomatopöie

Lautsymbolik | Im Unterschied zur Laut- oder Klangmalerei (→Onomatopöie) bedeutet L., dass dem Laut eine bestimmte Bedeutung zugeordnet wird. Die Ursprünge der L. liegen in der Sprachmystik und -magie. Von einem

Zusammenhang zwischen Laut und Bedeutungsinhalt wurde schon in der Antike ausgegangen; für Platon (427–347 v. Chr.) z. B. symbolisierte ›i‹ das Klare und ›o‹ das Große. Auf L. wurde auch in →Epigrammen des →Barock zurückgegriffen. An diese Tradition knüpften die Symbolisten (→Symbolismus) an, deren Deutungen jedoch subjektiv bestimmt sind; Arthur Rimbaud z. B. setzte in *Voyelles* (1871; dt. *Vokale*, Nachdichtung Stefan George) Laute Farben gleich: »A schwarz E weiß I rot U grün O blau – vokale / Einst werd ich euren dunklen ursprung offenbaren: / A: schwarzer samtiger panzer dichter mückenscharen / die über grausem stanke schwirren · schattentale.« L. ergibt sich aus einer vom Autor bewusst eingesetzten Stellung und Wiederholung der Laute. So unterstützen in Paul Celans *Todesfuge* (1945) die dunklen ›a‹-Laute und die schrillen ›i‹-Laute das Tödliche und Unausweichliche der Vernichtungslager. →Lautgedicht

Legende (lat. legendum – das zu Lesende) | Lebensgeschichte eines Heiligen, aus der in den Kirchen und Klöstern des MA. an den Jahrestagen des Heiligen einzelne Abschnitte zum Gedenken und zur Erbauung verlesen wurden; in L.-Sammlungen zusammengefasst. Die umfangreichste wurde im 17. Jh. von Jean Bonald begonnen (*Acta sanctorum*) und umfasste bis Anfang des 20. Jh. über 20 000 L. Die mhd. Epiker bauten L.-Stoffe in ihre Erzählungen ein (z. B. Hartmann von Aue in *Der arme Heinrich*, um 1195). Ab dem 15. Jh. findet sich die L. auch in der weltlichen Dichtung und wird zu einem volkstümlichen Erzählgenre, in dem beispielhafte, histor. nicht verbürgte Lebensläufe dargestellt werden. Die L. rückte damit in die Nähe von →Sage und →Märchen. Die L.-Form wird auch in der Literatur des 19. und 20. Jh. noch verwendet, z. B. bei C. F. Meyer (*Der Heilige*, 1878), Gottfried Keller (*Sieben Legenden*, 1872), Bertolt Brecht (*Die Legende vom toten Soldaten*, 1918), Joseph Roth (*Die Legende vom Heiligen Trinker*, 1939).

Lehrdichtung, auch didaktische Dichtung (von griech. dīdáskein – lehren) | Mit den Mitteln der Dichtung werden Wissen, Kenntnisse oder moralische und religiöse Regeln vermittelt. Somit gehören auch →Beispielgeschichte, →Fabel, →Parabel und →Legende zur L. Bei der Gattungseinteilung der →Dichtung wird die L. als ›vierte Gattung‹ bezeichnet, da ihr im Unterschied zu den formbestimmten Bezeichnungen →Epik, →Lyrik und Dramatik (→Drama) ein inhaltliches Kriterium (Übermittlung von Lehr- und Wissensstoff) zugrunde liegt. Bereits die Antike kannte L. z. B. über die Entstehungsgeschichte der Welt und der Götter (›Theogonie‹), über Bienenzucht, Geografie, Giftkunde oder das Landleben (vgl. Vergil: *Georgica*, 1. Jh. v. Chr.). Auch Ovids *Ars amatoria* (um die Zeitenwende; dt. *Liebeskunst*) und die Dichtungstheorie (*De arte poetica*) von Horaz (1. Jh. v. Chr.) zählen zur L. Das MA. kannte verschiedenste Formen der L. religiösen Inhalts (vgl. die Spruchsammlung *Bescheidenheit* von Freidank aus dem 13. Jh.). Im 17. Jh. verfasste Nicolas Boileau seine einflussreiche Poetik (*L'art poetique*) als L. im Versmaß des →Alexandriners. Die bekanntesten L.-Gedichte des 18. Jh. sind in Deutschland August von Hallers *Die Alpen* (1732), B. H. Brockes' *Irdisches Vergnügen in Gott* (1721/48) und Goethes *Die Metamorphose der Pflanzen* (1798). Im Laufe des 19. Jh. verlor die L. an Bedeutung, da die Dichtung immer stärker an die Voraussetzung der →Fiktion gebunden wurde.

Lehrstück | →episches Theater

Leich (mhd., Weise, Melodie) | Form des einstimmigen Sololiedes aus ungleichen Strophen im MA., meist gereimt. Verwandt mit dem franz. ›Lai‹ und der lat. Sequenz. Mit religiösen Themen, aber auch als Liebes- oder Tanzlied. Entsteht Ende des 12. Jh. aus der Rezeption der franz. Troubadourlieder.

Leis (mhd. kirileis(e) – religiöses Lied) | Vermutlich abgeleitet von griech. kýrie eléison [Herr, erbarme dich]. Älteste Form des geistlichen Liedes; bei Wallfahrten und Prozessionen gesungen.

Leitmotiv | Der Begriff stammt aus der Musikästhetik und bezeichnet dort ein durchgängiges, zur Charakterisierung von Personen, Sachen und Situationen eingesetztes musikalisches →Motiv. Auch in der Literaturwiss. bedeutet L. die Personen charakterisierende Wiederholung typischer Verhaltensweisen, Ausdrücke, Gesten usw. während einer Erzählung, vgl. z. B. das Türenschlagen der Madame Chauchat in Thomas Manns Roman *Der Zauberberg* (1924).

Lektor (lat., [Vor-]Leser) | Angestellter eines Verlages, der zusammen mit dem →Autor die künstler. und zusammen mit dem →Verlag die techn. Produktion eines Buches betreut.

Lesart | **1** Begriff der Textkritik (→Text). Vom Autor selbst oder aus der Überlieferung herrührende Textvariante; auch Teilbedeutung. **2** Subjektive Darstellung und Deutung eines Vorganges.

Lesegesellschaft | Im Zeitalter der →Aufklärung private Zirkel, in denen die bildungsbeflissenen Bürger sich gegenseitig mit Büchern und Zeitschriften versorgten, gemeinsam lasen und das Gelesene erörterten. Seit etwa 1775 übernahmen **Lesekabinette** meist auf kommerzieller Basis (Leihgebüren) diese Funktion. Vorform der **Leihbibliotheken**.

Leser | **1** Der Leser, der als konkrete Person einen lit. Text mittels Lektüre aufnimmt und ihn geistig-emotional verarbeitet (→Rezeption). **2** Die moderne →Literaturwissenschaft (Rezeptionsforschung) spricht darüber hinaus von einem L., der im Text selbst als Strukturelement enthalten ist (›impliziter‹ oder ›fiktiver‹ L.). Dadurch wird der Blick auf den Umstand gelenkt, dass ein →Autor beim Verfassen eines Textes immer (auch wenn er sein Manuskript schließlich vernichtet) an einen zukünftigen L. (›Adressat‹) denkt und diese Wirkungsabsicht Komposition und Struktur eines Werkes prägt.

Lexikon* | →Enzyklopädie

Libretto (ital., Büchlein) | Text für Oper und Operette. Vom **Librettisten** verfasstes Textbuch für musikdramatische Werke. In den meisten Fällen hat das L. keine selbstständige lit. Bedeutung, da es ganz auf die Vertonung und bühnenwirksame Realisation eines musikalischen Kunstwerks ausgerichtet ist.

Lied | Sangbare lyrische Gattung, meist gereimt und mehrstrophig, die Melodie von Strophe zu Strophe wiederholend. Im Germanischen bezeichnete L. die mit Sprechgesang vorgetragene epische Dichtung (vgl. *Hildebrandslied, Rolandslied, Nibelungenlied*). Andere Traditionen sind das anonyme Volkslied (→Volksdichtung), →Minnesang, →Meister-(ge)sang sowie das religiöse Gemeindelied (→Kirchenlied). Ab dem 17. Jh. entwickelte sich das ›Kunstlied‹ als Schöpfung eines fassbaren →Autors. In der Epoche der →Empfindsamkeit entstand das Ausdrucks-L., das bei Goethe seinen Höhepunkt erreichte. Diese L.-Form wurde im 19. Jh. fortgeführt und prägt das moderne Verständnis des L. als Empfindungslyrik, die nur noch von Fall zu Fall vertont und gesungen wird. Bei Bertolt Brecht, Frank Wedekind u. a. werden ältere L.-Formen (z. B. der →Bänkelsang) mit ironischer Brechung neu belebt. Seit den 60er Jahren des 20. Jh. bezeichnen sich Künstler, die Text und Melodie ihrer L. selbst produzieren und interpretieren, als **Liedermacher**.

Liederbuch | Sammlung von Liedern, zunächst handschriftlich, seit Mitte des 15. Jh. als gedrucktes L., oft mit Notenbeigaben. Bekannte L. sind das nach dem Aufbewahrungsort der Handschrift (Schloss Ambras in Tirol) benannte *Ambraser Liederbuch* (1504/16), das *Liederbuch der Clara Hätzlerin* (15. Jh.) oder das *Augsburger Liederbuch* (Ende 15. Jh.).

Liedermacher | →Lied

literarische Gesellschaft | Vereinigung von Literaturwissenschaftlern und interessierten Laien zur Erforschung und Pflege lit. Werke einer Epoche (vgl. die Sprachgesellschaften des 17. und die »Deutschen Gesellschaften« des

18. Jh.) oder später der Werke eines Autors, z. B. Shakespeare-Gesellschaft (gegr. 1864), Goethe-Gesellschaft (gegr. 1885) oder Schiller-Gesellschaft (gegr. 1895).

literarische Zeitschrift, auch Literaturzeitschrift | Periodisch (wöchentlich, monatlich oder vierteljährlich) erscheinende Zeitschrift, in der lit. Texte veröffentlicht und/oder angezeigt bzw. besprochen (→Annotation, →Rezension) und analysiert werden (→Literaturwissenschaft). Zu unterscheiden sind 1. die wissenschaftliche l. Z. (z. B. »Deutsche Vierteljahresschrift«, »Euphorion« oder »Weimarer Beiträge«), in der ausschließlich Beiträge *über* Literatur, literarische Werke und Autoren veröffentlicht werden; 2. l. Z., die den Abdruck von lit. Texten (meist von Neuerscheinungen) mit (zeit-)kritischen Beiträgen, Rezensionen, →Essays u. Ä. verbinden (z. B. »Merkur« oder »Sinn und Form«), und 3. l. Z., die ausschließlich literarische (›belletristische‹) Beiträge veröffentlichen (z. B. »Akzente« oder »Neue Deutsche Literatur«). Der Typus der l. Z. entstand im Zusammenhang mit der →Aufklärung im 18. Jh. (vgl. die erste dt., von J. Ch. Gottsched 1732 begründete l. Z. »Critische Historie der Deutschen Sprache, Poesie und Beredsamkeit«). Im 19. und 20. Jh. gab es viele, oft kurzlebige Neugründungen. Für →Naturalismus, →Expressionismus, aber auch für die →Exilliteratur hatten l. Z. eine besondere Bedeutung: Künstler-Programmatik, polit.-weltanschaul. Debatten; vgl. »Die Sammlung«, Amsterdam 1933/35, hg. von Klaus Mann. →Journal

Literatur (lat. litterātūra – Buchstabenschrift, Schrifttum) | **1** Sammelbezeichnung für alle Formen schriftlich fixierter Texte, von Roman, Gedicht und Drama über wiss. Abhandlungen, Gesetze und Briefe bis hin zu Reklametexten und Gebrauchsanweisungen (›weiter‹ Literaturbegriff). **2** Im engeren Sinn die Bezeichnung für künstler. gestaltete und aus der Masse des Geschriebenen durch besondere Gestaltung und Form herausgehobene Werke lyrischen, dramat. oder epischen Charakters. In dieser Bedeutung mit den Begriffen →Belletristik oder →Dichtung nahezu deckungsgleich. Der engere Sinn von L. ist erst im Verlauf eines histor. Differenzierungsprozesses entstanden. Das im 16. Jh. entstandene dt. Wort L. meinte bis ins 18. Jh. ›Schriftgelehrtheit‹, ›Wissenschaft‹, ähnlich wie das frz. ›belles-lettres‹ [schöne Wissenschaften]. Erst dann setzte die Bedeutungsverengung zu ›schöngeistiger Literatur‹ oder ›Dichtung‹ ein. Heute betont die Literaturwiss. wieder den ›weiten‹ Literaturbegriff, um die Übergänge zwischen versch. Gebrauchsformen von Texten analysieren zu können.

Literaturarchiv | Sammlungs-, Aufbewahrungs- und Forschungsinstitution für die Nachlässe bedeutender Schriftsteller, insbesondere der Originalhandschriften ihrer Werke, der Erstausgaben, Briefe und anderer Lebenszeugnisse. Angeschlossen sind meist Spezialbibliotheken mit besonderem Sammlungsauftrag. Die bedeutendsten L. auf dt. Boden sind das »Goethe-und-Schiller-Archiv« in Weimar (gegr. 1885), das die Literatur des 18. und 19. Jh. sammelt, und das »Deutsche Literaturarchiv« in Marbach a. Neckar (gegr. 1955) mit dem Sammlungsschwerpunkt 20. Jh.

Literaturgeschichte, auch Literarhistorie | →Literaturwissenschaft

Literaturkritik | →Literaturwissenschaft

Literaturmarkt, auch literarischer Markt, Buchmarkt | Der Teil der Wirtschaft, der mit der Herstellung und Verbreitung von Büchern beschäftigt ist (Verlage, Buchhandel, Setzereien, Druckereien, Vertriebsfirmen usw.). Der L. setzt voraus, dass Bücher als Ware gehandelt werden. Dies war bereits in der Antike mit dem Verkauf von Handschriften der Fall. Ein L. im besonderen Sinn entstand aber erst im 18. Jh., nachdem der Buchdruck die massenhafte Herstellung und Verbreitung ermöglichte und sich ein breiteres lesefähiges →Publikum herausgebildet hatte, das als Käufer von Büchern infrage kam. Weiterhin schaffte das Urheberrecht (→Autor) die Voraussetzung dafür, dass der ›freie‹ Schriftsteller vom Verkauf seiner lit. Produktion leben konnte.

Literaturpreis | Mit einer Geldzuwendung verbundene Auszeichnung eines Schriftstellers für künstler. besonders gelungene Werke oder für sein Gesamtschaffen. Die von versch. Institutionen, Gruppen, Verbänden, aber auch von Regierungen vergebenen nationalen und internationalen L. dienen der Förderung der Literatur im Sinne ihres humanistischen Auftrags oder der Unterstützung neuer, experimenteller, avantgardistischer Literatur, die sich auf dem →Literaturmarkt nicht oder noch nicht durchsetzen kann. Der bekannteste internationale L. ist der seit 1901 vergebene ›Nobelpreis‹ für Literatur. Nationale L. in Deutschland sind u. a. der Kleistpreis (1911/32 jährlich vergeben), der erstmals 1923 verliehene Georg-Büchner-Preis (als reiner L. seit 1951 vergeben von der »Deutschen Akademie für Sprache und Dichtung«, Darmstadt), der Frankfurter Goethe-Preis (erstmals 1927), der Heinrich-Heine-Preis der Stadt Düsseldorf (erstmals 1963) und der Heinrich-Mann-Preis (ab 1953 vergeben von der »Akademie der Künste der DDR«, seit 1993 von der »Akademie der Künste Berlin-Brandenburg«).

Literatursoziologie | →Literaturwissenschaft

Literaturtheorie | →Literaturwissenschaft

Literaturwissenschaft | Umfassende Bezeichnung für die wiss. Beschäftigung mit Literatur (→Philologie). Innerhalb der L. werden versch. Gebiete und Methoden unterschieden: **Literaturgeschichte** stellt lit. Werke, Einzelpersonen und Epochen in ihren histor. und gesellschaftl. Zusammenhängen dar und verfolgt Traditions- und Kanonbildungen (→Kanon) innerhalb einer oder im Vergleich mehrerer →Nationalliteraturen. Die erste bedeutende dt. Literaturgeschichte stammt von dem Historiker G. G. Gervinus (*Geschichte der poetischen Nationalliteratur der Deutschen*, 1836/42). **Literaturkritik** stellt die →Interpretation und Wertung meist zeitgenössischer lit. Werke in den Vordergrund. In Form von →Rezensionen und →Essays über Neuerscheinungen ist Literaturkritik v. a. ein publizistisches Genre (vgl. Hans Mayer: *Meisterwerke deutscher Literaturkritik*, 1954/56). **Literaturtheorie** entstand als besonderes Forschungsgebiet erst im 20. Jh. Sie steht in der Tradition von →Poetik und →Rhetorik, untersucht allgemeine Gesetze lit. Formenbildung und bildet analytische Begriffe für die Interpretation und Wertung lit. Werke (vgl. René Wellek/ Austin Warren: *Theorie der Literatur*, 1942). Die **Literatursoziologie** ist eine um 1900 entstandene Forschungsrichtung, die die gesellschaftlichen, sozialen und ökonomischen Verflechtungen der Literatur in einer bestimmten Epoche untersucht (vgl. Arnold Hauser: *Sozialgeschichte der Kunst und Literatur*, 1967). Mit empirischen Methoden (Statistiken, Befragungen) werden darüber hinaus Produktion, Verbreitung und Rezeption der Literatur erforscht (vgl. Robert Escarpit: *Das Buch und der Leser. Entwurf einer Literatursoziologie*, 1967). Als **allgemeine und vergleichende Literaturwissenschaft** oder **Komparatistik** wird eine Forschungsrichtung bezeichnet, die Beziehungen zwischen den Nationalliteraturen untersucht, sich auf Merkmale der →Weltliteratur konzentriert und Methoden anderer Wissenschaften (Psychoanalyse, Philosophie, Soziologie, Kunstgeschichte usw.) einbezieht.

Litotes (griech., Einfachheit) | Redefigur der →Rhetorik, zu den Tropen (→Tropus) gehörend. Eine Aussage wird dadurch gesteigert, dass sie mit einer Verneinung und Untertreibung (engl. ›understatement‹) umschrieben wird: ›Er ist kein schlechter Schüler‹ steht für ›Er ist ein guter Schüler‹. In der Literatur ein bevorzugtes Mittel der ironischen Erzählweise (→Ironie).

Littérature engagée | →Engagement

Locus amoenus (lat., lieblicher, anmutiger Ort) | →Topos besonders in der Naturdichtung. Landschaft, die in der Beschreibung des L. a. bestimmte feststehende, ›anmutige‹ Elemente enthält: Busch, Tal, Mond, Rosen, Moos, Vogelgesang usw.; v. a. in →Idylle, →Hirtendichtung und →Anakreontik zu finden. Vgl. als Beispiel: »Wenn der silberne Mond durch die Gesträuche blickt / Und sein schlummerndes Licht über den Rasen geußt / Und die Nachtigall flötet, / Wandl ich traurig von Busch zu Busch.« (L. Ch. H. Hölty: *Die Mainacht*, 1774)

lustige Person | Komische Bühnenfigur des volkstümlichen Theaters mit typischen Eigenschaften wie Freß-, Sauf- und Geschlechtslust, Prahlerei, Furchtsamkeit und Tölpelhaftigkeit, aber auch Schläue, Witz und Gerissenheit. In versch. nationaler Form auftretend, z. B. als ›Arlecchino‹ in der ital. →Commedia dell'Arte, als ›Pickelhering‹ in der engl. →Komödie des 17. Jh. oder als →Hanswurst in Deutschland. Innerhalb der dramat. Handlung kommen der l. P. versch. Funktionen zu, so u. a. die derbkomische Erheiterung des Publikums, die Durchbrechung der Theaterillusion durch direkte Anrede des Publikums (→ad spectatores) oder die komische Infragestellung der sozialen Ständehierarchie. Auch der Zirkusclown und das Kasperle des Puppentheaters sind Formen der l. P.

Lustspiel | →Komödie

Lyrik (griech. lýra – Leier) | Eine der poetischen →Gattungen. Im urspr. Sinn: mit der Leier (einem Saiteninstrument) vorgetragene Gesänge. Die Bindung an Gesang und Musik bleibt der L. bis in die Gegenwart erhalten. Sie entstand bei allen Völkern und in allen Kulturkreisen im Zusammenhang mit dem →Mythos. Ihre ersten Formen waren u. a. Arbeitslieder, Kriegslieder, Zaubersprüche, kultische Lieder und Totenklagen. Die L. entfaltete im Laufe der Entwicklung einen Formenreichtum, der es nur schwer möglich macht, allgemeine und übergreifende Kennzeichen anzugeben. Äußere Formmerkmale der L. sind →Rhythmus, →Vers, →Metrum, nicht in allen Fällen →Reim und →Strophe. Inneres Inhaltsmerkmal ist v. a. die Art und Weise des lyrischen Sprechens (intensivierter Ausdruck individuellen Erlebens und Fühlens, sprachliche Verdichtung, Komprimierung von Sinn, Bedeutungsintensität usw.). Einteilungen können sowohl nach Gegenständen der L. (Liebes-L., Natur-L., politische L., Gedanken-L.) wie auch nach dem Grad subjektiven Ausdrucks (Stimmungs-L., Erlebnis-L.) oder objektiver Beschreibung (→Dinggedicht, Lehrgedicht [→Lehrdichtung]) vorgenommen werden. Das Adjektiv **lyrisch** bezeichnet 1. die Zugehörigkeit eines poetischen Werkes zur Gattung Lyrik; 2. aber auch, unabhängig von der Gattung, eine sich vom Gegenständlichen lösende lyrische Gestaltungsart, die sich auch in anderen poetischen und Kunstgattungen finden lässt. So wird von ›l. Drama‹, ›l. Roman‹, aber auch von ›l. Musik‹ und ›l. Malerei‹ gesprochen.

lyrisches Ich | Das im Gedicht sprechende, künstler. gestaltete Ich, das (auch in den Fällen unmittelbaren Erlebnisausdrucks) nicht identisch ist mit dem empirischen (tatsächlichen, realen) Ich des Gedichteschreibers. Die Unterscheidung zwischen empirischem Ich und l. I. ist notwendig, um (ähnlich wie beim Erzähler [→Erzählperspektive]) die lyrische Subjektivität als ein Strukturmerkmal des Gedichtes selbst zu begreifen.

Mädchenlied | Form des →Minnesangs. Im Unterschied zur höfischen Minnelyrik, die an die hohe Dame, die Herrin (mhd. vrouwe) gerichtet ist (›hohe Minne‹), besingt das M. unter dem Einfluss der →Vagantendichtung die erfüllte Liebe zu einem Mädchen (mhd. wîp, maget) aus dem Volke (›niedere Minne‹). Eines der bekanntesten M. ist Walther von der Vogelweides *under der linden* (nach 1198); in seinem Werk fand das M. besondere Ausprägung.

Madrigal (ital. madrigale – einfaches, natürliches Gedicht, Lied) | Gedichtmaß ital. Herkunft; urspr. von Hirten gesungenes Lied (belegt seit 1313). Seit dem 14. Jh. von Francesco Petrarca u. a. zu ländlich-idyllischen und satirisch-lehrhaften (später auch philosoph. Themen) kurzen Kunstliedern ohne feste sprachl. und musikal. Formregeln umgestaltet. Im 16. Jh. Entwicklung einer festeren Formtradition: drei Terzette und zwei abschließende Reimpaare in der Folge abb cdd eff gg hh. Im Dt. seit dem 16. Jh. nachgebildet: meist alternierende Verse von frei wechselnder Hebungszahl (→Hebung/Senkung), gebunden durch wechselnde →Reimstellung, nicht festgelegt ist auch die Länge des Gedichts. Verwendet in Singspielen, Chorliedern, Oratorien und Opern, u. a. auch in der Lyrik der →Anakreontik (vgl. J. W. Goethes *Neue Lieder*, 1770).

Maieutik | →Ironie

makkaronische Dichtung | Parodistische oder satirische Dichtung (→Parodie, →Satire) in lat. Sprache, in die Wörter aus anderen Sprachen eingestreut werden. Der Name leitet sich ab von dem komischen Helden des ersten Werkes dieser Art, einem Makkaroni-Koch aus Padua. Das bekannteste Werk der m. D. in Deutschland ist die von einem anonymen Autor verfasste *Floia* (›Floiade‹) von 1593, deren Titel die komische Verquickung dt. und lat. Wörter zeigt (*Floia, cortum versicale de flois schwartibus illis diriculis, quae omnes fere Minschos, Mannos, Weibras, Jungfras etc. ...*) und die *Aeneis* des röm. Dichters Vergil (1. Jh. v. Chr.) parodiert.

Manierismus (altfrz. maniere – Art und Weise) | Im 20. Jh. geprägte Bezeichnung für eine künstler. Strömung des 16. und 17. Jh., die im Übergang zwischen →Renaissance und →Barock liegt und durch eine antiklassische Ästhetik geprägt ist: elitäre Welthaltung des Künstlers, Wertverschiebungen der Kategorien des →Schönen und Hässlichen, Vorliebe für das →Groteske und Phantastische, Verselbständigung des ornamentalen Schmucks, übertriebene, schwülstige Sprache usw. Der M. tritt in versch. nationalen, oft an den Namen bestimmter Künstler gebundenen Varianten auf, so in Italien als ›Marinismus‹ nach dem Dichter Giambattista Marino (1569–1620), in Spanien als ›Gongorismus‹ nach dem Lyriker Luis de Góngora y Argote (1561–1627), in England als ›Euphuismus‹ nach einem Romantitel (*Euphues*, 1578) von John Lyly, in Frankreich als →preziöse Literatur, die v. a. im aristokratischen Pariser Salon des Hôtel de Rambouillet zwischen 1625 und 1660 gepflegt wurde. In Deutschland wird (mit Einschränkungen) die →Schlesische Dichterschule (v. a. G. Ph. Harsdörffer [1607–1658]) zum M. gerechnet.

Manifest (lat. manifestum – handgreiflich, offenbar) | Programmschrift einer Kunstrichtung oder einer künstler. Bewegung oder Gruppe; Grundsatzerklärung über die Abgrenzung von der herkömmlichen Kunst und Aufruf zur Erneuerung/Revolutionierung künstler. Praxis; vgl. das von André Breton verfasste Gründungs-M. des franz. →Surrealismus (1924) oder Kasimir Edschmids Proklamation *Über den Expressionismus in der Literatur und die neue Dichtung* (1918).

Manuskript (lat. manū scrīptus – von Hand geschrieben) | →Handschrift

Märchen (Diminutiv von mhd. mære – Bericht, Kunde) | **1** Mündliche Erzählung in der Volksüberlieferung aller Völker. Eine Form der epischen Dichtung (→Epik) mit wunderbaren, phantastischen Inhalten und einem eindeutigen moralischen Schema, das zwischen gut und böse, schön und hässlich, weise/klug und dumm usw. klar unterscheiden lässt. Zeit und Ort der Handlung bleiben unbestimmt (vgl. die gebräuchliche Eingangsformel: »Es war einmal ... «). Darin unterscheidet sich das M. von der →Sage, der meist ein histor. Ereignis zugrunde liegt. Die Figuren der Handlung sind stark typisiert (König/Königin, Hexe, Zauberer, Fee, Köhler, Jäger usw.), Sprache und Handlung einfach gestaltet. Die ersten schriftlichen M.-Sammlungen stammen aus dem späten MA., vgl. *Gesta Romanorum* (Anfang 14. Jh.). Ende des 17. Jh. erschienen in Frankreich die M.-Sammlungen von Charles Perrault (*Contes du temps passé* [Märchen aus vergangener Zeit], 1697, und *Contes de ma mère l'oye*, 1697; dt. *Feenmärchen*, 1790, worin zum ersten Mal so bekannte M. wie *Dornröschen, Aschenputtel* oder *Rotkäppchen* aufgeschrieben wurden. In Deutschland haben die Brüder Jacob und Wilhelm Grimm (*Kinder- und Hausmärchen*, 1812/1822) die bedeutendste M.-Sammlung geschaffen. **2** Vom

Volksmärchen (kollektive mündliche Überlieferung) wird seit dem 18. Jh. das **Kunstmärchen** unterschieden, das Motive, Stoffe und Erzählstrukturen des M. übernimmt und als individuelle künstler. Schöpfung einen namentlich fassbaren Autor hat, vgl. Clemens Brentanos *Geschichte vom braven Kasperl und dem schönen Annerl* (1817), E. T. A. Hoffmanns *Der goldene Topf* (1814) oder F. H. K. de la Motte-Fouqués *Undine* (1811), das zur Vorlage für versch. Opern wurde.

Maske (von frz. masque – Gesichtslarve, Kostüm; Herkunft umstritten) | Seit den antiken Ursprüngen des →Dramas wird die aus ältesten kultischen Riten stammende M. als Schmink- oder plastische, abnehmbare M. zur Verfremdung des Alltags und zur Typisierung der handelnden Figuren verwandt. Sie drückt Unterschiede der Stände, Charaktere und Leidenschaften aus, so auch in den ma. Mysterienspielen und in der ital. →Commedia dell'Arte, in der den genau festgelegten Figuren (Pantalone, Dottore, Capitano, Colombina usw.) **Charaktermasken** zugeordnet werden. In der →Renaissance entstand die theatralische Form des **Maskenspiels** (in Frankreich und England mit der Genrebezeichnung **Masque**): eine Form des höfischen →Festspiels, in dem mit großem Aufwand an prachtvollen Kostümen und Kulissen mythologische (→Mythos) und allegorische (→Allegorie) Stoffe dargestellt wurden. Eine der Vorformen der Oper. Seine Blüte erlangte das Maskenspiel am engl. Hof unter Elisabeth I., vgl. in Shakespeares Stück *The Tempest* (1611; dt. *Der Sturm*) das in die dramatische Handlung eingebaute Maskenspiel.

Mauerschau; Teichoskopie (Übers. von griech. teichoskopīa) | Dramentechnisches Mittel, das wie der →Botenbericht der theatralischen Einbeziehung außerhalb der Szene verlaufender Ereignisse dient, die bühnentechnisch nur sehr schwer oder gar nicht darstellbar sind (Schlachten, Feuersbrünste, Naturkatastrophen usw.). Der Begriff leitet sich ab aus Homers Epos *Ilias* (um 800 v. Chr.): Helena steht auf der Stadtmauer von Troja und beschreibt Priamos die Helden des vor der Stadt lagernden griech. Heeres (vgl. 3, 121 ff.). Moderne Formen der M. finden sich z. B. in Schillers *Wilhelm Tell* (1804): Der Knabe Walter Tell (auf einer Anhöhe stehend) berichtet seinem Vater, wie das Schiff des Landvogts mit dem Sturm auf dem Vierwaldstättersee kämpft (vgl. IV, 1).

Mäzen | Bezeichnung für einen uneigennützigen und freigiebigen Förderer der Wissenschaften und Künste. So benannt nach Maecenas, einem Freund und Gönner des röm. Dichters Horaz (1. Jh. v. Chr.). Davon abgeleitet bedeutet **Mäzenatentum** die finanzielle, sachliche und ideelle Unterstützung eines Künstlers. Das Mäzenatentum hatte in all den Zeiten, in denen ein Künstler noch nicht (oder nicht ausschließlich) von dem Honorar seiner verkauften Werke leben konnte, große Bedeutung (vgl. die kunstfördernde Rolle von Königen, Fürsten, der Kirche und vermögender Privatleute). In der Gegenwart werden Funktionen des Mäzenatentums wahrgenommen von Stiftungen, Künstlerverbänden und durch Stipendien oder Kunstpreise.

Meister(ge)sang | Im 15. und 16. Jh. besonders im südt. Raum gepflegte Liedkunst (→Lied), ausgeübt von städtischen Handwerksmeistern, die sich in streng hierarchisch geordneten Gesellschaften (›Meistersingerschulen‹) zusammentaten. Der M. geht auf die fahrenden Dichter und Spruchdichter des späten MA. (z. B. Meister Heinrich Frauenlob, Mitte 13. Jh., oder Michael Beheim, Mitte 15. Jh.) zurück. Die ohne Instrumentalbegleitung vorgetragenen Lieder meist geistlichen Inhalts waren in Versbau, Strophen- und Reimform streng normiert, sodass jede der Schulen einen eigenen ›Ton‹ (Einheit von Text, Melodie und Versstruktur) hatte, der sie von anderen Schulen klar abhob. Da die Lieder des M. nicht gedruckt wurden (sie blieben Eigentum der Schule), schützte die unverwechselbare Eigenart des jeweiligen (Schul-)Tons vor unberechtigter Nachahmung. Die nach festen Gesetzen gebildete **Meister(ge)sangstrophe** (→Aufgesang/Abgesang) ist dreiteilig mit dem Schema AAB: der Aufgesang besteht aus zwei gleich gebauten und im Reim verschränkten Stollen.

Danach folgt mit neuer Melodie und neuem Rhythmus der Abgesang. Im silbenzählenden und alternierenden Bau ihrer Verse vernachlässigen die Meistersinger grundsätzlich den natürlichen Tonfall ihrer Sprache, sodass Tonbeugungen die Regel sind. Höchste Blüte erreichte der M. mit Hans Sachs Mitte des 16. Jh. in Nürnberg. Danach verlor er an Bedeutung, wenngleich es noch bis Mitte des 19. Jh. in einigen dt. Städten Meister(ge)sangschulen gab.

Melodrama (von griech. mélos – Lied, Singweise) | Musikalisch-dramat. Mischform: Das Sprechen oder Rezitieren innerhalb einer szenischen Darstellung wird mit Musik unterlegt, um den emotionalen Ausdruck von Sprache und Musik gegenseitig zu steigern. In Frankreich und England bezeichnet M. auch ein musikalisches Volksstück. Als erstes M. gilt J.-J. Rousseaus *Pygmalion* (1770). Anfang des 19. Jh. wurde das M. zu einem publikumswirksamen, volkstümlichen Genre und bildete durch Übersteigerung der emotionalen Wirkung sentimentale, rührselige, pathetische und kitschige Züge aus, so etwa bei dem franz. M.-Schreiber Gilbert de Pixérécourt (1733–1844). Damit wurde es möglich, von dem Bühnen-Genre M. den Begriff **melodramatisch** abzuleiten, der, nunmehr auf alle Kunstdarstellungen anwendbar, bestimmte Inhalte und deren Darbietung bezeichnet und zugleich ästhetisch abwertet. In diesem Sinne wird von dem Melodramatischen in den Romanen von Charles Dickens, in den ital. Opern des 19. Jh. (Giacomo Puccini oder Giuseppe Verdi) oder in Filmen und Fernsehserien (→Soap-Opera) des 20. Jh. gesprochen.

Memoiren (lat. memoria – Gedächtnis, Erinnerung; frz. mémoires [Pl.] – Denkwürdigkeiten) | Lebenserinnerungen bedeutender Politiker, Wissenschaftler oder Künstler, in denen sich die Darstellung wichtiger histor. Ereignisse mit der Beschreibung des eigenen Lebens oder eines bestimmten Lebensabschnittes verbindet. Im Unterschied zur →Autobiografie (hier steht die lit. Gestaltung aus dem Blickwinkel des erzählenden Subjekts im Vordergrund) liegt bei den M. das Schwergewicht auf dem sachlichen →Bericht. Zwar gibt es bereits in der Antike Lebensbeschreibungen, M. im eigentlichen Sinne aber wohl erst seit der →Renaissance. Besonders in Frankreich und England wurden seither zahlreiche M. veröffentlicht, wobei diejenigen aus den Revolutionsepochen für Historiker besonders wertvolles Quellenmaterial liefern, z. B. François René de Chateaubriands *Mémoires d'outre-tombe* (1849 ff.; dt. *Von Jenseits des Grabes. Denkwürdigkeiten,* 1849/50). Zu den berühmtesten M. des 18. Jh. gehören Giacomo Casanovas 15-bändige *Mémoires* (e. 1791/98; 1826/38; dt. 1907/13), die neben den Berichten über seine erotischen Abenteuer ein getreues Bild der gesellschaftl. und polit. Verhältnisse des alten Europa am Vorabend der Französischen Revolution geben. Von den dt. M. des 19. Jh. sind K. A. Varnhagen von Enses *Denkwürdigkeiten des eigenen Lebens* (1843/46) herauszuheben. Im 20. Jh. schwillt die M.-Literatur ins Uferlose an, da durch die Massenmedien und den Kult mit der bekannten Persönlichkeit (›Star‹) M. von Schauspielern, Musikern, Sportlern u. a. zum gefragten unterhaltenden Lesestoff geworden sind.

Metapher* (griech. metaphorá – Übertragung) | Uneigentliches Sprechen (→Tropus), verkürzter Vergleich, bei dem das eigentlich gemeinte Wort durch ein anderes, verwandte Vorstellungen erweckendes Wort ersetzt wird. Die Alltagssprache verwendet reichlich M., wobei die metaphorische Übertragung oft kaum noch bewusst ist, vgl. z. B. ›sternenweit‹, ›Tücke des Objekts‹ oder ›Wurzel‹ für ›Ursache‹ usw. Eine Abgrenzung der M. zu →Allegorie, →Ironie, →Metonymie und →Synekdoche ist nur schwer möglich. Die bedeutende ästhetische Wirkung der poetisch verwendeten M. besteht darin, dass die Übertragung der gemeinten Bedeutung auf ein anderes Wort Vorstellungen und Bildinhalte freisetzt, die mit dem urspr. Gemeinten nicht identisch sind. Dadurch wird zwischen ›eigentlichem‹ und ›uneigentlichem‹ Ausdruck eine Spannung erzeugt, die zum einen der differenzierteren Wahrnehmung und Benennung von Gegenständen und Sachverhalten dient, zum anderen die Bedeutung von Wörtern assoziativ auffüllt und damit den Reichtum sprachlicher Ausdrucksmöglichkeiten unablässig vergrößert. Die ›absolute M.‹, die in der modernen Lyrik eine große Rolle spielt, verdunkelt die semantische Übertragung und verdichtet sich in einem Bild, das freier Bedeutungsassoziation Raum lässt, vgl.: »Droben schmettert ein greller Stein / Nacht grant Glas / Die Zeiten stehn / Ich / Steine. / Weit / Glast / Du!« (August Stramm: *Verzweifelt*, 1919)

Metonymie* (griech.-lat. metōnymía – Namensvertauschung) | Eine der Figuren (→Tropus) der →Rhetorik. Im Unterschied zur →Metapher, in der Gemeintes und Gesagtes nur ähnlich sind, stehen in der M. die beiden Glieder des Vergleichs in einem ursächlichen, räumlichen oder sonstigen sachlichen Zusammenhang. Die ›Vertauschungen‹ können dabei unterschiedlicher Art sein, z. B.: ein Ort steht für die Sache (›Downing Street‹ für ›britische Regierung‹), ein Besitzer für das Besitztum (›der Nachbar ist abgebrannt‹ für ›des Nachbarn Haus ist abgebrannt‹), eine Zeit für die darin Handelnden (›die Antike glaubte …‹), eine Ursache für die Wirkung (›in vielen Zungen sprechen‹ für ›viele Sprachen sprechen‹), ein Autor für sein Werk (›den Goethe lesen‹ für ›ein Werk Goethes lesen‹) usw. Die M. ist eng mit der →Synekdoche verwandt und von dieser schwer abgrenzbar.

Metrik; Verslehre (griech. metriké [téchnē] – Kunst des Messens) | Lehre vom Versmaß (→Metrum), von →Strophe, →Reim und →Rhythmus. Die Antike verstand die M. im buchstäblichen Sinn als Lehre vom Messen, weil ihre Verse durch bestimmte Anordnungen langer und kurzer Silben (→Prosodie) gebildet wurden, während das Dt. (und alle akzentuierenden Sprachen) Verse aus betonten und unbetonten Silben bauen. Streng genommen ist damit auch die Übertragung antiker Versfüße (→Vers) und Versmaße (→Metrum; z. B. des →Hexameters) ins Dt. nicht möglich. Wo diese Versuche unternommen wurden, handelt es sich immer um Nachbildungen.

Metrum, Pl. Metren; Versmaß (griech., métron – Maß) | In den antiken Sprachen gebildet durch die Abfolge langer oder kurzer Silben (Quantität) und im Dt. (wie in allen akzentuierenden Sprachen) durch den Wechsel von betonten und unbetonen Silben (Akzent), die den →Rhythmus der poetischen Sprache bestimmen. Versmaße sind z. B. →Alexandriner, →Blankvers, →Hexameter, →Knittelvers, →Pentameter.

Mimesis (griech., Nachahmung) | Neben Poiesis (→Poesie, →Poetik) und →Katharsis einer der Zentralbegriffe der Ästhetik seit der Antike. In seiner *Poetik* bestimmt Aristoteles (4. Jh. v. Chr.) die M. z. B. in der Tragödie als »nachahmende Darstellung« von Handlungen und formulierte damit eine Wesensbestimmung der Kunst. Sie ist Nachahmung der Natur, aber im produktiven Sinne der Neuschaffung einer zweiten Natur (= Kunst). Deshalb sind M. und Poiesis (Darstellung) eng verschränkte Begriffe. Das Prinzip der M. steht zugleich für die Diesseitigkeit der Kunst und ihre unabtrennbaren Wirklichkeitsbeziehungen. Über zweitausend Jahre hin ist die M. ein zentraler Bezugspunkt ästhetischer Reflexion gewesen, in der es immer wieder darum ging, ob M. als Wirklichkeitskopie (Nachahmung), umbildende Veränderung eines Vorgefundenen oder gar Neuentwurf eines Nicht-Vorhandenen zu verstehen ist. Die →Romantik kündigt das Prinzip der M. zugunsten der Phantasie und des Wunderbaren, das keine ›Wirklichkeit‹ hat, programmatisch auf. Ab dem 19. Jh. lebte die Diskussion über das Mimetische in der Kunst innerhalb des →Realismus neu auf, wenngleich der Begriff hier nicht mehr im Vordergrund steht. Im 20. Jh. ist die M. von dem Philosophen Theodor W. Adorno (vgl. *Ästhetische Theorie*, 1970) als Wechselspiel der Kunst zwischen ihrer Anpassung an das Gegebene und immer neuer Durchbrechung dieser Anpassung neu gedeutet worden.

Mimus, Pl. Mimen (griech. mīmos – Nachahmer) | In der griech. Antike 1. allg. Schauspieler; 2. wahrheitsgetreu dargestellte Szenen des alltäglichen Lebens, Ursprung im →Stegreifspiel; daraus entstand neben der antiken Komödie eine eigenständige dramat. Gattung mit Stücken in Prosa oder Versen, von denen nur wenige überliefert sind.

Minnesang | Feudalhöfische Liebeslyrik des Hochmittelalters (12./13. Jh.) in den versch. Formen des →Leichs, →Liedes und des Spruchs (→Spruchdichtung). Einer der Vorbilder des M. ist die vom südlichen Frankreich ausgehende **Troubadourdichtung** (provenzalisch troubadour – Erfinder [neuer Weisen/Melodien]). Der M. ist eng mit der ritterlichfeudalen Ethik verbunden. Sein zentrales Thema ist das **Frauenlob**: Die Verehrung eines weiblichen Idealbildes, einer Herrin (›vrouwe‹), die unerreichbar ist. Im ›Minnedienst‹ bilden sich die dem ritterlichen Stand angemessenen Tugenden aus. In der Person des **Minnesängers** vereinigen sich Dichter und Vortragender, der (selbst von Adel) in der Gesellschaft der Fürstenhöfe sein Publikum findet. Als höchste Kunst des Minnesängers gilt, in der Verbindung von Text und Melodie (›Wort‹ und ›Weise‹) einen eigenen, unverwechselbaren **Ton** auszubilden (→Meister[ge]sang). Höhepunkt des M. bei Heinrich von Morungen, Walther von der Vogelweide, Hartmann von Aue und Wolfram von Eschenbach. Die wichtigste Sammlung des M. ist die *Manessische Handschrift* (e. vermutlich 1300/40 in der Schweiz), sie wird nach wechselvoller Geschichte heute in der Heidelberger Universitätsbibliothek aufbewahrt.

Moderne (lat. modernus – neu) | Geschichtlich gesehen tritt das Adjektiv **modern** weit früher auf als das Substantiv M., und zwar seit etwa dem 6. Jh. n. Chr. als Bezeichnung für die Unterschiede der eigenen Zeit gegenüber der Antike (Gegensatz von modernus/antiquus [lat., alt]). Höhepunkt der Diskussion des Alten und Neuen ist die in der →Epoche der franz. →Aufklärung im 17. Jh. aufbrechende *Querelle des Anciens et des Modernes* [Streit der Alten und Neuen], deren Ausgangspunkt die Debatte darüber ist, ob die neuen nationalen Epen des Zeitalters Ludwigs XIV. höher oder niedriger als die antiken von Homer oder Vergil zu bewerten seien. Der Verlauf des Streits zeigt an, dass das 18. Jh. erstmalig ein geschichtliches Weltbild ausbildet, indem der Unterschied der Epochen begriffen und die Antike als abgeschlossene Vergangenheit und Geschichte verstanden wird. Unter dieser Voraussetzung wird von nun an die jeweils aktuelle Kunst als ›modern‹ aufgefaßt, d. h. als Ausdruck und Zeugnis einer bestimmten Zeit, die aber auch veraltet und schließlich ›klassisch‹ wird. Was ›modern‹ heißt, lässt sich deshalb nicht eindeutig definieren; es unterliegt vielmehr einem dauernden Bedeutungswandel. Der Begriff ›die Moderne‹ entsteht im Zusammenhang mit der Kritik des →Naturalismus erst am Ausgang des 19. Jh.; vgl. die Zeitschrift »Die Moderne« (1890, Hg. Hermann Bahr). Die abwertenden ideologiekritischen Begriffe **modernistisch/Modernismus** fungierten in der marxistischen Ästhetik bis in die 70er Jahre des 20. Jh. als pauschale Bezeichnung für all die Kunstströmungen, die den Weg des →Realismus nicht gingen. Von dieser Verurteilung war ein großer Teil der →Avantgarde-Kunst des 20. Jh. betroffen (→Dekadenz).

Monografie (griech. mónos – allein, einzig; gráphein – schreiben) | Wissenschaftliche Darstellung, die einen einzelnen Gegenstand möglichst umfassend und unter Einbeziehung aller erreichbaren Quellen und bisherigen Forschung zum Thema behandelt.

Monolog (griech. monológos – allein sprechend) | Im Gegensatz zum →Dialog das Selbstgespräch einer Person besonders im →Drama, aber auch in der →Epik (→innerer Monolog) und in der →Lyrik. Gewinnt mit dem Zurücktreten des →Chores in der antiken →Tragödie an Bedeutung. Dramaturgisch (→Dramaturgie) nimmt der M. versch. Funktionen wahr: 1. Der ›epische M.‹ resümiert die Vorgeschichte einer Handlung oder auf der Bühne nicht darstellbare Vorgänge (vgl. Goethe: *Iphigenie*, I/1). 2. Der ›lyrische M.‹ drückt die innere Situation und Stimmungslage einer handelnden Person aus (vgl. den M. der Ophelia in Shakespeares *Hamlet*, III/1). 3. Im ›reflektierenden M.‹ befindet sich die Bühnenfigur im Streit mit sich selbst über das Für und Wider einer Entscheidung in einem Konflikt (vgl. den Monolog Wallensteins in Schillers *Wallensteins Tod*, I/4). ↔→Dialog

Montage (frz., Zusammenbauen) | Aus der Filmtechnik übernommene Bezeichnung für eine moderne Gestaltungsweise in der Literatur des 20. Jh. (→Collage). In einen Text werden aus anderen Zusammenhängen und von anderen Autoren stammende Texte eingefügt. Vgl. z. B. Alfred Döblins Roman *Berlin Alexanderplatz* (1929), wo in die Erzählung vom Schicksal des Franz Biberkopf der biblische Hiob-Mythos, Zeitungsmeldungen, Annoncen, statistische Erhebungen, Obduktionsbefunde u. Ä. eingebaut sind. Die Verfremdung, die an der Bruchstelle der versch. Texte entsteht, verweist auf Zusammenhänge, in denen die individuelle Geschichte gesehen werden soll. Auch das Theater der Weimarer Republik hat die M. verwandt, vgl. die Rolle der Filmprojektionen in Erwin Piscators Theaterpraxis oder die Songeinlagen in Bertolt Brechts →epischem Theater. Vgl. auch die Fotomontagen von John Heartfield.

moralische Wochenschriften | Während des 18. Jh. zuerst in England aufkommender populärer Zeitschriftentypus mit dem aufklärerischen (→Aufklärung) Ziel, das Alltagsleben und -verhalten (Jugend- und Frauenerziehung, religiöse Erbauung, Sprachpflege und Geschmacksbildung, richtige Behandlung der Dienstboten, Vermeidung des Rauchens und Trinkens usw.) mit bürgerl. Moralgrundsätzen zu durchdringen. Die ersten m. W. sind die von Richard Steele und Joseph Addison hg. Zeitschriften »The Tatler« [Der Plauderer], »The Spectator« [Der Zuschauer] und »The Guardian« [Der Wächter]. In lehrhaften Formen wie →Fabel, →Satire, →Dialog und →Brief werden Beispiele tugendhaften Verhaltens gegeben und der Nachahmung empfohlen. Das erfolgreiche journalistische Konzept wird auch in Deutschland bald übernommen. Ab 1713 erschien die erste dt., von Johann Mattheson herausgegebene m. W. »Der Vernünftler«, ab 1724 der von B. H. Brockes hg. »Patriot«. Für die Ausbildung bürgerl. Selbstbewusstseins, v. a. auch in der familiären Sphäre, kommt den m. W. große Bedeutung zu.

Moralität | →geistliches Drama

Moritat (lat. moritas – Moralpredigt) | Lied des →Bänkelsangs.

Motiv (frz. motif – Beweggrund) | Typisierte, bedeutungstragende Grundsituation des sprachlichen Kunstwerkes, die mit dem →Stoff verbunden ist und lit. tradiert wird. Als bildliche Veranschaulichung menschlicher Grundsituationen ist das M. ein zentrales Strukturelement aller Literatur, vgl. die Märchen-M. der feindlichen Brüder, der verfolgten Unschuld, des guten Räubers und der bösen Stiefmutter oder auch das Dreiecksmotiv, das des Doppelgängers oder der Königskinder. Werden M. bis zur →Chiffre verdichtet (vgl. die Rose als Sinnbild für unschuldige, unberührte Schönheit), nähern sie sich dem →Symbol. Beim →Leitmotiv handelt es sich um eine Typisierung, die der durchgehenden Charakterisierung einer Person oder Situation dient.

Mundartdichtung, auch Dialektdichtung | In einer bestimmten Mundart (→Dialekt) verfasste, vorwiegend volkstümliche Dichtung. Vor Entstehen einer nhd. Schrift- und Literatursprache im 16. Jh. (vgl. die Rolle von Luthers Bibelübersetzung) ist alle Literatur dialektal geprägt, demzufolge entsteht M., die sich aus dem Gegensatz zur Hochsprache definiert, erst nach deren Ausbildung und allgemeinen Durchsetzung. M. ist ein großer Teil der regionalen →Heimatliteratur. Die bedeutendsten dt. M. entstehen in der zweiten Hälfte des 19. Jh. im niederdt. Sprachraum, vgl. Fritz Reuters autobiografisch geprägte Erzählungen *Ut de Franzosentid* (1859), *Ut mine Festungstid* (1862) und *Ut mine Stromtid* (1862/64) sowie K. J. Groths *Ut min Jungsparadies* (1876). Daneben gibt es den Einsatz mundartlicher Elemente in Stücken, Erzählungen und Romanen, v. a. zur sozialen Charakterisierung der Figuren (vgl. Ludwig Thoma, G. Hauptmann u. a.). Für →Heimat-

sowie →Blut- und Bodenliteratur ist der Dialekt ein Mittel, die Bindung des Menschen an die ›Scholle‹ zu betonen. Programmatisch wurde Dialekt eingesetzt im →Naturalismus (v. a. im Dialog in Roman und Drama), um die Milieugebundenheit der lit. Figuren stärker zu betonen (vgl. Gerhart Hauptmann: *Die Weber*, 1892; daneben schlesische Dialektfassg. *De Waber*), danach wieder seit Ende der 50er Jahre des 20. Jh. in Experimenten lit. Gruppen (z. B. ›Wiener Gruppe‹: H. C. Artmann u. a.; →konkrete Poesie); in deutlich sozialkritischer Absicht verwenden den Dialekt Lyriker wie die Schweizer Kurt Marti (*rosa loui*, 1967) und Mani Matter (*Us emene lääre Gygechaschte*, 1969) oder seit den 70er Jahren Dramatiker wie F. X. Kroetz, Martin Sperr, Peter Turrini u. a. in ihren ›Provinzstücken‹.

Musenalmanach | Jährlich erscheinende →Anthologie mit unveröffentlichten Gedichten, Erzählungen, Dramen-Ausschnitten u. Ä. Nach dem Vorbild des franz. *Almanach des Muses* (1765/1833) auch in Deutschland verbreitet. Die wichtigsten M. des 18. Jh. sind der *Göttinger Musenalmanach* (1769/1805) und der von Schiller hg. *Musenalmanach* (1796/1800), in dem Goethe und Schiller u. a. ihre *Xenien* (1797) und Balladen (1798) veröffentlichten. →Almanach

Mysterienspiel (lat. mystērium – Geheimnis) | Im 14. Jh. aus dem christl. Gottesdienst heraus entstandenes →geistliches Spiel, meist um Leben und Tod Christi, das unter freiem Himmel stattfand (→Simultanbühne).

Mystik (griech. mýein – die Augen [ver-]schließen) | Religiöse Verhaltens- und Andachtslehre, die durch ihre besondere Art verinnerlichter und individualisierter Frömmigkeit vom MA. bis zum 18. Jh. große Bedeutung für die Entwicklung der Literatur hatte: Sie erschloss neue Ausdrucksmöglichkeiten seelischer Zustände in der Sprache und bewirkte eine Intensivierung des Bilderreichtums und die Ausprägung neuer Erlebnisgehalte in der Dichtung. Die Ursprünge der M. liegen in der Spätantike. Die bedeutendsten dt. Mystiker sind der dem Dominikanerorden angehörende Kleriker Meister Eckhart (um 1260–1328), seine Schüler Johannes Tauler (um 1300 bis 1361) und Heinrich Seuse (1300–1366) sowie Mechthild von Magdeburg (um 1212 bis 1282/83). Ein weiterer Höhepunkt mystischer Literatur sind im Zeitalter des →Barock die Schriften des in Görlitz lebenden Schuhmachermeisters Jakob Böhme (1575–1624), vgl. u. a. *Aurora oder Morgenröte im Aufgang* (1612), sowie die Lyrik von Angelus Silesius (1624 bis 1677). Beide waren von großem Einfluss auf →Empfindsamkeit und →Pietismus des 18. Jh.

Mythos, Pl. Mythen (griech. mýthos – Wort, Erzählung) | Bezeichnung für die in allen Kulturkreisen ausgebildeten Götter- und Heldensagen, die in symbolischer Verdichtung meist auch eine Erzählung über den Ursprung der Welt (und ihr Ende), des Menschen und der Götter einschließen. Eng verbunden mit den archaischen Kulten und ein Mittel des frühgeschichtlichen Menschen, die Welt zu deuten. M. bilden den Ursprung der Dichtung. Zunächst mündlich überliefert, dabei immer wieder abgewandelt und mit anderen Traditionen vermischt und kombiniert, bilden sie die Stoff- und Themenkerne des antiken →Dramas und →Epos. Im Zuge seiner späteren ›Verschriftlichung‹ verliert sich die urspr. rein religiöse Funktion des M., vgl. Homers *Ilias* und *Odyssee* (erstmals aufgeschr. im 6. Jh. v. Chr.). Der Begriff **Mythologie** bezeichnet 1. die Gesamtheit der M. eines Volkes oder Kulturkreises. Unter diesem Blick rückt die Sammlung, Interpretation und der Vergleich der M. in den Mittelpunkt, womit sich 2. Mythologie als Wissenschaft von den M. beschäftigt. Deren Anfänge liegen im 18. Jh. bei dem ital. Historiker Giambattista Vico und in Deutschland bei J. G. Herder und erreichen in der →Romantik (vgl. u. a. Friedrich Creuzer: *Symbolik und Mythologie der alten Völker*, 1810/12) einen ersten Höhepunkt.

Nachahmung | →Mimesis

Nachdichtung | →Übersetzung

Nationalliteratur | Gesamtheit der in einer bestimmten Nationalsprache verfassten Literatur. Der Begriff wird seit dem 18. Jh. (so bei J. G. Herder) gebraucht und ist Ausdruck des gewachsenen Selbstbewusstseins bürgerl. Schichten, die sich ihrer geschichtlichen Traditionen versichern wollen. Literarhistoriker des 19. Jh. verstanden die N. als Ausdruck des nationalen Lebens eines Volkes, vgl. G. G. Gervinus: *Geschichte der dt. Nationalliteratur* (1835/ 42). Der Begriff birgt zugleich die Gefahr, die Geschichte der Literatur eines Landes von anderen Literaturen zu isolieren oder gar nationalistisch zu überhöhen. Vgl. den gegenläufigen, von Goethe geprägten Begriff →Weltliteratur.

Nationaltheater | Von dt. Aufklärern (→Aufklärung) verfolgtes Programm zur Errichtung einer ›stehenden‹ Bühne, d. h. eines ortsfesten und vom fürstlichen Mäzenatentum (→Mäzen) unabhängigen bürgerl. Theaters, das besonders die nationale Dramatik im Bündnis mit seinem Publikum pflegen soll. Vorbild ist die bereits 1680 gegründete Pariser Bühne des »Théâtre français« (auch »Comédie française«). Den ersten, nach wenigen Jahren scheiternden Versuch eines dt. N. unternahmen Hamburger Bürger 1767 unter maßgeblicher Beteiligung G. E. Lessings als Theaterdichter, Dramaturg und Kritiker, vgl. seine *Hamburgische Dramaturgie* (1768/69). Mit gleicher Zielsetzung versuchte Goethe das Weimarische Hoftheater zu einem N. auszuformen. Es erhielt erst 1918 (im Gedenken an Goethe) den Namen »Deutsches Nationaltheater«.

Naturalismus | Europäische Kunstströmung im letzten Drittel des 19. Jh. Der N. betont den Zusammenhang zwischen sozialem Milieu und menschlichem Handeln und Verhalten und radikalisiert die →Poetik des →Realismus. Mit Mut zur Hässlichkeit gestaltete er neue Stoffe und Themen aus dem Lebensalltag unterprivilegierter Schichten (Proletariat, Kleinbürgertum, verelendete städtische Schichten, Außenseiter der Gesellschaft) und verband damit sozial engagierte Kritik an der bürgerl. Gesellschaft und ihrer Kunst. Als Stammvater des gesamteurop. N. gilt der sowohl als programmatischer Ästhetiker (»Die Kunst ist ein Stück Natur, gesehen durch ein Temperament«) wie als Romancier wirkende Émile Zola. Sein Werk gipfelte in dem als »Natur- und Sozialgeschichte einer Familie« angelegten monumentalen Romanzyklus (→Zyklus) *Les Rougon-Macquart* (20 Bde., 1871/93) (→Familienroman). Große Bedeutung erlangte der N. auch in Skandinavien (vgl. Henrik Ibsen und August Strindberg) und Russland (vgl. F. M. Dostojewski und L. N. Tolstoi). Der dt. N. war in einer ersten Phase (Zentren München und Berlin) v. a. theoretisch und programmatisch ausgerichtet, vgl. Wilhelm Bölsche: *Die naturwissenschaftlichen Grundlagen der Poesie* (1887) oder die Definition von Arno Holz: »Die Kunst hat die Tendenz, wieder die Natur zu sein.« (*Die Kunst. Ihr Wesen und ihre Gesetze,* 1891/92) Künstler. Höhepunkte waren die Dramen Gerhart Hauptmanns (*Vor Sonnenaufgang,* 1889; *Die Weber,* 1892/93; *Der Biberpelz,* 1893; *Fuhrmann Henschel,* 1898).

Naturformen der Poesie | →episch/lyrisch/dramatisch

Nekrolog (griech. nekrós – Leiche; lógos – Rede) | 1 Leichenrede mit Würdigung des Verstorbenen, seiner Werke und Verdienste. 2 Totenbuch: Im MA. von Kirchen und Klöstern geführtes Register der Verstorbenen, deren im Gebet gedacht werden soll. Auch Sammlung von →Biografien Verstorbener, deren Leben als vorbildhaft gilt.

Neue Sachlichkeit | Ab etwa 1925 Begriff der dt. Kunstkritik für eine künstler. Gegenbewegung zum späten →Expressionismus und seinem gefühlsbetonten →Pathos. Heute Bezeichnung für die seit Beginn der 20er Jahre in allen Künsten spürbar werdende Tendenz, objektive Wirklichkeit ›sachlich‹ und unter Einbeziehung polit., sozialer und wirtschaftlicher Faktoren wiederzugeben. Dem entsprach in der Literatur die Bevorzugung bestimmter inhaltsbetonter Genres wie der →Reportage in der Publizistik (E. E. Kisch, Joseph Roth oder Alfons Paquet), des Lehrstücks (→episches

Theater, Bertolt Brecht), des Zeitstücks (Georg Kaiser, Carl Zuckmayer), des ›dokumentarischen‹ Theaters (Erwin Piscator), der →Dokumentarliteratur oder der Gebrauchslyrik (vgl. Erich Kästner, Walter Mehring; →Gebrauchsliteratur). Als Vorbild wirkten die Romane des nordamerik. Schriftstellers Upton Sinclair, der z. B. in seinem Roman *Boston* (1928; dt. 1929) die US-amerik. Justiz scharfer Kritik unterzog.

Neuklassizismus | Auf wenige Autoren begrenzte und relativ einflusslose Gegenströmung zum →Naturalismus in der dt. Literatur um die Jahrhundertwende (19./20. Jh.). Ihre Vertreter forderten formale Strenge und Anknüpfung an klass. Formtraditionen; vgl. Paul Ernst: *Der Weg zur Form* (1906).

Neuromantik | Umstrittene Sammelbezeichnung für versch. um die Jahrhundertwende (19./20. Jh.) entstandene moderne Kunstströmungen (→Symbolismus, →Jugendstil, →Impressionismus, →Dekadenz), deren Gemeinsamkeit in der Gegnerschaft gegen den →Naturalismus (Forderung nach Kunstschönheit, Phantasiefreiheit und Künstlersensibilität) und im Traditionsbezug auf die →Romantik (Rolle des Wunderbaren und Phantastischen, Wendung zum Mythos, zu Religion und ma. Geschichte) bestand. Zur N. werden der junge Hugo von Hofmannsthal, Gerhart Hauptmann mit seinen Stücken *Hanneles Himmelfahrt* (1893) und *Die versunkene Glocke* (1896), R. M. Rilke, Ricarda Huch u. a. gerechnet.

New Criticism | →Interpretation

Nibelungenstrophe | Nach der Verwendung im *Nibelungenlied* (um 1200) benannte Strophenform der mhd. Dichtung. Die N. besteht aus vier, in jeweils zwei Kurz- bzw. Halbzeilen untergliederte →Langzeilen. Die erste Kurzzeile jedes Langverses ist der ›Anvers‹; er hat vier Hebungen und weibliche →Kadenz. Die zweite Kurzzeile ist der ›Abvers‹ mit drei Hebungen und männlicher Kadenz. Vgl. den Beginn des *Nibelungenliedes*: »Uns ist in alten mæren wunders viel geseit«. Beim Abschluss der Strophe in der vierten Langzeile hat auch der Abvers vier Hebungen, vgl. »muget ir nu wunder hœren sagen«.

nichtaristotelisches Theater | →episches Theater

Nonfiction | →Fiktion

Nonsensdichtung | →Unsinnspoesie

Nouveau Roman, auch Anti-Roman, Dingroman (frz., neuer Roman) | Bezeichnung für eine Richtung des avantgardistischen (→Avantgarde) franz. Romans nach dem Ende des Zweiten Weltkriegs, die sich in Nathalie Sarrautes Sammlung *Tropismes* (1938; dt. *Tropismen*, 1959) schon andeutete. Die Vertreter des N. R. (Michel Butor, Alain Robbe-Grillet, N. Sarraute, Robert Pinget, Claude Simon, Marguerite Duras, Claude Ollier, Jean Ricardou) sind keine Gruppe. Sie eint, unabhängig voneinander, das Bestreben nach radikaler Erneuerung des Genres und die Ablehnung des traditionellen realistischen Romans ›à la Balzac‹. In Frage gestellt wurden Romanelemente wie →Fabel, →Held, psychologische Stimmigkeit der →Figuren, der auktoriale Erzähler (→Erzählperspektive, →Epik) u. a. Im Vordergrund steht die registrierende Beschreibung des Sichtbaren, durch die die Kontinuität von Raum und Zeit aufgelöst wird. Es werden Gestaltungsmittel gesucht, die eine aktive Mitarbeit des Lesers voraussetzen und ihn am Entstehungsprozess von Lit. beteiligen sollen, z. B. eine an Filmtechniken anknüpfende Darstellung mit wechselnden Perspektiven und Brüchen im Erzählfluss. Als Vorläufer wurden reklamiert: Gustave Flaubert, F. M. Dostojewski, Marcel Proust, Franz Kafka, James Joyce, André Gide und William Faulkner.

Novelle (ital. novella – kurze Erzählung; von lat. novus – neu) | Epische Kurzform, in der die Erzählung auf die ›Neuigkeit‹, auf eine ›unerhörte Begebenheit‹ (Goethe) konzentriert ist. Sie entsteht in der →Renaissance in Italien (Boccaccio) und Spanien (Cervantes). Indem sie die Volkssprache verwendete und dem Unterhaltungsbedürfnis breiter Volksschichten entgegenkam, stand sie im Gegensatz zum humanistischen Wertekanon (→Humanismus, →Kanon). In Deutschland stand Goethe am Ausgangspunkt ihrer Entwicklung, indem er romanische Novellensammlungen (→Rahmenerzählung und Reihumerzählen) übersetzte und diese Form selbst verwendete (vgl. die N. innerhalb der Romane *Die Wahlverwandtschaften*, 1809, und *Wilhelm Meisters Wanderjahre*, 1821/29).

Ode (von griech. aeídein – singen) | **1** Der →Hymne verwandtes, strophen- und versgebundenes, aber meist reimloses →Gedicht mit erhabenen, feierlichen Themen (→erhaben, →Pathos) und mit einer Dreigliederung von →Strophe, Antistrophe und Schlussstrophe (→Epode). Dieses Schema wird allerdings sehr frei variiert. **2** In der Verslehre wird der Begriff O. eingeschränkt auf die Nachbildung bestimmter antiker Strophenformen mit einem festen Bauplan langer und kurzer bzw. (in der dt. Nachbildung) betonter und unbetonter Silben (→alkäische Strophe, →asklepiadeische Strophe, →sapphische Strophe). Erster Höhepunkt in der griech. (vgl. Pindar, 6. Jh. v. Chr.) und röm. (vgl. Horaz, 1. Jh. v. Chr.) Dichtung. Neue Blüte seit der →Renaissance bis ins 18. Jh. v. a. in Frankreich, wo ihr erhabener Stil und Gehalt innerhalb der ästhetischen Diskussion über das Schöne und Hässliche (→Schönes/ Schönheit) zum Sinnbild einer ›schönen Unordnung‹ (frz. beau désordre) wurde. Die dt. O.-Dichtung begann im 17. Jh. (vgl. Martin Opitz, Paul Fleming, Andreas Gryphius). Ihren künstler. Höhepunkt erreichte sie im 18. Jh. in den mit vaterländischem Pathos erfüllten O. von F. G. Klopstock (*An meine Freunde*, 1747), die zugleich die →freien Rhythmen durchsetzen halfen. Vgl. auch die von den Ereignissen der Französischen Revolution (1789) geprägten hymnischen O. Friedrich Hölderlins. Im 20. Jh. Versuche der Neubelebung durch R. A. Schröder, J. R. Becher, Rudolf Borchardt, Erich Arendt, Johannes Bobrowski u. a.

offene Form | Bauform lit. Werke, die sich nicht an vorgegebene strenge Gattungsnormen hält, sondern den Formenaufbau durch besondere Stilmittel und Erzähltechniken (→Simultantechnik, →Simultanbühne, →Montage, →Fragment, →innerer Monolog, →erlebte Rede) frei gestaltet. O. F. treten besonders in lit. →Epochen auf, die sich von voraufgegangenen ›klassischen‹ bewusst absetzen, vgl. →Sturm und Drang, →Romantik oder →Expressionismus. O. F. gibt es in vielerlei Gestalt, z. B. in der →Lyrik mit den →freien Rhythmen oder durch Außerachtlassung des →Reims, in der erzählenden Literatur in den immer neuen Formvariationen des →Romans und v. a. in der Dramatik mit der Aufhebung des Gebots der →drei Einheiten und der Überwindung der strengen Einteilung in drei oder fünf →Akte. Herausgebende Beispiele o. F. im Drama sind Shakespeares Dramen mit ihrer lockeren Handlungsführung, Goethes *Faust* mit seiner Technik der Reihung von Einzelszenen oder Brechts Stücke des →epischen Theaters. ↔geschlossene Form

Oktave | →Stanze

Onomatopöie*, auch Onomatopoesie; Laut- bzw. Klangmalerei (griech. onomatopoiía – das Namenmachen) | Wiedergabe von Gehöreindrücken durch sprachliche Mittel, z. B. ›Kuckuck‹, ›klatschen‹ oder ›summen‹. Vielfach in der Dichtung, v. a. in der →Lyrik verwandt, vgl. Friedrich Schiller: *Das Lied von der Glocke* (1796): »Kochend wie aus Ofens Rachen / Glühn die Lüfte, Balken krachen, / Pfosten stürzen, Fenster klirren.« →Lautgedicht, ↔Lautsymbolik

oral poetry, auch oral literature (engl., mündliche Dichtung) | Bezeichnung für die Dichtung der schriftlosen Kulturen (auch ›Oralkultur‹).

Original (lat. orīginālis – vom Ursprung an, ursprünglich) | Ein künstler. Werk, das vom Autor selbst stammt, im Unterschied zu Kopie, Nachbildung oder Fälschung. Davon abgeleitet **Originalität**: schöpferische, echte und ursprüngliche künstler. Leistung im Gegensatz zum Epigonentum (→epigonale Literatur). Im Zusammenhang mit der Entdeckung der Individualität und in Abgrenzung zu Tradition, Norm und Konvention wurde Originalität erstmals in der →Renaissance thematisiert. Im 18. Jh. galt sie als Eigenschaft eines →Genies (vgl. den Begriff ›Originalgenie‹ im Sturm und Drang), das sich aus den Normen der Regelpoetik (→Poetik) befreit und seiner Individualität freien Ausdruck gibt.

Osterspiel | →geistliches Drama

Paarreim | Einfachste und populärste Form der Reimbindung (→Reim) von zwei aufeinander folgenden →Versen: aa bb cc usw.; Bauelement zwei- und vierzeiliger Strophen, z. B.: »Heut schwören wir der Hanne / und morgen der Susanne, / Die Lieb ist immer neu: / Das ist Soldatentreu!« (J. W. Goethe: *Soldatenlied zu Wallensteins Lager*, 1798)

Palindrom | →Anagramm

Pamphlet | Nach der im MA. weit verbreiteten Dichtung *Pamphilus de amore* (12. Jh.) benannt. Besonders scharfe Form einer publizistischen Streitschrift, in der polit., gesellschaftl. oder soziale Verhältnisse, Ereignisse oder Einzelpersonen angegriffen werden. Das P. arbeitet mit der willentlichen Herabsetzung des Gegners durch Ironisierung (→Ironie), mit kommentierten Zitatmontagen, rhetorischen Fragen u. Ä., vgl. z. B. die *Epistolae obscurorum virorum* ([Briefe von Dunkelmännern] 1515/17) oder Karl Kraus: *Literatur und Lüge* (1929).

Panegyrikos (griech. panégyris – Festversammlung) | In der antiken →Rhetorik Lob- oder Festrede zur Verherrlichung eines Herrschers und seiner Taten oder einer öffentlichen Einrichtung. Zweite Blüte in der →Renaissance und im →Barock. Dann auch in satirisch-parodistischer Form verwandt, vgl. z. B. Erasmus von Rotterdam: *Lob der Torheit* (1509). In Frankreich ab dem 17. Jh. auch unter dem Namen **Eloge**.

Parabel (griech. paraboléˊ – Gleichnis) | Zur selbstständigen Erzählung erweiterter →Vergleich, der im Unterschied zur →Fabel zwischen Gemeintem und Erzähltem nur *einen* Vergleichspunkt hat (vgl. die Analogie zwischen den drei Ringen und den drei Weltreligionen in der »Ringparabel« aus G. E. Lessings *Nathan der Weise*, 1779). In der antiken →Rhetorik ist die P. eine in die Rede eingeflochtene Beispielerzählung (→Exempel). Sie wird in dieser Tradition der →Lehrdichtung zugerechnet. Bestimmt die P. die dramat. Anlage eines ganzen Stücks, wird von **Parabelstück** gesprochen, vgl. Bertolt Brecht: *Der gute Mensch von Sezuan* (1938/40).

Paradoxon, Pl. Paradoxa (griech. pará – gegen; dóxa – Ansicht, Meinung) | Auf den ersten Blick widersprüchliche oder gar widersinnige Aussage, die der allgemeinen Erfahrung und dem gesunden Menschenverstand entgegensteht. In dem offensichtlichen Widerspruch liegt der Anstoß, die im P. liegende höhere Wahrheit zu erkennen, z. B.: ›Ich weiß nicht, was ich nicht weiß.‹ Mit dem P. arbeiten u. a. lit. Formen wie der →Aphorismus oder der →Witz.

Paralipomenon, Pl. Paralipomena (griech. paraleipómenon – Beiseitegelassenes) | Von einem Autor bei Veröffentlichung eines Werkes zunächst zurückgehaltene, später (z. B. in einer →historisch-kritischen Ausgabe) publizierte, Textteile.

Parallelismus* (griech. parállēlos – in gleicher Richtung und gleich bleibendem Abstand nebeneinander laufend; zu griech. pará – neben; állos – anderer) | **1** Stilfigur. Betonende und hervorhebende Wiederholung einer Wortfolge in aufeinander folgenden Sätzen oder Versen, vgl.: »Das Leben ist zum Tode nicht erkoren, / zum Schlafe nicht der Gott, der uns entflammt, / Zum Joch ist nicht der Herrliche geboren, / Der Genius, der aus dem Äther stammt.« (Friedrich Hölderlin: *Der Jüngling an die klugen Ratgeber*) **2** Im weiteren Sinn ist P. ein Kompositionselement der Dichtung, z. B. die innerhalb eines Bühnenstücks auf versch. Ebenen wiederkehrende Figurenkonstellation ›Diener – Herr‹ oder im Märchen das Wiederholen von Wünschen oder Aufgaben.

Parodie (griech. parōdía – Gegensang) | Nachahmung eines bekannten künstler. Werkes in satirisch-polemischer Absicht, wobei im Unterschied zur →Travestie die Grundstruktur des imitierten Werkes beibehalten wird. Weil die P. bestimmte Seiten des Originals überhöht und karikiert, hat sie komische Wirkung, vgl. Aristophanes' Komödien (5./4. Jh. v. Chr.), die P. auf die Tragödien des Euripides (5. Jh. v. Chr.) sind, oder Friedrich Nicolais *Die Freuden des jungen Werther* (1775) als P. auf Goethes *Die Leiden des jungen Werthers* (1774). Mit der P. eng verwandt ist das **Pastiche** (ital. pasticcio – Pastete, Mischmasch), womit die Imitation des Stils einer Epoche oder eines bestimmten Künstlers gemeint ist (vgl. Robert Neumann: *Mit fremden Federn*, 1927).

pars pro toto (lat., ein Teil für das Ganze) | →Synekdoche

Parteilichkeit (Übers. von russ. partijnost') | In der Theorie des →sozialistischen Realismus Gegenbegriff zu →Engagement und Tendenz (→Tendenzdichtung). P. meint die Parteigebundenheit eines Künstlers, wobei in der marxistischen →Ästhetik der Streit darum ging, ob ›Partei‹ im Sinne der besonderen polit. Partei (vgl. W. I. Lenin: *Parteiorganisation und Parteiliteratur*, 1905) oder als humanistische Parteinahme für die allgemeinen Ziele der Menschheit (Georg Lukács) zu verstehen ist. In der Kunstpolitik der sozialistischen Länder diente die Theorie der P. (besonders in der stalinistischen Zeit) zur ideologischen Disziplinierung der Künstler.

Passionsspiel | →geistliches Drama

Pastiche | →Parodie

Pathos (griech., Unglück, Leid) | Ausdruck großer, tiefer Gefühle mit Bezug auf erhabene Gegenstände wie Gott, Menschheit, Sittlichkeit. Davon abgeleitet **pathetisch** als Bezeichnung für gehobene, feierliche, vom Alltag abgehobene Sprache und in dieser Bedeutung auch abwertend gebraucht für affektierten, künstlichen und inhaltsleeren Ausdruck (›hohles Pathos‹). In der antiken →Rhetorik und →Tragödie ein Mittel, um beim Zuschauer/ Zuhörer starke Effekte und Emotionen auszulösen (→Katharsis). In der →Ästhetik des 18. Jh. eine Stilform der Dichtung, mit der ein Gegenstand im Sinne bürgerl. Selbstbewusstseins leidenschaftlich dargestellt wird, vgl. Schiller: *Über das Pathetische* (1793). Die →Romantik verfemt das Pathos und setzt ihm die →Ironie entgegen. Bei Friedrich Nietzsche, Stefan George u. a. dient das P. aristokratischer Abkehr vom Alltag der Masse und des Durchschnitts. In der modernen Lyrik, besonders des →Expressionismus, drückt das P. den Anspruch des Künstler-Ichs auf Vertretung der Menschheit aus.

PEN (engl. pen – Schreibfeder) | Internationale Schriftstellervereinigung. Abkürzung von engl. p̲oets (Dichter, Lyriker), p̲laywrights (Dramatiker), e̲ssayists (Essayisten), e̲ditors (Herausgeber) und n̲ovelists (Romanschriftsteller). 1921 in Großbritannien gegründet. Tritt für die freie, ungehinderte Verbreitung der Literatur, den internationalen lit. Austausch und die Zusammenarbeit der Schriftsteller im Zeichen der Meinungsfreiheit und Friedenssicherung ein. Nationale Zentren des PEN gibt es heute in über 70 Ländern. In Deutschland bestehen auch nach der Wiedervereinigung bislang (1996) noch zwei Zentren, ein west- und ein ostdeutsches.

Pentameter (griech. pente – fünf; métron – Maß) | Versmaß antiker Herkunft; entgegen dem Namen aus sechs →Daktylen bestehend, deren erste zwei durch →Spondeen ersetzt werden können. Im dritten und sechsten Daktylus fallen die kurzen Silben (im Dt. die Senkungen; →Hebung/Senkung) weg, sodass der Vers im Dt. mit einer Hebung endet und in der Mitte zwischen der dritten und vierten Hebung eine deutliche →Zäsur entsteht, die den P. in An- und Abvers untergliedert. Der P. wird nur in Verbindung mit dem →Hexameter gebraucht: als zweiter Vers des →Distichons in

→Epigramm und →Elegie. Beispiel: »Séi mir, Sónne, gegrüßt, díe ihn so líeblich beschéint« (Schiller: *Der Spaziergang*, 1795).

Periodikum, Pl. Periodika (griech. periodikós – wiederkehrend) | Sammelbezeichnung für alle in regelmäßigen Abständen erscheinenden Veröffentlichungen wie Zeitungen, Zeitschriften, Jahrbücher, Buchreihen usw.

Peripetie (griech. peripéteia – Wendung) | In der epischen, v. a. aber in der dramat. Dichtung der plötzliche Umschlag im Schicksal des Helden, entweder zum Guten (→Komödie) oder zur →Katastrophe (→Tragödie). Der Begriff wurde durch die *Poetik* des Aristoteles (4. Jh. v. Chr.) eingeführt. Die P. liegt beim Drama meist im mittleren Akt, bei einem Fünfakter also am Ende des dritten oder zu Beginn des vierten Aktes.

Persiflage (von frz.-lat. persifler bzw. frz. siffler – [aus-]pfeifen, spotten) | Um 1730 in Frankreich entstandener Begriff für die geistvoll-ironische Verspottung einer Person oder eines Kunstwerks mit den Mitteln der Literatur (→Parodie, →Travestie), vgl. die Analyse der Methoden der P. im 41. Stück von G. E. Lessings *Hamburgischer Dramaturgie* (1768/69).

Personifikation* (lat. persōna – Maske, Rolle; facere – machen) | Häufig verwendete rhetorische Figur (→Rhetorik), der →Metapher verwandt: Vermenschlichung (Personifizierung) von Konkreta (Länder, Städte) oder Abstrakta (Götter, Staaten, ›Welt‹, ›Tod‹, ›Frieden‹) als sprechende oder handelnde Personen zur Belebung der Rede oder der Erzählung (z. B. ›Frau Welt‹ in der Minneallegorie (→Minnesang), Auftreten des ›Gevatters Tod‹ im →Märchen, Tiere für menschliche Eigenschaften in der →Fabel; in der Alltagssprache in Wendungen wie ›das Leben verlangt sein Recht‹, ›Mutter Natur‹ u. a.). →Allegorie

Perspektive | →Erzählperspektive

Petrarkismus | Nach dem ital. Humanisten (→Humanismus) Francesco Petrarca (14. Jh.) benannte Stilrichtung in der europ. (Liebes-)Lyrik vom 14. bis zum 17. Jh. Für den P. sind Petrarcas Lyrik, deren Motive und Stil maßstabsetzend; sie werden in einer oft bis zum →Manierismus gehenden Form nachgeahmt. Hauptvertreter in Deutschland sind die Barockdichter Martin Opitz und Paul Fleming, der zugleich als Überwinder des P. gilt.

Phantasie, auch Einbildungskraft (griech., Erscheinung, Einbildung) | Der Begriff leitet sich in der griech. Mythologie (→Mythos) von Phantasos, dem Bruder des Schlafgottes Morpheus ab. In der →Ästhetik ist P. die kreative Fähigkeit des Künstlers, fiktive Bilder zu schaffen, zu denen es in der Wirklichkeit keine direkte Entsprechung gibt. In der Aufklärungsästhetik gilt sie als wesentliches Merkmal des →Genies. In der →Romantik und in den versch. Richtungen der →Avantgarde erfährt die P. eine Aufwertung.

Philologie (griech. phílos – Freund; lógos – Wort: Liebe zum Wort/zur Sprache) | Im Unterschied zur →Literaturwissenschaft die Wiss. von *einer* (nationalen) Sprache und Literatur oder eines Sprachzweiges (vgl. Germanistik, Anglistik, Romanistik, Slawistik usw.). Die älteste P. ist die **klassische P.** (die Wiss. von der griech. und lat. Sprache und Literatur), die sich bereits in der Antike herausbildete und seit der →Renaissance ihre Methoden der wiss. Textkritik (→Text) immer mehr verfeinert hat. Die nationalen P. entstanden meist im Zeitalter der →Aufklärung und →Romantik, verbunden mit der Selbstbewusstwerdung eines nationalen Bürgertums, v. a. in Osteuropa, mit dessen Bestreben nach nationale Autonomie. Die **Germanistik** als Philologie der dt. Sprache und Literatur bildete sich als eigenständige Hochschulwissenschaft Anfang des 19. Jh. aus. Zu den bedeutendsten Forschern dieser Frühphase gehören u. a. Jacob und Wilhelm Grimm, Karl Lachmann. Die P. verwendet Ergebnisse anderer (Teil-)Wissenschaften wie →Poetik, →Rhetorik, Stilistik, →Metrik, Literaturgeschichte, Sprachwissenschaft u. a.

Pietismus (lat. pius – rechtschaffen, gottesfürchtig) | Im 17. Jh. entstandene und v. a. im 18. Jh. wirkende religiöse Strömung innerhalb des Protestantismus. Abkehr von der erstarrten kirchlichen Orthodoxie und Hinwendung zum persönlichen, aus dem eigenen Inneren geschöpften Glauben und zur individuellen Frömmigkeit. Es bildeten sich Gruppen (›Konventikel‹), in denen diese Frömmigkeit gepflegt wurde, vgl. die von N. L. von Zinzendorf gegründete »Herrnhuter Brüdergemeine« in Württemberg. Ein wichtiges Zentrum des P. war die Universität Halle (vgl. die nach ihrem Gründer A. H. Francke benannten »Franckeschen Stiftungen« mit Waisenhäusern, Bildungseinrichtungen, Armen- und Krankenpflege). Durch die Ausbildung von Subjektivitäts- und Individualitätsbewusstsein hatte der P. bedeutende Wirkungen auf die Literatur des 18. Jh., z. B. auf →Autobiografien und den →Bildungs- und Tagebuchroman, etwa von K. Ph. Moritz (*Anton Reiser*, 1785/90) oder J. H. Jung-Stilling (*Heinrich Stillings Jugend*, 1777). Der P. bereitete der →Empfindsamkeit den Weg.

pikaresker Roman, auch pikarischer R., Pikareske | →Schelmenroman

Pitaval | Nach dem Vorbild der von dem franz. Juristen François Gayot de Pitaval (1673–1743) zusammengestellten *Causes célèbres et intéressantes* (20 Bde., 1734/43; dt. *Erzählung sonderbarer Rechtshändel*, 9 Bde., 1747/67) entstandene Gattungsbezeichnung für die Sammlung merkwürdiger Kriminalfälle, aus denen Schriftsteller vielfach ihre Stoffe bezogen haben.

Plagiat (frz. plagiaire – Dieb geistigen Eigentums, aus lat. plagiārius – Menschendieb, Seelenverkäufer) | Diebstahl geistigen Eigentums durch Wiedergabe und Verbreitung von Werken oder Teilen eines Werkes anderer →Autoren unter eigenem Namen. Vor der Ausbildung des bürgerl. Eigentumsrechts im 18. und 19. Jh. war ein P. kein strafrechtswürdiger Tatbestand; erst durch das urheberrechtlichen Schutz wurden Autorenrechte einklagbar. P. hat es in der Weltliteratur zu allen Zeiten gegeben (Motiv- und Stoffübernahmen, Neubearbeitungen und Variationen älterer Werke, Bühnenfassungen von epischen Werken und umgekehrt). Was dabei als P. zu gelten hat, ist immer umstritten geblieben. Bedeutende, vom P.-Vorwurf betroffene Dichter haben sich auf die künstler. Freiheit in der Stoffwahl und auf die Originalität (→Original) bei der Bearbeitung eines Stoffes berufen (z. B. Brecht in Bezug auf die Songtexte der *Dreigroschenoper*, U. 1928, die auf Lieder François Villons zurückgehen).

Plot (engl., Handlung) | →Fabel

Poesie (griech. poíēsis – das Machen, Verfertigen; Dichtung, Dichtkunst) | Im 16. Jh. aus dem Franz. (poésie) übernommenes Fremdwort, das mit dem dt. Wort ›Dichtung‹ übersetzt wird. P. meint Dichtung in rhythmisch gebundener Rede (Versdichtung) im Gegensatz zur →Prosa, während der dt. Begriff →Dichtung beides umfasst.

Poésie engagée | →Engagement

Poésie pure | →L'art pour l'art

Poet | →Dichter

Poeta doctus (lat., gelehrter Dichter) | Ideal des gebildeten Dichters, der im Unterschied zum naiven, auf →Genie und →Phantasie vertrauenden Künstler Wissen und Kenntnisse in reichem Maß besitzt und in seine Dichtung einbringt. In der dt. Literatur gilt in diesem Sinne z. B. Thomas Mann als P. d., im Unterschied etwa zu Gerhart Hauptmann.

Poeta laureatus (lat., mit dem Lorbeerkranz gekrönter Dichter) | In der Antike und dann wieder seit dem ausgehenden MA. bis Anfang des 19. Jh. gebräuchliche Auszeichnung eines Dichters im Rahmen einer ›**Dichterkrönung**‹. Der P. l. galt als Titel, der mit bestimmten Ehrenrechten oder Einkünften verbunden war.

Poète maudit (frz., verfemter Dichter) | Wegen seiner Genialität (→Genie) von der

Gesellschaft als Außenseiter behandelter Dichter (→Boheme). Der Begriff geht auf Paul Verlaines Essay *Les Poètes maudits* [Die verfemten Dichter] von 1884 zurück, worin er Stéphane Mallarmé und Arthur Rimbaud als moderne, vom Publikum verkannte Lyriker würdigte.

Poetik (griech. poiētiké [téchnē] – Dichtkunst) | Lehre und Wissenschaft von der Dichtung, von der Einteilung ihrer →Gattungen und Genres, ihren Formen und Darstellungsmitteln. Die erste als Fragment überlieferte P. (*Peri poietikes* [Über die Dichtkunst]) stammt von dem griech. Philosophen Aristoteles (4. Jh. v. Chr.). Sie wurde seit der Neuentdeckung durch die →Renaissance zum Bezugspunkt aller folgenden P., besonders in der Deutung der zentralen Kategorien →Mimesis, →Katharsis und Poiesis. Dabei wird P. im engen Zusammenhang mit der →Rhetorik v. a. als Regelwerk (›Regelpoetik‹), als vom Dichter erlernbares Wissen über seinen Gegenstand (→Poeta doctus) verstanden. Die erste dt. P. stammt von Martin Opitz: *Buch von der Deutschen Poeterey* (1624). In der Periode der →Aufklärung geriet die als Norm gesetzte Regelpoetik, deren letzte bedeutende Vertreter die Schweizer J. J. Breitinger und J. J. Bodmer (*Critische Dichtkunst*, 1740) sowie J. Ch. Gottsched (*Versuch einer kritischen Dichtkunst vor die Deutschen*, 1730) waren, zunehmend unter Kritik. Eine maßgebende Rolle kam dabei G. E. Lessing zu, der die von dem röm. Dichter Horaz stammende Formel ›ut pictura poesis‹ ([wie ein Bild (sei) das Gedicht] d. h., die Poesie richtet sich nach dem Vorbild der Malerei) verabschiedete und die Gattungseinteilung der Dichtung auf eine neue Grundlage stellte (→Laokoon). In der Mitte des 18. Jh. entstand die →Ästhetik, von der (wie später auch von der →Literaturwissenschaft) die traditionellen Themen der P. (v. a. die Dichtungstheorie) einbezogen wurden. Danach kann von P. im Sinne einer selbstständigen Regelwissenschaft nicht mehr gesprochen werden. Die individuellen Kunsttheorien von Dichtern (als theoretische Äußerungen oder als Bestandteile der Werke selbst) werden ab dem 19. Jh. als **Dichterpoetiken** bezeichnet; für die wiss. P. als allgemeine Dichtungstheorie im Unterschied zur ›Lehre von der Dichtkunst‹ wird auch der Terminus **Poetologie** gebraucht.

poetischer Realismus | →Realismus

Pointe (frz., Spitze, Schärfe) | Unerwartete Wendung, in die ein →Witz mündet.

point of view; Erzähl(er)standpunkt (engl., Blickpunkt) | →Erzählperspektive, →Epik

politische Dichtung | 1 Im weiten Sinn alle Dichtung, die polit. oder soziale Verhältnisse und Zustände zum Thema hat. 2 Im engeren Sinn die Dichtung, die auf unmittelbare, funktionale Wirkung im Sinne einer polit. Herrschaft, Weltanschauung oder Partei zielt (›Tendenzdichtung, →Parteilichkeit, →Engagement, →Gebrauchsliteratur). P. D. ist stark zeit- und situationsgebunden. Sie blüht in jenen Epochen, in denen große religiöse und kriegerische Auseinandersetzungen oder revolutionäre Umbrüche stattfinden. Sie bedient sich aller lit. Genres, vorzugsweise aber der kleinen und kurzen Formen (→Flugschrift, →Pamphlet, →Agitprop-Theater, →Revue, Lehrstück [→episches Theater]). Größte Bedeutung hat sie in der Form der **politischen Lyrik** erlangt, vgl. u. a. Walther von der Vogelweides polit. Spruchdichtungen an der Wende vom 12. zum 13. Jh., Ulrich von Huttens antipäpstliche Gedichte in der Reformationszeit, Ch. D. Schubarts antiabsolutistische Lyrik in der *Deutschen Chronik* von 1774/78, A. H. Hoffmann von Fallerslebens, Georg Herweghs und Heinrich Heines Gedichte im →Vormärz oder die satirischen Gedichte Erich Weinerts und Kurt Tucholskys in der Weimarer Republik.

Popliteratur (engl.-amerik. popular – allgemein verständlich, beliebt) | Als P. bezeichnete man zunächst populäre Unterhaltungsliteratur, die in Reihen, Heften, Magazinen und Zeitschriften verbreitet wurde (→Trivialliteratur, →Unterhaltungsliteratur). Davon, aber auch von der elitären Literatur setzten sich seit Mitte der 60er Jahre eine Reihe von Künstlern ab, indem sie mit kulturkritischer Haltung die

Mittel und Formen dieser Literatur (→Comic, →Abenteuerroman, →Sciencefiction) zwar verwendeten, sie aber durch die provozierende Mischung mit pornografischen Elementen, →Unsinnspoesie und ›Antikunst‹ ironisch verfremdeten. Hauptvertreter in den USA war Andy Warhol, in Deutschland Rolf Dieter Brinkmann.

Pornografie (griech. pornográphos – über Huren schreibend, zu pórnē – Hure) | Urspr. die Literatur, die das Leben der Dirnen und ihrer Liebhaber behandelt bzw. die Beschreibung aller Erscheinungsformen der Prostitution. Heute in allgemeiner Bedeutung die Darstellung sexueller Akte, der Techniken und Positionen des Geschlechtsverkehrs, sadomasochistischer Varianten des Sexuellen usw. mit einer besonders obszönen Sprache und ohne lit.-ästhetischen Wert. Die Abgrenzung zwischen P. und →erotischer Literatur ist schwierig und umstritten. Als Kriterien für P. können gelten: die Verarmung und Monotonisierung der Sprache, mit der Sexualvorgänge beschrieben werden, wie auch die Konzentration der Darstellung auf die techn. Details des Geschlechtsaktes, die von allen anderen Persönlichkeitsmerkmalen der Sexualpartner absieht.

Posse (frz. bosse – Buckel, Höcker, Relief) | Im Frühneuhochdeutschen wurde der Begriff als ›bosse‹ oder ›posse‹ mit der Bedeutung ›Zierrat‹, ›Scherzfigur an einem Brunnen‹ aus dem Franz. übertragen. Seit dem 16. Jh. wiederum in übertragener Bedeutung für bestimmte Formen des volkstümlichen, derbkomischen Theaters mit der Zentralfigur der →lustigen Person verwendet. Im Vordergrund standen improvisiertes Spiel, auf das Lachen der Zuschauer ausgerichtete Wirkung, Stofforientiertheit und drastische Situationskomik. Eine besondere Entwicklung vollzog die P. im Volkstheater, so in der ›Wiener Lokalposse‹, vgl. J. N. Nestroy: *Einen Jux will er sich machen* (1842).

Postmoderne (Übers. von engl. post-modernism – Nachmoderne) | Seit den 40er Jahren des 20. Jh. in der Kunstkritik der USA geläufiger Epochenbegriff. Seit den 80er Jahren weltweit mitunter modisch gebrauchter Begriff für alle die kulturellen Umbrüche seit der Mitte des 20. Jh., in denen die Traditionen der klass. künstler. →Moderne (→Avantgarde) teils weitergeführt, teils infrage gestellt werden und das Fortschritts- und Entwicklungskonzept der →Aufklärung verabschiedet wird. Das Erscheinungsbild der P. ist vielgestaltig und widersprüchlich. Für die Literaturwiss. bedeutet P. oder **postmoderne Literatur**: Durchbrechung der strikten Trennung von Hoch- und →Trivialliteratur, Verwendung von Elementen der populären Kultur (→Popliteratur) wie →Comic, →Sciencefiction und Western, ironische Verfremdung lit. Traditionen, Spiel mit →Fiktion und →Erzählperspektive, Absage an die erziehende Funktion von Literatur zugunsten des Unterhaltungsbedürfnisses breiter Leserschichten, mehr-/doppeldeutige Lesbarkeit von Romanen auf versch. Leserniveaus usw. Ein charakteristischer postmoderner Roman ist Thomas Pynchons *Gravity's Rainbow* (1973; dt. *Die Enden der Parabel*, 1981).

Predigt (lat. praedicāre – öffentlich ausrufen) | An den Regeln der →Rhetorik orientierte Erklärung und Auslegung der *Heiligen Schrift* vor einer Gemeinde von Gläubigen; in der christl. Kirche zunächst in lat. Sprache, dann volkssprachlich, um die Masse der gläubigen Bevölkerung zu erreichen. In ihrem Bemühen um Bildlichkeit und Verständlichkeit hat die in zahllosen Sammlungen verbreitete P.-Literatur bedeutenden Einfluss auf die Ausbildung der dt. Sprache und Literatur genommen.

Preislied (preisen = loben) | In der german. und ma. Dichtung kunstvoll improvisierter Wechselgesang zwischen zwei Sängern/Dichtern zum Lob eines Fürsten, vgl. das ahd. *Ludwigslied* (881/82), das den Sieg des Frankenkönigs Ludwig III. über die Normannen (881) feiert. Neben dem Heldenlied (→Heldendichtung) Hauptform der german. Dichtung.

Premiere | →Uraufführung

preziöse Literatur (frz. précieux – kostbar, geziert) | Bezeichnung für die franz. Literatur der ersten Hälfte des 17. Jh., die dem absolutistischen Stilideal der **Preziosität** (Verfeinerung der Sitten und Gefühlskultur, Eleganz der Sprache und des Ausdrucks, geistvolle Unterhaltung und Ausschluss aller vulgären umgangssprachlichen Elemente) verpflichtet ist. Dieser Stil wurde in den Pariser Salons der Zeit gepflegt und entsprach dem Lebensgefühl der absolutistischen Aristokratie (→Barock, →Manierismus), vgl. den Roman *Clélie, histoire romain* (1654/60; dt. *Clelia, eine römische Geschichte*, 1664) von Madeleine de Scudéry. Molière hat die p. L. in seinem berühmten Stück *Les précieuses ridicules* (1659; dt. 1670, 1752 u. d. T. *Die lächerlichen Preziösen*) karikiert.

Primärliteratur | →Sekundärliteratur

Proletkult (Abk. von russ. proletarskaja kultura) | Seit 1917 in Sowjetrussland organisierte Kultur- und Literaturbewegung, die unter maßgeblicher Leitung von A. A. Bogdanow eine von Arbeitern für Arbeiter geschaffene Kunst und Kultur anstrebte. Der Bruch mit bürgerl. Traditionen geschah mit dem Argument, dass nur eine klassenspezifische Kunst der polit. und kulturellen Emanzipation der proletarischen Klasse dienlich sein könne. 1921 von Lenin scharf kritisiert, wurde die Bewegung 1923 faktisch aufgelöst. Danach lebten Elemente des P. in der »Russischen Assoziation proletarischer Schriftsteller« (RAPP) weiter.

Prolog (griech. prólogos – Vorrede) | Vor Beginn eines →Dramas von einem →Chor oder einer im Stück auftretenden Figur in Form eines →Monologs gesprochene Begrüßung des Publikums bzw. Darlegung der Absichten des Stücks, seiner Lehre und der von den Zuschauern zu ziehenden Schlussfolgerungen (vgl. den P. zu Schillers Drama *Wallenstein*, 1798/1800).

Prosa (lat. prōsa [ōrātio] – geradeaus gerichtete [= schlichte] Rede) | Nicht durch besondere formale Mittel wie →Metrum und →Reim gekennzeichnete Rede- oder Schreibweise. Der Begriff P. umfasst die Alltagssprache und die künstler. gestaltete (Rhythmisierung durch Akzentuierung des Redeflusses, Wechsel von langen und kurzen Wörtern, betonten und unbetonten Silben, bewusster Einsatz der Klangfarben von Vokalen und Wörtern usw.) lit. P. (←Poesie). Geschichtlich gesehen geht die P. der Poesie voraus, da die ältesten sprachlichen Äußerungen einfache, nicht eigens gestaltete Mitteilungen sind. Innerhalb der Kunstdichtung aber stellt die lit. P. eine histor. spätere Stufe dar. Eine deutschsprachige P. entstand im 9. Jh. mit Übersetzungen aus dem Lateinischen. Großen Einfluss auf die Ausbildung einer volksnahen P. hatten die →Mystik sowie die Bibelübersetzung Martin Luthers.

Prosagedicht (Übers. von frz. poème en prose) | Zwischen rhythmischer →Prosa und →freien Rhythmen stehende, rhythmisch-klanglich kunstvoll gestaltete Prosa (›poetische Prosa‹). Das P. unterscheidet sich von Lyrik lediglich durch das Fehlen von →Endreim und Verstrennung (→Vers); es wurde besonders in der franz. Lyrik seit der zweiten Hälfte des 19. Jh. ausgebildet (vgl. Charles Baudelaires *Le spleen de Paris*, 1869, später hg. u. d. T. *Petits poèmes en prose*; dt. *Kleine Dichtungen in Prosa*, 1904).

Prosodie (griech. prosōdía – Zugesang) | Lehre von der Sprach- und Tongestaltung, nicht zuletzt auch im →Vers. In der Antike wird mit P. die Lehre von der Silbenmessung bezeichnet, und zwar nach dem quantitierenden Prinzip (Bau eines Verses durch den Wechsel von langen und kurzen Silben). Andere Sprachen, so auch die deutsche, folgen dem akzentuierenden Versprinzip (betonte und unbetonte Silben, →Hebung und Senkung). Heute ist die P. wichtiger Teil der Verslehre (→Metrik).

Protagonist (griech. prōtagōnistés – erster Kämpfer) | **1** In der griech. Tragödie der erste Schauspieler, später Hauptdarsteller eines Dramas. Die Einführung eines Schauspielers bei den chorischen Darbietungen zu Ehren des Gottes Dionysos (→Dithyrambus) um 534 v. Chr. durch den Griechen Thespis war die Voraussetzung für eine theatralische Handlung. Mit der Einführung eines zweiten

Schauspielers (**Antagonist**) als Gegenspieler des P. wurde die Weiterentwicklung der dramat. Handlung möglich (→Dialog). **2** Heute allg. gebraucht für den ersten Schauspieler/die erste Schauspielerin bzw. die Darsteller von Titelrollen oder Hauptrollen sowie auch die Haupthelden in Roman oder Erzählung (→Held)

Pseudonym (griech. pseudónymos – mit/unter falschem, erdichtetem Namen; zu griech. ónoma – Name) | Deckname, Künstlername. P. werden aus versch. Gründen angenommen, u. a. wegen der Gefahr polit. Verfolgung, zur Täuschung der →Zensur, aus Angst vor Bloßstellung und Skandal, aus Rücksicht auf lebende Personen und Verwandte, schließlich auch aus humoristischen und satirischen Gründen, vgl. z. B. die *Faust*-Parodie des Hegel-Schülers F. Th. Vischer, die er unter dem P. ›Deutobold Symbolizetti Allegoriowitsch Mystifinsky‹ herausgab, um die Flut der Auslegungen und Deutungen des Goethe'schen Stückes zu verspotten. Nach der Bildung werden versch. Arten des P. unterschieden, z. B. das →Anagramm, das aus den Buchstaben des eigenen Namens gebildet wird.

Publikum (lat. pūblicus – zum Volke gehörig, öffentlich) | Zuhörer- oder Zuschauerschaft im Theater. Durch neue Medien wurde der P.-Begriff erweitert: Man spricht z. B. vom ›Lesepublikum‹ (›lit. P.‹) und mit den Medien des 20. Jh. von Film-, Rundfunk- und Fernsehpublikum. Aus der Einheit von Zuschauer und Darsteller in den frühesten dramat. Formen (der Darsteller spielte aus der Mitte des Publikums heraus und in seiner Stellvertretung) entwickelte sich erst durch Spezialisierung und Aufkommen des Berufsschauspielers die Trennung von Schauspielern als Darbietenden und dem aufnehmenden Publikum. Noch im ma. Marktplatzspiel gibt es Spuren der Einheit von Darstellenden und P. Im 20. Jh. gab es immer wieder Versuche, die Trennung von P. und Darsteller, die durch die Guckkastenbühne (→Bühne) verfestigt worden war, aufzuheben (vgl. die Arenabühne Max Reinhardts oder Brechts Theaterpraxis der →Verfremdung). Nach dem Verhältnis von Darbietendem und P. unterscheidet man 1. das direkte oder Präsenz-P. des Theaters, Konzerts usw.; 2. das indirekte oder verstreute Publikum z. B. der Literatur.

Puppenspiel | Dramat. Darstellung auf einer kleinen Bühne mit Handpuppen oder Marionetten, die von Schauspielern bewegt und deren Rollen von ihnen gesprochen werden; in Deutschland seit dem 12. Jh. bezeugt; Blüte im 16./17. Jh., v. a. mit Stoffen der →Haupt- und Staatsaktionen. Eines der bekanntesten ist das *Puppenspiel vom Dr. Faustus*, das Goethe zu seinem *Faust* anregte. Die dramat. Grundsituationen des P. sind vereinfacht, weil oft mit pädagogischer Zielstellung für Kinder inszeniert. Im 20. Jh. erfuhr das P. durch versch. Künstler und Puppenbühnen eine Erneuerung.

Quadrivium (lat., Vierweg) | →freie Künste

quantitierendes Versprinzip | →Vers

Rahmenerzählung | Formvariante der →Erzählung: In einer umschließenden epischen Einheit (Rahmen) wird eine fiktive Erzählsituation vorgestellt, die zum Anlass einer oder mehrerer in den Rahmen eingebauter **Binnenerzählungen** wird. Eine erste Blütezeit hatte die R. in der →Renaissance, eine zweite im 19. Jh., als in Zeitungen und Zeitschriften vielfach Erzählungen erstveröffentlicht wurden und der Rahmen die Glaubwürdigkeit der Binnenerzählung verbürgen sollte. Die R. gibt es in zwei Varianten: 1. Die gerahmte Einzelerzählung: Ein in der R. auftretender Erzähler (oft ist er Entdecker und Herausgeber alter, hinterlassener Papiere) teilt die Binnenerzählung mit. Durch die Doppelautorschaft des Erzählers im Rahmen- und im Binnengeschehen soll die Binnenerzählung objektiviert, d. h. glaubhafter gemacht werden (vgl. z. B. Theodor Storms *Der Schimmelreiter*, 1888). 2. Die zyklische R.: Sie knüpft an die urspr. mündl. Erzählung an. Thematisch mehr oder weniger zusammengehörige Einzelerzählungen werden zu einer Einheit (→Zyklus) zusammengefasst und von einem Erzähler (vgl. die Märchensammlung *Tausendundeine Nacht*, 16./17. Jh.) oder mehreren in einem geselligen Kreis vorgetragen (vgl. Giovanni Boccaccios *Il Decamerone*, 1348/53, dt. 1472/73; Goethes *Unterhaltungen deutscher Ausgewanderten*, 1795, oder Gottfried Kellers *Zürcher Novellen*, 1877).

Rätsel | Bildhafte Umschreibung eines Gegenstandes, einer Person oder Situation, die erraten werden sollen; in →Prosa, Versform (→Vers) oder als Bilderrätsel. Ursprünge im alten Orient. In der dt. Literatur ist das R. seit dem 12. Jh. zu finden. Die erste dt. R.-Sammlung, das *Straßburger Rätselbuch*, erschien um 1500. Im →Barock gab es eine besondere Vorliebe für das Bilderrätsel (→Emblem, →Allegorie, →Anagramm). Als lit. Kleinform war das Rätsel v. a. im 18./19. Jh. verbreitet; ab dieser Zeit hatte es einen festen Platz in Familienblättern und Unterhaltungszeitschriften.

Räuberroman | →Ritterroman

Realismus (lat. rēs – Sache, Ding) | **1** Der Begriff geht auf den ma. philosophischen Streit zurück, ob den Allgemeinbegriffen (›Universalien‹, z. B. ›die Menschheit‹) Realität zukommt oder nur den je einzelnen konkreten Erscheinungen und Individuen. In dieser erkenntnistheoretischen Bedeutung wird R. noch bis zum Ausgang des 18. Jh. gebraucht (vgl. Schillers Schrift *Über naive und sentimentalische Dichtung,* 1795). Ab Mitte des 19. Jh. Bezeichnung für die lit. Epoche zwischen →Klassik und →Romantik einerseits und →Naturalismus andererseits. In den einzelnen europ. Ländern (Frankreich, skandinavische Staaten, Russland und Deutschland) zeitlich und inhaltlich versch. Verlauf. Voraussetzungen des R. sind das naturwissenschaftliche Weltbild (vgl. Charles Darwin) sowie Technisierung und Industrialisierung im 19. Jh. Der R. strebt sachliche, nicht geschönte oder ›romantisierte‹ Wiedergabe des Menschen in seiner natürlichen und gesellschaftlichen Wirklichkeit und in seinen sozialen Alltagsverhältnissen an. Die bedeutendsten Leistungen brachte der R. auf dem Gebiet des Romans hervor (vgl. in Frankreich Honoré de Balzac und Gustave Flaubert, in England Walter Scott und Charles Dickens, in Russland I. S. Turgenjew und L. N. Tolstoi). In Deutschland grenzte man sich mit dem **poetischen R.** (Otto Ludwig) im 19. Jh. gegen den sozialkritischeren franz. und engl. R. ab: R. sollte die Wirklichkeit mit all ihren Hässlichkeiten nicht direkt widerspiegeln, sondern poetisch idealisierend oder humoristisch (→Humor) darstellen. Wichtige Leistungen des R. in der deutschsprachigen Literatur sind die Romane und Erzählungen von Theodor Fontane, Wilhelm Raabe, Gottfried Keller, C. F. Meyer u. a. Als **kritischer R.** wird Literatur des 19./20. Jh. (v. a. Romane) bezeichnet, in der mit besonderer Schärfe die Widersprüche der bürgerl. Gesellschaft zum Ausdruck kommen, wie z. B. in den Romanen der Brüder Thomas und Heinrich Mann. Anders akzentuiert ist der Begriff →sozialistischer Realismus. **2** Von dem literarhistor. Epochenbegriff abgehoben, wird mit R. auch ein kunsttypologischer und ästhetischer Begriff verbunden, der als epochenübergreifend verstanden wird, sodass z. B. auch von ›realistischen Leistungen‹ der ma. Epen oder von den ›Realisten‹ Cervantes und Shakespeare gesprochen wird. Diese Ausweitung des Begriffs ist in der Literaturwiss. und Ästhetik umstritten.

Refrain, auch Kehrreim (altfrz. refrait – sich wiederholende Worte) | Regelmäßig wiederkehrende Laut- oder Wortgruppe in strophischer Dichtung. Aus dem Wechsel von Vorsänger und →Chor entstanden, ist der R. Bestandteil v. a. der →Volksdichtung und von Kinder- und Tanzliedern (→Rondeau). Er steht meist am Strophenende, erscheint aber auch als Anfangs- oder Binnenrefrain; er kann in jeder Strophe, aber auch in größeren Abständen auftauchen. Bei gleichem Wortlaut in der Wiederholung nennt man ihn ›fester R.‹, wird er variiert, bezeichnet man ihn als ›flüssigen R.‹ (vgl. die am Ende jeder Strophe wiederkehrende Zeile »Wir weben, wir weben!« in Heinrich Heines Gedicht *Die schlesischen Weber,* 1844).

Regie (frz., [urspr.] Steuerverwaltung) | Im

künstler. Bereich vermutlich erstmalig im Wiener Burgtheater verwendet, in den Protokollen des Mannheimer Theaters von 1785 für die Aufgaben eines Inspizienten gebraucht, heute für die künstler. Gesamtleitung einer →Inszenierung, verstanden als Interpretation des Stückes bzw. eines dramat. Textes. Zum Aufgabenbereich des **Regisseurs** gehört die Verbindung mit allen am Theater zur Wirkung kommenden Einzelkünsten (Ausstattung, einschließlich Kostüm, Musik, Tanz, evtl. Film), der gesamten am Bühnenraum wirkenden szenischen Technik, dem Licht und der beweglichen Bühne und v. a. der darstellenden Kunst, d. h. den Schauspielerinnen und Schauspielern oder anderen darstellenden Künstlern, wie Pantomimen, Puppenspielern, Tänzern, vor und nach der Premiere, mit dem Ziel, die dramat. Vorlage zum theatralischen Vorgang, die Aufführung, umzusetzen.

Reim | Gleichklang wenigstens zweier Wörter im Text. Zu unterscheiden sind: Anfangsreim oder Stabreim (Übereinstimmung der anlautenden Konsonanten: <u>L</u>uch – <u>L</u>and; →Alliteration), →Assonanz (Gleichklang der Vokale: Fl<u>u</u>ch – M<u>u</u>t) und →Endreim (Übereinstimmung der auslautenden Vokale und Konsonanten: W<u>and</u> – B<u>and</u>). Weitere Unterscheidungsmerkmale des R. sind: 1. die Zahl der gebundenen Silben (männlicher und weiblicher R.; →Kadenz); 2. die Stellungsform des R. (u. a. →Paarreim, →Kreuzreim, →Binnenreim). Im 18. Jh. wird durch die Nachbildung der antiken, grundsätzlich reimlosen Verse (→Hexameter, →Ode), des englischen →Blankverses und nicht zuletzt durch die →freien Rhythmen das Reimgebot für die Dichtung durchbrochen (vgl. Klopstock, Goethe, Hölderlin).

Reiseliteratur | Zusammenfassende Bezeichnung für Reiseberichte (Vermittlung geograf., volkskundl., histor., polit. und sozialer Fakten), lit. Reisebeschreibungen (subjektive Ausgestaltung des Faktischen, Einbau von fiktiven Elementen, aber Anspruch auf Authentizität) und Reiseromane (Fiktion einer Reise als →Leitmotiv eines Romans). **Reiseberichte** kennt bereits die Antike. Berühmt und weiter wirkend waren im MA. Marco Polos Aufzeichnungen über seine Reise in die Mongolei (1301). Als Mittel der Weitergabe von Welterfahrung erlangte der Reisebericht seine Blüte in der Zeit der Entdeckung Amerikas und im 17./18. Jh. In der Epoche der →Aufklärung und im →Vormärz gewann die lit. **Reisebeschreibung** große Bedeutung, vgl. Georg Forsters *Reise um die Welt* (1777) und *Ansichten vom Niederrhein* (1791/94), Goethes *Italienische Reise* (1786), Alexander von Humboldts *Pittoreske Ansichten der Cordilleren und Monumente amerikanischer Völker* (1810) sowie Heinrichs Heines *Reisebilder* (1826/31; darin: *Harzreise*). In dieser lit. Tradition stehen noch Theodor Fontanes *Wanderungen durch die Mark Brandenburg* (1862 ff.) und die Reisebeschreibungen des 20. Jh., vgl. u. a. André Gides, Lion Feuchtwangers, E. E. Kischs und Joseph Roths Bücher über ihre Reisen nach Sowjetrussland. Die R. hat bis in die unmittelbare Gegenwart ihre lit. Lebendigkeit bewiesen (u. a. bei Günter Kunert, H. M. Enzensberger, Heinrich Böll u. a.). Die Bezeichnung **Reiseroman** ist ein nicht formal, sondern inhaltlich definierter Gattungsbegriff, dem zur deutlicheren Bezeichnung versch. Attribute beigefügt werden. So gibt es den ›abenteuerlichen Reiseroman‹, dessen Urform Homers *Odyssee* ist; fließende Übergänge dazu im MA. mit →Spielmannsdichtung und →Ritterroman über den →Schelmenroman bis hin zu den →Robinsonaden des 18. Jh. Der ›phantastische Reiseroman‹ verbindet sich v. a. mit dem Namen von Jules Verne und seinen visionären Zukunftsromanen, die ihrerseits das Genre der modernen →Sciencefiction-Literatur beeinflussten. Der ›empfindsame Reiseroman‹ (→Empfindsamkeit), benannt nach Lawrence Sternes *A Sentimental Journey Through France and Italy by Mr. Yorick* (1768; dt. *Yoricks Reise des Herzens*, 1768; *Empfindsame Reise durch Frankreich und Italien*, 1921) ist dem →Bildungsroman eng verwandt. Hier sind die Reise und die gegenständliche Welt nur der Anlass für den Ausdruck von Empfindungen und weit ausgreifende Reflexionen, vgl. z. B. in der →Romantik Novalis' *Heinrich von Ofterdingen*

(1802) oder Joseph von Eichendorffs Novelle *Aus dem Leben eines Taugenichts* (1826).

Renaissance (frz., Wiedergeburt) | Gesamteurop. Kulturepoche zwischen MA. und Neuzeit (etwa 1350–1600), die an die Antike anknüpft und mit der ›Wiedergeburt‹ griech. und röm. Dichtung und Philosophie das MA. überwindet und ein neues Weltbild vermittelt. Die R. (wie auch ihre zentrale geistige Strömung, der →Humanismus) gehen von den ital. Stadtrepubliken (besonders Florenz) aus (die bedeutendsten R.-Dichter, Dante Alighieri und Francesco Petrarca sind Florentiner). Die R. entdeckt die Individualität, betont die Kreativität und (im scharfen Gegensatz zum ma. Weltbild) ein aktives, auf Kenntnisse, Wissenserwerb, Handel und Gewerbefleiß gerichtetes Leben. In der bildenden Kunst erfolgt der Durchbruch zur perspektivischen Malerei und zum Studium der menschlichen Anatomie. In der Dichtung setzen sich neben der Universalsprache des MA., dem Latein, die Volkssprachen durch. In Deutschland wirkt die R. zunächst über den Humanismus (vgl. den Nürnberger Patrizier und Gelehrten Willibald Pirckheimer). Die Reformation von 1514 und die folgenden religiösen Auseinandersetzungen bremsen den Einfluss. Erst nach Ende des Dreißigjährigen Krieges (1648) und im Rahmen des →Barock konnten sich die genannten Ansätze weiterentwickeln. Das durch die R. vermittelte Bild von der Antike erlangt in der →Klassik des 18. Jh. neue Bedeutung. Von R. als Epochenbezeichnung ist eine allgemeine Bedeutung abgeleitet, die Erneuerung und Anknüpfung an ältere, v. a. antike Traditionen meint, vgl. z. B. den Begriff ›Karolingische R.‹ für die Förderung von Bildung und Kunst im Zeitalter Karls des Großen.

Reportage (frz., aktuelle Berichterstattung) | Ende des 19. Jh. sich ausbildende journalistische Gebrauchsform der →Zeitung, später auch des Hör- und Fernsehfunks. In knapper Form wird das Wesentliche eines Ereignisses, eines Sachverhalts oder einer Person/Personengruppe dargestellt. Im Unterschied zum →Bericht ist bei der R. die Subjektivität des Reporters Bestandteil einer wertenden Darstellung, die auch emotionale Wirkungen erzeugen möchte. Die Entstehung der R. ist mit der Entwicklung der Zeitung zu einem modernen Massenkommunikationsmittel untrennbar verbunden. Vorläufer der R. sind die seit dem →Vormärz für Zeitungen geschriebenen →Skizzen, vgl. Georg Weerths *Skizzen aus dem sozialen und politischen Leben der Briten* (1843/48), Theodor Fontanes *Jenseits des Tweed* (1860) oder K. E. Franzos' *Aus Halb-Asien* (1876). Lit. Höhepunkte der Gattung sind in den 20er und 30er Jahren des 20. Jh. die R. von E. E. Kisch, Julius Fučik, Joseph Roth, Arthur Holitscher u. a. Da Reportagen der täglichen Berichterstattung der Medien dienen, sind sie Gebrauchsformen der Tagesliteratur. In der Masse der journalistischen Sachberichte aber haben bestimmte R. auch selbstständigen künstler. Wert. Deshalb entstehen vielfach nachträglich R.-Sammlungen oder aus R. bestehende Bücher, die dann oft die Form von Reiseberichten (→Reiseliteratur) annehmen (vgl. E. E. Kisch: *China geheim*, 1933; Joseph Roth: *Panoptikum*, 1930).

Retardation (lat. retardātiō – Verzögerung) | Begriff der →Dramaturgie. Verzögerung in der Entwicklung einer dramat. Handlung als Gegensatz zum ›erregenden Moment‹ an ihrem Beginn (→Drama): Durch Eröffnung scheinbarer Auswege scheint eine andere als die bisher angenommene Lösung des →Konflikts möglich. Das **retardierende Moment** (Goethe) taucht vielfach im vorletzten Akt auf, wenn das Interesse des Publikums an der Handlung nachzulassen droht, vgl. z. B. den Dialog zwischen Egmont und Herzog Alba im 4. Aufzug von Goethes *Egmont* (1788). R. gibt es auch in erzählenden Formen der Literatur, in →Ballade, →Novelle und immer im →Epos.

Revue (frz., [Heer-]Schau, Besichtigung, Rundschau) | 1 Dramaturgisch offene Form des Theaterstücks wie des Theaterspielens. Durch einen sinntragenden Gedanken, eine lockere →Fabel, zumeist mit starken Aktualitätsbezügen, werden Darbietungen oder Szenenfolgen versch. Art (Gesang [z. B. →Couplet], Tanz, Instrumentalmusik, Wort und Spiel, Artistik, Pantomime, Film u. a.) zusammengehalten und in diesem Rahmen wirksam zur theatralischen Entfaltung gebracht. Die R. hat in der Theatergeschichte eine wesentliche Rolle gespielt. Die Bezeichnung R. entstand nach 1830 in Paris, sie wurde gebraucht für Stücke des Boulevardtheaters (Théâtre du boulevard; →Boulevardstück). In der zweiten Hälfte des 19. Jh. entwickelte sich daraus die Bühnen-R. Sie gelangte von Paris aus in die USA (Broadway; z. B. »Ziegfeld-Follies« ab 1907) und in die europ. Großstädte. Eine politisierte Form der R. hat in den 20er Jahren des 20. Jh. in Deutschland eine Blüte erlangt, sie ist verbunden mit dem Namen von Erwin Piscator (*Revue Roter Rummel,* 1924, u. a.), weitergeführt von Brecht, Friedrich Wolf und Gustav von Wangenheim; in Russland benutzten W. E. Meyerhold und Wladimir Majakowski ähnliche Formen. 2 Titelbezeichnung v. a. franz. und engl. (revue; review) Zeitschriften mit universeller Orientierung.

Rezension (lat. recēnsiō – Musterung [durch einen Zensor]) | 1 Kritische Beurteilung von Büchern, Theaterinszenierungen, Konzerten, Filmen usw. durch einen Rezensenten (Kritiker) in einer Zeitschrift, im →Feuilleton von Zeitungen oder in speziellen Rezensionsorganen. Die Form der R. bildete sich im 17. Jh. heraus und entwickelte sich im Zusammenhang mit dem →Literaturmarkt und der Zunahme der Lesefähigkeit eines breiteren →Publikums. 2 In der Textkritik (→Text) kritisches Auswahlverfahren zur Textherstellung besonders älterer Werke. →Edition, →historisch-kritische Ausgabe

Rezeption (lat. recipere – zurück-, entgegennehmen, in sich aufnehmen) | Aufnahme lit. Werke durch Lesen und Hören oder, bei visuell vermittelter Literatur (Theaterinszenierungen, Fernsehspiele), durch Sehen und Hören. Im eingeschränkten Sinn meint R. die von Zeit und Ort der Entstehung unabhängige Lektüre eines lit. Werkes. In der →Literaturwissenschaft hat die R. seit Mitte der 60er Jahre des 20. Jh. verstärkte Beachtung gefunden und neue wiss. Fragestellungen hervorgebracht: die Untersuchung des lit. Werkes als Bedeutungs- und Sinnangebot und deren Aufnahme (Konkretisation) durch (versch.) Leserinnen und Leser; die Frage nach der Leserrolle in der Struktur eines Werkes; historisch und sozial geprägte Erwartungshaltungen von Lesern und Lesergruppen; die jeweiligen kulturellen Verhältnisse, in denen Literatur produziert, verbreitet und aufgenommen wird usw. Dies ist als ›rezeptionsästhetische Wende‹ der Literaturwiss. bezeichnet worden, auf deren Grundlage eine spezielle **Rezeptionsforschung** aufbaut. In der Forschung wird zwischen R. und **Wirkung** unterschieden. R. meint die vom Leser bestimmte Konkretisation eines lit. →Werkes, Wirkung dagegen die vom →Text bedingte. →Katharsis z. B. ist eine wirkungsästhetische Kategorie, die produktions-, darstellungs- und werkästhetische Zusammenhänge umgreift.

Rhapsode (griech. rhapsōdós – Sänger; eigtl. Zusammensetzer) | In der Antike der umherziehende Sänger, der improvisierend und aus dem Gedächtnis ›Lieder‹ (epische Dichtungen) aneinander reiht und in den versch. Versammlungen vor Hörern mit Leierbegleitung vorträgt. Bis zur schriftl. Aufzeichnung sind so auch die Epen (→Epos) durch versch. R. überliefert worden. R. finden sich unter anderen Namen auch in anderen Kulturkreisen, vgl. den altnord. **Skalden**, den altgerman. **Skop** oder den dt. **Spielmann**. Von R. abgeleitet ist die im 18. Jh. aufkommende Bezeichnung **Rhapsodie** für ein stark gefühls- und emotionsbetontes Gedicht. Dieser Begriff setzte sich jedoch im 19. Jh. nur für bestimmte musikalische, auf volkstümliche Überlieferung zurückgehende Werke durch, vgl. die *Ungarischen Rhapsodien* (1839/86) von Franz Liszt.

Rhetorik* (griech. rhētoriké [téchnē] – Redekunst) | Lehre vom richtigen, wirkungsvollen, der Situation angemessenen und die Hörer überzeugenden Reden. Seit der Antike gepflegte Wissenschaft und Kunst der Beredsamkeit für den Vortrag eines Redners beim

Gericht, vor einer polit. Körperschaft oder in einer Festversammlung. Im MA. zu den sieben →freien Künsten (lat. artes liberales) gehörend. Sie vermittelt Anweisungen und Regeln, deren Anwendung maximalen rednerischen Effekt verspricht. Dazu gehören v. a. die **rhetorischen Figuren** (auch Redefiguren; →Tropus). Das sind vorgeprägte sprachl. Schemata, die der Veranschaulichung und Ausschmückung der Rede dienen (→Anapher, →Antithese, →Epipher, →Ellipse, →Klimax u. a.). Die R. ist histor. wie sachlich mit der →Poetik eng verbunden. Sie verliert am Ausgang des 18. Jh. an Bedeutung, weil sich das Bedürfnis der →Aufklärung nach individuellem, subjektivem Ausdruck gegen das traditionelle Regelwerk der R. wendet (vgl. den abwertenden Begriff ›rhetorisch‹ für ein zwar schönes, nicht aber an der Sache orientiertes Sprechen). Sie wird von der Stilistik (→Stil) abgelöst. Teile ihrer Traditionen werden in der neu entstehenden →Ästhetik umgeformt und weitergeführt. In jüngster Zeit findet die R. neues wiss. Interesse, v. a. im Zusammenhang mit der Erforschung der Sprache von Werbung, Publizistik und Politik, aber auch in Bezug auf die Wirkung von Literatur (→Rezeption).

Rhythmus (griech. rhythmós – Bewegungsfluß) | An natürlichen Vorgängen wie Herzschlag, Tag und Nacht, Jahreszeiten orientierte Bezeichnung für den zeitlich ablaufenden Wechsel von Spannung und Lösung in der sprachl. Gestaltung eines Kunstwerkes. Im Vers mit den Mitteln von →Metrik und →Prosodie. Aber auch die →Prosa kennt rhythmische Gestaltung, sodass von Prosa-R. gesprochen werden kann (Gliederung des Sprachflusses, Pausen, lange und kurze Wörter, Klangfarben von Wörtern, Wortstellungen, variierende Satzgliederungen usw.), vgl. z. B. die stark rhythmisch gestalteten Erzählungen Heinrich von Kleists.

Ritterroman | Im ausgehenden MA. aus der Prosa-Auflösung des Heldenepos (→Heldendichtung) entstehende Sonderform des →Romans (vgl. die zahllosen Romane aus der *Artus*-Dichtung, deren Zentrum der legendäre keltische König Arthur und die Ritter seiner Tafelrunde sind). Später wird diese Tradition durch die Romane um den Ritter Amadis (*Amadis*-Romane) bis ins 16. Jh. fortgesetzt und schließlich durch Cervantes' *Don Quijote* (1605/16) ironisch beendet. Im 18. Jh. lebt der R., nun als **Ritter- und Räuberroman** ein Genre der →Unterhaltungs- und →Trivialliteratur, neu auf, vgl. z. B. *Rinaldo Rinaldini* (1797/1800) von Goethes Schwager Ch. A. Vulpius. Dem R. eng verwandt ist das gleichfalls im 18. Jh. sich ausbildende **Ritterdrama**, vgl. z. B. Ludwig Uhlands Tragödie *Ernst, Herzog von Schwaben* (1818).

Robinsonade | Art des →Abenteuerromans. Von Daniel Defoes Roman *Robinson Crusoe* (1719; dt. 1720) abgeleitete Bezeichnung für die lit. Darstellung einsamen Lebens auf einer Insel bzw. die von der menschlichen Gesellschaft abgetrennte individuelle Existenz überhaupt. Als erste dt. R. gilt das sechste Buch von Grimmelshausens *Simplicissimus* (1669). Die Blütezeit der R. beginnt in vielen Ländern erst nach dem durchschlagenden Erfolg von Defoes Buch. Erste bedeutende und selbst wiederum oft nachgeahmte R. in Deutschland ist J. G. Schnabels Staats- und Sozialutopie *Wunderliche Fata einiger Seefahrer* […] (1731/43, 1828 u. d. T. *Insel Felsenburg*). Umwandlung des Motivs der R. dann auch in versch. Romanen von Jules Verne, z. B. *L'Île mystérieuse* (1870; dt. *Die geheimnisvolle Insel*, 1880).

Rokoko (von frz. rocaille – kleine Steine, Muscheln, Einlegearbeit) | In Frankreich zunächst Spottname für den verschnörkelten und mit Ornamenten überladenen Baustil des Spätbarock (→Barock). Ende des 19. Jh. in der Kunstgeschichte, ab den 20er Jahren des 20. Jh. auch von der Literaturwiss. gebrauchter Stil- und Epochenbegriff für die Zeit des Umbruchs zwischen Barock und →Aufklärung (etwa 1740–1780). Als Merkmale des R. werden angesehen: ein gegenüber dem Barock neues Lebensgefühl von Daseinsfreude und Sinnengenuss, die Vorliebe für verspielte kleine Formen, die Auffassung des Schönen als des zugleich Moralisch-Guten, die Pflege heiterer Geselligkeit und einer der Gesellschaft zugewandten Dichtung, in der die Gattungsgrenzen fließend werden. Als Vertreter des lit. R. in Deutschland gelten u. a. Ch. F. Gellert (*Fabeln und Erzählungen*, 1746/48), J. W. L. Gleim (*Lieder nach dem Anakreon*, 1766), Salomon Geßner (*Daphnis*, 1754), G. E. Lessing mit seinem Lustspiel *Der junge Gelehrte* (1754) und der junge Goethe (z. B. die in der Leipziger Zeit entstandenen *Neuen Lieder*, 1770, und das Schäferspiel *Die Laune des Verliebten,* 1779).

Roman (altfrz. romanz, romant – Erzählung in frz. Sprache) | →Gattung der →Epik. Umfangreiches Werk der Erzählkunst in →Prosa. Mit R. wurden seit dem 12. Jh. Dichtungen in der Volkssprache (lat. lingua romana) bezeichnet – im Gegensatz zu den in lat. Sprache (lat. lingua latina) verfassten. Im Unterschied zum objektiv erzählenden, die Totalität einer Lebenswelt fassenden →Epos zeichnet den R. eine subjektive →Erzählperspektive aus, vgl. Goethes Definition des R. als »subjektive Epopöe, in welcher sich der Verfasser die Erlaubnis ausbittet, die Welt nach seiner Weise zu behandeln« (*Maximen und Reflexionen*, 1833; →Epopöe). Wegen seiner geringen Formstrenge ist der R. von einer sich an der Antike orientierenden →Poetik bis ins 18. Jh. beargwöhnt und der R.-Schreiber als »Halbbruder des Dichters« (Schiller: *Über naive und sentimentalische Dichtung*, 1795) bezeichnet worden. Diese Freiheit der Form hat zugleich die unzähligen Variationen des R. hinsichtlich seiner Stoffe und Themen (u. a. →Abenteuerroman, →Bildungsroman, →historischer Roman, →Kriminalroman, →Ritterroman usw.) oder seiner Erzählformen (Ich-Roman, →Briefroman, Tagebuchroman usw.) hervorgebracht und ihn für breite lesekundige Schichten v. a. auch zum Zweck der Unterhaltung (→Unterhaltungsliteratur) geöffnet. Die Wandlungsfähigkeit des R. ist bis heute nicht erschöpft, sodass auch die jüngsten lit. Strömungen und Richtungen der →Postmoderne z. B. neue, vielfach ironische (→Ironie) Möglichkeiten der R.-Form entdecken konnten.

Romanbiografie | →Biografie

Romanserie | →Fortsetzungsroman

Romantik (von altfrz. romanz, romant – Erzählung in frz. Sprache) | Anfang des 19. Jh. aufkommende Bezeichnung für eine das gesamte Europa erfassende Kultur- und Kunstepoche zwischen →Aufklärung und →Realismus (etwa 1790–1850), in Deutschland zwischen Weimarer →Klassik und →Biedermeier bzw. →Vormärz (etwa 1795–1820). Zeitlich und inhaltlich in den einzelnen Ländern, v. a. England, Frankreich, Deutschland und Osteuropa, höchst unterschiedlich verlaufend, sodass Gemeinsamkeiten einer europäischen R. nur schwer und mit Vorbehalt auf einen Begriff zu bringen sind: u. a. Zurückgreifen auf die je eigene nationale Vergangenheit und die Traditionen der ma. christl. Kirche; im Modell der Poesie und des ›Wunderbaren‹ Sehnsucht nach einer sinnerfüllten Welt im Gegensatz zur zeitgenössischen Zivilisation; Betonung der individuellen Einbildungskraft (→Phantasie) des Künstlers und Lockerung der strengen, an der antiken →Poetik orientierten Gattungsnormen. Die dt. lit. R. bildete sich im Gefolge der Epochenerfahrung der Französischen Revolution (1789) in zwei Gruppen aus: 1798 die frühe oder **Jenaer R.** (Friedrich und A. W. Schlegel, Friedrich von Hardenberg [Novalis], Ludwig Tieck); 1805 die **Heidelberger Romantik** (Clemens Brentano, Achim von Arnim, Joseph von Eichendorff, Jacob und Wilhelm Grimm u. a.). Bruchstücke einer romantischen Theorie insbesondere von Friedrich Schlegel finden sich in der Zeitschrift »Athenaeum« (1798/1800); vgl. F. Schlegels Forderungen nach einer ›romantischen Universalpoesie‹, in der dem Roman eine Schlüsselstellung zukommt, seine ästhetische Aufwertung der →Ironie als modernes Welt- und Kunstverständnis oder seine Theorie des →Fragments). Leistungen der R. über die Poesie hinaus gab es auf den Gebieten der Philosophie (J. G. Fichte, F. W. J. Schelling), Religionswissenschaft (Friedrich Schleiermacher), Naturwissenschaften (Novalis), Mythenforschung (Friedrich Creuzer), Literaturgeschichte (Friedrich und A. W. Schlegel) sowie der Sprachwissenschaft und Volkskunde (Jacob und Wilhelm Grimm). Hervorzuheben ist auch der bedeutende Anteil von Frauen an der Ausprägung einer romantischen Gefühlskultur (Caroline Schlegel, Rahel Varnhagen, Karoline von Günderrode). Vielfach, besonders in der marxistischen Theorie, zu Unrecht als irrationalistisch oder antiaufklärerisch verfemt, ist die R. ein zentraler Knotenpunkt der frühen lit. →Moderne. →Schwäbische Schule, →Serapionsbrüder (1)

Romanze | Der →Ballade ähnliche, versgebundene epische Kurzform, die sich im 15. Jh. zunächst in Spanien ausbildete. Die Themen sind v. a. der Helden-, Ritter- und Liebesdichtung entnommen. Im 18. Jh. wird der Begriff, meist gleichbedeutend mit Ballade, auch im Dt. gebräuchlich. In der →Romantik schätzte man die R. als Form volkstümlicher lit. Überlieferung. Parodistisch (→Parodie) verwendet u. a. von Heinrich Heine (vgl. *Atta Troll*, 1843). Eine Sammlung von R. bezeichnet man als **Romanzero** (vgl. Heinrich Heines Gedichtsammlung *Romanzero*, 1851, die allerdings nur zum Teil R. enthält).

Rondeau (frz., Ringelgedicht, Rundgedicht) | Urspr. im Frankreich des 13. Jh. zum Rundtanz gesungenes kleines Lied mit →Refrain. Blüte im 14. und 15. Jh. Dt. Nachbildungen im 16./17. Jh. u. a. bei Johann Fischart, G. R. Weckherlin und Philipp von Zesen.

Sachbuch | Zwischen →Belletristik und fachwissenschaftlicher Literatur anzusiedelnde Publikationsform, die ein bestimmtes Wissensgebiet aus Politik, Wissenschaft, Geschichte, Kultur usw. in allgemein verständlicher Sprache für einen großen Leserkreis darstellt. Der Begriff bürgerte sich im Verlagswesen Anfang der 30er Jahre des 20. Jh. ein. Vorformen der S. finden sich in der →Reiseliteratur, der populären aufklärerischen Literatur (→Aufklärung) und überall dort, wo es in erster Linie um Informations- und Kenntnisvermittlung ging. →Literatur, →Gebrauchsliteratur

Saga (altnord., Erzählung, Bericht) | Sammelbezeichnung für ma. Prosaerzählungen in Island (Pl. Sögur), die verschiedenste Themen- und Stoffkreise (Geschichte von Königsgeschlechtern, von Landnahme und Kolonisierung, Kirchengeschichte, Heldensagen u. a.) umfassen. Im Unterschied zur →Sage handelt es sich nicht um reine →Volksdichtung, sondern um meist von Geistlichen schriftl. fixierte Literatur. Im übertragenen Sinn werden auch sehr breit angelegte, die Geschichte mehrerer Generationen umfassende Familienromane (→Zyklus) als ›Familiensaga‹ bezeichnet, vgl. u. a. Eugène Sues *Les mystères du peuple* (1849/57; teilw. dt. *Die Geheimnisse des Volkes*, 1850/52) oder John Galsworthys *Forsyte Saga* (1922; dt. 1925).

Sage | Urspr. mündlich überlieferte, volkstümliche Form der epischen Darstellung eines Ereignisses/einer Geschichte, die (im Unterschied zum →Märchen) mit einem bestimmten Ort oder einer bestimmten Person verbunden ist. Sie verknüpft reale histor. Ereignisse mit mythischen Elementen (→Mythos), Stoffen und Motiven, die auch im Märchen geläufig sind (u. a. Zauberer, Hexen, Riesen, Feen, Zwerge, Gespenster usw.). Obwohl meist von einem Verfasser stammend, dichtet im Verlauf der mündl. Überlieferung das Volk mit. Seit dem 15. Jh. wurden S. schriftl. aufgezeichnet. Am bekanntesten in Deutschland sind die 1816/18 von den Brüdern Jacob und Wilhelm Grimm hg. *Deutschen Sagen* (→Romantik), aus denen wiederum die Kunstliteratur vielfach ihre Stoffe bezogen hat, z. B. Theodor Storm für *Der Schimmelreiter* (1888).

Salon | →Dichterkreis

Samisdat (Abk. von russ. samoisdatel'stwo – Selbstverlag) | Sammelbezeichnung für die in der Sowjetunion offiziell verbotene Literatur, die nicht gedruckt werden durfte (→Zensur) und seit den 30er Jahren, besonders aber in den 70er und 80er Jahren des 20. Jh. durch die betreffenden Schriftsteller (z. B. Anna Achmatowa, Boris Pasternak und A. I. Solschenizyn) selbst vervielfältigt und verbreitet wurde.

sapphische Strophe | Antikes Odenmaß (→Ode [2]), benannt nach der griech. Dichterin Sappho (7. Jh. v. Chr.); vierzeilige Strophe, bestehend aus drei elfsilbigen Versen und einem abschließenden fünfsilbigen Vers. Beispiel: »Stéts am Stóff klebt únsere Séele, / Hándlung / Íst der Wélt allmächtiger Púls, / und déshalb / Flötet óftmals táuberem Öhr der / hóhe / Lýrische Díchter« (August v. Platen: *Los des Lyrikers*). Variiert wurde diese Strophe durch eine andere Stellung des →Daktylus in den ersten drei Zeilen.

Satire (lat. satira – Spottgedicht; nach satura [lanx] – Fruchtschüssel, die den Göttern dargebracht wurde, Allerlei) | Verspottende Kritik menschlicher Schwächen, gesellschaftlicher oder politischer Zustände. Seit der Antike gibt es satirische Werke (›Satiren‹) in nahezu allen lit. Gattungen (u. a. →Epigramm, →Fabel, →Fastnachtspiel, →Komödie, →Roman, →Schwank usw.). Deren Gemeinsamkeit ist eine kritische Grundhaltung (›**satirisch**‹), die im Vergleich mit der →Ironie oder dem →Komischen ungleich schärfer und unversöhnlicher mit dem Gegner abrechnet. Satirische Kritik geht von einer festen ethischen Norm aus, woran sie gesellschaftliche Zustände und das Verhalten von Menschen misst. Kritik wird jedoch nicht direkt vorgebracht, sondern durch karikierende und verfremdende Überzeichnung tatsächlicher Verhältnisse und Verhaltensweisen, wodurch sie indirekt erschließbar wird, vgl. z. B. Jonathan Swifts Roman *Travels into several remote nations of the world* […] (1726; dt. 1727/28, 1783 u. d. T. *Gullivers Sämtliche Reisen*), wo die Zwergeninsel Liliput für England steht und als ›verkehrte Welt‹ entlarvt wird (→Groteske).

Satyrspiel (Satyr – Waldgott der griech. Sage in Bocks- oder Pferdegestalt; als wilder und sinnenlustiger Dämon im Gefolge des Fruchtbarkeitsgottes Dionysos) | Im griech. Theater wurden etwa bis zur Zeitenwende Tragödien an einem Tag in einem →Zyklus von drei Stücken (→Trilogie) aufgeführt, ergänzt und abgeschlossen durch ein viertes, das S. (→Tetralogie), mit derb-komischem und obszönem Inhalt, das die Zuschauer vom seelischen Druck der vorangegangenen Tragödienhandlungen durch Lachen entlasten sollte.

Schäferdichtung | →Hirtendichtung

Schauspiel | 1 Oberbegriff für →Drama, →Tragödie, →Komödie. Heute, im Unterschied zum Musiktheater, synonym mit ›Sprechtheater‹. 2 Bezeichnung für solche Theaterstücke, die eine relativ offene Form haben, z. B. die Sch. des →epischen Theaters Bertolt Brechts.

Schelmenroman, auch pikaresker oder pikarischer Roman | In der zweiten Hälfte des 16. Jh. in Spanien entstandene Spielart des →Abenteuerromans. Mittelpunktfigur ist der Pikaro (span. pícaro – Schelm, Gauner), der aus den besitzlosen Volksschichten stammt, sich mit Klugheit, Witz und Gerissenheit durchs Leben schlägt und im Dienst versch. Herren eine ironisch-satirische (→Satire, →Ironie) und sozialkritische Sicht auf Welt und Menschen vermittelt; meist in der Ich-Form verfaßt. Reihung von abenteuerlichen →Episoden, die Lebensstationen des Helden sind, vermischt mit Schwankelementen (→Schwank) und moraldidaktischen Einschüben. Der erste Sch. ist der anonym veröffentlichte *La vida de Lazarillo de Tormes* […] (1554; dt. *Lazarillo de Tormes*, 1617). Der bedeutendste dt. Sch. ist Grimmelshausens *Simplicissimus* (1668); davon abgeleitet ist die Bezeichnung **Simpliziade** für Sch. nach diesem Vorbild. Der Sch. hat bis zur Gegenwart einen bedeutenden Einfluss auf die erzählende Literatur, vgl. die in dieser Tradition stehenden Romane von Thomas Mann (*Bekenntnisse des Hochstaplers Felix Krull*, 1954), Erwin Strittmatter (*Der Wundertäter*, 1957/80), Günter Grass (*Die Blechtrommel*, 1959), Heinrich Böll (*Ansichten eines Clowns*, 1963) oder Irmtraud Morgner (*Leben und Abenteuer der Trobadora Beatriz* […], 1974).

Schlager | Der Begriff kommt in der zweiten Hälfte des 19. Jh. auf und meint ein Lied, das binnen kürzester Zeit durchschlagenden Erfolg erzielt (vgl. engl. hit – Schlag, Stoß). Vorläufer sind der →Bänkelsang und der seit dem 16. Jh. bekannte **Gassenhauer** (von den Bummlern auf der Gasse gesungenes volkstümliches Lied). Lit. Anspruch erheben Sch.-Texte meist nicht. Die Inhalte, v. a. aus dem Bereich menschlicher Grundbeziehungen (Liebe, Trennung, Sehnsucht, Heimat usw.), sind oft stark vereinfacht und schablonenhaft, vielfach aber auch mit echtem Ausdruck, dem Volkslied (→Volksdichtung) oder dem →Chanson verwandt bzw. →Motive aus diesen aufnehmend.

Schlesische Dichterschule | Seit dem 17. Jh. geläufige Bezeichnung für zwei von Schlesien aus wirkende Gruppen von →Barock-Dichtern: Die Erste Schlesische Dichterschule, deren Zentralfigur Martin Opitz ist. Die Zweite Schlesische Dichterschule mit Ch. H. von Hofmannswaldau, D. C. von Lohenstein und (mit Einschränkungen) Andreas Gryphius. Die Bezeichnung ›Dichterschule‹ ist umstritten, da die Vertreter der beiden Gruppen kein vom übrigen Barock streng zu unterscheidendes poetisches Programm vertraten. Das innerhalb der Sch. D. ausgebildete barocke →Drama wird als **schlesisches Kunstdrama** bezeichnet, dessen Merkmale sind: fünfaktiges Trauerspiel (→bürgerliches Trauerspiel) in →Alexandrinern, Einsatz rhetorischer Figuren (→Rhetorik), Aufführung durch Schüler in schlesischen Gymnasien, vgl. z. B. Andreas Gryphius' Tragödie *Leo Armenius oder Fürstenmord* (1646).

Schlüsselroman (Übersetzung von frz. roman à clef) | Roman, in dem tatsächliche Ereignisse, Zeitumstände und Personen so weit verändert (›verschlüsselt‹) worden sind, dass die →Zensur nicht mehr eingreifen kann bzw. betroffene Persönlichkeiten keine rechtliche Handhabe haben, jedoch ein mit den Verhältnissen vertrauter Leser die wirklichen Figuren und Umstände ›entschlüsseln‹ kann. Vgl. z. B. Klaus Manns Roman *Mephisto* (1936), der auf die Karriere des Schauspielers Gustaf Gründgens während der NS-Diktatur Bezug nimmt.

Schönes/Schönheit | Zentrale und älteste Kategorie der →Ästhetik. Hängt wortgeschichtlich in vielen Sprachen mit ›glänzen‹, ›scheinen‹, ›schauen‹, ›Licht‹, ›leuchten‹ usw. zusammen. Der Bedeutungskern meint Harmonie der Formen, Maße, Proportionen, Farben, Klänge, Gerüche usw., mit der sich zugleich das Moralisch-Gute verbindet. ›Schön‹ ist ein Werturteil, das auf die natürliche Umwelt angewandt wird (›Naturschönes‹), insbesondere aber auf die Erscheinungsformen der Kunst (›Kunstschönes‹). In der seit der Antike unablässig geführten Diskussion über das Sch. ist das **Hässliche** (das Ungestaltete und Formlose, zugleich das moralisch Verdammenswerte) der gegensätzliche Wertungspol. Ab Mitte des 18. Jh. gerät dieser starre Gegensatz in Bewegung, indem (so in der franz. →Klassik) von relativer und absoluter Sch. (frz. beau relatif/beau absolu) gesprochen wird. Dahinter steht die Erfahrung der Kulturepoche der →Moderne, dass die negativen ästhetischen Kategorien (→erhaben, grotesk [→Groteske], bizarr, Schrecken, Schock, hässlich u. a.) für die Empfindungswelt des Menschen und deshalb auch für die Kunst von größter Bedeutung sind, im traditionellen Sch.-Begriff aber nicht aufgehen. Im Verlauf des 19. und 20. Jh. ist damit immer mehr ›Hässliches‹ in der Kunst gestaltet und der Sch.-Begriff ausgehöhlt worden, ohne jedoch gegenstandslos zu werden, vgl. etwa die heute immer noch aktuelle Bedeutung des ästhetischen Urteils ›schön‹ in der Mode, in Erotik und Sexualität, im Konsumkult des schönen Körpers oder in Umweltplanung, Landschafts- und Stadtgestaltung.

Schriftsteller | Im 16. Jh. gebildeter Begriff für jemanden, der eine ›Schrift (auf-)stellt‹: ein Bittgesuch, ein Gerichtsdokument o. Ä. Seit der zweiten Hälfte des 17. Jh. als Verdeutschung von lat. auctor, autor (→Autor) und des älteren ›Skribent‹ gebräuchlich. Dann in der Bedeutung ›Verfasser lit. Werke‹, insbesondere von →Prosa, im Gegensatz zu den Begriffen ›Dichter‹ oder ›Poet‹ gebraucht, mit denen sich ein höherer ästhetischer Anspruch verbindet. Im 20. Jh. hat diese Unterscheidung allerdings an Bedeutung verloren, sodass heute mit Sch. wertneutral alle im weiten Sinn lit. Tätigen (nicht nur Künstler, sondern auch Journalisten und Wissenschaftler) bezeichnet werden können.

Schriftstellerverbände | Vereinigungen von →Schriftstellern zur Wahrnehmung der rechtlichen, sozialen und kulturellen Belange ihres Berufszweiges. Gründung des ersten »Deutschen Schriftstellerverbandes« 1887, 1900 entstand der »Allgemeine Schriftstellerverein« und 1909 der »Schutzverband Deutscher Schriftsteller« (SDS), der als Verbandsorgan die Zeitschrift »Der Schriftsteller« (ab 1911) herausgab. Er wurde 1933 vom NS-Staat aufgelöst und im Exil (→Exilliteratur) in Paris neu gegründet. Im nationalsozialist. Deutschland wurde nach der Gleichschaltung 1935 die »Reichsschrifttumskammer« zur Überwachung und Lenkung der Literatur eingerichtet. Kommunist. Schriftsteller bildeten 1930 die unter sowjetischer Führung stehende »Internationale Vereinigung revolutionärer Schriftsteller« (IVRS), die im Zuge der Volksfrontpolitik 1935 wieder aufgelöst wurde. Nach dem Zweiten Weltkrieg (1945) Gründung des »Schutzverbandes deutscher Autoren« (SDA), 1952 der »Bundesvereinigung Dt. Schriftsteller« (BDS), 1969 Neuorientierung als »Verband Deutscher Schriftsteller« (VS). In der DDR bestand seit 1952 der »Dt. Schriftstellerverband« (DSV; später »Schriftstellerverband der DDR«), der ab 1953 die Zeitschrift »Neue Deutsche Literatur« (NDL) herausgab. National und international organisiert ist der Sch. des →PEN. ↔Dichterkreis

Schuldrama | Vom 15. bis 17. Jh. an dt. und niederl. Lateinschulen und Universitäten aufgeführte Dramen mit pädagog.-didakt. Zielstellung, zuerst ausschließlich in Latein (Humanistendrama), seit etwa 1530 auch in dt. Sprache. Die Stücke wurden von Lehrern und Geistlichen verfasst und im Rhetorikunterricht von den Schülern aufgeführt, mit dem Ziel, die gewandte Handhabung sprachl. Mittel, freies Auftreten und zugleich ethisches Verhalten zu bewirken. Formal an antiken Vorbildern orientiert (Plautus, Terenz, Seneca), sind diese Stücke gekennzeichnet durch straffe Handlungsführung, Akteinteilung, wenige handelnde Personen und einen →Chor (vgl. z. B. Jacob Wimpheling: *Stylpho*, 1494; Johannes Reuchlin: *Acolastus*, 1529). Unter dem Einfluss der Reformation knüpfte das Sch. an das geistliche und weltliche Spiel (→geistliches Drama) des MA. an und entwickelte sich zum religiösen Tendenzdrama, das u. a. durch abschreckende Darstellung der Laster die Tugenden fördern sollte (z. B. Paul Rebhuhn: *Ein Geystlich spiel von der Gottfürchtigen und keuschen Frawen Susannen*, 1536). Einen weiteren Höhepunkt erreichte das Sch. Ende des 17. Jh. im schlesischen Kunstdrama (→Schlesische Dichterschule).

Schundliteratur | Seit 1900 benutzter Begriff für ›wertlose‹ Literatur. Pädagogen und Juristen bezeichnen damit die unter dem Gesichtspunkt des Jugendschutzes besonders anstößige pornografische (→Pornografie) oder Gewalt verherrlichende Literatur, vgl. das *Gesetz über die Verbreitung jugendgefährdender Schriften* (›Schund- und Schmutzgesetz‹) von 1973, das den Vertrieb »unsittlicher, verrohend wirkender, zu Gewalttätigkeit, Verbrechen oder Rassenhass anreizender sowie den Krieg verherrlichender Schriften« unter Strafe stellt.

Schüttelreim | In einem Doppelreim (→Reim) wird durch Vertauschung der anlautenden Konsonanten mehrerer reimender Silben oder Wörter ein neues sinnvolles Wort oder eine Wortfolge erzeugt: ›F̲ink und S̲tar – S̲tink und f̲ahr.‹ Vor allem in scherzhafter Dichtung verwendet.

Schwäbische Schule, auch schwäbische Romantik | Zwischen 1810 und 1850 in Württemberg wirksamer Kreis (spät-) romantischer Dichter um Ludwig Uhland und Justinus Kerner (→Romantik). Weitere bekannte Mitglieder waren Gustav Schwab, Wilhelm Hauff und Eduard Mörike. Pflege volkstümlicher Literaturgattungen wie →Sage, →Märchen, →Ballade, →Lied mit idyllisierenden und das Regionale betonenden Zügen (→Biedermeier). Daher der Spott z. B. Heinrich Heines, vgl. *Der Schwabenspiegel* (1838).

Schwank (mhd. swanc – [Fechter-]Streich, Hieb; davon abgeleitet frühnhd., listiger Streich) | Sch. bezeichnet seit dem 15. Jh. eine kleine Vers- oder Prosaerzählung mit scherzhaftem, moral-didaktischem, oft derbem oder obszönem Inhalt. Seit dem 19. Jh. auch Begriff für ein der →Posse und →Farce verwandtes volkstümliches Lustspiel. Themen des Sch. sind der Alltag mit seinen Widrigkeiten, Überlistung der Dummen und Mächtigen, Betonung der triebhaften und sinnlichen Seite des Menschen in einer meist einsträngigen Handlung mit typenhaften Charakteren. Höhepunkte der dt. Sch.-Dichtung im 16. Jh. sind Jörg Wickrams Sch.-Sammlung *Rollwagenbüchlein* (1555) oder die in →Knittelversen verfassten Sch. von Hans Sachs, z. B. *Das Kälberbrüten* (1551).

Schweifreim | Form des Reims in der Folge a a b c c b; Bauelement sechszeiliger Strophen; in der Variante a a b a a b auch **Zwischenreim** genannt.

Sciencefiction (engl. science – Wissenschaft; fiction – Dichtung) | In den USA Ende der 20er Jahre des 20. Jh. aufkommende Sammelbezeichnung für wissenschaftlich-phantastische Romane, Erzählungen, Hörspiele, Comics und Filme. Obwohl sich Elemente und Motive der S.-Literatur bereits in der Antike nachweisen lassen, gilt als ihr Stammvater der franz. Schriftsteller Jules Vernes (z. B. *Le tour du monde en 80 jours*, 1873; dt. *Reise um die Welt in 80 Tagen*, 1875). Etwas später bildet sich der Typus der zeitkritischen, gesellschaftliche Fehlentwicklungen in die Zukunft projizierenden ›negativen Utopie‹ aus, vgl. z. B. H. G. Wells' *The Time Machine* (1895; dt. *Die Zeitmaschine*, 1904). In dieser Tradition stehen auch die berühmten Romane *Brave New World* (1932; dt. *Schöne neue Welt*, 1953) von Aldous Huxley und *Nineteen eightyfour* (1949; dt. *1984*, 1950) von George Orwell. Besondere Verbreitung fand die S.-Literatur in Heftreihen und Comicserien, dann aber als ›Dutzendware‹ und von geringem lit. Wert. In der zeitgenössischen internationalen Literatur gilt der polnische Schriftsteller Stanisław Lem als bedeutendster S.-Autor, vgl. z. B. *Astronauci* (1951; dt. *Der Planet des Todes*, 1955).

Sekundärliteratur (frz. secondaire – an zweiter Stelle) | Im Gegensatz zu den lit. Texten (**Primärliteratur**) die wiss. und kritischen Schriften, die über Kunstliteratur geschrieben werden. Begriff der →Literaturwissenschaft.

Sekundenstil | Zuerst im →Naturalismus verwandte lit. Beschreibungstechnik, ähnlich der filmischen Technik der Zeitlupe: Durch die Registrierung auch kleinster und unscheinbarster Details (Geräusche, Bewegungen, Sinneseindrücke, Reflexionen) in ihrer genauen zeitlichen Abfolge wird, z. B. in der erzählenden Literatur, die Deckungsgleichheit von →Erzählzeit und erzählter Zeit angestrebt, vgl. Peter Weiss' *Der Schatten des Körpers des Kutschers* (1960). Im →Drama wird der S. z. B. durch Dehnung der Dialoge erzeugt, so in Arno Holz' und Johannes Schlafs *Die Familie Selicke* (1890).

Senkung | →Hebung/Senkung

Sentimentalismus | →Empfindsamkeit

Serapionsbrüder | **1** Romantischer (→Romantik) Dichterkreis um E. T. A. Hoffmann, der sich in dessen Berliner Wohnung versammelte und dem u. a. Adalbert von Chamisso und F. H. C. de la Motte-Fouqué angehörten. Nach einem Kalenderheiligen (Serapion) benannt, vgl. Hoffmanns Novellensammlung *Die Serapionsbrüder* (1819 ff.), die aus diesem Kreis hervorging. **2** 1921 in Leningrad (St. Petersburg) gebildete Vereinigung von Schriftstellern, die sich Hoffmanns phantastische Dichtung zum Vorbild nahmen und sich gleichfalls S. nannten (Viktor Schklowski, M. M. Soschtschenko, J. I. Samjatin u. a.).

Shakespearebühne | →Bühne

Shortstory | →Kurzgeschichte

Simpliziade | →Schelmenroman

Simultanbühne (von lat. simul – zu gleicher Zeit) | Mittelalterliche Bühnenform (→Bühne) für die Aufführung geistlicher Stücke (z. B. Passionsspiele; →geistliches Drama). Aufführungsort war meist ein Marktplatz, auf dem alle Stationen der Handlung nebeneinander und zugleich aufgebaut werden konnten bzw. zusätzlich vorgefundene Räume, etwa Bürgerhäuser oder Kirchen, mit einbezogen wurden. Das Spiel ging ohne Unterbrechung und Szenenwechsel vonstatten, indem sich die Schauspieler von Station zu Station bewegten (›Stationendrama‹). Seit Ende des 19. Jh. Versuche zur Wiederbelebung der S., um gleichzeitig verlaufende dramat. Vorgänge auch gleichzeitig (›simultan‹) darstellen zu können, vgl. die Aufführung von Ferdinand Bruckners Reportagestück *Die Verbrecher* (1929) im Bühnenmodell eines Mietshauses.

Simultantechnik (lat. simul – zu gleicher Zeit) | Im 20. Jh. ausgebildete Erzähltechnik, mit der die Gestaltung räumlich und zeitlich auseinander liegender Ereignisse versucht wird. Vorläufer und Vorbild war die ma. →Simultanbühne. Der dem Erzählen eigene zeitliche Ablauf des Nacheinander wird durch →Montage außerhalb der Geschichte liegender Wirklichkeitselemente oder durch die breite Darstellung von Bewusstseinsreflexionen (→Bewusstseinsstrom, →erlebte Rede, →innerer Monolog) durchbrochen und zur Simultaneität (Gleichzeitigkeit) gebracht. Besondere Bedeutung hat die S. in der Großstadtliteratur des 20. Jh., vgl. John Dos Passos' *Manhattan Transfer* (1925; dt. 1927) oder Alfred Döblins *Berlin Alexanderplatz* (1929).

Singspiel | Form des →Dramas zwischen →Schauspiel und Oper. Theaterstück mit →Dialogen und volkstümlichen Gesangs- und Musikeinlagen. Seit dem 16. Jh. trat es v. a. in England und Italien auf, in Deutschland seit dem 18. Jh. (vgl. Goethes *Erwin und Elmire*, 1774). Im 19. Jh. entstand aus dem S. zum einen die Oper, zum anderen die Operette.

Sinngedicht/Sinnspruch | →Epigramm

Sketch (engl., Skizze) | Einfach gebaute dramat. Kurzszene v. a. des →Kabaretts mit witzig pointiertem Schluss (→Witz).

Skizze (ital. schizzo – Spritzer, erster Entwurf, Versuch) | Aus der Kunstwissenschaft übernommene Bezeichnung für die Form des kurzen →Berichts mit sachlich beschreibendem, aber auch subjektiv betontem Inhalt. Die S. wurde seit dem 18. Jh. als offene, normenfreie Prosaform in vielen lit. Gattungen verwendet. Die Reiseskizzen des 19. Jh. – zugleich sozialkritische Kulturbilder (vgl. Karl Emil Franzos' *Aus der großen Ebene*, 1888, oder Georg Weerths *Skizzen aus dem sozialen und politischen Leben der Briten*, 1843/48) – sind dem →Feuilleton verwandt und eine der Vorformen der →Reportage.

Skop | →Rhapsode

Soap-Opera (engl., Seifenoper) | Spöttische Bezeichnung für die melodramatischen (→Melodrama) Fernsehserien besonders in den USA, deren Ausstrahlung u. a. durch Waschmittelwerbung unterbrochen wird. →Kitsch

Sonett (ital. sonetto, Diminutiv zu ital. suono – Schall, Klang, Ton) | Aus Italien stammende Gedichtform mit strengem Vers-, Strophen- und Reimaufbau. Das S. besteht aus 14 Zeilen, die in zwei Vierzeiler (›Aufgesang‹) und zwei Dreizeiler (›Abgesang‹) gegliedert sind, unterstützt durch die variierbare Reimfolge (→Reim) abba abba (›Quartette‹) und cde cde (›Terzette‹). Zwischen Auf- und Abgesang liegt eine deutliche, beide Teile voneinander abhebende →Zäsur; vgl. *Das Sonett* von A. W. Schlegel, das diesen Aufbau poetisch beschreibt. Hinsichtlich des gedanklichen Schemas bilden die beiden Quartette These und →Antithese, die in den Terzetten zur Synthese vereinigt werden. Dieses Aufbaus wegen ist das S. v. a. für Gedankenlyrik geeignet. Höhepunkt der ital. S.-Dichtung bei Francesco Petrarca (14. Jh.). Für die Form des **Shakespearesonetts** ist die Verbindung von drei Quartetten (abab cdcd efef) und einem Couplet (gg) charakteristisch. Ab dem 17. Jh. bis zum Beginn des 19. Jh. wird das S. in Deutschland im Versmaß des →Alexandriners nachgebildet (vgl. G. R. Weckherlins Sammmlung *Geistliche und weltliche Gedichte*, 1641), verwendet

v. a. im →Barock und in der →Romantik, im 20. Jh. u. a. von Stefan George, Georg Trakl, Josef Weinheber und R. M. Rilke (vgl. *Sonette an Orpheus*, 1923). Ein meist aus 15 S. gebildeter →Zyklus wird als **Sonettenkranz** bezeichnet, in dem die Einzelgedichte ringförmig verbunden werden: Die jeweils letzte Zeile eines S. wird in der Anfangszeile des folgenden wiederholt, das letzte S. nimmt alle Anfangszeilen der vorausgehenden wieder auf (›Meister-S.‹) und bildet so die gedankliche Synthese des ganzen Kranzes, vgl. J. R. Bechers *Wiedergeburt. Buch der Sonette* (1947).

Song (engl., Lied) | Gesangsstück im →Kabarett mit eingängiger, ›schmissiger‹, an Jazz und Blues orientierter Melodie. Verwandt mit →Moritat, →Bänkelsang, →Couplet und →Chanson; vgl. die S. aus der *Dreigroschenoper* (1928) von Bertolt Brecht und Kurt Weill.

sozialer Roman | →Gesellschaftsroman

sozialistischer Realismus | Nach der künstler. Experimentierphase der Revolutionszeit 1932 in der Sowjetunion aufkommende und auf dem 1. Kongress der Sowjetschriftsteller (1934) offiziell eingeführte Bezeichnung. Politisch-ästhetisches Programm für eine Kunst, die vom weltanschaulichen Standpunkt der Arbeiterklasse und des Sozialismus (→Parteilichkeit) aus geschaffen wird. Der s. R. sollte den (bürgerl./kritischen) →Realismus fortführen und ihn hinsichtlich wahrheitsgetreuer und auf Zukunft orientierter Widerspiegelung/Abbildung der Wirklichkeit zugleich überwinden. Als klass. lit. Werk des s. R. galt fortan Maxim Gorkis Roman *Die Mutter* (1906). Nach dem Zweiten Weltkrieg war diese Kunstdoktrin in einer durch den Stalinismus geprägten dogmatisierten Form zur offiziell herrschenden Kunstanschauung in allen sozialistischen Ländern geworden. Abweichungen von ›Theorie und Methode‹ des s. R. wurden in ideologischen Kampagnen streng geahndet, große Teile der modernen Literatur des 20. Jh. der bürgerl. →Dekadenz oder dem →Formalismus zugerechnet und nicht gedruckt (→Zensur). Ungeachtet dessen hatte sich in der Literatur der DDR wie der anderer osteuropäischer Länder seit den 60er Jahren ein fortschreitender Differenzierungsprozess künstler. Positionen und Traditionen vollzogen, der allerdings kaum unter dem Namen s. R. zusammengefasst werden kann.

Spielmannsdichtung | Als **Spielmann** wurde der mit dem antiken →Rhapsoden verwandte fahrende Sänger des MA. bezeichnet, der im Land umherzog und auf hofischen Festen teils überlieferte, teils eigene Dichtungen vortrug (→Vagantendichtung). Wegen seiner nichtsesshaften Lebensweise als Possenreißer und Gaukler war er zunächst ein Außenseiter der ständischen Gesellschaft, später aber anerkannter Träger der mündl. überlieferten Dichtung. Davon abgeleitet wurde Sp.-Dichtung als Sammelbezeichnung für eine Gruppe von fünf im 12. Jh. entstandenen Versdichtungen (**Spielmannsepen**) benutzt: *König Rother, Herzog Ernst, Sankt Oswald, Orendel* und *Salman und Morolf*.

Spondeus, Pl. Spondeen (von griech. spondé – Trankopfer) | Antiker, aus zwei langen Silben gebildeter Versfuß (→Vers): – –. Da das Griech. nach dem quantitierenden Versprinzip (Längen und Kürzen) arbeitet, ist die Nachbildung des Sp. im Dt. (akzentuierendes Versprinzip: betonte und unbetonte Silben) schwierig, wenn nicht gar unmöglich, da selbst in Wörtern mit zwei langen Silben eine Silbe betonter, die andere unbetonter ist und sich diese Folge dem →Trochäus (x́ x) nähert, vgl. z. B. ›Wéhmùt‹ (›falscher Spondeus‹).

Sprichwort | Kurze, einprägsame und bildhafte Satzfügung, die eine volkstümliche oder allgemein menschliche Weisheit zum Inhalt hat, z. B.: ›Es ist nicht alles Gold, was glänzt.‹ Im Unterschied zu dem von einem individuellen →Autor stammenden →Aphorismus ist das Sp. Ausdruck kollektiver Welt- und Lebenserfahrung. Es gehört als Vorstufe der →Spruchdichtung zu den frühesten Formen der Dichtung. Im Dt. ist das Sp. seit dem *Hildebrandslied* (e. 7. Jh., Hs. um 810/40) nachweisbar. Erste Sp.-Sammlungen gibt es seit dem 11. Jh. Das im 19. Jh. entstandene *Deutsche Sprich-*

wortlexikon (Neudruck 1977) verzeichnet über 300 000 Sprichwörter.

Spruchdichtung | Um 1830 eingeführte Bezeichnung für zwei Formtypen der hoch- und spätmittelalterlichen Dichtung: 1. Den strophisch ungebundenen ›Sprechspruch‹ mit german. Wurzeln, vgl. die *Merseburger Zaubersprüche* aus dem 8. Jh. Die bekannteste Sp. in dieser Bedeutung ist die Lehrspruch-Sammlung *Bescheidenheit* (=Bescheidwissen, Einsicht) des fahrenden Dichters Freidank (Anfang 13. Jh.). Fließende Grenzen zu →Sprichwort, →Beispielgeschichte und →Fabel. 2. Den strophisch gegliederten ›Sangspruch‹ mit charakteristischer Melodienführung (→Ton), der dem →Minnesang nahe steht. Künstler. Höhepunkt mit Walther von der Vogelweide (12./13. Jh.), z. B. in seinen *Reichssprüchen*.

Stabreim | Besondere Form der →Alliteration.

Stammbuch | 1 Register, Buch, in das Mitglieder einer Familie eingetragen werden. 2 Buch, in das sich Freunde mit einem Denkspruch eintragen (daher die Wendung ›jemandem etwas ins St. schreiben‹); v. a. im 18./19. Jh. gebräuchlich. →Album

Ständeklausel | →Tragödie, →Komödie

Stanze; Ottaverime, auch Oktave (ital. stanza – Strophe, Abschnitt eines Gedichts) | Strophenmaß ital. Herkunft; bestehend aus acht Endecassilabi (=Elfsilblern) in der Reimfolge abababcc. Im Dt. sind die →Kadenzen teils durchgehend weiblich und teils abwechselnd weiblich und männlich. Die Strophe ist deutlich zweiteilig; Sinn und Gehalt gipfeln in dem abschließenden Reimpaar. Entstanden im 13. Jh., verwendet u. a. von Giovanni Boccaccio (vgl. den Versroman *Filostrato*, um 1340; dt. *Troilus und Kressida*, 1884). Im Dt. seit dem 17. Jh. in der →Lyrik nachgebildet. Dabei freie Variierung des Reimschemas, vgl. Goethes *Epilog zu Schillers Glocke* (1805).

Stegreifspiel (von ahd. stegareif – Steigbügel) | Im Sinn der alten Wortbedeutung (ohne anzuhalten oder abzusitzen): improvisiertes Theaterspiel ohne festen Text, aber mit vorher festgelegtem Schema und Handlungsgerüst. Eine der Urformen des Theaters und des menschlichen Spieltriebs und als solches wesentliches Element aller Theaterformen. Im 18. Jh. durch die Reform des Aufklärers J. Ch. Gottsched wegen zunehmender Verrohung der Dialoge von der Bühne verbannt, hat sich das St. dennoch v. a. im Spiel der →lustigen Person bis heute erhalten oder ist mit Berufung auf die Traditionen eines volkstümlichen Theaters neu belebt worden, vgl. Giorgio Strehlers Piccolo Teatro in Mailand.

Stichomythie (griech. stíchos – Zeile, Vers; mýthos – Wort, Erzählung) | Form des →Dialogs im Versdrama. In Rede und Gegenrede wird über einen längeren Abschnitt hinweg ein **Streitgespräch** geführt, das der dramat. Steigerung des Konflikts dient. Ursprung im antiken Drama. Deshalb wird die St. auch, v. a. in der Weimarer →Klassik, immer dann verwendet, wenn ein antiker Stoff aufgegriffen wird und ihm zugleich die entsprechende Form gegeben werden soll, vgl. Schillers Tragödie *Die Braut von Messina* (1803).

Stil* (lat. stilus – u. a. Griffel, dann auch Schreibart, Ausdrucksweise) | Charakteristische Gestaltung der Ausdrucks- und Darstellungsmittel eines lit. Textes. Allgemeine Merkmale des S. sind: Einheitlichkeit und Unverwechselbarkeit (Personal-St.); Zusammenhang von individuellem künstler. Ausdruck (Individual-St.) und zeit- oder epochentypischer Ausprägung (Zeit- oder Epochen-St.) innerhalb einer bestimmten kulturellen und nationalen Überlieferung (National-St.), Wahl der vorgefundenen sprachl. und lit. Mittel und Formen (Werk-St., Gattungs-St.) und ihre individuelle Abwandlung (subjektiver St.) unter kommunikativen Gesichtspunkten usw. Bis zum 18. Jh. beruht St. v. a. auf den Regeln antiker →Rhetorik (Lehre von den Stilarten). Mit der Entdeckung poetischer Subjektivität (→Genie, →Phantasie) wird St. nun auch als individueller Ausdruck verstanden, vgl. die berühmt gewordene Formulierung des franz. Naturforschers G.-L. L. Buffon (1707–1788): »Le style est l'homme même.« [Der Stil ist der Mensch selbst.] Erst damit ist der moderne St.-Begriff geboren und erlangt seine zentrale Bedeutung für die Kunstbetrachtung und -wertung. Von St. abgeleitet ist der Begriff **Stilistik** in zweierlei Bedeutung: 1. Gesamtheit der lehr- und lernbaren Regeln des guten (Schreib-)St. (Stillehre/Stilkunde). 2. Wiss. Analyse und Theorie des lit. St. eines Autors oder einer lit. Gruppe bzw. Epoche. Dieser Forschungsgegenstand schafft eine enge Verbindung zwischen Literatur- und Sprachwiss., da St. immer mit sprachl. Mitteln arbeitet und mit ihnen die poetischen Formen gebildet werden. Stilistik (als Stillehre und Stilforschung) löst Ende des 18. Jh. die Rhetorik ab.

Stilblüte* | Ungeschickte sprachliche Äußerung, in der durch falsche Wortwahl, Satzstellung, Sinnbezüge oder durch ein falsch gebrauchtes Bild (→Katachrese) eine komische Wirkung entsteht, z. B.: ›Suche Haushaltsgehilfin, die Kinder hüten und kochen kann.‹

Stilbruch | Verletzung der Einheit einer Stilebene durch unvermittelten Wechsel der ›Stilhöhen‹. Im Unterschied zur →Stilblüte meist bewusst eingesetztes Mittel in komischer oder satirischer Absicht, so bei Heinrich Heine: »Die Stadt Göttingen, berühmt durch ihre Würste und Universität […].« (*Harzreise*, 1824)

Stile floreale | →Jugendstil

Stilfigur* | →Rhetorik, →Tropus

Stilistik* | →Stil

Stoff | Begriff der →Literaturwissenschaft für die lit. noch ungeformte →Fabel oder →Handlung eines lit. Kunstwerks, die ein Künstler in der ihn umgebenden Wirklichkeit oder in schriftlicher/mündlicher Überlieferung vorfindet. Im St. ist das Schema einer Ereignisfolge und/oder Personengruppierung zwar bereits enthalten, noch nicht aber in Bezug auf ein bestimmtes künstler. Ziel gedanklich durchgeführt. Die Kategorie ›Stoff‹ ist nur sinnvoll mit dem Gegensatz ›Form‹; in dieser Bedeutung werden auch oft die Begriffspaare ›Inhalt‹ und ›Form‹ oder ›Gehalt‹ und ›Gestalt‹ verwendet.

Stollen | →Aufgesang/Abgesang, →Meister(ge)sang.

Straßentheater | Theaterspiel unter freiem Himmel innerhalb eines städtischen Raumes mit meist polit.-agitator. Wirkungsabsicht, so in der Französischen Revolution 1789 oder im kommunist. →Agitprop der 20er/30er Jahre des 20. Jh. Formale Vorläuferin des St. ist das geistliche Spiel des MA. (→geistliches Drama, →Simultanbühne).

stream of consciousness | →Bewusstseinsstrom

Streitgespräch | →Dialog, →Stichomythie

Strophe (griech., Wendung, Drehung) | Metrische (→Metrik) Einheit zwischen Vers und Gedicht aus mehreren, gegebenenfalls durch →Reim verbundenen Verszeilen (→Vers). Bei mehrstrophigen Gedichten in gleich gebauter Form wiederkehrend. In der griech. Antike entsteht die St. urspr. durch Wiederholung einer Melodie und der Drehung des tanzenden →Chores. Erst das MA. bildet St. durch Reime. Bedeutende dt. Literaturdenkmäler (*Hildebrandslied*, *Nibelungenlied*, Minnesang oder Meister[ge]sang) bilden eigene St.-Formen aus, die nach ihnen benannt werden. Der Begriff selbst taucht im Dt. erst im 17. Jh. auf – auch verbunden mit der Aufnahme romanischer St.-Formen wie →Kanzone, →Madrigal, →Stanze, →Terzine, u. a.

Strophensprung | →Enjambement

Struktur* (lat. strūctūra – Ordnung, Bauart) | Aus den Naturwissenschaften entlehnter literaturwiss. Begriff für den inneren Aufbau eines lit. Kunstwerks, einer Gattung oder Epoche im System einer bestimmten Menge von Elementen, der Beziehungen zwischen ihnen und der Regeln, mit denen die Elemente verknüpft werden. Der Begriff setzte sich in der literaturwiss. Analyse (und in anderen Geisteswissenschaften) erst mit der von der Sprachwiss. herkommenden Methode und Theorie des **Strukturalismus** durch. Ausgangspunkt war der russische →Formalismus, der in den 20er Jahren des 20. Jh. von der ›Prager Schule‹ (Roman Jakobson u. a.), dann in den 60er Jahren vom franz. Strukturalismus (u. a. Roland Barthes, Claude Lévi-Strauss, Michel Foucault) weitergebildet und zur einflussreichsten literaturwiss. Analysemethode wurde. Der Strukturalismus setzte das traditionelle Begriffspaar ›Inhalt‹ und ›Form‹ außer Kraft und ersetzte es durch ›Struktur‹ und ›Funktion‹. An die Methoden des Strukturalismus knüpfte wiederum der Dekonstruktivismus (→Dekonstruktion) an.

Sturm und Drang | Bezeichnung nach dem gleichnamigen Drama von F. M. Klinger (1777). Geistige Bewegung und Literaturströmung in Deutschland etwa zwischen 1770 (Bekanntschaft zwischen J. G. Herder und Goethe in Straßburg) und 1785 (Beginn der Weimarer →Klassik). Auch als ›Geniezeit‹ (→Genie) bezeichnet. Zentrale Kennzeichen des St. u. D. sind: Kritik des aufklärerischen Rationalismus und der klassizistischen Poesie, Berufung auf ›Natur‹ und ›Genie‹ (hier starker Einfluss der Kulturkritik J.-J. Rousseaus und der engl. Philosophen Shaftesbury und Edward Young), Verteidigung eines neuen, auf die Individualität des Menschen bauenden Lebensgefühls (Empfindung, Gefühl, Sinnlichkeit und Spontaneität als Quelle schöpferischer Kraft), individueller Ausdruck statt der Befolgung erstarrter Regeln und Normen in Gesellschaft und Kunst, Betonung der Geschichtlichkeit des Menschen und Wertschätzung volkstümlicher Überlieferungen (vgl. Herders Sammlung *Volkslieder*, 1778/79; 1807 u. d. T. *Stimmen der Völker in ihren Liedern*). Ästhetische Programmschrift ist die im Wesentlichen von Herder und Goethe verfasste Aufsatzsammlung *Von deutscher Art und Kunst* (1773; darin u. a. Goethes Verteidigung des vom Klassizismus verpönten gotischen Stils *Von deutscher Baukunst* und Herders *Shakespeare*-Aufsatz). Die wichtigsten lit. Leistungen sind in der Epik Goethes *Die Leiden des jungen Werthers* (1774) und die im Zeichen der →Empfindsamkeit verfassten →Autobiografien von J. H. Jung-Stilling, K. Ph. Moritz, Ulrich Bräker u. a.; im Drama Goethes *Götz von Berlichingen* (1773) und *Urfaust* (1773/75), Schillers *Räuber* (1782) und *Kabale und Liebe* (1782/83), J. M. R. Lenz' *Hofmeister* (1774) und H. L. Wagners *Kindermörderin* (1776). In der Lyrik wird mit Goethes *Sesenheimer Gedichten* der Empfindungslyrik und →Erlebnisdichtung, in seinen an Klopstock anknüpfenden →Hymnen (vgl. *Prometheus*, 1774, *Wandrers Sturmlied*, 1774, und *Mahomets Gesang*, 1774) den →freien Rhythmen Bahn gebrochen.

Surrealismus (von frz. surréalité – Überwirklichkeit) | Nach dem Ersten Weltkrieg in Paris entstandene avantgardistische (→Avantgarde) Kunstrichtung, beeinflusst von →Symbolismus, →Futurismus, →Dadaismus und →Expressionismus. Die Bezeichnung S. wurde erstmals 1916 von Guillaume Apollinaire in seinem Drama *Les mamelles de Tirésias* [Die Brüste des T.] mit dem Untertitel *Ein surrealistisches Drama* gebraucht. Künstler. Positionen des S. waren: strikte Ablehnung eines die Wirklichkeit nachahmenden →Realismus, Betonung der inneren (›sur-realen‹) ›wunderbaren‹ Realität von Träumen, Rausch, Instinkten, Visionen und Phantasie, denen Dichtung in einer nicht vom Kopf, sondern nur vom Gefühl gelenkten, die Regeln der Syntax und Logik vernachlässigenden ›automatischen Schreibweise‹ (**écriture automatique**) zum Ausdruck verhelfen soll. Beeinflusst war diese Ästhetik auch von der Psychoanalyse Sigmund Freuds. Hauptvertreter des S. sind André Breton (vgl. sein erstes Manifest des S., 1924) und die von ihm hg. Zeitschrift »La Révolution Surréaliste« (1924/29), Louis Aragon (*Le paysan de Paris*, 1926; dt. *Pariser Landleben*, 1969), Paul Eluard (*Répétitions*, 1922; dt. *Wiederholungen*, 1983) u. a. In Deutschland beeinflusste der S. u. a. Alfred Kubin, Alfred Döblin und Elisabeth Langgässer.

Symbol* (griech sýmbolon – Merkmal, Kennzeichen) | In der griech. Antike urspr. ein Erkennungszeichen, z. B. ein in zwei Teile zerbrochener Ring, dessen Stücke und deren Passfähigkeit beim Wiedertreffen von Personen als Erkennungszeichen dienten. Davon abgeleitet: bildhaftes Zeichen, das auf einen allgemeinen gedanklichen Sinn verweist. Die Verbindung zwischen Bild und Sinn ist innerhalb eines bestimmten Kulturkreises oder einer Epoche nicht willkürlich, sondern genormt (z. B. der Löwe als S. für Stärke und Macht). Die Rolle des S. in der Dichtung hat eine lange Interpretationsgeschichte, in der es u. a. um das Verhältnis und die Abgrenzung zu →Allegorie, →Emblem, →Metapher und →Bild geht. Eine der bekanntesten Definitionen des S. stammt von Goethe, der es als »Idee im Bilde« bezeichnete und, gegen die Allegorie gewendet, von der symbolischen Fähigkeit der Poesie sprach, »im Besonderen das Allgemeine zu schauen« (vgl. *Maximen und Reflexionen*, 1833).

Symbolismus | Im letzten Drittel des 19. Jh. von Frankreich ausgehende und nahezu alle europ. Länder erfassende lit. Richtung, die insbesondere in der →Lyrik wirkte. Den Begriff prägte der franz. Schriftsteller Jean Moréas, der 1886 in der Zeitung »Le Figaro« sein Manifest des S. veröffentlichte. Der S. wurde vorbereitet durch die Dichtung Charles Baudelaires, Arthur Rimbauds und E. A. Poes sowie durch die Philosophien Arthur Schopenhauers und Friedrich Nietzsches. Hauptvertreter in Frankreich waren Stéphane Mallarmé und Paul Valéry, in Belgien der Dramatiker Maurice Maeterlinck, in England und Irland Oscar Wilde, A. C. Swinburne und W. B. Yeats, in Russland Alexander Blok, Andrej Bely und V. J. Brjusov, in Italien G. d'Annunzio. Kennzeichen des S. sind sein strikt antiklassisches (→Klassik) und antirealistisches (→Realismus) Programm und die Abwendung von der zeitgenössischen Wirklichkeit mit dem Rückzug in die Rolle des gesellschaftlichen Außenseiters (→Dandy, →Boheme, →Poète maudit), Betonung der Rolle der →Phantasie, von der die reale Wirklichkeit in syntax- und grammatikfreie poetische Zeichen und Symbole verwandelt wird, Verzicht auf direkte Aussagen zugunsten der poetischen Möglichkeiten des Wortmaterials (→Synästhesie, →Rhythmus, →Onomatopöie). In Deutschland zählt v. a. Stefan George zum lit. S., weiterhin der junge Hugo von Hofmannsthal und der junge R. M. Rilke. Der S. ist den zeitgleichen Strömungen der →Neuromantik und des →Jugendstils eng benachbart.

Symposion | →Dialog

Synästhesie* (griech., das Zusammenempfinden/-wahrnehmen) | Ästhetischer Begriff für das Zusammenwirken von verschiedenen Sinneswahrnehmungen (Hören, Sehen, Riechen, Geschmacks- und Tastempfindungen) in *einem* Rezeptionsvorgang, vgl. die Ausdrücke ›warme Farben‹, ›duftige Klänge‹, ›süße Melodien‹ usw. In der Dichtung wird in →Metaphern v. a. die Doppelwirkung akustischer und optischer Reize ausgenutzt, wodurch sich Musik und Poesie annähern, so in der →Romantik und im →Symbolismus.

Synekdoche (griech., Mitverstehen) | Als Form des uneigentlichen Sprechens eine der Tropen (→Tropus); der →Metonymie verwandt. Der eigentliche Begriff wird durch einen aus seinem Bedeutungsfeld ersetzt, z. B. das Ganze durch einen Teil (lat. **pars pro toto**): ›Kiel‹ für ›Schiff‹ in der Fügung ›das Meer unter den Kiel nehmen‹ oder ›Eisen‹ für ›Schwert‹ im Schlagwort der Spendenaktion der Befreiungskriege ›Gold gab ich für Eisen‹ (d. h. für Waffen). In der Dichtung wird die S. zur Variation des Ausdrucks und zur Vermeidung von Wiederholung und sprachlicher Monotonie eingesetzt.

Szene (griech. skēnē – Zelt, Bühne) | Teil eines mehraktigen →Dramas, Untereinheit des →Aktes. Sie wird begrenzt durch das Auf- oder Abtreten der handelnden Personen; auch als **Auftritt** bezeichnet.

szenische Dokumentation | →Fernsehspiel

Tableau (frz., Tafel, Schilderung) | 1 Schaubild mit effektvoller Bühnendekoration und einer bestimmten Darstellergruppierung am Beginn oder Ende von Dramen oder Akten. Zur Verherrlichung eines Herrschers besonders im →Barock gepflegt. **2** Figuren- und ereignisreiche Szene in der erzählenden Literatur, z. B. bei Gustave Flaubert oder Thomas Mann. **3 Tableaux de Paris** [Paris-Bilder]: Ende des 18. Jh. entstandenes feuilletonistisches Genre (→Feuilleton), in dem die Vielgestaltigkeit großstädtischen Lebens aus der subjektiven Perspektive eines müßigen Beobachters, eines Flaneurs (frz., Bummler) beschrieben wird, vgl. L.-S. Merciers *Tableau de Paris* (1781/90; dt. *Schilderung von Paris*, 1783/84) oder die poetische Umformung in Charles Baudelaires *Tableaux parisiens* ([Pariser Bilder] 1861).

Tagebuch | Regelmäßige Aufzeichnungen über die äußeren und inneren Ereignisse des eigenen Lebens. Eigentlich nicht für die Veröffentlichung bestimmt (z. B. *Das Tagebuch der Anne Frank*), dann aber vielfach direkt für diesen Zweck geschrieben. Seit dem 18. Jh. als lit. Form von Bedeutung, vgl. J. G. Hamanns *Tagebuch eines Christen* (1758), Ernst Jüngers *Strahlungen* (1994) u. a. Der **Tagebuchroman** täuscht die T.-Form vor und benutzt sie als Erzählform, vgl. R. M. Rilkes *Die Aufzeichnungen des Malte Laurids Brigge* (1910).

Tagelied | Gattung der mhd. Liebeslyrik (mhd. tageliet/tagewise); singbares Lied mit festem thematischem Schema: Trennung und Abschied von Liebenden nach heimlich verbrachter gemeinsamer Nacht aus Furcht, entdeckt zu werden; zumeist drei Personen: die Dame, der ›Ritter‹ und ein Wächter (entweder als Vertrauter oder als Morgenverkünder, wofür aber auch noch andere Zeichen stehen, etwa Vogelruf und Morgenröte); die Handlung ist in der Regel dargestellt im Wechsel von direkter Erzählung und Dialog, also in der Kombination von epischen und dramatischen Passagen. In der dt. Literatur zuerst um 1170, dann v. a. bei Wolfram von Eschenbach und Oswald von Wolkenstein.

Takt, auch Verstakt (lat. tāctus – Berührung, Gefühlssinn, Gefühl) | Aus der Musik entlehnte Bezeichnung für eine metrische Gliederungseinheit, parallel gebraucht zu →Metrum bzw. Versfuß (→Vers) in Bezug auf Dichtungen in akzentuierenden Sprachen. Besteht aus einer geregelten Abfolge von einer Hebung und einer oder mehrerer Senkungen (→Hebung/Senkung).

Taschenbuch | **1** Seit dem 18. Jh. im Kleinformat erscheinende Veröffentlichung eines →Almanachs (→Musenalmanach), vgl. z. B. den *Göttingschen Taschenkalender* (1776/1813). **2** Nach engl. und nordamerik. Vorbild (engl. pocketbook) benannte Buchform (broschiert, kleinformatig, einfache Ausstattung, hohe Auflage). Das T. wurde nach 1945 in Deutschland eingeführt, Vorläufer gab es aber bereits im 19. Jh., vgl. A. Ph. Reclams *Universalbibliothek* (ab 1867).

Teichoskopie | →Mauerschau

Tendenzdichtung (lat. tendere – nach etwas streben) | Sammelbezeichnung für lit. Werke, mit denen ein bestimmtes polit. Ziel verfolgt wird (→Parteilichkeit, →Engagement), oft synonym mit dem Begriff →politische Dichtung gebraucht. Historisch v. a. mit dem →Jungen Deutschland und →Vormärz verbunden.

Terzine (ital. terzina, von lat. tertius – der Dritte) | Ital. Strophenform, in der jeweils drei Verszeilen durch Reim mit der folgenden Dreiergruppe verbunden werden, Schema: aba bcb cdc ded usw. Die Strophenenden werden meist mit →Enjambement übersprungen. In T. ist z. B. Dantes *Divina commedia* (e. nach 1313–1321, 1472; dt. *Göttliche Komödie*, 1767/69) geschrieben. In Deutschland u. a. von Goethe nachgebildet, vgl. den Eingangsmonolog zu *Faust II* (1828/32).

Tetralogie (griech. tetralogía – Folge von vier dramatischen Stücken) | Vier inhaltlich zusammengehörige lit. Werke. Im antiken Theater z. B. die Folge von drei Tragödien und dem abschließenden →Satyrspiel. Als Roman-T.

vgl. Thomas Manns *Joseph und seine Brüder* (1933/43).

Text* (lat. textum – Gewebe, Geflecht) | Jedes mündliche oder schriftliche sprachliche Gebilde mit einer Struktur und bestimmten Verknüpfungsregeln der Elemente. **Textkritik**: Methode der wiss. →Edition eines Textes für eine →historisch-kritische Ausgabe. Versch. handschriftlich oder gedruckt überlieferte Fassungen eines Werkes (→Lesarten) werden auf ihre Echtheit hin beurteilt bzw. als Varianten kritisch gesichtet (→Rezension). **Textsorte***: In der modernen →Literaturwissenschaft gebräuchliche Bezeichnung für Texte aus unterschiedlichen Gebrauchszusammenhängen, die in der Gattungseinteilung der →Literatur nicht aufgehen, z. B. die Textsorten der →Zeitung, der Werbung, des →Schlagers, des Fernsehens usw.

Theater (lat. theātrum, aus griech. théātron – Ort zur Aufführung von Schauspielen, Schauplatz, die Zuschauer) | 1 Sicht- und anschaubare künstler. Darstellung eines Geschehens durch Schauspieler, Puppen oder Marionetten. 2 Die Institution, die diese Darstellung produziert. Zu ihr gehören u. a. Schauspieler, Regisseure, Bühnenbildner und Musiker. 3 Der Ort oder die Räumlichkeit, wo Theaterstücke aufgeführt werden (→Bühne). →Kammerspiel (2)

Tierdichtung | Gesamtheit der lit. Werke, in denen Tiere redend und handelnd auftreten. Durch den Widerspruch zwischen Tiergestalt und menschlichen Eigenschaften entsteht komische oder satirische Wirkung mit lehrhafter Absicht (→Lehrdichtung). Die wichtigsten, bereits in der Antike entstandenen Formen der T. sind die →Fabel und das **Tierepos**. Das älteste, Homer zugeschriebene und vielfach nachgeahmte Tierepos ist die *Batrachomyomachia* (6./5. Jh. v. Chr.; dt. *Froschmäusekrieg*). Vgl. auch Goethes in →Hexametern geschriebenes didaktisch-satirisches Tierepos *Reineke Fuchs* (1794).

Titel (lat. titulus – Aufschrift, Inschrift, Ehrenname) | Überschrift von Büchern, Dramen, Gedichten, Romanen oder einzelnen Romankapiteln. Erst seit Ausgang des MA. üblich. Der erste dt. T. ist belegt in dem Lehrgedicht (→Lehrdichtung) *Der welsche Gast* (1215/16) von Thomas von Zerklære. Im 16. und 17. Jh. werden sehr lange T. üblich, die z. T. auch den Inhalt oder die →Fabel zusammenfassen, vgl. z. B. den vollen T. von Grimmelshausens bekanntem Roman *Simplicissimus* (1668).

Ton | Strophenmaß (→Strophe) von Gedichten, die zu musikalischem Vortrag bestimmt sind (→Meister[ge]sang, →Minnesang, →Spruchdichtung).

Topik | →Topos

Topos, Pl. Topoi (griech., Ort, Stelle [einer Schrift]) | Urspr. in der antiken →Rhetorik Gedächtnishilfe für das Finden von Beweisen und Argumenten. In diesem Sinne ist **Topik** (griech. topikḗ [téchnē]) die Lehre von den Topoi. Seit dem 17. Jh. verblasst die Bedeutung des Begriffs T. im Sinne von ›Instrument des Denkens‹. T. wird zu ›Gemeinplatz‹ (lat. locus commūnis) und erhält den Beigeschmack des Denk- und Sprachklischees, vgl. gängige Reden über die ›guten, alten Zeiten‹, über die ›Unvernunft der Jugend‹, die ›schrecklichen Zeitläufte‹ usw. In der Literatur sind viele traditionelle T. aufbewahrt (z. B. →›Locus amoenus‹, →›Weltheater‹, ›Buch der Natur‹). Eine Richtung der Literaturwiss., die von dem Romanisten E. R. Curtius in den 40er Jahren des 20. Jh. begründete **Toposforschung**, beschäftigt sich mit diesen Traditionszusammenhängen.

Totengespräch | Dialog zwischen berühmten Toten oder Toten und Lebenden mit satirischer (→Satire) Verspottung der Weltverhältnisse. Als lit. Gattung von dem Syrer Lukianos aus Samosata (2. Jh. n. Chr.) begründet (*Nikrikoi dialogoi*; dt. *30 T. über die Hinfälligkeit alles Irdischen*). Seit der →Renaissance Neubelebung und Blüte im Zeitalter der →Aufklärung, vgl. Ch. M. Wielands *Die Dialoge im Elysium* (1780) oder Goethes Satire auf Wieland *Götter, Helden,* Wieland (1774). Auch die moderne Literatur bedient sich des T., z. B. Bertolt Brecht im Hörspiel *Die Verurteilung des Lukullus* (1951).

Tragikomödie (lat. tragicōmoedia) | Drama, in dem sich →Tragisches und →Komisches so verbinden, dass beide Elemente untrennbar erscheinen und die Doppelgesichtigkeit der Welt, eines Menschen oder einer bestimmten Handlung zum Ausdruck bringen. Vorläufer dieser dramat. Form finden sich in der Antike, so bei Plautus (3./2. Jh. v. Chr.). Bedeutende T. seit der →Renaissance sind Molières *Le Tartuffe ou l'imposteur* (U. 1664, dt. u. d. T. *Der Mucker*, 1748, *Tartuffe*, 1858), Heinrich von Kleists *Amphitryon* (1807), Georg Büchners *Leonce und Lena* (1836). In der modernen Dramenliteratur des 20. Jh. arbeitet die T. meist mit den Mitteln der →Groteske, wodurch Sinnwidrigkeiten moderner Existenz (→absurdes Theater) schärfer herausgestellt werden, vgl. Carl Sternheims *Bürger Schippel* (1913), Bertolt Brechts *Der aufhaltsame Aufstieg des Arturo Ui* (1941) oder Friedrich Dürrenmatts *Der Besuch der alten Dame* (1956).

Tragisches/Tragik (griech. tragikós – der Tragödie eigen) | Ästhetischer Grundbegriff mit dem Gegensatz des →Komischen. Bezeichnet den unaufhebbaren Widerspruch zwischen gleichrangigen Zielen, Werten oder Absichten, der zum Untergang einer Individualität führt und beim Zuschauer einer →Tragödie ›Schauder‹ und ›Jammer‹ (→Katharsis) auslöst.

Tragödie (griech., Bocksgesang) | Das Wort ist abgeleitet von dem Gesang, der bei der rituellen Opferung eines Ziegen- oder Schafbockes in den frühzeitlichen magischen Kulten angestimmt wurde. Der Ursprung der T. liegt im →Dithyrambos des griech. Dionysoskultes. Die T. ist neben der →Komödie die Hauptform des →Dramas (seit dem 17. Jh. für T. auch **Trauerspiel**). Die innere Struktur der T. wird durch einen **tragischen Konflikt** erzeugt, in dem sich Schuld/Unschuld untrennbar vermischen, der aber auch durch Leichtsinn, Selbstüberschätzung oder Verblendung des Helden (→Hybris) entstanden sein kann. Die tragische Handlung erzeugt beim Zuschauer ›Schauder‹ und ›Jammer‹, was zur Reinigung seiner eigenen Leidenschaften und Affekte beiträgt (→Katharsis). Die T. hatte ihre erste Blüte in der **attischen Tragödie** im 5. Jh. v. Chr. (Euripides, Sophokles, Aischylos). Die Anfänge der modernen Tragödie liegen in der →Renaissance. Nach der **Ständeklausel** konnten tragische Helden nur Personen von hohem Stand sein. Sie wurde in der →Aufklärung mit der Ausbildung des →bürgerlichen Trauerspiels durchbrochen. Damit verlagerte sich der Schwerpunkt des tragischen Konflikts auf die modernen Widersprüche zwischen Individuum und Gesellschaft, Freiheit und Notwendigkeit, Welt und Ich usw. Im 20. Jh. verliert die klass. Form der T. an Bedeutung, indem sich Komisches und Tragisches (→Tragikomödie, →absurdes Theater) vermischen.

Traktat (lat. tractātus – Abhandlung) | Erörterung religiöser und wiss. Probleme in →Prosa. In Deutschland v. a. im 16. und 17. Jh. in der →Flugschrift verwendet. Auch in der modernen Philosophie als Darstellungsform verwandt, vgl. Ludwig Wittgenstein *Tractatus logico-philosophicus* ([Logisch-philosophische Abhandlung] 1922).

Trauerspiel | →bürgerliches Trauerspiel, →Tragödie

Travestie (ital. travestire – verkleiden) | Verspottung eines literarischen Werkes durch Aufgreifen seines Stoffes, aber komische Veränderung seiner Form. Der →Parodie und →Persiflage verwandt. Vgl. als Beispiel die T. der *Aeneis* des röm. Dichters Vergil (1. Jh. v. Chr.) durch Aloys Blumauer (*Abentheuer des frommen Helden Aeneas, oder Vergil's Aneis travestirt*, 1784/88). Die T. setzt die Kenntnis des →Originals voraus. Sobald dieses nicht mehr im allgemeinen Bewusstsein ist, verliert auch die T. an Interesse.

Treatment | →Drehbuch

Trilogie (griech. tri – drei; logos – Rede, Handeln) | Drei Dramen, die stofflich-thematisch eine Einheit bilden. Im griech. Theater urspr. die an einem Tag aufgeführten drei →Tragödien. Diese T. wurde mit einem →Satyrspiel abgeschlossen (→Tetralogie). Beispiel einer modernen T. ist Schillers *Wallenstein* (1798/1800). Der Begriff wird auch für dreiteilige Romanzyklen angewandt, vgl. Heinrich Manns Roman-T. *Das Kaiserreich* (*Der Untertan*, 1914; *Die Armen*, 1917; *Der Kopf*, 1925).

Trivialliteratur (von lat. triviālis – allgemein bekannt, gewöhnlich) | In den 20er Jahren des 20. Jh. aufkommende abwertende Bezeichnung für künstler. minderwertige Literatur, in der eine klischeehafte Behandlung der Themen Liebe, Tod, Abenteuer, Verbrechen, Krieg usw. vorherrscht (→Kitsch, →Schundliteratur). Zum Gegenbegriff wird ›gehobene‹ bzw. ›hohe Literatur‹. Seit den 60er Jahren wird diese wertende Entgegensetzung in der →Literaturwissenschaft zunehmend kritisch gesehen und durch neutrale Bezeichnungen wie ›populäre Literatur‹, ›Massenliteratur‹ oder →›Unterhaltungsliteratur‹ ersetzt.

Trivium (lat., Dreiweg) | →freie Künste

Trochäus (griech. trochāios – Läufer) | Antiker Versfuß (→Vers), gebildet aus der Folge von langer und kurzer Silbe: –∪. Im Dt. zur Abfolge von betonter und unbetonter Silbe umgedeutet: x́ x (z.B. ›Lúftfahrt‹). Beispiel eines trochäischen Verses: »Tráum der Sómmernácht! Phantástisch / Zwécklos íst mein Líed, ja zwécklos« (Heine: *Atta Troll*, 1847). ↔Jambus.

Tropus*, auch Trope (griech. trópos – Wendung, Richtung) | In →Rhetorik und →Stilistik die sprachlichen Figuren des ›uneigentlichen Sprechens‹, d.h. jene Ausdrücke, mit denen das Gemeinte nicht direkt benannt, sondern bildhaft umschrieben wird. Die wichtigsten T. sind: →Allegorie, →Emphase, →Euphemismus, →Hyperbel, →Ironie, →Katachrese, →Litotes, →Metapher, →Metonymie, →Personifikation, →Synekdoche.

Troubadourdichtung | →Minnesang

Übersetzung | Übertragung eines Textes aus einer Sprache in eine andere. Gegenüber der in der wiss. und polit. Literatur möglichst wortgetreuen wird die Ü. poetischer Texte, so v. a. im Bereich der →Lyrik, als **Nachdichtung** bezeichnet.

Understatement (engl., Untertreibung) | Eine Ausdrucksweise, die ein Ereignis oder einen Sachverhalt in seiner Bedeutung herunterspielt. Form der →Ironie. →Litotes

Unsinnspoesie, auch Nonsensdichtung (nach engl. nonsense – Unsinn) | Seit der →Aufklärung urspr. abwertend gebrauchte Bezeichnung für lit. Spielarten, die nach den Gesetzen von Syntax und Grammatik ›unsinnig‹ sind und vorrangig mit Laut-, Klang- und Reimeffekten arbeiten. Nach frühen, andere lit. Formen verspottenden Unsinnsgedichten, z.B. dem franz. ›coq-à-l'âne‹ [vom Hahn zum Esel] im 16. Jh., im 19. Jh. v. a. in England zu finden (vgl. Edgar Lears *Book of Nonsense* [Unsinnsbuch], 1846; dt. übertragen von H. C. Artmann, 1964, und H. M. Enzensberger, 1977). In Deutschland bei Christian Morgenstern, Joachim Ringelnatz, Hans Arp, Ernst Jandl u. a. Verbindungslinien zum →Dadaismus und →Surrealismus.

Untergrundliteratur | 1 Sammelbezeichnung für verschiedene, in enger Verbindung mit Film und bildender Kunst stehende lit. Strömungen in den USA seit den 60er Jahren. Gemeinsam ist ihnen die provozierende Gegnerschaft zur offiziellen Kultur (Aufnahme massenkultureller Formen wie →Comic, →Pornografie usw.) mit eigenen subkulturellen Mitteln der Produktion und Verbreitung (→Beatgeneration, →Popliteratur). 2 Auch Bezeichnung für alle inoffizielle, u. a. durch →Zensur am Erscheinen gehinderte Lit. (→Samisdat).

Unterhaltungsliteratur | Bezeichnung für den Teil insbesondere der erzählenden Literatur, der bewusst auf Wirkung bei einem großen →Publikum zielt und vorrangig unterhalten will. Sie entstand in breiterem Umfang mit der Herausbildung des →Literaturmarktes und eines massenhaften lesefähigen Publikums im 18. Jh. U. darf nicht mit →Trivialliteratur oder →Schundliteratur gleichgesetzt werden, da sie durchaus mit differenzierten ästhetischen Mitteln arbeiten kann (vgl. die Romane von Alexandre Dumas [Vater] im 19. Jh. oder von Vicki Baum im 20. Jh.).

Uraufführung | Seit der Jahrhundertwende in Deutschland gebräuchliche Übersetzung von frz. ›première‹. Allererste Aufführung von dramat., filmischen oder musikalischen Werken. **Premiere** dagegen bezeichnet heute auch die erste Aufführung einer Neuinszenierung von Stücken, Opern, Konzerten usw.

Utopie (griech. ū – nicht; tópos – Ort, Stelle, Gegend, Land: Nirgendland) | Erwünschter idealer Zustand menschlicher Verhältnisse, meist positives Gegenbild zu den tatsächlichen sozialen und polit. Zuständen einer bestimmten Epoche. Der Begriff ist abgeleitet von Thomas Morus' Roman *Utopia* (lat. 1516, engl. 1551, dt. 1922), der die Kritik des zeitgenössischen England mit dem (sozialistischen) Entwurf einer anderen, besseren Welt verbindet. **Utopischer Roman**: erzählerische Darbietung einer Utopie. Urform bei dem antiken Philosophen Platon (5./4. Jh. v. Chr.) in seiner Schilderung der sagenhaften Insel Atlantis. Als eigenes lit. Genre aber erst seit Morus. Blüte im Zeitalter der →Aufklärung, u. a. in den Formen des Reiseromans (→Reiseliteratur), der →Hirtendichtung und der →Robinsonade. Im 19. und 20. Jh. dann v. a. in der Form des **Zukunftsromans** (→Sciencefiction).

ut pictura poesis (lat., wie ein Bild [sei] das Gedicht) | →Laokoon, →Poetik

Vagantendichtung (lat. vagāns – Umherziehende aller Art; auch abschätzig im Sinne von Landstreicher) | Abgeleitet von ›Vaganten‹, Gruppen fahrender Sänger (→Spielmannsdichtung) des MA. (12./13. Jh.), die aus Geistlichen (v. a. Mönchen) und umherziehenden Studenten bestanden. Ihre Dichtung (sinnenfreudige und weltzugewandte Themen, Trink-, Natur- und Liebeslieder) ist anonym in mittellateinischer Sprache überliefert. Die bedeutendste Sammlung der V. findet sich in der aus dem Kloster Benediktbeuern stammenden Handschrift *Carmina Burana* (13. Jh.). Mehrere Gedichte dieser Sammlung hat Carl Orff für sein gleichnamiges Chorwerk (1937) vertont.

Vaudeville (aus frz. voix de ville – Stimme der Stadt) | Im 15. Jh. Bezeichnung für die Trinklieder des normannischen Dichters Olivier Basselin, die im Vaux de Vire (einem Flußtal bei der Stadt Vire) verbreitet waren. Daraus wird im 16./17. Jh. ›vaudeville‹ als Sammelbezeichnung für derbe, erotische Spottlieder mit volkstümlicher Melodie und im 18. Jh. die Bezeichnung für ein kleines, komisches Volksstück mit Gesangseinlagen. Einfluss auf die Entwicklung von →Posse, Oper und Operette.

Verfremdung | In der Theatertheorie Bertolt Brechts (→episches Theater) eingesetzte dramaturgische Mittel, um den Bühnenvorgang ›fremd‹ zu machen. Ziel ist, dem Zuschauer bewusst zu halten, dass ein theatralisches Spiel aufgeführt wird, in dem die Handlungsweisen der Personen rational beurteilt werden sollen. V. steht deshalb gegen ›Einfühlung‹ (→Katharsis, →aristotelisches Drama) und will diese verhindern. Der Schauspieler soll zeigen, dass er etwas zeigt, demonstriert (›gestische Haltung‹). Mittel der V. sind der Einsatz von →Songs, eingeblendete Texte oder Filme, direktes Anreden des Publikums, sichtbare Bühnentechnik usw.

Vergleich | Rhetorisches bzw. Stilmittel zur Verstärkung des Ausdrucks und der Veranschaulichung einer Rede. Nach den Regeln der →Rhetorik enthält der V. (z. B. ›kalt wie Eis‹) drei Elemente: 1. die beiden V.-Phänomene: ›kalt‹ und ›Eis‹; 2. die V.-Partikel ›wie‹ und 3. die unausgesprochene dritte Bedeutung, die der V. herstellen soll: ›sehr kalt‹ (lat. tertium comparationis). Durch Ausfall des ›wie‹ kann der V. in die →Metapher übergehen: ›eiskalt‹. Erzählerisch entwickelte V. ergeben die Formen des →Gleichnisses oder der →Parabel.

Verlag | Unternehmen zur Herstellung und Verbreitung von Druckerzeugnissen, v. a. Bücher und Zeitschriften. Vermittelt zwischen →Autor und Lesepublikum, indem er im Rahmen des Urheberrechts Herstellung, Vertrieb und Verkauf eines lit. Werkes übernimmt und dem Autor aus dem Erlös ein Honorar zahlt. V. entstanden nach Erfindung des Buchdrucks mit beweglichen Lettern, zunächst in der Form im Land umherziehender Buchhändler (›Buchführer‹), die auch die Herstellung der Bücher organisierten und ihre Ware auf den Jahrmärkten anboten. Im 19. Jh. kam es zur Arbeitsteilung in die Bereiche Verlag und Buchhandel (›Sortimentsbuchhandel‹). Bekannte Verlagshäuser, meist verbunden mit dem Namen bedeutender Verlegerpersönlichkeiten, sind Cotta, Brockhaus, Meyer im 19. Jh. oder S. Fischer, Kiepenheuer, Rowohlt, Suhrkamp im 20. Jh.

Vers, auch -zeile (lat. versus – Linie, Reihe, Zeile; im Dt. seit dem 17. Jh. gebräuchlich, als Ersatz für mhd. rîm, griech. stíchos) | Rhythmisch-metrische Einheit (→Metrum, →Strophe, →Rhythmus, →Prosodie) der gebundenen Rede (Gegensatz: ungebundene Rede der →Prosa), v. a. des Gedichts, die innerhalb einer Zeilenfolge in einer bestimmten Regelmäßigkeit wiederkehrt. Oft fälschlich mit →Strophe gleichgesetzt. Unterschieden werden das **akzentuierende Versprinzip** (Wechsel von betonten und unbetonten Silben – so in den german. Sprachen) und das **quantitierende Versprinzip** (Wechsel von langen und kurzen Silben – so in der griech. und röm. Dichtung der Antike). Aus dem regelhaften, durch das Versmaß (→Metrum) vorbestimmten Wechsel von betonten/unbetonten bzw. langen/kurzen Silben (→Hebung/Senkung) bilden sich die versch. Versfüße. Die bekanntesten antiken **Versfüße** sind →Daktylus, →Trochäus, →Jambus, →Anapäst und →Spondeus, die sich zu Versen (z. B. →Hexameter, bestehend aus Daktylen oder Spondeen) und zu Verspaaren (z. B. →Distichon, bestehend aus einem Hexameter und einem →Pentameter) zusammenfügen. Bei der Nachbildung antiker Metren (z. B. des Hexameters oder der antiken →Odenstrophen) werden im Dt. die antiken langen Silben durch eine betonte, die kurzen durch eine unbetonte Silbe ersetzt. Dadurch ändert sich die rhythmische Linienführung grundlegend. Dt. Verse werden nach der Anzahl der Silben als Dreisilber, Viersilber usw. oder auch nach der Anzahl der Hebungen (→Hebung/Senkung) als Dreiheber, Vierheber usw. bezeichnet.

Verschronik | →Chronik

visuelle Dichtung | →Figurengedicht

Vita, Pl. Viten (lat., Leben) | Antike und ma. Form der Lebensbeschreibung (→Biografie) bedeutender Persönlichkeiten mit einem festen Gliederungsschema, vgl. Plutarchs *Bioi paralleloi* ([Parallelbiografien] 46 n. Chr.; dt. 1914/19), in denen jeweils ein berühmter Grieche und ein berühmter Römer gegenübergestellt werden, oder die von Einhard stammende *Vita Caroli Magni* (um 830; dt. 1728; 1968 u. d. T. *Leben Karls des Großen*).

Volksballade | →Ballade

Volksbuch | Erzählende Literatur verschiedener Inhalte vorwiegend aus dem 15. und 16. Jh. Den Begriff bildete der Romantiker Joseph Görres (*Die teutschen Volksbücher*, 1807) in der Annahme, es handle sich um kollektive →Volksdichtung. Spätere Forschung hat ergeben, dass es sich in der Regel um Übersetzungen, Bearbeitungen und Sammlungen älterer Werke handelt, die von anonymen Autoren verfasst worden sind, z. B. Prosa-Übertragung ma. Epen oder Zusammenfügungen versch. Geschichten unter einem neuen Titel, wie *Ulenspiegel* (1515). Weitere bekannte V. sind: *Fortunatus* (1509), *Historia von D. Johann Fausten* (1587), *Lalebuch* (1597, später auch u. d. T. *Die Schiltbürger*), *Die vier Haimonskinder* (1604). Die V. wurden in sehr vielen und hohen Auflagen verbreitet. Sie gehörten zu den bevorzugten Lesestoffen eines breiter werdenden, nun auch die Volksschichten erfassenden →Publikums.

Volksbühne | 1890 von Wilhelm Bölsche und Bruno Wille unter dem Namen ›Freie V.‹ gegründete Theater-Besucher-Organisation für Arbeiter. Vereinsform mit billigen Abonnements für sonntägliche Nachmittagsvorstellungen und monatlicher Verlosung der Plätze. 1892 Spaltung der Volksbühnenbewegung, 1919 Vereinigung zur ›Volksbühne‹. In den 20er Jahren mit eigenem Theaterhaus in Berlin berühmte Inszenierungen u. a. von Erwin Piscator.

Volksdichtung, auch Volkspoesie | Im Umkreis des →Sturm und Drang und der →Romantik v. a. von J. G. Herder geprägter Begriff, dem die Auffassung von einem anonymen, mündlichen und kollektiven Poesievermögen des Volkes zugrunde liegt, z. B. in den vorgeschichtlichen rhythmischen Arbeits- und kultischen Gesängen (›Urpoesie‹) und in der kollektiven Überlieferung der jeweils national geprägten **Volkslieder**, vgl. Herders Sammlung *Volkslieder* (1778/79, später u. d. T. *Stimmen der Völker in Liedern*, 1807) oder die von Achim von Arnim und Clemens Brentano hg. Sammlung deutscher Volkslieder *Des Knaben Wunderhorn* (1806/08). Als ›Naturpoesie‹ wurde V. auch im Gegensatz zur Dichtung individueller Künstler verstanden. Charakteristika der Volksdichtung sind: einfache Formen, schlichte Empfindungen und inniger Ausdruck, allgemein menschliche Themen usw. Die heutige Erforschung der Volksdichtung interessiert sich v. a. für den Vorgang der mündl. Überlieferung und die dabei eintretenden Veränderungen und Abwandlungen der Formen.

Volksmärchen | →Märchen

Volksstück | Von professionellen Wandertheatern oder (Vor-)Stadtbühnen aufgeführtes volkstümliches Theaterstück mit leicht eingängiger, unterhaltsamer Handlung, sentimentalen Stoffen und Musik- und Tanzeinlagen. Bedeutendste Ausprägung im **Wiener**

Volkstheater (→Posse). Dabei nicht ohne tragische und gesellschaftskritische Töne, vgl. im 19. Jh. J. N. Nestroy und Ferdinand Raimund. Das V. hatte eine große Anziehungskraft für eine Reihe bedeutender Dramatiker im 20. Jh., vgl. Ödön von Horváth, Marieluise Fleißer, Peter Turrini oder F. X. Kroetz.

Vorausdeutung, auch Antizipation | Episches und dramat. Strukturelement, mit dem auf ein erst im Verlauf der weiteren Handlung eintretendes Ereignis hingedeutet wird, u. a. in der Form der Prophezeiung, des Orakelspruchs, eines Traums usw. Vgl. als berühmtes Beispiel Kriemhilds Traum vom Falken im *Nibelungenlied* (um 1200), der Siegfrieds Ermordung vorwegnimmt. Dient der Steigerung der Spannung, aber auch der Erhöhung der Glaubwürdigkeit des Erzählers und der inneren Geschlossenheit des Erzählten.

Vormärz | Literarhistorischer Epochenbegriff für die Zeit von 1815 bzw. 1830 bis zur Märzrevolution 1848. Steht in Konkurrenz zu den Epochenbezeichnungen →Junges Deutschland und →Biedermeier. Die Bevorzugung der einen oder anderen Bezeichnung ist abhängig davon, welche Strömung man für diese Periode als die bestimmende annimmt. Mit ›Biedermeier‹ wird eine konservative Grundströmung angenommen, mit V. dagegen der auf die Revolution orientierte Umbruch nicht nur in der Literatur, sondern auch in der polit. und philosophischen Theorie (vgl. die Rolle der Junghegelianer und der Sozialisten um Karl Marx).

Weimarer Klassik | →Klassik

Weihnachtsspiel | →geistliches Drama

weltliches Spiel | →geistliches Drama

Weltliteratur | Von Goethe in den *Gesprächen* mit J. P. Eckermann (29. 1. 1827) geprägter Begriff, der in der Folgezeit für versch. Zusammenhänge gebraucht wurde: **1** Die Summe aller lit. Werke aus allen Nationalliteraturen und allen Epochen. **2** Die bedeutendsten und vorbildhaften Werke aus dieser Summe (→Kanon). **3** Der lebendige Austausch zwischen den versch. nationalen Literaturen und Kulturen, wie er sich durch entwickeltere Verkehrs- und Kommunikationsverhältnisse am Beginn des 19. Jh. herausbildete.

Welttheater (Übersetzung von lat. theatrum mundi) | Im Begriff des ›großen Welttheaters‹ seit der Antike gebräuchliches Gleichnis für die Weltläufe und die in ihnen handelnden Menschen. Setzt ein religiöses Weltbild voraus, wonach alle Menschen die ihnen zugedachte Rolle vor Gott spielen. Beliebter →Topos des →Barock, vgl. Calderóns Stück *Das Große Welttheater* (um 1645).

Wendepunkt | →Peripetie

Werk | Im allgemeinen Sinn jedes Produkt menschlicher Tätigkeit. Im literaturwiss. Sinn das künstlerische lit. Objekt, das von einem →Autor geschaffen worden ist und von einem →Leser angeeignet werden kann. Davon abgeleitet **werkimmanente Interpretation**: eine nach dem Zweiten Weltkrieg sehr einflussreiche Richtung der →Literaturwissenschaft, die sich bei ihren Analysen auf das ›Werk rein für sich‹ konzentriert und von anderen lit. Faktoren (Produktion und Rezeption von Literatur, Autor und Leser, geschichtliche Überlieferung usw.) weitgehend absieht (im Gegensatz zur werkübergreifenden Interpretation; → Interpretation).

Werkkreis Literatur der Arbeitswelt | →Gruppe 61

Wertung | **1** Die ästhetische Wertung, die ein →Autor eingestanden oder uneingestanden vornimmt, wenn er sich an bestimmten Werten und Normen orientierend einen Text gestaltet. Diese Wertung vergegenständlicht sich im literarischen →Werk in schöner oder hässlicher, in tragischer, komischer oder erhabener, in satirischer oder ironischer Gestaltung. **2** Ästhetische Wertung vollzieht aber auch jeder Rezipient von Literatur, allein dadurch schon, dass er sich für einen bestimmten lit. Text interessiert, für einen anderen nicht. Elementare, mit dem →Geschmack verbundene Werturteile sind: ›Das gefällt mir‹ oder ›Das gefällt mir nicht‹. Die →Literaturwissenschaft (insbesondere die Literaturkritik) macht sich im Vorgang der →Interpretation (→Hermeneutik) bewusst, dass sie immer von bestimmten, historisch veränderlichen Werten und Normen ausgeht und ein Werk nach seiner ästhetischen Qualität (Stimmigkeit des Ganzen, schöne Form, Reichtum des Ausdrucks, gattungsmäßiges Gelungensein usw.) beurteilt. In der Literaturwiss. gibt es drei wertende Grundhaltungen: a) die strikte Trennung von ›Kunst‹ und ›Nichtkunst‹, ›hoher‹ und ›niederer‹ Literatur (→Trivialliteratur, →Kitsch); b) den Versuch, einen →Kanon der Meisterwerke aufzustellen, an dem sich die Wertung aller anderen Werke orientieren kann; c) in der modernen Literaturwiss. heute die Analyse der historischen Funktion der jeweiligen Texte, die zugleich darüber Auskunft geben soll, warum und wieweit ein bestimmtes Werk seine Entstehungszeit überdauert hat, somit von ästhetisch hoher Qualität ist.

Wiegendruck | →Inkunabel

Wiener Volkstheater | →Volkstheater

Wirkung | →Rezeption

Witz | Bis zum 18. Jh. bezeichnet W. (wie auch das frz. ›esprit‹, zu dem W. analog gebraucht wird) Verstand, Klugheit, Geist, die in reichem Maße besonders ein →Genie besitzt. Ab dem 18. Jh. Bedeutungswandel zur erzählerischen Kurzform mit konzentriertem Spannungsaufbau und einer durch die →Pointe ausgelösten ›explosionsartigen‹ Lösung im Lachen. Seine Wirkung beruht auf dem Widerspruch zwischen Erwartung und überraschender Lösung. Ist die Pointe bekannt, wird der W. wirkungslos (›hat einen Bart‹). Mit dem W. verwandt sind →Anekdote und →Epigramm.

Xenie (griech. xénion – Gastgeschenk) | Als

X. bezeichnete der röm. Dichter Martial (1. Jh.) Distichen (→Distichon), die Geschenken als Begleitvers beigegeben wurden (vgl. das 13. Buch der *Epigramme*). Von Goethe und Schiller in der Pluralform ›Xenien‹ gewählte Bezeichnung der meist polemischen Distichen zur zeitgenössischen Literatur im *Musenalmanach für 1797*, die wiederum zahlreiche Anti-X. provozierten (›Xenienkampf‹). Unter dem ironischen Titel *Zahme Xenien* schrieb Goethe seit 1815 weitere Sprüche; Xenien schrieben auch K. L. Immermann, Heinrich Heine (*Reisebilder*, Tl. 2, 1827) sowie Johannes Bobrowski (*Lit. Klima. Ganz neue Xenien*, 1977 hg. aus dem Nachlass).

Zäsur (lat. caesūra – Schnitt) | In der Verslehre Bezeichnung für einen Einschnitt innerhalb eines Verses, oft auch durch eine kürzere oder längere Pause (z. B. nach der sechsten Silbe eines →Alexandriners).

Zauberspruch | Eine der frühesten Formen der Dichtung. Beschwörungsformel zur magischen Bannung eines Unheils oder einer Krankheit, vgl. z. B. die *Merseburger Zaubersprüche* (vor 750 n. Chr.).

Zauberstück | →Feengeschichte

Zeilensprung | →Enjambement

Zeitalter | →Epoche

Zeitroman | Zu Beginn des 19. Jh. entstandener, mit dem →Bildungsroman verwandter Romantypus, in dem (im Gegensatz etwa zum →historischen Roman) die polit. und soziale Gegenwart des Autors den Stoff abgibt. Die ersten dt. Z. stammen von K. L. Immermann (vgl. *Die Epigonen*, 1836). Seither für die Darstellung eines breiten Panoramas zeitgenössischer Wirklichkeit und ihrer sozialen und polit. Problematik genutzt, so u. a. von Karl Gutzkow (*Die Ritter vom Geiste*, 1850/52), Theodor Fontane (*Der Stechlin*, 1898), Robert Musil (*Der Mann ohne Eigenschaften*, 1930/32) oder Wolfgang Koeppen (*Tauben im Gras*, 1951; *Das Treibhaus*, 1953; *Der Tod in Rom*, 1954).

Zeitschrift (gleiche Wurzel wie ›Zeitung‹) | Periodisch erscheinendes Druckerzeugnis mit fachwissenschaftlicher, populärer oder künstlerisch-ästhetischer Orientierung und im Gegensatz zur →Zeitung nicht auf unmittelbare Aktualität ausgerichtet. Das Wort ist seit Mitte des 18. Jh. belegt. Die ersten Z. in deutscher Sprache erschienen Ende des 17. Jh. →literarische Zeitschrift, →Journal

Zeitung (urspr. Nachricht von einer Begebenheit) | Regelmäßig, meist täglich erscheinendes Druckerzeugnis mit Nachrichten, Kommentaren, Betrachtungen, Reportagen usw. und mit dem Anspruch möglichst hoher Aktualität. Die erste Z. erschien 1609 als Wochenschrift in Straßburg, die erste Tageszeitung 1650 in Leipzig. Die Bedeutung der Z. für die tägliche Berichterstattung nahm bis ins 20. Jh. ständig zu. In ihr bildeten sich eine Reihe literarisch-publizistischer Genres aus, z. B. →Reportage und →Feuilleton. Erst durch die elektronischen Medien (besonders das Fernsehen) kam es zur Begrenzung des Einflusses der Z. durch die Möglichkeiten schnellerer und anschaulicherer Übermittlung von Nachrichten. →Journal

Zensur (lat. cēnsūra – Prüfung) | Geht auf das Amt des ›Censors‹ zurück, der im antiken Rom über die Sittlichkeit und das staatsbürgerliche Verhalten der Römer wachte. Z. meint alle staatliche und kirchliche Kontrolle öffentlicher Äußerungen in Wort, Schrift und Bild. Nach der Erfindung des Buchdrucks mit beweglichen Lettern (1450) wurde die lit. Zensur systematisch betrieben. Die katholische Kirche stellte ab Mitte des 16. Jh. ein Verzeichnis der verbotenen Bücher auf (→Index). Im Gefolge der bürgerl. Revolutionen dem Gesetz nach abgeschafft, haben sich Formen der Z. besonders in nichtdemokratischen Gesellschaften bis in die Gegenwart erhalten. Das Grundgesetz der BRD bestimmt in Artikel 5: »Eine Z. findet nicht statt.«

Zeugma*, Pl. Zeugmas, Zeugmata (griech. zeŷgma – Joch, Zusammengefügtes) | Der →Ellipse verwandte rhetorische Figur (→Rhetorik) der Klammerbildung, in dem sich ein Satzglied auf mehrere andere Wörter, Satzteile oder Sätze bezieht, z. B. ein Subjekt auf versch. Prädikate, die sich nach Genus, Numerus oder Kasus unterscheiden: ›Er liebte die Frauen, [den] Wein und [die] Gesänge‹. Eine unpassende Zuordnung kann zu komischen Effekten führen, die z. B. in der →Satire ein bewusst eingesetztes stilistisches Mittel sind, vgl.: »Die Eingeborenen sind meistens blutarm und leben vom Fischfang.« (Heinrich Heine: *Die Nordsee*, 1826/27)

Zitat (lat. citāre – auf-, an-, herbeirufen) | **1** In der wissenschaftlichen Literatur wörtliche Übernahme aus anderen Schriften (Quellen) zur Bekräftigung und Unterstützung der eigenen Argumentation. Wird durch An- und Abführung markiert und mit Nennung der Quelle versehen (Zitatnachweis). **2** In der künstler. Literatur der mehr oder weniger verdeckte Verweis auf andere lit. Texte, vgl. z. B. den Bezug auf die versch. Gestalten des Faust-Stoffes und auf das Luther-Deutsch der Bibel in Thomas Manns Roman *Doktor Faustus* (1943/46). **3** Auch in der Bedeutung ›bekanntes Dichterwort‹, vgl. Georg Büchmann: *Geflügelte Worte. Der Zitatenschatz des deutschen Volkes* (1864). →geflügelte Worte

Zyklus, Pl. Zyklen (griech. kýklos – Kreis) | In allen drei lit. →Gattungen vorkommende, komponiert zusammengestellte Sammlung von Einzelwerken, vgl. den Lyrik-Z. *Buch der Lieder* (1829) von Heinrich Heine, den Novellen- und Erzählungskranz *Die Leute von Seldwyla* (1876/74) von Gottfried Keller oder den Roman-Z. *Joseph und seine Brüder* (1933/43) von Thomas Mann.

Sprache und Kommunikation

Abhängigkeitsgrammatik | →Dependenzgrammatik

Abkürzung | → Kurzwort

Ablaut | Wechsel des Stammvokals bei verwandten Wörtern, 1. bei den →Stammformen der starken Verben (s*i*ngen – s*a*ng – ges*u*ngen), 2. bei der Wortbildung innerhalb einer →Wortfamilie (b*i*nden, B*a*nd, B*u*nd). Historisch geht der A. auf das → Indogermanische zurück, wo der →Akzent nicht – wie im Dt. – an die Stammsilbe gebunden war, sondern als wechselnder (springender) Akzent auftrat (vgl. lat. *Róma, Romános, Romanórum*).

Ableitung | 1 →Derivation. 2 Rekonstruktion etymologischer (→Etymologie) Zusammenhänge.

Abstraktum, Pl. Abstrakta; Begriffswort (lat. abstractus – weggezogen, verallgemeinert) | Untergruppe der Wortart Substantiv. Das A. bezeichnet etwas Nichtgegenständliches, z. B. eine Eigenschaft (*Mut*), einen Zustand (*Dunkelheit*), einen Vorgang (*Flötenspiel*), eine Beziehung (*Liebe*). Viele A. können nicht im Plural verwendet werden (*Wissen*), jedoch *Hoffnung – Hoffnungen*). Ob ein Substantiv ein A. oder ein ↔Konkretum ist, entscheidet sich oft erst im →Kontext, z. B. ist *Jugend* als Bezeichnung für die Jugendlichen in ihrer Gesamtheit ein Konkretum, als Merkmal des Lebensalters dagegen ein A.

Adjektiv; Eigenschaftswort (lat. adiectīvum – das Hinzugefügte) | Wort, das etwas oder jemanden näher beschreibt. Grammatisch lässt sich auf A. die →Deklination und meist auch die →Komparation anwenden (*der tiefe See, des tieferen Sees*). In welcher Art das A. dekliniert wird (starke Deklination: *schmutziges Wasser, ein schmutziges Wasser*; schwache Deklination: *das schmutzige Wasser*), hängt davon ab, ob die deklinierte Form mit oder ohne (bestimmten/unbestimmten) Artikel auftritt und ob damit bereits der Kasus angezeigt ist. Ob das A. in deklinierter Form erscheint, ist von seiner Verwendung im Satz abhängig; es kann im Satz als →Attribut dienen (*ein wachsames Tier*), als →Prädikativ (*Das Tier ist wachsam*) oder als →Adverbialbestimmung (*Das Tier verhält sich wachsam*). Nicht jedes A. ist komparierbar. Entscheidend ist die Bedeutung des Wortes im → Kontext (nicht komparierbar: *die mütterliche Liebe zum Kind*; komparierbar dagegen: *Sie handelte in dieser Lage mütterlicher denn je*).

Adverb, Pl. Adverbien; Umstandswort (lat. ad-verbum – zum Verb gehörig) | Wortart, die nicht flektierbar ist. Nach ihrer Bedeutung wird zwischen Temporal- (*mittags*), Lokal- (*unten*), Kausal- (*krankheitshalber*) und Modaladverbien unterschieden. Letztere werden unterteilt in Modaladverbien im engeren Sinn (*blindlings*), der Graduierung (*sehr*) und der Quantität (*teilweise*). In der traditionellen Grammatik werden zur Wortart A. auch Wörter gezählt, die den im Satz ausgedrückten Sachverhalt subjektiv bewerten: *leider, offensichtlich, wahrscheinlich, bestimmt* usw. (Nach anderen Worteinteilungen bilden diese Wörter eine eigene Wortart: Modalwort.) Im Satz fungiert das A. als Adverbialbestimmung (*Heute/Nun/Hier/Folglich/Ausnahmsweise/… sind die Gäste abzuholen*), als Prädikativ (*Die Gäste sind hier*) oder als Attribut (*die sehr hohe Geschwindigkeit; das hier eintreffende Gepäck; Das Gepäck hier ist abzuholen*). Zu unterscheiden ist zwischen reinem A. (*rechts, neulich, blindlings, folglich*) und Pronominaladverb, das die Merkmale eines A. und zugleich die eines Pronomens hat (*dort, danach, worauf, wann, deshalb, weshalb*).

Adverbialbestimmung, auch das Adverbial(e), Pl. Adverbiale; Umstandsbestimmung, adverbiale Bestimmung | Satzglied, das die näheren Umstände eines Geschehens/einer Handlung angibt. Inhaltlich werden vier Hauptgruppen unterschieden: →Temporal-, →Lokal-, →Kausal- und →Modalbestimmung. Wesentlich ist die Unterscheidung zwischen A. (*Er rechnet mit dem Taschenrechner*) und präpositionalem Objekt (*Er rechnet mit gutem Wetter*) sowie zwischen A. (*Das Auto steht in der Garage*) und Attribut (*Das Auto in der Garage ist frisch gewaschen*).

Adverbialsatz; Umstandssatz | Nebensatz in der Satzgliedfunktion einer →Adverbialbestimmung (*Da es dämmerte, gingen sie nicht mehr aus*).

Adversativsatz (lat. adversus – gegen) | Nebensatz, der inhaltlich zum übergeordneten Satz eine Gegenüberstellung ausdrückt. Für die Einleitung dieses Nebensatzes ist die Konjunktion *während* in adversativer (entgegenstellender) Bedeutung charakteristisch: *Während sein Bruder arbeitete, saß er vor dem Fernseher.* Davon zu unterscheiden ist der Gebrauch von *während* in temporaler (zeitlicher) Bedeutung: *Während ich auf dem Bahnhof wartete, hatte mein Bruder zu Hause angerufen.*

Affix (lat. affigere – anheften) | Zusammenfassende Bezeichnung für →Präfix (*Unglück*) und →Suffix (*glücklich*) als Elemente der Wortbildung. A. treten als →Morpheme an den Wortstamm heran.

Agens (lat. agere – handeln) | Bezeichnung für den Handlungsträger im Zusammenhang mit einem → transitiven Verb. Im Aktiv erscheint das A. als Subjekt (*Er hört die Sendung regelmäßig*), im Passiv fakultativ als präpositionales Objekt (*Die Sendung wird von ihm regelmäßig gehört*). ↔Patiens

Akkusativ; Wen-Fall, 4. Fall (lat. accūsātum – Angeklagtes) | → Kasus

Akrostichon* (griech. akron – Spitze; stíchos – Vers) | Wort oder Satz aus den Anfangsbuchstaben, -silben oder -wörtern aufeinander folgender Textteile (z. B. der Verse oder Strophen eines Gedichts oder der Zeilen eines Textes); heute oft bei Rätseln (Kreuzworträtsel, Silbenrätsel) angewandt.

Aktionsart; Verlaufsweise, Handlungsart (lat. āctio – Tätigkeit) | Bezeichnet die Art und Weise, wie das durch das Verb ausgedrückte Geschehen vor sich geht. Kategorien zur Bestimmung der A. sind: (Geschehens-)Beginn (*erblühen, aufblühen*), Ende (*verblühen, erlöschen*), Wiederholung (*flattern, zittern*), Verursachung (*fällen* zu *fallen, sprengen* zu *springen*) u. a. Im Dt. gibt es für die A. kein grammat. Kennzeichen, sie ist in der Bedeutung des Verbs enthalten. Sie kann auch durch Umschreibung ausgedrückt werden, z. B. beim Merkmal ›Wiederholung‹ durch *immer wieder* (*kommen, schreiben, husten*).

Aktiv; Tatform (lat. āctīvus – tätig) | Grundform beim →Genus des Verbs. Ihm steht das Passiv gegenüber. Im Unterschied zum Passiv ist die Form des A. bei jedem Verb möglich, auch bei Verben, die Vorgänge oder Zustände ohne einen ›Täter‹ bezeichnen (*Die Stunde naht; Er leidet an Rheuma*). Insofern ist das A. inhaltlich neutral; etwas Spezifisches drückt es als ›Tatform‹ nur bei Verben aus, von denen ein Passiv gebildet werden kann. ↔ Passiv

Akzent; Betonung (lat. accentus – [Wort-]Betonung) | Hervorhebung einer Silbe innerhalb eines mehrsilbigen Wortes. Zu unterscheiden ist zwischen Wortakzent und Satzakzent. Mit ›Wortakzent‹ ist die betonte Silbe innerhalb eines Wortes (*Vergebung*), mit ›Satzakzent‹ die betonte Silbe des im Satz sinnwichtigsten Wortes (*Die Gäste kommen morgen*) gemeint. Der A. wird beim Sprechen durch Tonhöhe (melodischer A.), Ausdehnung (temporaler A.) oder Lautstärke (dynamischer A.) zum Ausdruck gebracht, oft auch in Kombination dieser Formen.

Alltagsrede, auch Alltagssprache | Form des Sprachgebrauchs in nichtoffiziellen Situationen (→Kommunikationssituation), z. B. in der Familie, im Gespräch unter Vertrauten. Besonderes Merkmal der A. sind der ungezwungene, lässige Stil und die Tendenz, neben →Standardsprache vor allem →Umgangssprache zu verwenden.

Alternativfrage; Entscheidungsfrage (lat. alternäre – abwechseln) | Form des Fragesatzes, bei der die Antwort sich auf *Ja* oder *Nein* beschränken kann (*Hast du Fieber? – Ja/Nein*). Die finite Verbform steht am Satzanfang (→Strukturtyp).

Althochdeutsch | Sprachform des Dt. in frühmittelalterlicher Zeit (etwa 500–1050), die in literarischen Zeugnissen wie dem *Hildebrandslied* und den *Merseburger Zaubersprüchen*, in weltlicher und christlich-religiöser Gebrauchsliteratur und in Übersetzungen biblischer Evangelienstoffe belegt ist. Sprachlich und damit auch regional kennzeichnend für das A. bei der Herausbildung des Dt. im Frühmittelalter ist vor allem die zweite, (alt-)hochdeutsche →Lautverschiebung. Sie erfasst bestimmte Bereiche des Konsonantensystems und ist noch heute erkennbar in lautlichen Unterschieden zwischen den oberdeutschen, westmitteldeutschen, ostmitteldeutschen und niederdeutschen →Dialekten. Textbeispiel: »*Ik gihorta dāt seggen, / dāt sih urhettun ænon muotin / Hiltibrant enti Hadūbrant untar heriun tuem*« [Ich hörte das sagen, / Dass die Helden sich trafen, / Hildebrand und Hadubrand, zwischen zwein Heeren] (*Hildebrandslied*).

Amtssprache, auch Amtsstil | 1 Ausdrucksweise, die für den Sprachgebrauch der Behörden und mit Behörden charakteristisch ist, z.B. in Gesetzestexten, Geschäftsbriefen, diplomatischen Noten. Ihre Funktion besteht darin, einen besonderen Grad an Offiziellem zu bekunden. Negative Auswüchse werden oft als ›Bürokratendeutsch‹ bezeichnet und unterliegen der →Sprachkritik. 2 Zum Teil wird A. auch als Bezeichnung für die in der internationalen Kommunikation (z.B. bei Konferenzen, Vertragsabschlüssen) zugelassenen Sprachen verwendet.

Anagramm* (griech. *anagráphein* – niederschreiben, aufzeichnen, eintragen in ein Register) | Vertauschung der Buchstaben- oder Silbenfolge eines sprachlichen Ausdrucks, wodurch sich ein neues Wort oder ein neuer Satz ergibt (*Friedrich – Er rief dich*). Das A. wird für Rätsel, Wortspiele und Pseudonyme genutzt.

Anakoluth; Konstruktionswechsel (griech. *anakóluton* – zusammenhanglos; wörtl.: verstümmelte, verkürzte Konstruktion) | Abweichen von der grammat. Konstruktion, mit der ein Satz begonnen worden ist. Häufig tritt der A. in spontanen mündlichen Äußerungen auf; dort kann er als typisch bewertet und toleriert werden (*Dieses Buch gefällt ... finde ich langweilig*). Als bewusst eingesetztes Stilmittel (→Stilfigur) kann der A. der Figuren- oder der Situationscharakteristik dienen.

Analogiebildung (griech. *analogía* – Ähnlichkeit, Entsprechung) | Angleichung einer als ›Ausnahme‹ bewerteten sprachlichen Form an ein geläufiges Muster, z.B. im Rahmen des Sprachwandels oder sprachlicher Entwicklungstendenzen (*stünden – ständen* als →Konjunktiv II, *tritt – trete* als →Imperativ) oder bei der Neubildung (→Neologismus) von Wörtern nach einem verbreiteten Wortbildungsmuster (*Krimical* nach *Musical*, engl. *musical*).

Anapher*, Pl. Anaphern oder Anaphora (griech. *anaphorá* – Rückbeziehung, Wiederaufnahme) | Wiederholung eines Wortes oder einer Wortgruppe jeweils am Anfang zweier oder mehrerer Sätze oder anderer Texteinheiten, z.B. in der Literatur: »*Mein armer Kopf / Ist mir verrückt, / Mein armer Sinn / ist mir zerstückt.*« (Goethe, *Faust I*) oder in der Werbung: *Noch sparsamer, noch bequemer, noch leiser, noch gründlicher.* – Die A. ist eine Stilfigur und gehört als spezielle Form der Wiederholung zum →Parallelismus.

Anglizismus | Dem Englischen entlehnter sprachlicher Ausdruck. Wie bei →Entlehnungen allgemein gibt es auch hier unterschiedliche Formen, z.B. *Finish* als direkte Übernahme, *City* als Übernahme mit abgewandelter Bedeutung, *Außenseiter* als Lehnübersetzung (von *outsider*), *jemandem die Schau stehlen* (*to steal the show*) als Lehnwendung.

Anrede | Sprachliche Äußerung, die in der Form eines Anredenominativs entweder isoliert (z. B. als Ruf: *Marianne!*) oder relativ unabhängig von der Satzkonstruktion im sprachlichen Kontext verwendet wird (z. B.: *Lieber Jürgen, deinen Brief … Deinen Brief, lieber Jürgen, …*). Die Anredeformen sind abhängig von der Kommunikationssituation, von der Textsorte und den kulturellen Normen und Konventionen. Zu den Formen der Anrede gehören auch das Anredepronomen (*du, ihr, euch, Sie, Ihnen*) sowie die substantivischen Anredemöglichkeiten wie *Frau, Herr*; *Sehr geehrte Damen und Herren*.

Antiklimax | →Klimax

Antithese* (griech. anti – gegen etwas gerichtet; thésis – Behauptung, Ausspruch) | Eine Stilfigur, die bei der Wiedergabe von Sachverhalten etwas Gegensätzliches hervorhebt. Dazu werden sprachliche Mittel mit deutlich kontrastierender (entgegensetzender) Funktion benutzt, z. B.: *Der König herrscht* [sitzt auf dem Thron], *aber er regiert nicht*.

Antonym, Pl. Antonyme; Gegenwort (griech. anti – gegen; ónoma – Name) | Wort, das aufgrund seiner Bedeutung ein Gegensatzverhältnis zu einem anderen Wort aufweist. Die antonymische Beziehung kann inhaltlich versch. Art sein und stellt sich auch sprachlich auf unterschiedliche Weise dar: *hell – dunkel, möglich – unmöglich, herein – hinein, Sein – Nichtsein, mieten – vermieten, beladen – entladen, zweihändig – vierhändig* [Klavier spielen]. Antonymisch können auch die Beziehungen innerhalb einer Wortreihe mit mehreren Stufen sein: *sonnig-heiter – leicht bewölkt – dicht bewölkt*.

Aposiopese; Satzabbruch (griech. aposiṓpēsis – das Verstummen) | Stilistisch beabsichtigte Unterbrechung (Nichtzuendeführung) eines Satzes, um höchste Erregung oder plötzlichen Übergang zu einem neuen Gedanken auszudrücken oder um einen unangebrachten Ausdruck schnell zu vermeiden. →Stilfigur

Apostroph; Auslassungszeichen (griech. apostrophé – Abwendung) | Zeichen für das Auslassen 1. eines ›e‹ (*er ist's*), 2. einer Lautgruppe bei der schriftlichen Wiedergabe gesprochener Rede (*'ne tolle Sache*). Zusammenziehungen von Präposition und Artikel erfolgen dagegen ohne A. (*ins Wasser*; *aufs Herzlichste*).

Appellativum, Pl. Appellativa; Gattungsbezeichnung (lat. appellātiō – Benennung) | Substantiv, das im Unterschied zu einem →Eigennamen die Bezeichnung für eine Gattung (Gruppe, Klasse) gleichartiger Erscheinungen ist. Im Satzzusammenhang bezieht sich das A. entweder auf die gesamte Klasse (*Die Lärche ist ein Nadelbaum*) oder auf ein oder mehrere Einzelwesen innerhalb der Klasse (*Diese zwei Lärchen sind herrlich gewachsen*).

Apposition; Beistellung (lat. appositiō – Zusatz, Beisatz) | Form des Attributs, bei der das beigefügte Substantiv und das Bezugswort sich auf die gleiche Sache beziehen und meist im gleichen Kasus stehen (*Beethoven, der Schöpfer [der »Neunten«]*; *die Wirkung Beethovens, des Schöpfers [der »Neunten«]*). Unterschieden werden enge und lockere A. Die enge A. ist vorangestellt oder nachgestellt, die lockere nur nachgestellt und immer durch Komma getrennt (*Fridtjof Nansen, der norwegische Polarforscher, …*; *Rostock, eine alte Hansestadt, …*; *Am Montag, dem 28. Februar, …*). Enge A. werden nicht durch Komma getrennt; zu dieser Gruppe gehören der vorangestellte Vorname (*Gottfried Keller*), der nachgestellte Beiname (*die Ringparabel Nathans des Weisen*), vorangestellte Verwandtschaftsbezeichnungen (*sein Neffe Thomas*), Berufsbezeichnungen (*der Juwelier Braun*), Titel (*Studienrat Hohmann*), Anredebezeichnungen (*Kollegin Raab*), Stoffbezeichnungen nach Maß- und Mengenangaben (*die Flüssigkeitsmenge von zwei Litern Milch*), Unterbegriffe nach Oberbegriffen (*die Flüsse Isar, Lech und Inn*; *das Nachrichtenmagazin »Der Spiegel«*), Fügungen mit *als* (*Irina als Klassenbeste*). Sowohl bei der engen als auch bei der lockeren A. treten Formen auf, bei denen die A. nicht flektiert wird, sondern im Nominativ bleibt (*der Vortrag Professor Kleins, Direktor des Instituts für …*).

Archaismus*, Pl. Archaismen (griech. archáios – alt, altertümlich) | Veraltetes, aber noch bewahrtes sprachliches Mittel in Wortschatz (*Nachen, weiland*) oder Grammatik (*der Ruhe genießen*). Zu unterscheiden ist zwischen veraltetem und (gegenwärtig) veraltendem Sprachgut. Zu den A. zählen auch **Historismen**, d. h. Wörter, die aufgrund der bezeichneten Sache veraltet sind (*Armbrust*) oder veralten (*Trümmerfrau*). A. haben oft die stilistische Funktion der Gestaltung von Zeitkolorit; zum Teil sind sie typisch für gehobenen Stil (→Stilebene).

Argot (frz., Sondersprache) | **1** Eine Art ›Gaunersprache‹, deren Besonderheit die beabsichtigte Unverständlichkeit für Außenstehende ist. Hierzu zählt auch **Rotwelsch**, eine im Mittelalter entstandene Gaunersprache (mhd. rot – Bettler, auch falsch, listig; welsch – unverständlich). **2** Jede Art von →Gruppensprache bzw. →Sondersprache mit ausgeprägter Abgehobenheit von der →Gemeinsprache; in dieser Beziehung dann oft synonym gebraucht zu →Jargon.

Argument* (lat. argūmentum – Darstellung, Beweis) | Neben speziellen Bedeutungen in Mathematik und Logik wird unter A. so viel wie ›Beweisgrund‹ verstanden. So gilt es bei erörternden Darstellungsaufgaben (→Darstellungsarten), für Behauptungen (Thesen) oder Gegenbehauptungen (Antithesen) A. zu finden und überzeugungskräftig zu formulieren. In diesem Verständnis spielt das **Argumentieren** in der →Rhetorik eine besondere Rolle. Je nach Art des Argumentierens können Beweisgründe in Form von Beispielen, Zitaten, Berufungen auf Autoritäten oder in Form logischer Schlüsse vorgetragen werden. Was in einer mündlichen oder schriftlichen Darstellung jeweils als A. fungiert, hängt vom gedanklichen Zusammenhang ab.

Artikel; Geschlechtswort (lat. articulus – Gelenk, Glied) | Deklinierbarer Begleiter des Substantivs in Form des bestimmten A. (*der, die, das*) oder des unbestimmten A. (*ein, eine, ein*). Für die Verwendung der beiden Formen gilt folgendes Grundprinzip: Bezeichnet das Substantiv eine bereits bekannte, feststehende oder vorerwähnte Sache, so wird der bestimmte A. gebraucht (*Seine Bestellung lag lange zurück, endlich kam die Lieferung*), in allen anderen Fällen der unbestimmte A. (*Eine Lieferung kam*). Die beiden Formen des A. können sowohl für Verallgemeinerungen (*Der/ Ein Sommer ist für ihn immer etwas Schönes*) als auch für Einzelerscheinungen (*Die/Eine Urlaubsreise in diesem Jahr wird schwierig*) genutzt werden. Bei Substantivgebrauch ohne A. wird von ›Artikellosigkeit‹ oder ›Nullartikel‹ gesprochen.

Artikulation; Lautbildung (lat. articulāre – gliedern, [deutlich] aussprechen) | Das Erzeugen sprachlicher Laute mittels der Sprechwerkzeuge: Atmungsorgan, Kehlkopf, Lippen, Zähne, Zahndamm, Gaumen, Zäpfchen, Zunge. Nach dem Artikulationsorgan, das wesentlich an der Hervorbringung eines →Konsonanten beteiligt ist, wird zwischen Lippenlauten, Zahnlauten, Gaumenlauten usw. unterschieden. Artikulationsweise ist die Art der Behinderung des Luftstroms bei der Lautbildung: Man unterscheidet u. a. zwischen Öffnungslauten (vorwiegend →Vokale), Engelauten (Reibelauten) und Verschlusslauten.

Attribut; Beifügung (lat. attribuere – zuteilen, zuweisen) | Teil eines nominalen Satzgliedes. Das A. kann selbst nicht als Satzglied fungieren, sondern immer nur Element (Satzgliedteil) des Subjekts, des Objekts, des Prädikativs oder der Adverbialbestimmung sein. Es kann also nicht im → Aussagesatz allein das →Vorfeld besetzen. Dies zeigt die → Umstellprobe (vgl. *Die Herden auf den Berghängen* [= A.] *sind uns ein vertrautes Bild*; *Die Herden weiden seit Monaten auf den Berghängen* [= Adverbialbestimmung]). A. können u. a. sein: Adjektive (*ein sympathischer Mensch*), Substantive im Genitiv (*die Pflanzenwelt der Tropen*), präpositionale Fügungen (*die Pflanzenwelt in den Tropen*), Pronomen (*nicht meine, sondern deine Mutter*), Adverbien (*das Ereignis gestern*), ein Partizip (*eine auffallende Erscheinung*), der Infinitiv mit ›zu‹ (*die Hoffnung zu gewinnen*; *die Hoffnung schnell zu gewinnen*). Bezugswort des A. kann auch ein nichtsubstantivisches

Wort sein, z. B. ein Adjektiv mit einem Adverb als A. (*ein <u>sehr</u> begabtes Kind*). Mehrere A. können nebengeordnet sein (*schmutzige, ölverschmierte Wäsche*) oder untergeordnet (*viele interessierte ausländische Gäste*). Bei Unterordnung ist der Grad der Attribuierung zu beachten: *eine giftige Pflanze* (1. Grades); *eine äußerst giftige Pflanze* (1. und 2. Grades); *eine unter bestimmten Umständen äußerst giftige Pflanze* (1., 2. und 3. Grades).

Attributsatz | Nebensatz, der die Funktion eines Attributs als eines Satzgliedteils hat. Da das Attribut nicht Satzglied, sondern nur Satzgliedteil ist, ist auch der A. als Gliedteilsatz zu bezeichnen. Häufig wird der A. mit einem Relativpronomen oder mit einer Konjunktion eingeleitet. Dabei schließt der A. meist unmittelbar an das Substantiv an, auf das er sich bezieht (*die Hoffnung, dass er kommt*; *die Frage, ob er kommt*).

Aufforderungsform, auch Befehlsform, Heischeform | →Imperativ

Aufforderungssatz, auch Befehlssatz | Hauptsatz mit der prädikativen Verbform des Imperativs (*Lies das Buch ruhig einmal*). Da ein Subjekt bereits durch die Imperativform ausgedrückt ist, kann schon die finite Verbform allein Satzcharakter haben (*Geh!*). Satzschlusszeichen ist je nach Schärfe der Aufforderung Punkt oder Ausrufezeichen.

Aufzählung | Aneinanderreihung (→Koordination) syntaktisch gleichartiger sprachlicher Einheiten (Wörter, Satzglieder, Attribute, Hauptsätze, Nebensätze) zu einer Kette von drei oder mehr Gliedern, oft mit der Wirkung einer →Stilfigur. Zu unterscheiden ist zwischen unverbundener A. (*Er drehte sich um, ging, schloss die Tür hinter sich*) und verbundener A. (*Er ereiferte sich und schimpfte und drohte und konnte sich einfach nicht beruhigen*). Oft ist nur das letzte Glied mit einer Konjunktion verbunden.

Ausdruckswort, auch Empfindungswort, Ausrufewort | →Interjektion

Ausklammerung | →Ausrahmung

Auslaut | Am Ende eines Wortes oder einer Silbe stehender →Laut. Im Dt. ist die **Auslautverhärtung** der Laute ›b‹, ›d‹, ›g‹ von besonderer Bedeutung: im A. werden sie als stimmhafte Verschlusslaute geschrieben (*der Schub*; *er bebte*), aber stimmlos gesprochen.

Auslautverhärtung | →Auslaut

Ausrahmung, auch Ausklammerung | Ausgliederung eines Wortes oder einer Wortgruppe aus dem prädikativen →Rahmen in mehr oder weniger deutlichem Gegensatz zur sonst üblichen Satzgliedstellung (*Er war riesig erfreut über all die schönen Sachen* statt *Er war über all die schönen Sachen riesig erfreut*). Stilistisch (rhetorisch) hat die A. die Funktion der Hervorhebung (*Er hat gearbeitet bis zum Umfallen*). Zu unterscheiden ist zwischen A. und →Nachtrag.

Ausrufesatz | →Aussagesatz, →Aufforderungssatz oder Fragesatz (→Interrogativsatz) mit besonderem Nachdruck (*Ihr wart lange genug im Wasser! Kommt sofort aus dem Wasser! Wollt ihr sofort aus dem Wasser kommen!*). A. sind gekennzeichnet durch →Intonation (Betonung) bzw. →Interpunktion (Ausrufezeichen) und häufig auch durch eine Wortwahl, die besonderen Nachdruck verleiht (z. B. *sofort / endlich / schleunigst / augenblicklich*).

Aussagesatz | Satzart, die einen Sachverhalt wiedergibt, ohne dass der Adressat (Kommunikationspartner) unmittelbar zu einer Handlung aufgefordert (→Aufforderungssatz) oder von ihm eine Antwort (Fragesatz, →Interrogativsatz) erwartet wird. Der A. hat die Form eines Hauptsatzes mit Zweitstellung der →finiten Verbform (*Sascha hat nichts gegessen*; *Das ist eine gute Sache*; *Danach war sie beleidigt*).

Aussageweise | →Modus

Äußerung | Satz, Satzfolge oder satzähnliche Form (→Ellipse) innerhalb eines Gesprächs oder (größeren) Textes. Entscheidend ist, dass es sich nicht einfach um grammat. Sätze handelt (etwa als Beispiele in einem Lehrbuch), sondern um Sätze, die unter bestimmten Mitteilungsbedingungen (→Kommunikationssituation) mit einer bestimmten Absicht (→Intention) hervorgebracht werden. Wie eine Äußerung zu verstehen ist, hängt von ihrer grammat. Struktur und vom gesamten Kontext ab.

Aussprache | Art der →Artikulation eines Lautes, eines Wortes oder einer ganzen Äußerung. Die A. eines Menschen kann z. B. deutlich oder undeutlich sein. Neben der Kennzeichnung individueller Leistungen wird mit A. auch das Verhalten in bestimmten Bereichen erfasst, z. B. ›Bühnenaussprache‹, A. der Nachrichtensprecher.

Bedeutung | Die inhaltliche Seite sprachlicher oder nichtsprachlicher Zeichen (→Semantik [2]); sie ist aufgrund historischer Überlieferung oder gesellschaftlicher Vereinbarung relativ fest mit der Formseite des Zeichens verbunden und deshalb nicht individuell beliebig. Die B. (eines Wortes z. B.) ist der Bewusstseinskomplex, den die Sprachteilhaber aufgrund ihres Spracherwerbs mit der Zeichenform verbinden und bei Nennung des Wortes gedanklich (kognitiv) reproduzieren, u. U. in engem Zusammenhang mit emotionalen Komponenten. Für die Unterscheidung inhaltlich verwandter →Morpheme, Wörter oder grammat. Formen sind Bedeutungsmerkmale von Belang; mit ihrer Hilfe kann man das Gemeinsame und das Unterschiedliche ermitteln (→Komponentenanalyse), z. B. zwischen den Wörtern *Raum, Zimmer, Stube, Saal* oder zwischen den B. der Zeitformen Präsens, Präteritum, Perfekt usw. Da die meisten Wörter und grammat. Morpheme mehrdeutig sind (→Polysemie), ergibt sich die jeweilige B. meist erst in Verbindung mit anderen Wörtern und Formen, also in der Zeichenkombination, im →Kontext. →Semantik

Bedeutungserweiterung | →Bedeutungswandel

Bedeutungslehre | →Semantik (1), →Semasiologie

Bedeutungsübertragung | →Bedeutungswandel

Bedeutungsverengung | →Bedeutungswandel

Bedeutungswandel | Veränderungen der Wortbedeutung aufgrund sich verändernder kommunikativer Bedingungen und Bedürfnisse innerhalb einer Sprachgemeinschaft. So erfordern neue Sachverhalte in Politik, Wirtschaft, Mode, Kunst usw. sprachliche Benennungen aus dem Bestand überlieferter Wörter durch neue →Wortbildung, aber auch durch Rückgriff auf alte Wörter in neuen Bedeutungen (vgl. *grün* als Bezeichnung für eine politische Richtung). Andererseits verblassen oder verschwinden ältere Bedeutungen von Wörtern und mit dem verbleibenden Wortkörper werden neue Bewusstseinsinhalte (Bedeutungen) verknüpft (vgl. *Kanzler*, urspr. ›Vorsteher einer Schreibkanzlei‹, heute u. a. ›Regierungschef‹). Wichtige Formen des B. sind **Bedeutungserweiterung** (z. B. *gehen*, urspr. ›mit den Füßen fortbewegen‹, später ausgeweitet auf Bewegungen verschiedenster Art: *die Uhr geht, der Zug/der Dampfer geht um* …), **Bedeutungsverengung** (z. B. *billig*, früher ›recht, angemessen‹, später ›angemessen im Preis‹ und negativ ›minderwertig‹), **Bedeutungsübertragung** (vgl. *Hals* als Körperteil und als *Flaschenhals*), **Auf-** bzw. **Abwertung** der Bedeutung von Wörtern (Abwertung z. B. bei *Hochmut*, früher ›gehobene Gesinnung‹, heute ›überhebliche Haltung‹).

Befehlsform | →Imperativ

Begleitsatz, auch Einführungssatz, Redeeinführung | Satzkonstruktion, mit der →direkte Rede in Voranstellung eingeleitet oder in Zwischen- bzw. Nachstellung begleitet wird: <u>Er beteuerte</u>: »Es ist die Wahrheit. Glaube mir.« – »Es ist die Wahrheit«, <u>beteuerte er</u>. »Glaube mir.« – »Es ist die Wahrheit. Glaube mir«, <u>bat er mich inständig</u>.

Begriff | 1 Wort, Ausdruck, insbesondere auch fachsprachlicher Terminus. 2 Die in einem Wort enthaltene Gesamtheit der wesentlichen und allgemeinen Merkmale der mit dem Wort bezeichneten Sache. Zum **Begriffsinhalt** des Wortes ›Uhr‹ z. B. gehören nur solche Merkmale, die auf alle Uhren zutreffen, also Merkmale wie ›Gerät‹ zum ›Messen‹ der ›Zeit‹, nicht aber solche Merkmale wie ›Ticken‹ oder ›Zeiger‹. Zum **Begriffsumfang** des Wortes ›Uhr‹ gehören alle Gegenstände, auf die die wesentlichen und allgemeinen Merkmale angewandt werden können. 3 Oft werden die Ausdrücke B. und →Bedeutung (eines Wortes) gleichgesetzt. ›Bedeutung‹ umfasst jedoch mehr als ›Begriff‹, nämlich nicht nur das gedanklich Verallgemeinerte, sondern auch gegenständlich-anschauliche Begleitvorstellungen, die nicht auf die gesamte Klasse (der Uhren) angewandt werden können (z. B. Zifferblatt, Zeiger, Ticken vieler Uhren). Zum Begriff eines Wortes gehören also nur die Elemente der Wortbedeutung, die auf hoher Abstraktion beruhen.

Beifügung | →Attribut

Bestimmungsfrage | →Ergänzungsfrage

Bestimmungswort | Teil eines zusammengesetzten Wortes (→Kompositum). Das B. ist dem →Grundwort vorangestellt, es bestimmt dieses näher. <u>Schiff</u>sbau, <u>An</u>bau, <u>Fuchs</u>bau sind Zusammensetzungen mit gleichem Grundwort und jeweils unterschiedlichem B.

Betonung | →Akzent

Beugung | →Flexion

Bezeichnendes | →Signifikant

Bezeichnetes | →Signifikat

Bezeichnung | Der Wortkörper (Zeichenkörper, →Signifikant), der für die Benennung einer Sache verwendet wird. Im Unterschied zur →Bedeutung eines Wortes (→Signifikat), mit der die inhaltliche Seite eines sprachlichen →Zeichens gemeint ist, wird unter B. die äußere Seite sprachlicher Zeichen verstanden. Der Bezeichnungsaspekt kann z. B. dann wichtig werden, wenn es für ein und dieselbe Sache regional unterschiedliche B. gibt (*Brötchen, Schrippe, Semmel, Wecken*) oder wenn für etwas Neues eine geeignete B. gefunden werden muss (*Raumfähre, Raumgleiter* für engl. *space shuttle*).

Bezeichnungslehre | →Onomasiologie

Bezeichnungswandel | Veränderung in der Benennung einer Sache aufgrund einer konkurrierenden →Bezeichnung, z. B. Verdrängung von *Oheim* durch *Onkel*, *Base* durch *Cousine/Kusine* und anderen Verwandtschaftsbezeichnungen unter dem Einfluss des Franz. im 17. und 18. Jh.

Bindewort | →Konjunktion

Chiasmus*; Kreuzstellung (nach dem griech. Buchstaben χ = chi) | Stilfigur, bei der ein Gegensatz (→Antithese) in Verbindung mit einer Wiederholung und ›kreuzweisen‹ Umstellung der Wiederholungsglieder ausgedrückt wird (abba): *Man lebt nicht, um zu arbeiten, sondern arbeitet, um zu leben.*

Code | →Kode

Computerlinguistik | Zweig der modernen →Sprachwissenschaft (Linguistik) mit der Aufgabenstellung die Möglichkeiten von Computern für die Analyse und formale Beschreibung natürlicher Sprachen zu nutzen. Wichtige Bereiche der C. sind u. a. Prüfung und Vergleich von Grammatikbeschreibungen im Hinblick auf ihre logische Strenge und ihre Ergiebigkeit sowie die automatische Verarbeitung und Übersetzung von Texten.

Darstellungsarten | Grundformen der (schulischen) Textgestaltung, u. a. Erzählen, Berichten, Beschreiben, Erörtern. Zwischen diesen D. gibt es viele Übergänge und Kombinationen, sie sind nicht streng gegeneinander abgegrenzt. So kann z. B. das Charakterisieren dem Beschreiben zugeordnet oder aber als besondere Form innerhalb der D. herausgehoben werden. Das Erzählen kann Passagen des Beschreibens, des Erörterns u. a. einschließen.

Dativ; Wem-Fall, 3. Fall (lat. datum – Gegebenes) | →Kasus

Dehnung | Längung eines kurzen Vokals. In der Geschichte der dt. Sprache ist die D. ein charakteristisches Kennzeichen für die Entwicklung des →Mittelhochdeutschen zum →Frühneuhochdeutschen; in regionaler und zeitlicher Abstufung breitete sich die D. kurzer Vokale vor allem in offener, d. h. auf einem Vokal endender Tonsilbe aus: *sagen* wird *sāgen*, *geben* wird *gēben*.

Deixis, die D., Pl. Deiktika (griech. deiknýnai – zeigen) | Das Hinweisen auf etwas durch spezielle gestische oder sprachliche Ausdrücke. Als sprachliche deiktische Ausdrücke gelten Pronomen, die in Abhängigkeit vom sprachlichen Kontext oder von der Situation auf jmdn./etwas verweisen ohne ihn/es direkt zu benennen (*Du hast recht*; *Dies ist gut*). Auch Adverbien können eine deiktische Funktion haben; so verweisen z. B. *dort, hier, dahin, danach, jetzt* auf örtliche oder zeitliche Gegebenheiten im Kontext der sprachlichen →Äußerung.

Deklination (lat. dēclīnātiō – Biegung, Formveränderung) | Neben Konjugation und Komparation eine spezielle Art der →Flexion. D. ist die grammat. Formabwandlung eines Wortes nach drei Kategorien: 1. Genus (Maskulinum, Femininum, Neutrum), 2. Kasus (Nominativ, Genitiv, Dativ, Akkusativ) und 3. Numerus (Singular, Plural). Demnach können folgende Wortarten dekliniert werden: Substantiv (Nomen), Artikel, Adjektiv, Pronomen, Numeral(e). Die D. erfolgt nach versch. Deklinationsarten. So gelten Substantive im Maskulinum und Neutrum als ›stark‹ dekliniert, wenn sie im Genitiv Singular als Endung ein ›(-e)s‹ haben (*der Tisch, des Tisches*; *das Huhn, des Huhns*); Kennzeichen der ›schwachen‹ D. ist die Endung ›(-e)n‹ im Genitiv, Dativ und Akkusativ im Singular (*der Mensch, des Menschen, dem Menschen, den Menschen*); die Substantive im Femininum werden endungslos dekliniert (*die Blume, der Blume, der Blume, die Blume*). Spezielle Formen der D. gibt es beim →Adjektiv.

Demonstrativpronomen; hinweisendes Fürwort (lat. dēmōnstrāre – zeigen) | →Pronomen

Denotat (lat. dēnotāre – bezeichnen) | Das durch einen sprachlichen Ausdruck (Wort oder Wortgruppe) jeweils Bezeichnete. Darunter wird allerdings Verschiedenes verstanden. Mit D. kann gemeint sein: **1** Das Objekt, auf das sich ein Ausdruck bezieht. Dabei können versch. Ausdrücke unter Umständen ein und dasselbe D. haben (z. B. *Rom / die Hauptstadt Italiens / die Stadt des Vatikans / die Stadt auf den sieben Hügeln*). **2** Der Inhalt eines Ausdrucks. Danach beziehen sich z. B. die Ausdrücke *Hauptstadt Italiens* und *Stadt des Vatikans* zwar auf das gleiche Objekt, sie unterscheiden sich aber inhaltlich (→Begriff [2]); es sind unterschiedliche Denotate (für Denotat wird z. T. auch **Designat** verwendet).

Denotation | **1** Akt des Bezeichnens (synonym mit Nomination: Benennen, Benennung, einer Sache einen Namen, eine Bezeichnung geben). **2** In einem anderen Sinn der grundlegende Begriffsgehalt eines sprachlichen Ausdrucks, z. B. *Sommerferien* – mehrwöchige schulfreie Zeit in einer bestimmten Jahreszeit (im Gegensatz zur ↔Konnotation oder konnotativen Bedeutung, die das Mit-Bezeichnete, Mit-Gedachte meint, bei *Sommerferien* – größere Urlaubsreise; Badezeit u. Ä.).

Dependenzgrammatik; Abhängigkeitsgrammatik (lat. dependēre – abhängen) | Grammatiktheorie, die bei der Analyse von Sätzen vor allem davon ausgeht, dass dem Verb eine zentrale Stellung im Satz zukommt, und die von dort aus die Abhängigkeitsbeziehungen im Satz darstellt. Tragender Begriff ist die →Valenz. Von der Valenz des Verbs her erklärt sich, welche anderen Stellen (Satzglieder) für die Struktur eines Satzes kennzeichnend sind und was dabei jeweils ›regierendes‹ bzw. ›regiertes‹ Glied ist. Über die Beziehungen zwischen dem Verb und den von ihm abhängigen Elementen hinaus beschreibt die D. alle Relationen im Satz nach dem Prinzip der Bindung der Teile an andere Teile, so auch Beziehungen zwischen Substantiv und Artikel, zwischen Substantiv und Adjektiv usw. Nach der D. ist die Struktur des Satzes ein Gefüge von Abhängigkeiten in der Art eines Stammbaums mit dem Verb als Ausgangskern.

Derivation; Ableitung (lat. dērīvātiō – Ableitung) | Form der Wortbildung. Aus einem Wort (z. B. *mehr*) wird mit Hilfe eines →Suffixes ein anderes Wort (*Mehrheit*) gebildet; dies kann wiederum die Basis für eine weitere Ableitung sein (*mehrheitlich*). Oft hat das Suffix einen →Umlaut im Wortstamm zur Folge (*froh – fröhlich*). Auch die Bildungen mit →Präfixen zählen zur D. (*Unglück, inaktiv, verdienen, unverdient, ablesen, aufblühen*). Dies sind Formen der äußeren Ableitung; daneben gibt es die innere Ableitung durch →Ablaut (*springen – Sprung, Trank – Trunk*) oder durch Umlaut (*saugen – säugen*). Die Stufen der D. (*gehen, gehbar, begehbar, unbegehbar, Unbegehbarkeit*) können durch Anwendung der →Konstituentenanalyse verdeutlicht werden.

Designat (lat. designāre – bezeichnen) | →Denotat

Determinativkompositum (lat. dētermināre – bestimmen, begrenzen) | →Kompositum

Diachronie (griech. diá – durch, hindurch; chrónos – Zeit) | Sprachbetrachtung im Hinblick auf die Veränderungen der Sprache bzw. einzelner sprachlicher Erscheinungen in ihrer geschichtlichen Entwicklung. ↔ Synchronie

Dialekt; Mundart (griech. diálektos – Redeweise) | Regionale Ausprägung einer Sprache innerhalb einer bestimmten Landschaft. Sie zeichnet sich durch Besonderheiten vor allem in Lautsystem und Wortschatz aus und wird vorwiegend in der gesprochenen Sprache in nichtoffiziellen Bereichen verwendet. Sprachträger (Mundartsprecher) sind in der jeweiligen Region aufgewachsene Personen, die die landschaftsgebundene Sprachform vor oder neben der →Gemeinsprache von früh auf gelernt haben. Innerhalb größerer Dialektlandschaften (z. B. Bairisch: Bayern; Niederdeutsch: nördliches Deutschland; Alemannisch: Südwestdeutschland und Schweiz; Sächsisch: Sachsen) gibt es speziellere Dialektgebiete bis hin zu Ortsmundarten (im Sächsischen z. B. Ost- und Westerzgebirgisch). Historisch gehen die deutschen D. auf germanisch-frühmittelalterliche Stammessprachen und Kulturgrenzen zurück. In dem Maß, wie überlandschaftliche Kommunikation wirksam wird, geht auch die Rolle der Mundarten zurück.

Diminutiv, Pl. Diminutiva; Verkleinerungsform (lat. dīminūtiō – Verminderung) | Form der Ableitung mit einem →Suffix, das dem Wort das Bedeutungsmerkmal ›klein‹ verleiht: *Bettchen, Kirchlein, Hundi*; das Suffix bewirkt oft einen →Umlaut: *Häuschen, Büchelchen*. Auch bei Verben und Adjektiven gibt es Diminuierung: *husten – hüsteln, blau – bläulich*.

Diphthong; Doppellaut, Zwielaut (griech. di – zweifach; phthóngos – Laut) | Besondere Gruppe der →Vokale. Zwei artikulatorisch untrennbare Vokalelemente fungieren innerhalb einer Silbe als ein einzelnes →Phonem. Im Dt. gibt es die D. ›ei‹ / ›ai‹ (*Bein / Mai*), ›au‹ (*blau*), ›eu‹ / ›äu‹ (*heulen, Häuser*). ↔ Monophthong

direkte Rede, auch wörtliche Rede | Wiedergabe des Gesagten oder Geschriebenen als wörtliche Äußerung eines anderen Sprechers / Schreibers (*Er schrieb in seinem Brief: »Hans braucht dringend deine Hilfe!«*). Die d. R. dient der stilistisch lebendigen, unmittelbaren oder auch sachlich zitierenden →Redewiedergabe. ↔ indirekte Rede

Diskurs* (lat. discursus, frz. discours – [gelehrte] Darlegung, Erörterung; Gespräch, Unterhaltung) | **1** Allg.: problembetonter Gedankenaustausch über einen bestimmten thematischen Bereich in einem bestimmten soziokulturellen →Kontext (z. B. als politischer / wissenschaftlicher /journalistischer/ literarischer D.). 2 Im engeren Sinn a) →Gespräch; Abfolge sprachlicher Äußerungen zweier oder mehrerer Sprecher. So wird **Diskursanalyse** in der neueren Sprachwissenschaft oft synonym mit Gesprächs-, Konversations-, Dialoganalyse gebraucht. b) Komplexe sprachliche Äußerung eines Autors in Form einer Abhandlung (→Text).

Eigenname | Untergruppe des Substantivs. Im Unterschied zur Gattungsbezeichnung (→Appellativum) dient der E. nicht der begrifflichen Verallgemeinerung (→Begriff), sondern lediglich der Benennung (Identifizierung) eines Einzelwesens. So hat z. B. der Name (*Herr*) *Bäcker* nichts mehr mit dem Begriff ›Bäcker‹ als Person bzw. als einer Menge von Personen mit den Merkmalen eines bestimmten Berufsstandes zu tun. Jedoch können E. auch charakterisierende und symbolisierende Elemente aufweisen (z. B. in der künstlerischen Literatur oder bei der Benennung/ Umbenennung von Straßennamen, Städtenamen). Namensarten sind Vornamen, Familiennamen, Tiereigennamen, Ortsnamen, Flurnamen, Gewässernamen, Straßennamen, Gebäudenamen, Warennamen, Firmennamen u. a.

Eigenschaftswort | →Adjektiv

Einzahl; Singular | →Numerus

Elativ (lat. ēlātus – erhaben, hoch) | →Komparation

Ellipse* (griech. élleipsis – das Auslassen, Mangel) | Sprachliche Äußerung, die zwar die Funktion eines Satzes hat, aber grammat. unvollständig ist, z. B. im Kontext eines →Gesprächs: *Wann kommst du? – Morgen* (*komme ich*).

Empfindungswort | →Interjektion

Emphase* (griech. émphasis – Verdeutlichung, Nachdruck) | Besondere Hervorhebung eines sprachlichen Elements durch →Intonation, grafische Kennzeichnungen (z. B. Fettdruck oder Anführungszeichen) oder stilistische Mittel (z. B. Wiederholung). Ferner wird unter E. eine spezielle →Stilfigur verstanden: Ein der Bedeutung des Wortes innewohnendes Merkmal wird hervorgehoben, ohne dass es direkt benannt wird (z. B. bei Bertolt Brecht: »*Und weil der Mensch ein Mensch ist, / Drum will er was zu essen, bitte sehr!*« – hier wird bei ›Mensch‹ ausdrücklich das Merkmal hervorgehoben, dass es sich um ein ›natürliches‹ Wesen handelt, das auch ›biologische‹ Bedürfnisse hat).

Endstellung | → Strukturtyp

Endung | → Suffix

Entlehnung | Übernahme von Wortgut aus einer anderen Sprache. Dabei wird entweder der Vorgang oder der sprachliche Ausdruck selbst als E. bezeichnet. Ursachen der E. sind geistig-kulturelle, wissenschaftlich-technische, politische u. a. Einflüsse. Zu einer E. kommt es v. a. dann, wenn in der aufnehmenden Sprache eine Bezeichnungslücke besteht; eine Übernahme erfolgt aber auch oft dann, wenn der fremde Ausdruck z. B. als besonders sprachökonomisch, attraktiv oder modisch empfunden wird oder aus fachlichen Gründen zweckmäßig ist. Die Formen der E. sind vielfältig: Übernahme als →**Fremdwort** (*Musical*), als →**Lehnwort**, d. h. als lautlich angeglichenes fremdsprachiges Wort, z. B. *Wein* nach lat. *vīno*. Weiter werden unterschieden: E. als **Lehnbedeutung** (das dt. Wort übernimmt die Bedeutung eines fremdsprachigen Wortes, z. B. *Fall* als ›grammatischer Fall‹ nach lat. *casus* – Fall, Sturz, Untergang; Wortausgang), als **Lehnübersetzung** (Glied-für-Glied-Übersetzung eines fremdsprachigen Wortes, z. B. *Gipfelgespräch* nach engl. *summit talk*), als **Lehnübertragung** (nur teilweise wörtliche Übersetzung eines fremdsprachigen Wortes, z. B. *Titelgeschichte* nach engl. *cover story*), als **Lehnschöpfung** (Wortneubildung, die einem fremdsprachigen Wort inhaltlich entspricht, z. B. *Kraftwagen* nach *Automobil*).

Entscheidungsfrage | →Alternativfrage

Erbwort | Ein nicht aus einer fremden Sprache stammendes Wort. So kann z. B. in der Geschichte des Wortes *Reich* zwar →Lautwandel (mhd. *rîche*, ahd. *rîhhi*, got. *reiki*) und →Bedeutungswandel (Reich, Reichtum, Herrschaft, beherrschtes Land, Regierung u. a.) nachgewiesen werden, aber keine Übernahme aus einer anderen Sprache. ↔Fremdwort, ↔Lehnwort

Ergänzung | 1 →Objekt. 2 Bezeichnung für ein Satzglied, das durch die →Valenz des Verbs bedingt ist. So erfordert z. B. das Verb *frieren* nur eine E., damit ein Satz entsteht: *Der Junge friert*, das Verb *unterstützen* zwei E.: *Er unterstützt seinen Bruder*, das Verb *legen* drei E.: *Er legt das Buch in den Schrank*. Der Begriff E. kann sich also auf Satzglieder verschiedenster Art beziehen (Subjekt, Objekt, Adverbialbestimmung); das Wesentliche ist, dass es sich immer um Satzglieder handelt, die zur Valenz des Verbs gehören. Gehören sie nicht zur Valenz (z. B. *Jetzt friert er sehr*), spricht man nicht von E., sondern von Angaben.

Ergänzungsfrage, auch Bestimmungsfrage | Fragesatz, der mit einem Fragewort eröffnet wird, d. h. entweder mit einem Interrogativpronomen (→Pronomen), z. B. *wer, was, wessen, wem, wen, welche/-r/-s*, oder mit Präposition + Interrogativpronomen, z. B. *mit wem (arbeitest du zusammen)*, oder mit einem interrogativen Pronominaladverb (→Adverb), z. B. *wann, wie, wo, wohin, wozu*. Im Unterschied zur →Alternativfrage kann bei einer E. nicht mit *Ja/Nein* geantwortet werden; sie verlangt als Antwort eine ›Ergänzung‹ oder ›Bestimmung‹, auf die das Fragewort verweist (*Wer hat das gesagt?*; *Wann kommt er?*).

Ersatzprobe, auch Austauschprobe, Kommutation, Substitution | Gemeinsam mit der →Umstellprobe ein Verfahren vor allem bei der Satzgliedanalyse. Mit Hilfe der E. kann ermittelt werden, welche Wörter zusammen ein Satzglied bilden, indem z. B. eine ganze Wortgruppe durch ein einziges Pronomen oder Pronominaladverb (→Adverb) ersetzt werden kann. In dem Satz *Hier zu arbeiten ist schwierig* kann *Hier zu arbeiten* durch *Das* oder *Dies* ersetzt werden. Dadurch wird deutlich, dass die gesamte Wortgruppe hier den Satzgliedwert eines Subjekts hat. Verdeutlicht werden kann ebenfalls, dass Attribute Teile von Satzgliedern sind. Anstelle der Wortgruppe *Unser langes Warten auf dem Bahnhof gestern* (*wäre nicht notwendig gewesen*) kann der pronominale Ausdruck *Dies/Das/So etwas* stehen; damit wird belegt, dass *auf dem Bahnhof* und *gestern* in diesem Fall keine Adverbialbestimmungen, sondern Attribute innerhalb des betreffenden Satzgliedes (hier eines Subjekts) sind.

Etymologie (griech. étymos – wahr; lógos – Wort, Rede, Lehre) | Zweig der Sprachwissenschaft, der sich mit der Herkunft und Geschichte der Wörter befasst. Die E. eines Wortes (z. B. *Frau*) ist seine Geschichte bzw. das Erfassen und Analysieren dieses Wortes in seinen früheren Lautformen und Bedeutungen (mhd. *vrouwe*, ahd. *frouwa* – Herrin, Gebieterin, Gemahlin, weibl. Form zu ahd. *fro* – Herr). Nach Möglichkeit wird die Geschichte des Wortes bis in seine Ausgangsform und Grundbedeutung zurückverfolgt. Die E. schließt auch Beziehungen zu anderen Wörtern (*Frau, Fronleichnam* – urspr. Leib des Herrn, *Freya* – german. Göttin) sowie Beziehungen zu anderen Sprachen (niederl. *vrouw*) ein.

Euphemismus*, Pl. Euphemismen (griech. euphēmízein – ein gutes Wort für eine üble Sache gebrauchen) | Einzelwort oder komplexerer Ausdruck mit der Funktion, das Gemeinte zu beschönigen, zu verhüllen oder zu mildern – aus Höflichkeit, Vorsicht, Taktik oder wegen Tabuisierungen (*in anderen Umständen sein* für schwanger sein, *Heimgang* für Tod, *entschlafen* für sterben, *freistellen* für entlassen).

Expressivität (lat. expressus – herausgepresst, ausgeprägt, ausgedrückt) | Besondere Ausdruckskraft eines Wortes, einer syntaktischen Konstruktion, eines Textes oder Textteils. E. kann z. B. erreicht werden durch ungewöhnliche Wortwahl, die meist zum Gebrauch einer

→Stilfigur führt (z. B. die Metapher *schreiende Farben*).

Fachsprache | Sprachform, die der zweckmäßigen Verständigung unter Fachleuten dient. Dementsprechend gibt es im Dt. viele Fachsprachen (Medizin, Musik, Grammatik, Informatik, Rechtswesen, Bankwesen, Sport usw.). Von der →Gemeinsprache hebt sich eine F. besonders durch den Wortschatz ab (vgl. *Blinddarmentzündung – Appendizitis, Tank – Kraftstoffbehälter, Briefmarken – Postwertzeichen*). Kernstück jeder F. bildet das System der Fachausdrücke, der **Terminologie** des Fachgebiets (→Terminus). Daneben aber gibt es nichtterminologische Fachwörter, d. h. Ausdrücke, die nicht streng definiert sind und vor allem im nichtoffiziellen Alltag der Fachkommunikation verwendet werden (z. B. *Knochen* für eine bestimmte Schraubenschlüsselart).

Fachwort | →Terminus

Feld | **1** Gebraucht im Sinn von a) →Wortfeld, d. h. auf eine Gruppe von Wörtern bezogen, die inhaltlich zusammengehören, aber gegeneinander abgegrenzt sind (*Wind, Brise, Sturm, Orkan* usw.), b) →Sachfeld, d. h. auf Wörter bezogen, die zu demselben Wirklichkeitsbereich gehören (›Bahnhof‹: *Bahnhofshalle, Schalter, Kiosk, Halle* usw.) **2** Zusammenstellung von Sprachmaterial im Hinblick auf grammat. Kategorien: So kann von der Kategorie des →Tempus ausgegangen und ein ›F. der Temporalität‹ dargestellt werden; im Zentrum dieses F. stehen die grammat. Zeitformen (Präsens, Präteritum, Perfekt usw.), in den Randbereichen aber auch lexische Mittel der Temporalität (*jetzt, heute, bald, während, nachdem, als, Tag für Tag* usw.). **3** Eine weitere Bedeutungsvariante bezeichnet die F.-Gliederung des Satzes (→Vorfeld, →Nachfeld).

Femininum (lat. fēmina – Frau, Weib) | →Genus

Finalbestimmung, auch Umstandsbestimmung des Zwecks (lat. finis – Ende, Ziel) | Form der →Adverbialbestimmung; sie gibt den Zweck (das angestrebte Ergebnis) des im Prädikat benannten Tuns an (*Zur Förderung der Künstler seiner Heimatstadt spendete er eine ansehnliche Geldsumme. Dafür / Zu diesem Zweck spendete er eine …*). →Kausalbestimmung

Finalsatz | Nebensatz in der Satzgliedfunktion einer Finalbestimmung.

finite Verbform, auch verbum finitum, Personalform | Konjugierte Form des Verbs, bei der die Personalendung (1., 2. oder 3. Person) auftritt, z. B.: (*ich*) *schreibe*, (*du*) *schreibst*, (*sie*) *schreiben*. In zusammengesetzten Verbformen (*habe geschrieben; wirst gekommen sein; wird behandelt werden*) tritt die Personalendung nur bei einem Teil der gesamten Verbform auf. Die f. V. nimmt im dt. Aussagehauptsatz die Zweitstellung (→Strukturtyp) ein. ↔infinite Verbform

Flexion; Beugung (lat. flexum – Gebogenes) | Formveränderung bestimmter Wortarten nach feststehenden Mustern. Es gibt drei Arten der F.: die →Konjugation beim Verb, die →Deklination bei Substantiv, Artikel, Adjektiv, Pronomen und Numeral(e) sowie die →Komparation beim Adjektiv und bei einigen wenigen Adverbien.

Flexionsendung | →Suffix

Formativ (lat. fōrma – Gestalt) | →Zeichen

Fragesatz | →Interrogativsatz

Frame(-Theorie) (engl. frame – Gefüge, Rahmen) | Begriff aus der Sprachwissenschaft, mit dem die Tatsache bezeichnet wird, dass die im Gedächtnis des Menschen gespeicherten Begriffe (bzw. Wörter) netzartig miteinander verbunden sind. So schließt z. B. die Bedeutung des Verbs ›bitten‹, mit dem eine Handlung ausgedrückt wird, immer auch ein, dass es eine ›bittende Person‹, eine ›gebetene Person‹ und eine ›erbetene Sache‹ gibt. Auch die Nennung eines Ereignisses, z. B. ›Essen im Restaurant‹, kann ein ganzes Netzwerk von

Vorstellungen auslösen: ›Tisch suchen‹, ›Ober rufen‹, ›Speisekarte sichten‹, ›Essen bestellen‹ usw. Im Gedächtnis werden also nicht Einzelheiten, sondern typische Zusammenhänge eingeprägt. Sie sind bestimmend für Spracherwerb und Sprachgebrauch.

Fremdwort | Aus einer fremden Sprache entlehntes Wort (→Entlehnung), das die urspr. Lautung, Schreibung und Flexion zum Teil noch bewahrt hat: *Album* (lat. Endung -um); *rosa Kleid* (nicht: rosanes Kleid); *guillotinieren* (Betonung – entgegen dt. Gebrauch – auf der Endung, nicht auf der Stammsilbe). Zwischen Fremdwort und →Lehnwort gibt es im Grad der Angleichung fließende Übergänge (vgl. *Café – Kaffee*).

Frühneuhochdeutsch | Sprachform des →Hochdeutschen im Übergang vom →Mittelhochdeutschen zum →Neuhochdeutschen (etwa 1350–1650). Es wies sowohl Elemente des Mittelhochdeutschen als auch des Neuhochdeutschen auf und erstreckte sich auf den deutschsprachigen Raum vom Südbairischen und Alemannischen bis zum Mittelfränkischen, Obersächsischen und Schlesischen.

Fugenelement, auch Fugenlaut | Sprachliches Element, das die Kompositionsfuge, d.h. die Verbindungsstelle zwischen den Gliedern einer Wortzusammensetzung (→Komposition), ausfüllt, z.B. *Arbeits<u>amt</u>, Schwan<u>en</u>allee, Schmerz<u>ens</u>schrei*. Bei vielen Zusammensetzungen entstand bzw. entsteht das F. aus einer Flexionsendung (des Genitivs): *Land<u>es</u>vater, Um<u>zugs</u>unternehmen*. F. treten nicht nur beim Kompositum, sondern auch bei der Ableitung auf, z.B.: *greis<u>en</u>haft, behelf<u>s</u>mäßig*.

Funktion (lat. fūnctiō – Verrichtung) | →Sprachfunktion

funktionale Grammatik | Darstellung der Grammatik einer Sprache unter besonderer Berücksichtigung der Funktion (→Sprachfunktion) der sprachlichen Mittel in der Kommunikation. Es gibt unterschiedl. Konzepte der f. G.; kennzeichnend für sie ist jedoch, dass im Mittelpunkt der Sprachbetrachtung nicht die Formen (z.B. des Tempussystems), sondern deren Inhalte und Wirkungsmöglichkeiten stehen (z.B. das Präsens in Sätzen, die Gegenwärtiges, Vergangenes, Allgemeingültiges oder Zukünftiges ausdrücken). Dabei werden die sprachlichen Mittel z.T. auch nach ihrer inhaltlichen Zusammengehörigkeit geordnet (z.B. sprachlichen Möglichkeiten, eine Aufforderung auszudrücken: *Steh auf! Aufstehen! Aufgestanden! Du wirst sofort aufstehen! Es ist sofort aufzustehen! Stehst du sofort auf!* usw.), auch wenn die einzelnen Formen sehr unterschiedlichen grammatischen Kategorien (Tempus, Modus, Infinitiv, Partizip) angehören. Zu den Zielen funktional orientierter Grammatikbeschreibungen gehört es meistens auch, den linguistischen Ansatz (→Sprachwissenschaft) möglichst eng mit didakt. Fragen zu verbinden, d.h. die Grammatik in den Dienst der Kommunikationsbefähigung zu stellen.

Funktionalstil | Für einen bestimmten Kommunikationsbereich typische Ausdrucksweise (→Stil) – daher auch ›Bereichsstil‹. So wird z.B. zwischen wissenschaftlicher, journalistischer, amtssprachlicher und alltagssprachlicher Ausdrucksweise unterschieden. Zum Teil wird auch die Ausdrucksweise in der künstlerischen Literatur als F. aufgefasst. Der Begriff F. beruht auf der Annahme, dass die jeweilige Ausdrucksweise funktional bedingt, d.h. für den jeweiligen Kommunikationsbereich besonders zweckmäßig sei bzw. einen bestimmten Zweck erfülle.

Funktionsverb | →Funktionsverbgefüge

Funktionsverbgefüge | Sprachliches Gefüge, das aus einem substantivierten Verb (→Nominalisierung) und einem **Funktionsverb** besteht. Funktionsverben sind solche Verben, die ihre urspr. volle Bedeutung verloren und eigtl. nur die Funktion haben das Prädikat zu bilden. F. nennt man auch ›Streckformen‹: *Das Drama wurde aufgeführt – Das Drama wurde <u>zur Aufführung gebracht</u>/<u>gelangte zur Aufführung</u>*. Die Verwendung von F. ist stilistisch dann begründet, wenn sie ein Geschehen differenzierter bezeichnen, als dies durch das entsprechende Verb möglich wäre (vgl. die unterschiedliche →Aktionsart: *Er wird kontrolliert – Er steht unter Kontrolle / Er wird unter Kontrolle gestellt / Er gerät unter Kontrolle*). Außerdem können mittels F. Passivformen vermieden werden.

Fürwort | →Pronomen

Futur; Zukunft (lat. futūrum – das Künftige) | Zusammengesetzte (analytische) Tempusform des Verbs. Zu unterscheiden ist zwischen **Futur I** (›werden‹ + Infinitiv: *Er wird arbeiten*) und **Futur II** (›werden‹ + Partizip II + ›haben‹ / ›sein‹: *Er wird gearbeitet haben / gekommen sein*). F. I kann sich auf Zukünftiges beziehen (*Er wird nächste Woche auswärts arbeiten*) oder Gegenwärtiges als Vermutung kennzeichnen (*Er wird zur Zeit [wohl] auswärts arbeiten*). F. II drückt in Verbindung mit entsprechenden Zeitangaben meist eine Vermutung aus über vergangenes Geschehen (*Er wird die Prüfung im vergangenen Jahr abgelegt haben*) oder über ein abgeschlossenes, aber stark auf die Gegenwart bezogenes Geschehen (*Er wird gerade / soeben gekommen sein*). In Sätzen, die sich auf Zukünftiges beziehen, kennzeichnet F. II v. a., dass es sich um eine Vermutung handelt (*Nächste Woche wird er die Prüfung abgelegt haben*); liegt hingegen Gewissheit vor, wird meist das Perfekt verwendet (*Nächste Woche hat er die Prüfung abgelegt*).

Gattungsbezeichnung | →Appellativum

Gattungszahlwörter | →Numeral(e)

Gebrauchsformen | Bezeichnung für bestimmte Textsorten wie Lebenslauf, Protokoll, Bewerbungsschreiben, Antrag u. a. Unter G. versteht man v. a. solche Texte, für die es relativ feste Muster oder Standards der äußeren Form und Formulierungsweise gibt.

Gegenwart | →Präsens

Gegenwort | →Antonym

Gelegenheitsbildung | →Okkasionalismus

Gemeinsprache | Sprachform innerhalb einer Sprache, die sich als allgemeines, überregionales Kommunikationsmittel herausgebildet hat. Der Begriff geht zurück auf Luthers »lingua communis« ([all-]gemeine Sprache). Zur G. zählen die Ausdrucksmittel der →Standardsprache und der (höheren) →Umgangssprache, sofern sie fachlich, regional oder sozial nicht zu speziell sind. Nicht dazu gehören →Dialekte, im Wortschatz stark spezialisierte →Fachsprachen und →Gruppensprachen.

generative Grammatik (lat. generāre – erzeugen) | Oberbegriff für →Grammatiktheorien, die davon ausgehen, dass Sätze nach eindeutigen, formal beschreibbaren Regelmechanismen erzeugt werden (deshalb auch ›Erzeugungsgrammatik‹). Das menschliche Gehirn wird dabei als eine Art ›Computer‹ betrachtet, dessen Leistung und Regelwerk zu erschließen sind. Jedem Satz als einer linearen Zeichenkette wird die für ihn charakteristische (wiederholbare) hierarchische Struktur sowie eine darauf begründete semantische Interpretation zugeschrieben. Es wird dargestellt, nach welchen Regeln bestimmten Lauten und Lautfolgen bestimmte Inhalte (Bedeutungen) zugeordnet werden und wie auch nur einmalig vorkommende oder noch nie wahrgenommene Sätze nach diesem Regelapparat erzeugt bzw. verstanden werden können. Als eine der g. G. hat die **generative Transformationsgrammatik** des US-amerik. Sprachwissenschaftlers Noam Chomsky seit den 60er Jahren bahnbrechende Bedeutung erlangt.

generative Transformationsgrammatik | →generative Grammatik

Genitiv, auch Genetiv; Wes-Fall, 2. Fall (lat. genetīvus – angeboren, von Geburt her) | →Kasus

Genus, Pl. Genera; grammat. Geschlecht (lat. genus – Geschlecht) | Grammatische Kategorie des Substantivs, die im Dt. in drei Formen auftritt: **Maskulinum** (männlich), **Femininum** (weiblich), **Neutrum** (sächlich). Bei Substantiven, die Lebewesen bezeichnen, gibt es nicht immer eine Übereinstimmung des G. mit dem natürlichen Geschlecht (*der Mann / Vater / Sohn / Herr / Bursche*; *die Frau / Mutter / Tochter / Dame*; *der Hengst – die Stute*; jedoch: *das Mädchen, das Weib*). In vielen Fällen wird das G. durch das Wortbildungssuffix bestimmt (z. B. kennzeichnet *-keit* immer das Femininum, *-chen* immer das Neutrum). Auch die semantische Gruppe kann entscheidend sein (z. B. sind alle Schiffsnamen Feminina). Syntaktisch ist das G. für Beziehungen im Satz und im Text von Bedeutung (*Hans* benachrichtigte *seine Schwester*. *Sie* wusste nichts von *ihrem / seinem Glück*). Innerhalb einer Wortgruppe aus Artikel, Adjektiv und Substantiv besteht im G. →Kongruenz (*ein weiter Rock*; *eine weite Bluse*; *ein weites Kleid*).

Genus des Verbs, auch Genus verbi; Handlungsform des Verbs | Kategorie des Verbs, die im Dt. 1. als →Aktiv, 2. als →Passiv (Vorgangspassiv und Zustandspassiv) auftritt.

Germanisch (nach lat. germanus; histor. zuerst in der Pluralform germani – Bezeichnung der Römer für die Stämme nördl. der Alpen und des östl. Rheins in den letzten Jh. vor Chr.; im 15. Jh. ins Dt. aufgenommen) | Sprachgruppe innerhalb des →Indogermanischen, aus der sich unter jeweils besonderen histor. Bedingungen die heutigen germanischen Einzelsprachen – u. a. Deutsch, Englisch, Niederländisch, Dänisch, Schwedisch, Norwegisch – entwickelt haben. Man nimmt an, dass es eine gemeinsame urgermanische Ausgangssprache gegeben hat. Für die Zeit etwa von 500 v. Chr. bis 500 n. Chr. sind deutliche Gliederungen des G. in Stammessprachen u. a. der Alemannen, Bayern, Franken, Thüringer und Sachsen nachweisbar. Zu den schriftlichen Zeugnissen des G. gehören Runen-Inschriften, die Bibelübersetzung des Westgotenbischofs Wulfila sowie das gotische *Atta unsar* (Vaterunser).

Gerundium, Pl. Gerundien, auch Verbalsubstantiv (lat. gerundium – das zu Verrichtende) | Aus der lat. Grammatik übernommener Begriff; bezeichnet wird eine in den Bereich des →Substantivs übergewechselte, deklinierbare Form des Verbs (z. B. lat. *ars legendi* – die Kunst des Lesens). Im Dt. hat das G. die Form des deklinierten Infinitivs (*Lesen* braucht Zeit; *Zum Lesen* braucht man Zeit).

Gerundiv(um), Pl. Gerundive; auch Verbaladjektiv (lat. gerundium – das zu Verrichtende) | Im Lat. eine aus dem Verb abgewandelte Form des Adjektivs mit passivischer Bedeutung. Im Dt. gilt das →Partizip I + ›zu‹ als G., z. B. *die zu leistende Arbeit*; *ein nicht mehr zu erfüllender Termin*. Das G. drückt die Notwendigkeit eines künftigen Geschehens aus.

Geschlecht | →Genus

Geschlechtswort | →Artikel

Gespräch | Gesprochene Äußerungen, die in dialogischem Wechsel verlaufen und sich mehr oder weniger streng thematisch aufeinander beziehen. Im Unterschied zum monologischen (Sprech- oder Schrift-)Text sind Struktur und inhaltlicher Ablauf eines G. immer von den personellen und kommunikativ-situativen Bedingungen versch. Sprecher abhängig, d. h., vieles wird erst im G. ›ausgehandelt‹. Dennoch gibt es auch für G. Prinzipien, Regelhaftigkeiten und typische Gliederungen. Die Grundeinheit eines G. ist der **Gesprächsschritt** (der Gesprächsverlauf von einem Sprecherwechsel zum nächsten Sprecherwechsel einschließlich der verbalen und nonverbalen Hörerreaktionen). Struktureinheiten höherer Ordnung sind die **Gesprächsphasen**: Eröffnungsphase, Kernphase, Beendigungsphase. Abhängig von Zweck, Form und Inhalt sind **Gesprächsarten** zu unterscheiden, z. B. Interview, Arbeitsberatung, Unterhaltungs-, Einkaufs-, Vorstellungs-, Telefongespräch. In der jüngeren Sprachwissenschaft spielt die **Gesprächsanalyse** (auch Diskurs- oder Konversationsanalyse, Dialogforschung, →Diskurs [2]) eine besondere Rolle. Sie beschreibt die kommunikativen und sprachlichen Besonderheiten von G. gegenüber →Texten.

Gleichzeitigkeit | →Vorzeitigkeit, →Tempus

Gliedsatz | Nebensatz in der Funktion eines →Satzgliedes. Da es möglich ist, ein Satzglied in Form eines Wortes oder einer Wortgruppe in einen Nebensatz umzuwandeln, kommt diesem Nebensatz dann die Rolle des entsprechenden Satzgliedes zu. Unterschieden werden →Subjektsatz (*Was du mir geraten hast, hilft mir*), →Objektsatz (*Er wusste nicht genau, wann er zurückkommt*), →Adverbialsatz (*Nachdem er das Zimmer betreten hatte, öffnete er sofort das Fenster*) und →Prädikativsatz (*Er ist heute, was ich vor drei Jahren war*).

Gliedteilsatz | →Attributsatz

Grammatik (griech. grámma – Buchstabe; grammatikós – die Buchstaben betreffend) | 1 Teilgebiet innerhalb der Sprachwissenschaft bzw. der Sprachlehre. Traditionell ist G. dabei der Oberbegriff für die Teilbereiche →Morphologie und →Syntax. Ein erweiterter Begriff der G. bezieht aber auch die →Phonologie und die Lehre von der →Wortbildung ein, also alle Bereiche der Beschreibung des Sprachsystems, die die Beziehungen und Verknüpfungsmittel beim Bilden von Sätzen betreffen. Demgegenüber werden die Lehre vom Wortschatz (→Lexikologie), die Lehre von der Schreibung (→Orthographie) und die Lehre vom →Stil (→Stilistik) im allgemeinen nicht zur G. gezählt, auch wenn es hier vielfältige Zusammenhänge gibt. Innerhalb der neueren Linguistik bildet die G. den Kernbereich der Gesamtbeschreibung sprachlicher Erscheinungen; Disziplinen wie Pragmalinguistik (→Pragmatik) und →Soziolinguistik dagegen gehören nicht zur G., schließen aber auch grammat. Aspekte ein. 2 Regelsystem einer Sprache, nach dem elementare sprachliche Einheiten zu sprachlichen Einheiten höherer Ordnung gefügt und schließlich Sätze und Satzfolgen gebildet werden. Im Unterschied zu (1) wird hier also nicht die Lehre von der Struktur der Sprache, sondern die Struktur selbst als G. der Sprache bezeichnet.

Grammatiktheorie | Logisch in sich geschlossenes System von Ausgangsprämissen (Ausgangspositionen) und von bestimmten Kriterien, nach denen der innere Aufbau der Sprache, ihre Struktur, beschrieben wird. Die Beschreibung der Grammatik einer Sprache muss sich wiederum logisch und widerspruchsfrei in eine allgemeine Grammatik-, Sprach- und Kommunikationstheorie einordnen, d. h. mit den Aussagen über Eigenschaften der Sprache allgemein übereinstimmen. Nur auf dieser Basis ist es möglich, maschinelle Übersetzungen in eine andere Sprache (z. B. vom Dt. ins Engl.) zu programmieren. Eine umfassende, abgeschlossene G. mit dieser Reichweite ist andauernde Forschungsaufgabe. Gegenwärtig gibt es versch. G., die sich dem Forschungsanliegen von unterschiedlichen Ansätzen her nähern, z.T. aber durchaus aufeinander beziehbar sind. Am wenigsten ist die traditionelle Grammatik theoretisch fundiert, da sie mit Regeln arbeitet, die viele Ausnahmen einschließen. Einen hohen Grad an Theoriehaftigkeit weisen dagegen die →generative Grammatik sowie die →Dependenzgrammatik auf.

Graph (griech. gráphein – schreiben) | →Graphem

Graphem | Kleinste Einheit des Schriftsystems (analog dem Begriff des →Phonems als der kleinsten Einheit des Lautsystems einer Sprache). G. sind sowohl Buchstaben bzw. Buchstabenverbindungen wie auch Nichtbuchstaben (Ziffern, Interpunktionszeichen, Symbole). Bestimmend für ein G. ist das, was mit der Form repräsentiert wird, nämlich ein bestimmter Buchstabenwert. Die wechselnde konkrete Ausprägung eines G. hingegen, die versch. Möglichkeiten seiner handschriftlichen oder drucktypischen Gestalt (a, α, a, ...), werden als **Graph** bezeichnet.

Grundform | →Infinitiv

Grundwort | Beim Determinativkompositum (→Kompositum) der Teil des Wortes, dem ein →Bestimmungswort vorangestellt ist. In

Güterzug ist ›Zug‹ das G. und ›Güter‹ das Bestimmungswort. Aber auch das Bestimmungswort kann wiederum ein G. enthalten, z. B. in *Eisenbahnzug* (→Konstituentenanalyse).

Gruppensprache | Sprachform einer bestimmten Gruppe innerhalb einer Sprachgemeinschaft, die sich durch einen bestimmten Wortschatz und eine besondere Ausdrucksweise von der →Gemeinsprache abhebt (z. B. Jugendsprache). G. dienen v. a. der Abgrenzung nach außen und der Identitätsstiftung nach innen.

Hauptsatz | Unabhängiger, selbständiger Satz. Arten des H. sind →Aussage-, →Aufforderungs- und Fragesatz (→Interrogativsatz). ↔Nebensatz

Hauptwort | →Substantiv

Hilfsverb | Untergruppe des Verbs. Im Dt. gibt es die H. ›haben‹, ›sein‹ und ›werden‹. Sie dienen der Bildung der zusammengesetzten Tempusformen (z. B. *Ich bin gekommen*). In dieser Verwendung sind sie Teil des verbalen →Prädikats. In Sätzen dagegen wie *Er hat Geld* oder *Er ist in der Stadt* haben die Verben die Funktion von Vollverben (haben – besitzen; sein – sich befinden). Eine andere Funktion erfüllen H. als Kopulaverben (→Kopula): *Er ist/wird Gärtner*. Oft werden auch →Modalverben zu den H. gezählt.

Historismus | →Archaismus

Hochdeutsch | 1 Bedeutungsgleiche Bezeichnung für die →Standardsprache des Dt. (Schriftsprache, Hochsprache). So verlangt die Aufforderung, hochdeutsch zu sprechen, →Dialekt und →Umgangssprache zu vermeiden. 2 Zusammenfassende Bezeichnung für die ober- und mitteldeutschen Dialekte, die im Gegensatz zu den niederdeutschen Dialekten von der zweiten oder hochdeutschen →Lautverschiebung erfasst worden sind.

Hochsprache | 1 →Standardsprache. 2 Urspr. Bezeichnung für die Bühnenaussprache, wofür heute im allgemeinen ›Hochlautung‹ verwendet wird.

Homonym, Pl. Homonyme (griech. homós – gleich; ónoma – Name) | H. sind gleichlautende Wörter mit unterschiedlicher Bedeutung, z. B. *Ton* (Laut bzw. Erd-, Gesteinsart). Als H. gelten auch formähnliche Wörter, z. B. *die Leiter – der Leiter, die Mutter/die Mütter – die Mutter/die Muttern* (Schraubenmuttern). Zu unterscheiden ist zwischen Homonymie und →Polysemie. ↔Synonym

Hybridbildung (lat. hibrida – Mischling) | Wortbildung, bei der die Bestandteile des Wortes unterschiedlichen Sprachen entstammen; tritt bei Zusammensetzungen (→Kompositum) wie *Biomasse* (griech. und dt.), *reaktionsschnell* (lat. und dt.) und bei Ableitungen (→Derivation) auf, z. B. *gastieren* (dt. und frz.), *Aeroplan* (griech. und lat.).

Hyperbel* (griech. hyperbállein – über das Ziel hinauswerfen, übertreffen, übersteigen) | Ausdruck, der einen Sachverhalt in übertreibender Weise bezeichnet, z. B. *Das hat ja ewig gedauert*, oft auch in Form von (bildhaften) Redewendungen (→Phraseologismus): *Vor Schreck standen ihm die Haare zu Berge*. Die Übertreibung kann positiv (*riesig erfreut*) oder negativ sein, d. h. eine Untertreibung darstellen (*jmdn. eine Sekunde warten lassen*). Als bewusste sprachliche Übertreibung zählt die H. zu den →Stilfiguren.

Hyperonym; Oberbegriff (griech. hypér – darüber; ónoma – Name, Wort) | Wort, das aufgrund seiner Bedeutung anderen Wörtern übergeordnet ist, z. B. das Wort *Verkehrsteilnehmer* gegenüber den Unterbegriffen *Fußgänger, Kraftfahrzeuge, Radfahrer*. H. dienen der Zusammenfassung (*Alle Verkehrsteilnehmer sind verpflichtet …*), der Klassifizierung (*Der Tiger ist ein Raubtier*) oder auch dem Ausdruckswechsel (*Die Rosen in der Vase beginnen zu welken … Ich habe die Blumen zum Geburtstag bekommen*). ↔Hyponym

Hyponym; Unterbegriff (griech. hypo – unter; ónoma – Name, Wort) | Wort, das aufgrund seiner Bedeutung einem anderen Wort untergeordnet ist, z. B. das Wort *Stuhl* gegenüber dem Oberbegriff *Möbel*. Allerdings kann ein Unterbegriff zugleich Oberbegriff sein, z. B. *Stuhl* gegenüber *Küchenstuhl, Lehnstuhl* usw. Es werden also begriffliche Beziehungen zwischen Wörtern unterschiedlicher Abstraktionsebene erfaßt. H. dienen der Konkretisierung und Spezifizierung. ↔→Hyperonym

Hypotaxe (griech. hypo – unter; táxis – Anordnung) | Verbindung syntaktisch ungleichwertiger Teile (↔→Parataxe). →Subordination

Idiolekt (griech. ídion – eigen, eigentümlich; lektón – das Gesagte) | Gesamtheit des Sprachbesitzes eines Individuums einschließlich seiner besonderen oder sogar einmaligen sprachlichen Eigenheiten (→Idiom) und Sprachgewohnheiten (Sprachverhalten, Ausdrucksweise). →Soziolekt

Idiom (griech. ídion – eigen, eigentümlich) | **1** Besonderheit, Eigentümlichkeit in der Sprache (Wortschatz, Grammatik, Phonetik) bzw. im Sprachgebrauch eines einzelnen Sprechers / Schreibers (→Idiolekt) oder einer Gruppe von Sprechern / Schreibern (→Soziolekt). **2** Veraltete Bezeichnung für eine feste Redensart (→Phraseologismus), deren Bedeutung sich nicht mehr aus den einzelnen Elementen des Ausdrucks herleiten lässt (*bei jmdm. einen Stein im Brett haben*).

Ikon (griech. eikṓn – Bild) | →Zeichen

Illokution (lat. loqui – sprechen) | Terminus aus der →Sprechakttheorie, der den Handlungscharakter sprachlicher Äußerungen erfasst. So wird mit einer sprachlichen Äußerung (einem Sprechakt) nicht nur ein Sachverhalt (eine →Proposition) vermittelt, sondern je nach Intention (was bezweckt, beabsichtigt wird) und nach Konvention (wie eine Handlung üblicherweise oder sogar regelhaft vollzogen wird) immer auch ein Akt sprachlichen Handelns im Sinne einer Feststellung, einer Behauptung, eines Versprechens, einer Frage, einer Aufforderung, einer Empfehlung usw. vollzogen. Diese Typen sprachlichen Handelns werden als **Illokutionstypen** bezeichnet. Es kann sich dabei um eine Äußerung in einem Satz oder um umfassendere Äußerungen in Form längerer Texte handeln. I. können direkte oder indirekte Sprechakte sein. Ein direkter Sprechakt liegt dann vor, wenn seine Funktion durch sprachliche Merkmale (Illokutionsindikatoren) angezeigt ist; z. B. ist der Illokutionstyp der Aufforderung am →Imperativ (Befehlsform) und an der →Intonation ([Satz-]Betonung) erkennbar: *Geht endlich ins Bett!* Ein indirekter Sprechakt dagegen liegt dann vor, wenn die Funktion sprachlich nicht markiert ist, z. B. beim Fragesatz als Aufforderung: *Seid ihr noch nicht im Bett?* Hier klärt dann der →Kontext, was für eine sprachliche Handlung gemeint ist.

Illokutionstypen | →Illokution

Imperativ; Aufforderungsform, Befehlsform (lat. imperāre – herrschen, befehlen) | Eine der drei Formen des →Modus. Der I. erscheint nur in der 2. Person des Singulars (*Merke dir das gut!*) oder des Plurals (*Merkt euch das gut!*). Das Subjekt (*du/ihr*) wird meist nicht genannt, es ist implizit mit der Verbform gegeben; nur bei besonderer Hervorhebung und in der Höflichkeitsform tritt es explizit auf (*Merke du dir … / Merkt ihr euch … / Merken Sie sich das gut!*). Bei Verben mit Wechsel des Stammvokals im Präsens des →Indikativs (*ich gebe, du gibst*) erscheint im I. der Vokal der 2. Person (*Gib/Lies/Iss!*, nicht: *Gebe/Lese/Esse!*). Für die mit dem I. gebildeten Aufforderungssätze wird als Satzschlusszeichen je nach Stärke der Aufforderung entweder ein Ausrufezeichen oder nur ein Punkt verwendet. Außer mit der grammat. Form des I. können Aufforderungen durch andere Formen ausgedrückt werden, z. B.: *Bitte zurücktreten! Stillgestanden! Kopf hoch!*

Imperfekt (lat. imperfectus – unvollendet) | →Präteritum

Impersonal(e), Pl. Impersonalia; unpersönliches Verb (lat. in- / im- – un-; persōna – Rolle, Person) | Verb, das als →Subjekt normalerweise nur das unpersönliche →Pronomen ›es‹ bei sich führen kann (*Es regnet / hagelt / dämmert*). Dieses Pronomen besetzt hier die Subjektstelle rein formal; es kann jedoch durch bestimmte Substantive ersetzt werden, sodass die Subjektstelle inhaltlich ausgefüllt wird (*Der Morgen dämmert*).

indefinite Numeralia | →Numeral(e)

Indefinitpronomen; unbestimmtes Fürwort (lat. in- – un-; dēfīnīre – bestimmen, begrenzen) | →Pronomen

Indikativ; Wirklichkeitsform (lat. indicātīvus – zur Aussage geeignet) | Innerhalb der drei Formen des →Modus bildet der I. die Grundform, von der sich die Verbalformen des →Konjunktivs und des →Imperativs ableiten. Auch inhaltlich kann der I. als die modale Grundform angesehen werden, da in ihr alle Sätze einer Rede / eines Textes erscheinen und von dieser Grundform nur unter speziellen Bedingungen in die Form des Konjunktivs oder Imperativs abgewichen wird. Im I. können sowohl wirkliche als auch nur vorgestellte, gedachte Sachverhalte dargestellt werden, z.B.: *Er kommt* (bestimmt) / *Er kommt* (wahrscheinlich).

indirekte Rede, auch nichtwörtliche Rede, abhängige Rede | Besondere Form der →Redewiedergabe. In i. R. kann ein Sprecher / Schreiber Äußerungen oder Gedanken wiedergeben, ohne das Wiedergegebene (wie bei der direkten Rede) wörtlich zu zitieren. Gegenüber der direkten Rede erfolgt bei der i. R. ein Wechsel der grammat. Person: *Erwin sagte: »Es ist mein letzter Versuch.« – Erwin sagte, es ist / sei sein letzter Versuch*. Welcher →Modus gebraucht wird (*ist / sei / wäre sein letzter Versuch*), hängt wesentlich davon ab, welcher Stellenwert dem Wiedergegebenen zugesprochen werden soll und ob es mit oder ohne eigene Stellungnahme wiedergegeben wird (→Konjunktiv). Als Grundform dient in der i. R. der →Konjunktiv I: *Er sagte, es sei zu befürchten / … sei zu befürchten gewesen / … werde zu befürchten sein, dass …* In diesen Fällen wird hervorgehoben, dass die Gedanken oder Äußerungen ohne eigene Bewertung wiedergegeben werden. Braucht dies nicht hervorgehoben zu werden oder identifiziert sich der Sprecher / Schreiber mit dem Wiedergegebenen, so wird der →Indikativ gebraucht (*Sie sagte, Peter ist unzuverlässig / …, dass Peter unzuverlässig ist*). Der Konjunktiv II wird häufig als Ersatzform für den Konjunktiv I verwendet, v. a. bei Formgleichheit von Konjunktiv I und II, oder als Mittel stärkerer Distanzierung des Sprechers / Schreibers vom Wiedergegebenen (*Sie sagte, Peter wäre unzuverlässig*). Häufig wird auch ›würde‹ eingesetzt: *Er sagte, er komme / … er würde kommen*. ↔ direkte Rede

Individualstil (lat. individuus – unteilbar; Einzelwesen) | Die für eine Person charakteristische sprachliche Ausdrucksweise (→Stil). Für die Ausdrucksweise einer Person können Besonderheiten in Wortwahl und Satzbau kennzeichnend sein, der I. kann aber auch durch reine Durchschnittlichkeit, ja sogar durch Wortschatzarmut und mangelhafte Ausdruckskraft geprägt sein. Um den I. einer Person charakterisieren zu können, ist die Berücksichtigung vieler Äußerungen in vielen unterschiedlichen Situationen notwendig.

Indogermanisch, auch Indoeuropäisch | Gruppe von Sprachen (→Sprachfamilie), die viele europäische und auch einige asiatische Sprachen umfasst. Grundlage dieser Zusammenfassung ist ihre in Wortschatz und Grammatik nachweisbare Verwandtschaft, ihre histor. Zurückführung auf eine gemeinsame (hypothetische) Ausgangssprache, das Urindogermanische (bzw. Urindoeuropäische, wie es meist in der nichtdeutschsprachigen Wiss. genannt wird). Zum I. gehören das Germanische, Indische, Iranische, Armenische, Hethitische, Griechische, Albanische, Italische, Keltische, Slawische und Baltische. Mit diesen Bezeichnungen werden wiederum Sprachgruppen (Sprachzweige) erfasst, aus denen sich, wie beim →Germanischen, versch. Einzelsprachen entwickelt haben.

infinite Verbform | Form des Verbs, bei der keine Personalendung auftritt. Hierzu gehören der →Infinitiv sowie die Formen des →Partizips. ↔finite Verbform

Infinitiv; Grundform, Nennform (lat. īnfīnītus – unbegrenzt, unbestimmt) | Grammatisch unflektierte Form, die für das bloße Nennen des Verbs verwendet wird (*geben, tanzen*). Von dieser Form erfolgt auch der Wortartwechsel vom Verb zum →Nomen (*tanzen – das Tanzen*). Der I. und die Formen des →Partizips sind infinite Formen, d. h., sie treten ohne die Endung der 1., 2. oder 3. Person auf.

Infinitivkonstruktion, auch Infinitivgruppe | Nebensatzwertige Wortgruppe, die aus der Verbform des →Infinitivs + ›zu‹ + einem erweiternden Element besteht: *Er bat mich(,) morgen zu kommen*. Dass solch eine Wortgruppe z. T. als ›satzwertig‹ oder auch als ›Infinitivsatz‹ bezeichnet wird, ergibt sich daraus, dass eine →Transformation in einen Nebensatz (eine Umformung der infiniten in eine finite Verbform) möglich ist: *Er bat mich, dass ich morgen komme*.

Infix (lat. īnfīgere – einfügen) | In den Wortstamm eingefügtes Sprachelement zur Bildung von Wörtern. Im Dt. gibt es streng genommen keine I., sondern nur Ableitungen mit →Ablaut (*Band, Bund*) oder mit →Umlaut (*fallen – fällen*) bzw. Zusammensetzungen mit →Fugenelement (*Hilfskraft*).

inhaltbezogene Grammatik | Konzept der Sprachforschung (→Grammatiktheorie, →Sprachtheorie), in dem die Beschreibung von Lexik (→Wortschatz) und Grammatik unter dem Gesichtspunkt des Zusammenhangs von Sprache, Denken und Wirklichkeit vorgenommen wird. Grundlage der i. G. in Deutschland sind die Arbeiten von Leo Weisgerber aus den 30er, 50er und 60er Jahren. Grundansatz ist – unter Verweis auf Wilhelm von Humboldt – der Gedanke, dass die Sprache eine geistige Kraft ist und über sie ein spezifischer Zugriff auf die Welt, ›Weltaneignung‹ erfolgt. Es wird davon ausgegangen, dass unterschiedliche Strukturen der jeweiligen Muttersprache unterschiedliche Denkweisen, Geisteshaltungen und Gestaltungstendenzen bedingen (z. B. die Besonderheiten der Satzbaupläne im Dt. im Unterschied zu anderen Sprachen). In diesem Sinn wird die Sprache gleichsam als ›Prisma‹, als ›Zwischenwelt‹ begriffen, durch die das Individuum als Angehöriger einer überindividuellen Sprachgemeinschaft die Welt sieht und sie im ›Zugriff‹ seiner Sprache mitgestaltet.

Inhaltsatz | Art des →Gliedsatzes. Äußeres Formmerkmal des I. ist die Einleitung mit der Konjunktion ›dass‹. Der Funktion, dem Satzgliedwert nach handelt es sich um Objekt- oder Subjektsätze. Sie sind abhängig v. a. von Verben des Äußerns (Mitteilens, Aufforderns, Fühlens, Wollens und Hoffens) und enthalten den eigtl. Inhalt des Äußerns, z. B.: *Ich wundere mich, dass er nicht anruft*; *Dass er nicht anruft, wundert mich*. Der I. kann auch als uneingeleiteter Nebensatz auftreten: *Ich glaube, er ruft nicht an*.

Instrumentalbestimmung; Umstandsbestimmung des Mittels (lat. īnstrūmentum – Mittel, Werkzeug) | Form der Adverbialbestimmung. Sie gibt das Mittel an, mit dem die im Prädikatsverb benannte Tätigkeit ausgeführt wird (*Er teilte die Stange mit einer Metallsäge*). Die I. wird unterschiedlich zugeordnet, teils zur Gruppe der →Modalbestimmungen, teils zur Gruppe der →Kausalbestimmungen.

Instrumentalsatz | Nebensatz in der Satzgliedfunktion einer →Instrumentalbestimmung.

Intention (lat. intentiō – Absicht) | Absicht des Sprechers/Schreibers, die einer sprachlichen Äußerung oder einem Text zugrunde liegt bzw. der Äußerung oder dem Text aufgrund entsprechender Indikatoren (Text- und Kontextmerkmale) vom Hörer/Leser zugrunde gelegt werden kann. Zu unterscheiden ist zwischen subjektiver I. und objektiver Umsetzung der I. im Text sowie zwischen Absicht und Wirkung. In der →Sprechakttheorie ist die I. ein entscheidendes Kriterium für die Unterscheidung von Sprachhandlungstypen (→Illokution).

Interjektion; Ausdruckswort, Empfindungswort, Ausrufewort (lat. interiectiō – Einwurf) | Gruppe von Wörtern, die zwar meist im Zusammenhang mit der Kategorie →Wortart genannt, aber letztlich nicht als Wortart eingestuft wird. I. sind Ausdrücke wie *ach, oh, hallo, he, pst, peng, ratsch*, die Empfindungen wiedergeben, als Ausrufe verwendet werden oder Laute nachahmen. Da sie als selbstständige →Äußerungen auftreten können, werden sie auch als ›Satzwörter‹ charakterisiert.

Internationalismus (lat. inter – zwischen; nātio – Geburt, Volksstamm) | Lexikalischer Ausdruck, der in gleicher oder ähnlicher Form sowie in gleicher oder ähnlicher Bedeutung in mehreren Sprachen auftritt (z. B. dt. *Theater*, engl. *theatre*, frz. *théâtre*, ital. *teatro*, russ. *театр*).

Interpunktion; Zeichensetzung (lat. interpunctum – durch Punkt abgetrennt) | System der Satzzeichen bzw. Lehre vom Gebrauch der Satzzeichen. Die Satzzeichen (Punkt, Fragezeichen, Ausrufezeichen, Komma, Semikolon, Doppelpunkt, Gedankenstrich usw.) dienen der optischen Gliederung der geschriebenen Sprache v. a. nach grammat. Regeln (z. B. zur Kennzeichnung der Satzart, der Über- und Unterordnung von Teilsätzen innerhalb komplexer Sätze), z. T. aber auch nach stilistisch-rhetorischen Merkmalen (z. B. zur Kennzeichnung von Einschüben, Pausen oder direkter Rede).

Interrogativpronomen (lat. interrogāre – fragen) | →Pronomen

Interrogativsatz; Fragesatz (lat. interrogāre – fragen) | Hauptsatz mit der Funktion, vom Kommunikationspartner eine verbale Antwort zu erwirken. Zu unterscheiden sind →Alternativfrage (Entscheidungsfrage) und →Ergänzungsfrage (Bestimmungsfrage). Daneben gibt es die → rhetorische Frage, die nur der Form nach eine Frage ist. Vom I. als Hauptsatz (*Liest du gern?*) ist der indirekte I. in Nebensatzform zu unterscheiden (*Er wollte wissen, ob/was/warum er gern liest/lese*).

Intonation (lat. intonāre – ertönen lassen) | Tongebung beim Aussprechen von Wörtern, Sätzen und ganzen Texten. Zur I. gehören der →Akzent, der Tonhöhenverlauf (die Sprechmelodie), das Sprechtempo und die rhythmische Gliederung von Äußerungen. Die I. ist abhängig von der Struktur der Wörter und Sätze, vom Inhalt des Geäußerten, von den inneren Einstellungen und Haltungen des Sprechers und von der →Kommunikationssituation. Bei der **Satzintonation** ergeben sich bestimmte Intonationstypen aus dem Tonhöhenverlauf am Satzende. Es gibt Sätze mit fallender Melodie (terminale Satzmelodie: *Die Vorstellung ist aus.*), mit ansteigender Melodie (interrogative Satzmelodie: *Kommst du morgen zum Fußballspiel mit?*) und mit gleichbleibender, weiterführender Melodie (progrediente Satzmelodie: *Wenn du willst, gehen wir zusammen ins Kino.*). Die I. ist für bestimmte →Satzarten kennzeichnend, z. B. die fallende Satzmelodie für den Aussagesatz, die steigende für die Entscheidungsfrage, die gleichbleibende für einen Teilsatz im Inneren eines Satzgefüges.

Intransitivität | →transitives Verb

Inversion* (lat. inversiō – Umkehrung) | Umstellung des Subjekts, d. h., das Subjekt steht im →Aussagesatz nicht wie üblich an erster Stelle der Satzgliedfolge, sondern unmittelbar hinter der finiten Verbform: <u>Der Architekt</u> *besucht morgen die Baustelle.* – *Morgen besucht* <u>der Architekt</u> *die Baustelle.*

Jargon (frz., urspr. Kauderwelsch, unverständliches Gemurmel; dann: sondersprachlicher Wortschatz) | Bezeichnung für umgangssprachliche Eigentümlichkeiten bestimmter sozialer Gruppen, die sich von den Normen der →Gemeinsprache abheben und einen eigenen →Soziolekt bilden. Die Eigentümlichkeiten zeigen sich v. a. im Wortschatz, aber auch in Grammatik und Aussprache. Typische Beispiele sind die →Gruppensprachen von Medizinern, Soldaten, Jugendlichen, Studenten usw.

Kardinalzahl; Grundzahl (lat. cardinālis – hauptsächlich) | →Numeral(e)

Kasus, Pl. Kasūs; Fall (lat. cāsus – Fall, Sturz, [Wort-]Ausgang) | Grammatische Form bei der →Deklination. Im Dt. gibt es vier K.: **Nominativ, Genitiv, Dativ, Akkusativ**. Sie kennzeichnen Beziehungen im Satz. Einzelne Satzglieder sind an bestimmte K. gebunden. Beispielsweise steht das →Subjekt immer im Nominativ; beim →Objekt ist der Kasus abhängig von der →Valenz des Verbs (*Er lobt ihn* [*loben* + Akk.]; *Er dankt ihm* [*danken* + Dat.]; *Er gedenkt seiner* [*gedenken* + Gen.]) bzw. von der Präposition (*Er fragt nach ihm* [*fragen nach* + Dat.]).

Kasusobjekt | →Objekt

Kausalbestimmung; Umstandsbestimmung des Grundes (lat. causa – Ursache, Grund) | Form der →Adverbialbestimmung. Sie gibt Beziehungen kausaler Art an: Grund, Bedingung, Folge, Zweck, Einräumung. Unterschieden werden: 1. K. im engeren Sinn (Umstandsbestimmung des Grundes): *Sie weinte vor Freude*; 2. →Konditionalbestimmung (Umstandsbestimmung der Bedingung): *Bei schlechtem Wetter kann die Wanderung nicht stattfinden*; 3. →Konsekutivbestimmung (Umstandsbestimmung der Folge): *Er arbeitet bis zur Erschöpfung*; 4. →Finalbestimmung (Umstandsbestimmung des Zwecks): *Sie fuhr zur Fortbildung nach Hannover*; 5. →Konzessivbestimmung (Umstandsbestimmung der Einräumung): *Trotz des Regens wurde das Fußballspiel nicht abgepfiffen*.

Kausalsatz | Nebensatz in der Satzgliedfunktion einer →Kausalbestimmung.

Kernsatz | →Strukturtyp

Klimax; Steigerung, Höhepunkt (griech. klīmax – Leiter, Treppe) | Besondere →Stilfigur, bei der innerhalb eines Satzes oder einer Satzfolge eine mindestens dreigliedrige Aufzählung erfolgt und die Aufzählungsglieder in aufsteigender oder absteigender Abstufung angeordnet sind. Die Abstufung kann inhaltlicher Art sein, sie kann aber auch formal auf der ›Schwere‹ (Silbenzahl) der Wörter beruhen: »[…] *der ärmste, der jämmerlichste, der enttäuschteste Bettler dieser Erde*« (Stefan Zweig, *Die Entdeckung Eldorados*). Eine absteigende, fallende Abstufung wird auch als **Antiklimax** bezeichnet, doch auch sie ist eine Steigerung (des Negativen): *Er kannte alle Straßen, Gassen und Stege der Stadt*.

Kode (lat. cōdex – Verzeichnis) | **1** Begriff aus der Nachrichtentechnik. System von Vorschriften zum Verschlüsseln und Entschlüsseln von Texten (urspr. ›Schlüssel‹ v. a. von Geheimschriften). Verallgemeinert bedeutet K. jede Art von System, nach dem eine Zeichenfolge in eine andere Zeichenfolge übertragen werden kann. **2** In der Sprachwissenschaft wird K. häufig synonym für →Sprachsystem gebraucht, also für das System sprachlicher Zeichen und Regeln der Zeichenkombination, das der →Textproduktion und →Textrezeption zugrunde liegt. In der →Soziolinguistik wird K. auch speziell im Sinn sozialer Sprachbarrieren verwendet: elaborierter K. = entwickelte, differenzierte Ausdrucksvielfalt; restringierter K. = eingeschränkte Ausdrucksweise.

Kohärenz (lat. cohaerentia – Zusammenhang) | Inhaltlicher Zusammenhang zwischen den Elementen (Wörtern, Satzgliedern, Sätzen) eines Textes. Die K. ist ein entscheidendes Merkmal dafür, dass eine Folge von Sätzen als →Text gilt. Dabei brauchen die einzelnen inhaltlichen Zusammenhänge nicht immer sprachlich – an der ›Oberfläche‹ des Textes (→Kohäsion) – ausgedrückt zu sein (z. B. durch Konjunktionen oder durch ausdrückliche Begriffserklärungen). Viele Zusammenhänge sind durch Wissensvoraussetzungen gestützt, so etwa in der Satzfolge: *Der Präsident hatte in Helsinki einen Zwischenaufenthalt. Die Hauptstadt Finnlands bereitete ihm einen herzlichen Empfang*. Hier wird das Wissen vorausgesetzt, dass die Ausdrücke *Helsinki* und *Hauptstadt Finnlands* in ihrer →Referenz identisch sind und auf dieser Grundlage der inhaltliche Zusammenhang der Sätze verstanden wird. Beziehungen der K. bestehen nicht nur zwischen Nachbarsätzen. Auch inhaltliche Relationen zwischen im Text weit auseinander liegenden Elementen zählen dazu.

Kohäsion (lat. cohaerēre – verknüpfen) | Der an der sprachlichen ›Oberfläche‹ eines Textes erkennbare Zusammenhang inhaltlicher Beziehungen. Während mit dem Begriff der →Kohärenz jede Art inhaltlicher Beziehungen im Text erfasst wird, also auch solche, die sprachlich nicht ausdrücklich bezeichnet werden (z. B. die Kausalität zwischen den Aussagen *Die Pflanze gedeiht gut. Sie ist gedüngt worden*), sind mit dem Begriff der K. nur solche gedanklichen Beziehungen im Text gemeint, die durch sprachliche Mittel verdeutlicht werden (*Die Pflanze ist gedüngt worden. Daher gedeiht sie gut*). Mittel der K. sind u. a. wörtliche und synonymische Wiederholungen, Pronomen, Konjunktionen, Angaben zur Zeitstruktur sowie die Wortfolge.

Kollektivum, Pl. Kollektiva; Sammelbezeichnung (lat. colligere – sammeln) | Substantiv, das eine Vielfalt von Erscheinungen bezeichnet (*Besteck, Bevölkerung, Gebirge, Mannschaft*). Einige K. stehen nur im Singular (*Laub, Obst*), andere nur im Plural (*Eltern, Möbel*). →Numerus, →Konkretum

Kommunikation (lat. commūnicātiō – Mitteilung) | Allgemein bedeutet K. jede Art der Übermittlung von Informationen von einem ›Sender‹ zu einem ›Empfänger‹ mit Hilfe von ›Signalen‹. Bezogen auf menschliche Sprache umfasst K. die Tätigkeiten des Sprechens und Hörens sowie des Schreibens und Lesens. In diesen Prozessen werden Bewusstseinsinhalte als ›Botschaften‹ vermittelt, indem sie vom Sprecher/Schreiber (›Sender‹) mit Hilfe des sprachlichen Zeichensystems kodiert (→Kode) und vom Hörer/Leser (›Empfänger‹) dekodiert werden. Es handelt sich dabei um komplexe geistige Handlungen, die von vielen Faktoren und Bedingungen abhängen, so v. a. von den Wissensvoraussetzungen, Motiven, Einstellungen und Absichten der kommunizierenden Menschen, von der →Kommunikationssituation und von den Konventionen, Normen und Regeln zwischenmenschlicher Beziehungen und der Zeichenverwendung.

Kommunikationsabsicht | →Intention

Kommunikationseffekt (lat. efficere – erreichen, bewirken) | Die in der sprachlichen →Kommunikation beim Kommunikationspartner jeweils erreichte Wirkung. Sie ist in Beziehung zur Kommunikationsabsicht (→Intention) zu sehen, denn der Sprecher/Schreiber geht davon aus, dass die Wirkung seiner Äußerungen der von ihm verfolgten Absicht entspricht. Doch die Wirkung kann u. U. wesentlich davon abweichen und sie kann auch innerhalb eines Hörer- oder Leserkreises aufgrund unterschiedlicher psychologischer und sozialer Bedingungen sehr unterschiedlich sein.

Kommunikationsmodell | Darstellung der →Kommunikation als eines komplexen und komplizierten Vorgangs in vereinfachender Übersicht. Die Art eines K. hängt von den Einsichten in die Zusammenhänge sprachlicher Kommunikation, vom Stand der Theoriebildung sowie vom Zweck einer modellhaften Darstellung ab. Ein allgemein gültiges K. gibt es nicht. Einfache K. gehen davon aus, dass von einem ›Sender‹ mit Hilfe von ›Signalen‹ über einen ›Kanal‹ eine ›Botschaft‹ an einen ›Empfänger‹ übermittelt wird. Andere, ebenfalls relativ einfache K. führen Kommunikation auf ein Reiz-Reaktions-Schema zurück. Solche Modelle erklären allerdings kaum, dass Kommunikation ein wechselseitiges Handeln zwischen Subjekten, d. h. zwischen einem geistig aktiven ›Produzenten‹ und einem ebenso geistig aktiven ›Rezipienten‹ ist. Ein anspruchsvolleres K. muss daher v. a. auch historisch-soziale, geistig-psychologische und aktuell-situative Faktoren mit einbeziehen.

Kommunikationssituation | Gesamtheit der Bedingungen, unter denen Kommunikation stattfindet. Von der K. hängt es wesentlich ab, welche →Kommunikationsstrategie zweckmäßig ist und ob eine bestimmte Kommunikationsabsicht (→Intention) des Sprechers/Schreibers beim Hörer/Leser verwirklicht werden kann. Zur K. zählen Bedingungen wie die räumlichen und zeitlichen Verhältnisse, die Besonderheiten der mündlichen und schriftlichen Kommunikation, die sozialhistorischen und individualpsychologischen Voraussetzungen.

Kommunikationsstrategie | Art des (bewussten) Vorgehens eines Sprechers/Scheibers, um unter Einbeziehung der jeweiligen Bedingungen (→Kommunikationssituation) beim Kommunikationspartner die zugrunde gelegte Kommunikationsabsicht (→Intention) zu verwirklichen. Die K. beruht auf ziel- und situationsbedingten Entscheidungen im Einhalten, Umspielen oder Überschreiten von Normen der Satzbildung und Textgestaltung.

kommunikative Kompetenz | →Kompetenz

kommunikatives Handeln | Die für einen Sprecher/Schreiber bzw. Hörer/Leser spezifischen Aktivitäten, wie Situationseinschätzung, ideelle Vorwegnahme der zu erreichenden Ziele, Beachtung gesellschaftlicher Konventionen und Normen, angemessene Textgestaltung und Textaufnahme, Sicherung der Sinnerfassung (Möglichkeiten der Rückfrage/klare Gliederung), sachlich und psychologisch zweckgerechtes Reagieren u. a. →Kommunikation, →Kommunikationsmodell, →sprachliches Handeln

Komparation; Steigerung (lat. comparātiō – Vergleich) | Form der →Flexion beim Adjektiv und einigen Adverbien. Die K. wird durch drei Stufen gebildet: den **Positiv** oder die Grundstufe (*hell, groß, gut*), den **Komparativ** oder die Höherstufe, auch Mehrstufe (*heller, größer, besser*) und den **Superlativ** oder die Höchststufe, auch Meiststufe (*das hellste, größte, beste Zimmer*; *dieses Zimmer ist am hellsten, größten, besten*). Zu den wenigen steigerungsfähigen Adverbien gehören *oft, wenig, wohl*. Einige Adverbien lassen sich nur unregelmäßig steigern (*gern – lieber – am liebsten; viel – mehr – am meisten*). Eine K. des Adjektivs ist nur dann möglich, wenn es die Bedeutung des Adjektivs erlaubt. So kann *schwarz* als Farbadjektiv nicht gesteigert werden, es sei denn, es soll zwischen Schwarztönungen unterschieden oder das Adjektiv in übertragener Bedeutung gebraucht werden (*der schwärzeste Tag seines Lebens*). Beim Vergleichen von Erscheinungen dient der Positiv der Kennzeichnung von Gleichheit (*Er ist so alt wie sein Mitschüler*), der Komparativ der Kennzeichnung von Ungleichheit in Bezug auf zwei Vergleichsgrößen (*Er ist älter als sein Freund*, nicht: *wie sein Freund*), der Superlativ der Kennzeichnung von Ungleichheit in Bezug auf mindestens drei Vergleichsgrößen (*Er ist das älteste Mitglied der Gruppe*). Eine Besonderheit des Komparativs besteht darin, dass er statt einer Steigerung auch eine Minderung ausdrücken kann: so ist *eine größere Stadt* weniger als *eine große Stadt*. Ferner gibt es beim Superlativ die Besonderheit, dass er nicht im Rahmen eines Vergleichs den höchsten Grad ausdrückt (*das älteste Kind*), sondern lediglich einen sehr hohen Grad kennzeichnet: *herzlichste* (statt *herzliche*) *Grüße*. In solchen Fällen wird die Funktion der Superlativform als **Elativ** bezeichnet.

Komparativ | →Komparation

Komparativbestimmung; Umstandsbestimmung des Vergleichs | Form der →Adverbialbestimmung, die zur Gruppe der →Modalbestimmungen gezählt wird. Sie drückt einen Vergleich aus: *Er boxt wie ein Profi*.

Komparativsatz | Nebensatz in der Satzgliedfunktion einer →Komparativbestimmung.

Kompetenz (lat. competentia – Eignung, Fähigkeit) | Ein mit der →generativen Grammatik eingeführter, in der neueren Sprachwissenschaft verbreiteter Begriff, mit dem das intuitive Sprachwissen und die Fähigkeit des (idealisierten) Sprechers/Hörers zum Erzeugen und Verstehen grammat. korrekter Sätze bezeichnet wird. Weiterführend wird heute allgemein unterschieden zwischen **sprachli-**

cher und **kommunikativer K.**; letztere betrifft über die grammat. Korrektheit der Satzbildung hinaus die situative Angemessenheit der Satzäußerungen und schließt daher Wissen um die kommunikativen Bedingungen, →Textsorten und →Varietäten ein.

Komponentenanalyse (lat. compōnere – zusammensetzen) | Verfahren zur Bestimmung und Abgrenzung v. a. von Wortbedeutungen. Die Bedeutung eines Wortes wird in Komponenten (Bedeutungsmerkmale) zerlegt. So kann z. B. das Wort *Mann* durch Merkmale wie ›belebt‹, ›menschlich‹, ›männlich‹, ›erwachsen‹ näher bestimmt und semantisch (inhaltlich) etwa von *Jüngling* (›belebt‹, ›menschlich‹, ›männlich‹, ›jugendlich‹) abgegrenzt werden. Es müssen jeweils so viele Merkmale aufgeführt werden, wie für die Gegenüberstellung mit semantisch angrenzenden Wörtern erforderlich sind, um die gemeinsamen und die unterscheidenden Merkmale erfassen zu können.

Komposition (lat. compositiō – Zusammensetzung) | 1 Vorgang der Zusammensetzung als Prozess der →Wortbildung; Ergebnis der K. ist das →Kompositum. 2 Inhaltliche Gliederung eines Textes. →Textkomposition

Kompositum, Pl. Komposita; Zusammensetzung (lat. compositum – Zusammengesetztes) | Art der Wortbildung. Im Unterschied zur Ableitung mit Hilfe von →Affixen sind die →Konstituenten eines K. zwei oder mehrere selbstständig vorkommende Wörter. Wenn eine der Konstituenten nicht als selbstständiges Wort vorkommt (z. B. *Him-* in *Himbeere*, *-thek* in *Phonothek*), so kann dennoch von einem K. gesprochen werden, sofern hier kein →Präfix bzw. →Suffix vorliegt. Die meisten substantivischen und adjektivischen K. gehören zur Untergruppe des **Determinativkompositums**. Ein Determinativkompositum (z. B. *Wetterbericht*) besteht aus zwei Konstituenten, dem →Grundwort (*Bericht*) und dem →Bestimmungswort (*Wetter*). Jede dieser Konstituenten kann wiederum aus untergeordneten Konstituenten bestehen, z. B. im Wort *Jahreszeitenwechsel*: Das Bestimmungswort *Jahreszeit* (Grundwort *Wechsel*) setzt sich aus *Zeit* als Grundwort und *Jahr* als Bestimmungswort mit einem →Fugenelement ›es‹ zusammen (→Konstituentenanalyse). Eine andere, kleine Untergruppe bilden die **Kopulativkomposita**, z. B. *Strumpfhose, nasskalt, blauweiß (-gestreift)*; bei ihnen ist die eine Konstituente der anderen nebengeordnet. Die Tendenz zur Bildung von Zusammensetzungen ist bei Verben weitaus weniger ausgeprägt als bei Substantiven und Adjektiven; neben Zusammensetzungen von Verben mit Substantiven (*wetterleuchten, notlanden*), Adjektiven (*gutschreiben, frohlocken*) oder Verben (*pressschweißen*) erfolgt die Wortbildung bei den Verben v. a. durch →Präfix und →Suffix.

Konditionalbestimmung; Umstandsbestimmung der Bedingung (lat. condĭtiō – Bedingung, Voraussetzung) | Form der →Adverbialbestimmung, die zur Gruppe der →Kausalbestimmungen gezählt wird. Es wird eine Bedingung angegeben, die für das Eintreten eines bestimmten Ereignisses Voraussetzung ist, z. B.: *Die Pflanze gedeiht nur bei mehr Helligkeit.*

Konditionalsatz | Nebensatz in der Satzgliedfunktion einer →Konditionalbestimmung.

Kongruenz (lat. congruere – übereinstimmen) | Übereinstimmung bestimmter grammat. Formen zwischen unterschiedlichen Elementen im Satz. So besteht im Dt. zwischen dem Subjekt und der finiten Verbform des Prädikats K. in Person und Numerus. Ändert sich das Subjekt, so ändert sich auch die finite Verbform. Dies kann durch die →Ersatzprobe verdeutlicht werden: *ich lese/du liest/.../wir lesen/ihr lest.* K. besteht auch zwischen bestimmten Formen des Attributs und seinem Bezugswort: *bei schwerem Sturm/bei schweren Stürmen; Karl der Große/die Ziele Karls des Großen.*

Konjugation (lat. coniugātiō – Verknüpfung) | Art der →Flexion beim Verb. Die K. ist die grammat. Formabwandlung nach den Kategorien: 1. →Person (1., 2., 3. Person), 2. →Numerus (Singular, Plural), 3. →Tempus (Präsens, Präteritum, Perfekt, Plusquamperfekt, Futur I, Futur II), 4. →Modus (Indikativ, Konjunktiv, Imperativ), 5. →Genus des Verbs (Aktiv, Passiv / Vorgangspassiv, Zustandspassiv). Zu unterscheiden ist zwischen schwacher, starker und unregelmäßiger K. (→Stammform).

Konjunktion; Bindewort (lat. coniūnctiō – Verbindung) | Zur Gruppe der unflektierbaren Wortarten gehörend; unterschieden werden zwei Arten von K.: 1. koordinierende (nebenordnende) K.; sie verbinden gleichgeordnete Sätze, Satzglieder oder Satzgliedteile miteinander (*und, oder, aber, entweder ... oder* u.a.); 2. subordinierende (unterordnende) K.; mit ihnen werden Nebensätze (→Konjunktionalsätze) eingeleitet (*als, nachdem, weil, obwohl, dass* u.a.). Da sie ein Verhältnis der Subordination kennzeichnen, werden sie auch **Subjunktionen** genannt (lat. sub – unter). Von den ebenfalls nicht flektierbaren Adverbien unterscheiden sich die K. dadurch, dass sie keinen Satzgliedwert haben (→Umstellprobe). Lediglich →Konjunktionaladverbien können die Stelle eines Satzgliedes ausfüllen.

Konjunktionaladverb, Pl. -adverbien | Untergruppe der Adverbien. K. verbinden Sätze miteinander, haben im Unterschied zu reinen Konjunktionen jedoch Satzgliedwert (→Umstellprobe): *Er war beleidigt, dennoch / immerhin / dessenungeachtet nahm er die Einladung an.*

Konjunktionalsatz | Untergruppe des Nebensatzes. Im Unterschied zu anderen Formen des Nebensatzes ist für den K. die Einleitung durch eine subordinierende (unterordnende) →Konjunktion kennzeichnend: *Ich gehe einkaufen, weil ich Besuch bekomme / obwohl ich kaum Geld habe / nachdem du alles aufgegessen hast.*

Konjunktiv; Möglichkeitsform (lat. coniungere – verbinden) | Eine der drei Formen des →Modus. Die Konjugationsformen des Verbs (→Konjugation) im K. in den sechs Zeitformen (→Tempus) leiten sich von den entsprechenden Konjugationsformen im →Indikativ ab. Dabei unterscheiden sich manche Formen im K. deutlich von den Indikativformen (z. B. *er hat – er habe, er arbeitet – er arbeite, er nahm – er nähme*); z. T. besteht aber auch Formgleichheit (Indikativ, 1. Person Präsens: *ich sehe* – Konjunktiv, 1. Person Präsens: *ich sehe*). Eine Möglichkeit, das relativ differenzierte Formensystem des K. zu umgehen, ist die Umschreibung mit ›würden‹. Dadurch können insbesondere veraltende Formen vermieden werden: *er würde gewinnen* statt *er gewönne / gewänne*. Verwendung findet der K. heute v. a. 1. bei der Wiedergabe indirekter Rede (z. B. *Er vermutete, sie sei verreist*), 2. in hypothetischen →Komparativsätzen (*Er tat so, als ob ihm das gar nichts ausmachte / ausmachen würde*), 3. bei Irrealität im →Konditionalsatz, →Konzessivsatz und →Konsekutivsatz (z. B. im irrealen Konditionalsatz: *Wenn er wirklich Lust gehabt hätte, wäre er gekommen*), 4. im Hauptsatz, wenn ein Wunsch (*Mögest du gesund bleiben!*) oder wenn Irrealität ausgedrückt werden soll (*Er hätte eher daran denken sollen*).

Konkretum, Pl. Konkreta (lat. concrētus – verdichtet) | Untergruppe der Substantive. Ein K. bezeichnet eine sinnlich wahrnehmbare Erscheinung. Je nach der Art dieser Erscheinung werden die K. unterteilt in →Eigennamen, Gattungsbezeichnungen (→Appellativum), Sammelbezeichnungen (→Kollektivum) und →Stoffbezeichnungen. ↔Abstraktum

Konnotation; das Mit-Bezeichnete (lat. con- – zusammen; notāre – kenntlich machen) | Zusätzliche →Bedeutung in dem Sinn, dass ein sprachlicher Ausdruck über die Grundbedeutung hinaus mit Begleitvorstellungen und -gedanken verbunden wird. Es wird zwischen denotativer Bedeutung (Grundbedeutung, →Denotation [2]) und konnotativer Bedeutung unterschieden. Bei dem Wort *Masern* z. B. kann die denotative Bedeutung durch Bedeutungsmerkmale wie ›Krankheit‹, ›Ausschlag‹, ›ansteckend‹ usw. gekennzeichnet werden, die K. durch Merkmale wie ›im Bett liegen‹, ›nicht in die Schule gehen‹ o. ä. K. sind von vorrangig individuellen Assoziationen zu unterscheiden, denn sie gehören zum überindividuellen Bedeutungspotential. Bezogen auf Texte können K. auch als das ›Zwischen-den-Zeilen-Geschriebene‹ verstanden werden. ↔Denotation

Konsekutivbestimmung; Umstandsbestimmung der Folge (lat. cōnsecūtiō – Folge) | Form der →Adverbialbestimmung, die zur Gruppe der →Kausalbestimmungen gezählt wird. Sie gibt die Folge eines Geschehens an: *Er hatte sich bis zur völligen Armut verschuldet.*

Konsekutivsatz | Nebensatz mit der Satzgliedfunktion einer →Konsekutivbestimmung.

Konsonant; Mitlaut (lat. con- – zusammen, mit; sonāre – tönen) | Laut, dessen Bildung (→Artikulation) durch Austreten des Luftstromes in Verbindung mit bestimmten Behinderungen des Luftstromes durch Reibung oder Verschluss erfolgt. K. sind Plosive (Verschlusslaute, z. B. ›p‹, ›t‹, ›k‹), Frikative (Reibelaute, z. B. ›f‹, ›s‹), Nasale (Nasenlaute, z. B. ›m‹, ›n‹) und Liquide (Fließlaute, z. B. ›l‹, ›r‹). Ferner wird unterschieden zwischen stimmlosen (z. B. ›p‹, ›t‹, ›f‹) und stimmhaften K. (z. B. ›b‹, ›d‹, ›w‹). →Artikulation, →Phonem, ↔Vokal

Konstituente (lat. cōnstituere – aufstellen, errichten) | Sprachliche Einheit (z. B. ein →Morphem oder ein Satzglied/Satzgliedteil) innerhalb einer größeren sprachlichen Einheit (z. B. eines →Kompositums oder eines Satzes). Um die Struktur der Wörter und Sätze erfassen und danach andere Wörter und Sätze bilden zu können, ist es notwendig, ihre K. als Strukturelemente zu erkennen (→Konstituentenanalyse).

Konstituentenanalyse | Zerlegen einer sprachlichen Einheit in ihre Strukturelemente, d. h. in jene Bestandteile, aus denen sie sich aufbaut (→Konstituente). Eine schrittweise Zergliederung kann nach der sogenannten IC-Analyse (IC = immediate constituents – unmittelbare Konstituenten) vorgenommen werden. Dabei erfolgt die Analyse in Stufen; auf jeder Stufe (Analyseebene) wird die jeweils höhere Einheit in zwei niedere (unmittelbare Konstituenten) zerlegt, und zwar so lange, bis die kleinste sprachliche Einheit erreicht ist. Beispiel einer K. bei einem Wort:

Unerklärlichkeit

unerklärlich + -keit

un- + erklärlich

erklär(en) + -lich

er- + klären

klar- + [Verbalendung]

Beispiel einer K. bei einem Satz:

Der neue Mieter bekam seinen Vertrag.

Der neue Mieter   *bekam seinen Vertrag.*

Außer diesen unmittelbar zusammenstehenden Konstituenten gibt es auch getrennt stehende (diskontinuierliche) Konstituenten, z. B. Teile des Prädikats:

Wolfgang hat seinen Freund besucht.

Wolfgang   *hat*   *seinen*   *Freund*   *besucht.*

Konstruktionswechsel | →Anakoluth

Kontamination; Wortkreuzung (lat. contāmināre – in Berührung bringen) | Besondere Form der →Komposition, bei der durch Wortkreuzung die Inhalte zweier (oder mehrerer) Wörter in einem Wort gebündelt werden. Dabei wird von den üblichen Regeln der Wortzusammensetzung abgewichen: z. B. *ja + nein = jein*; (ein Haus) *instand setzen + besetzen = instandbesetzen*.

Kontext* (lat. com- – zusammen, gemeinsam; textum – Gewebe, Geflecht) | Der Zusammenhang, in dem eine sprachliche Einheit oder eine sprachliche Äußerung steht und zu interpretieren ist. So kann ein mehrdeutiges Wort (z. B. *grün*) semantisch nur von seiner sprachlichen Umgebung her bestimmt werden (*grüne Wiesen*; *ein grüner Junge*; *eine grüne Partei*; *er ist ihm nicht grün*). Durch den K. bedingt sind u. a. auch der Wechsel von →Nomen (Substantiv) und →Pronomen (*Die Ausstellung ist interessant. Sie vermittelt viele Einsichten …*), von unbestimmtem und bestimmtem →Artikel (*Die Gemeinde erhielt ein neues Schulgebäude. Das Haus konnte noch vor den Ferien bezogen werden*), von Formen des →Tempus (*Seit kurzem ist er Abteilungsleiter. Davor ist er Sachbearbeiter gewesen*). Neben dem sprachlichen ist der außersprachliche K. von Belang: Was und wie etwas gesagt wird, ist immer auch durch die →Kommunikationssituation bestimmt.

Kontraktion (lat. contractio – Zusammenziehung) | Zusammenziehung von zwei Wörtern zu einem Wort (*auf das – aufs, in dem – im*) oder Verkürzung innerhalb eines Wortes durch Auslassung (Elision) eines Vokals (*des Weges – des Wegs*).

Konzessivbestimmung; Umstandsbestimmung der Einräumung (lat. concēdere – zugeben, einräumen) | Form der →Adverbialbestimmung, die zur Gruppe der →Kausalbestimmungen gezählt wird. Sie gibt einen ›unzureichenden Grund‹ bzw. einen ›unwirksamen Gegengrund‹ an: *Trotz des dichten Nebels fuhren die Schiffe aus*.

Konzessivsatz | Nebensatz in der Satzgliedfunktion einer →Konzessivbestimmung.

Koordination; Nebenordnung, Parataxe (lat. co- – zusammen, zugleich; ordinātiō – Ordnung) | Syntaktische Beziehung, bei der zwei oder mehr Einheiten im Satz gleichwertig (gleichrangig) sind. So kann es zu einem Prädikat z. B. zwei Subjekte oder eine größere Aufzählung (Reihung) von Subjekten bzw. anderen gleichartigen Satzgliedern geben. Beim mehrgliedrigen Attribut ist speziell im Hinblick auf die Interpunktion darauf zu achten, ob ein Attribut einem anderen nebengeordnet (*tropische und subtropische Pflanzen*; *helle, leuchtende Augen*) oder untergeordnet ist (*einige gefährdete tropische Pflanzen*; *helles dänisches Bier*). Sätze sind koordiniert, wenn zwei oder mehr →Hauptsätze oder zwei oder mehr →Nebensätze gleichen Grades eine Reihe bilden. Die K. kann mit oder ohne nebenordnende →Konjunktion erfolgen. ↔Subordination

Kopula, die (lat. cōpula – Band) | Prädikatsverb, das als Verbindung zwischen dem →Subjekt und dem →Prädikativ (in Form eines Adjektivs oder eines Substantivs im Nominativ) dient (*Der Strauß ist herrlich*; *Der Garten ist ein Paradies*). Neben ›sein‹ werden die Verben ›werden‹, ›bleiben‹, ›heißen‹, ›scheinen‹ zu den Kopulaverben gezählt. →Hilfsverben

Kopulativkompositum | →Kompositum

künstliche Sprache | Erdachtes Zeichensystem, mit dessen Hilfe über die Möglichkeiten der histor. gewachsenen, natürlichen Einzelsprachen hinaus kommuniziert werden kann. Eine k. Sp. ist z. B. Esperanto, das 1887 von L. L. Zamenhof unter Nutzung von Elementen versch. Einzelsprachen geschaffen worden ist und als internationale Welthilfssprache dienen soll. Auch die Formelsprachen der Mathematik und Chemie sind k. Sp.

Kunstwort | Künstlich geschaffenes Wort, das zwar aus überlieferten oder fremdsprachigen Sprachelementen gebildet wird (→Wortbildung), sich aber von den Formen der natürlichen Sprache abhebt (*Telefax, Express, Neutron, Agfa, Aspirin, Audi*). Es wird besonders für Bezeichnungen in Wissenschaft, Technik und Handel verwendet.

Kurzwort | Ein K. wird durch die Kürzung der Vollform eines Ausdrucks gebildet: *Bus – Omnibus*. Im Unterschied zu anderen Arten der Wortbildung (→Kompositum, →Ableitung) entsteht dabei kein grundsätzlich neues Wort, sondern nur eine Wortvariante. Grundlegende Formen des K. sind die sogenannten Kopfformen (*Ober – Oberkellner*), Endformen (*Rad* – *Fahrrad*) und Klammerformen (*Apfelplantage* – *Apfelbaumplantage*). Eine besondere Form des K. sind Buchstabenwörter, bei denen entweder jeder Buchstabe gesprochen wird (*LKW, DRK*) oder eine Zusammenziehung erfolgt (*UNO, AStA*). Zu den Wortkürzungen sind auch die **Abkürzungen** zu zählen: *u.* für *und*, *usw.* für *und so weiter*, *Dr.* für *Doktor*, *Hg.* oder *Hrsg.* für *Herausgeber*. Die Abkürzung kann allgemein verbindlich – z. B. durch den Duden – festgelegt sein (z. B. *Dr.*), aber auch in Varianten bis hin zu individueller Handhabung (z. B. bei Mitschriften) vorkommen (für das Wort *Grammatik* etwa: *Gramm., Gram., Gr.*).

Langage (frz., Sprache, Sprachfähigkeit) | Die menschliche Fähigkeit Sprache zu erlernen und zu gebrauchen. Der Begriff wurde von dem Schweizer Sprachwissenschaftler Ferdinand de Saussure (1857 – 1913) im Sinne von ›faculté de langage‹ (Sprachfähigkeit) in Abgrenzung zu den Begriffen →Langue (Sprachsystem) und →Parole (Sprachgebrauch) verwendet. Mit der begrifflichen Unterscheidung von Sprachfähigkeit, Sprachsystem und Sprachgebrauch sind versch. inhaltlich mit dem Wort ›Sprache‹ verbundene Seiten erfasst.

Langue (frz., Zunge, Sprache, Sprachsystem) | Nach Ferdinand de Saussure die Fachbezeichnung für ›Sprache‹ als Sprachsystem. Indem der Systemcharakter der Sprache betont wird, wird sie als eine Menge von Zeichen angesehen, die nach bestimmten Regeln kombiniert werden. Diese Regeln sind von überindividueller Gültigkeit. Vielfältig wechselnd dagegen kann die Nutzung des Sprachsystems je nach Person und Situation sein. Diese Seite der Sprache, den konkreten Sprachgebrauch, bezeichnet de Saussure in Unterscheidung zu L. als →Parole, die angeborene Sprachfähigkeit hingegen als →Langage.

Laut | Kleinster Bestandteil des gesprochenen Wortes (→Artikulation). Es ist zwischen Sprechlaut (→Phonetik) und Sprachlaut (→Phonologie) zu unterscheiden. Ein Sprechlaut (Phon) ist die akustisch-artikulatorische Hervorbringung eines L. in seiner konkreten Form einschließlich solcher Lauteigenschaften wie Frauenstimme / Männerstimme oder individuelle Stimmfärbung. Mit dem Begriff Sprachlaut (→Phonem) dagegen werden abstrahierend nur die Eigenschaften eines konkreten Lautes erfasst, die für die Unterscheidung von Wörtern (z. B. *Tonne – Tanne*; *Tonne – Wonne*) wesentlich sind. Visuell-grafisch werden die L. durch →Grapheme wiedergegeben. Zwischen Phonemen und Graphemen besteht jedoch keine einfache Übereinstimmung. So wird z. B. der lange i-Laut in der Schriftform unterschiedlich wiedergegeben (*dir, ihr, viel, Vieh*).

Lautbildung | →Artikulation

Lautgestalt | →Signifikant

Lautmalerei | →Onomatopöie

Lautverschiebung | Regelhafte Veränderung bestimmter Konsonanten in der histor. Entwicklung des →Germanischen und des Dt. Die **erste oder germanische L.** vollzog sich im Zusammenhang mit der Ausgliederung des German. aus dem →Indogermanischen im ersten Jahrtausend v. Chr. Betroffen waren v. a.: die indogermanischen stimmlosen Verschlusslaute (Tenues) ›p‹, ›t‹, ›k‹ bzw. die behauchten Tenues ›ph‹, ›th‹, ›kh‹; sie wurden im German. zu Reibelauten verschoben: ›f‹, ›þ‹, ›ch‹ (vgl. lat. *pater*, got. *fadar* – Vater; lat. *tres*, got. *þreis* – three, drei; lat. *cornu*, got. *haurn* – Horn). Die stimmhaften Verschlusslaute (Mediae) ›b‹, ›d‹, ›g‹; sie wurden zu den stimmlosen ›p‹, ›t‹, ›k‹ verschoben (griech. *baite*, got. *paida* – Rock; lat. *duo*, got. *twa* – zwei; lat. *genu*, got. *kniu* – Knie).
Die **zweite oder althochdeutsche L.** vollzog sich zwischen dem 5. und 8. Jh. n. Chr. Sie breitete sich mit abnehmender Intensität von Süden nach Norden aus, erfasste aber nur einen Teil des dt. Sprachraums, nämlich die Landschaftsgebiete der heutigen ober- und mitteldeutschen Dialekte. Die german. stimmlosen Verschlusslaute ›p‹, ›t‹, ›k‹ wurden nach Vokalen zu den stimmlosen Reibelauten (Fri-

kativa) ›ff‹, ›zz‹, ›hh‹ verschoben (altsächs. *opan*, ahd. *offan* – offen; altsächs. *etan,* ahd. *ezzan* – essen; altsächs. *makon,* ahd. *mahhon* – machen). In nichtvokalischer Stellung wurden ›p‹, ›t‹, ›k‹ zu Doppellauten ›pf‹, ›tz‹, ›ch‹ (altsächs. *plegan,* ahd. *pflegan* – pflegen; altsächs. *holt,* ahd. *holz* – Holz; altsächs. *werk,* ahd. *werch* – Werk), ebenso bei Doppelkonsonanz (altsächs. *appul,* ahd. *apful* – Apfel; altsächs. *settian,* ahd. *setzan* – setzen; altsächs. *wekkian,* ahd. *wechan* – wecken).
Die stimmhaften Verschlusslaute ›b‹, ›d‹, ›g‹ wurden zu stimmlosen, v. a. im Oberdeutschen (altsächs. *dag,* ahd. *tac* – Tag; got. *giban,* ahd. *kepan* – geben).
Die Ursachen für die L. sind bis heute weitgehend ungeklärt.

Lautwandel | Veränderung in der Lautung einer Sprache im Verlauf ihrer histor. Entwicklung. Eine Form des L. ist die →Lautverschiebung bei der Herausbildung des →Germanischen aus dem →Indogermanischen bzw. des Althochdeutschen aus dem German. Andere Formen des L. sind Veränderungen beim Übergang vom Ahd. zum Mhd. (u. a. die Abschwächung der Endsilbenvokale, z. B. ahd. *lobôn,* mhd. *loben*), beim Übergang vom Mhd. zum Nhd. (u. a. die Diphthongierung, z. B. mhd. *mîn niuwes hûs,* nhd. *mein neues Haus*). Auch die Entstehung von →Ablaut und →Umlaut sind Formen des L.

Leerstelle | Terminus aus der Abhängigkeitsgrammatik (→Dependenzgrammatik). Als L. werden innerhalb der Satzstruktur die durch das Verb eröffneten, von seiner Wertigkeit abhängigen Stellen bezeichnet (→Valenz). So ist mit dem Verb *geben* immer auch die Tatsache verbunden, dass ein Geber vorhanden ist, dass eine Sache gegeben wird und dass die Sache einer Person gegeben wird.

Lehnbedeutung | →Entlehnung

Lehnschöpfung | →Entlehnung

Lehnübersetzung | →Entlehnung

Lehnübertragung | →Entlehnung

Lehnwort | Einer fremden Sprache entlehntes Wort (→Entlehnung), das sich in Lautung, Schreibung und Flexion der neuen Sprache so weit angepasst hat, dass es seinen urspr. fremden Charakter verloren hat (z. B. lat. *fenestra* – dt. *Fenster;* lat. *murus* – dt. *Mauer*). ↔Fremdwort

Lesen | Gedankliches Erfassen von geschriebener Sprache. Die Fähigkeit des L. erfordert das Erkennen von Graphemfolgen (→Graphem), das Verstehen von Wort- und Satzbedeutungen und ihre Integration in den Gesamtsinn des Textes sowie die Interpretation von Textinformationen durch den Leser. Das Erlernen des Lesens gehört ebenso wie das Schreiben lernen (→Schreiben) zum (unterrichtlich) gesteuerten Schriftspracherwerb im frühen Schulalter. Beim geübten L. kann zwischen versch. Lesetechniken unterschieden werden, z. B. zwischen detailliertem (gründlichem) und kursorischem (orientierendem) L. oder zwischen selektivem (auf bestimmte Teilbereiche gerichtet) oder totalem L. (auf die Gesamtheit eines Werkes gerichtet).

Lexem (griech. *léxis* – Wort, Redensart) | Bezeichnung für eine Einheit des Wortschatzes. Zu den Einheiten des Wortschatzes zählen sämtliche Einzelwörter sowie feste Redewendungen, z. B. *mit der Tür ins Haus fallen; aus dem Häuschen sein* (→Phraseologismus).

Lexik | →Wortschatz

Lexikografie | →Lexikologie

Lexikologie | Teilgebiet der Sprachwissenschaft. Gegenstand der L. ist die Lexik (→Wortschatz) einer oder mehrerer Sprachen. Die L. beschreibt den Bestand an Einzelwörtern und Redewendungen (→Phraseologismus), ihren Aufbau, ihre Herkunft und geschichtliche Veränderung, ihre Funktionen und Beziehungen (z. B. Beziehungen der Bedeutungsähnlichkeit oder -gegensätzlichkeit; →Synonym, →Antonym), die Gliederbarkeit des Wortschatzes nach funktionalen, sozialen und regionalen Gesichtspunkten. Speziellere Gebiete innerhalb der L. sind u. a. die →**Semasiologie** (Lehre von der Bedeutung der Wörter), die →**Onomasiologie** (Lehre von der Benennungsweise der Bezeichnungsobjekte), die →**Etymologie** und die **Lexikografie** (Theorie und Praxis der Wörterbuchschreibung).

Lexikon, Pl. Lexika (griech. léxikon – Wörterbuch) | 1 Nachschlagewerk als Wissensspeicher, in dem die (Stich-)Wörter (→Lexeme) einer Sprache nach bestimmten Gesichtspunkten erfasst, alphabetisch oder nach Sachgruppen geordnet und je nach Art des L. erläutert werden. So gibt es u. a. Sach- und Bedeutungswörterbücher, Synonym-, Aussprache- und Rechtschreiblexika, zweisprachige L. (z. B. Dt. – Engl.), Autorenwortschatz-L. (z. B. zum Wortschatz Goethes). 2 In der →generativen Grammatik Teil des Regelapparates in der Grammatikbeschreibung einer Sprache.

Linguistik (lat. lingua – Zunge, Sprache) | →Sprachwissenschaft

Literatursprache | 1 Bezeichnung für die Sprache der künstler. Literatur. 2 Ein aus der russ.-sowjetischen Sprachwissenschaft übernommener Begriff, mit dem in der DDR die höchstentwickelte Form der Sprache bezeichnet wurde, d. h. jene Sprachform (→Varietät) innerhalb der überregionalen →Gemeinsprache, die als →Hochsprache gilt und v. a. auch für die Schriftformen der Kommunikation typisch ist. Sie hat den weitesten kommunikativen Geltungsradius, weil sie eine Verständigung und Anwendung über Mundarten und Umgangssprachen hinweg erlaubt; in dieser Bedeutung z. T. synonym zum Begriff →Standardsprache verwendet.

Lokalbestimmung; Umstandsbestimmung des Ortes (lat. locus – Ort, Platz) | Form der →Adverbialbestimmung. Sie gibt eine örtliche, räumliche Beziehung an: *Er verbringt das Wochenende im Harz / ... durchwandert den Harz / ... fährt bis an den Harz heran.*

Lokalsatz | Nebensatz mit der Satzgliedfunktion einer →Lokalbestimmung.

Maskulinum, Pl. Maskulina (lat. masculīnus – männlich) | →Genus

Mehrzahl; Plural | →Numerus

Metakommunikation (griech. metá – über, hinaus) | Kommunikation über Kommunikation, d. h. über Sprache (→Langue) oder Sprechen (→Parole). Unterschieden wird zwischen wiss. M., das ist jede Form sprachwissenschaftlicher Auseinandersetzung, und alltagssprachlicher M., zu der jeder Sprecher befähigt ist. Es gibt auch Situationen, in denen Gesprächspartner Gegebenheiten, die in dem Sprechakt eine Rolle spielen, thematisieren, um zum eigenen kommunikativen Verhalten Stellung zu nehmen. Dies sind dann metakommunikative Sprechakte (→Sprechakt): *Das war heute mein letzter Diskussionsbeitrag. – Ich schlage vor, die Aussprache zu diesem Punkt zu beenden.*

Metapher* (griech. metaphorá – Übertragung) | Übertragung einer sprachlichen Bezeichnung auf einen Sachverhalt, für den diese Bezeichnung eigentlich (primär) nicht gebraucht wird (z. B. *Es regnet Bindfäden* [Es regnet stark]). Grundlage einer solchen Übertragung sind bildhafte Vergleiche (*Regen wie Streifen / Fäden*). Zu unterscheiden ist zwischen **lexikalisierter** M., deren urspr. Bildhaftigkeit bereits verblasst ist (z. B. *am Fuße des Berges*; *die Füße des Tisches*), und **stilistischer** M. (z. B. *Ein Schrank stand vor ihm* [Ein großer, breiter Mensch stand vor ihm]). Das Verbindende zwischen dem eigentlichen und dem uneigentlichen Ausdruck ist das Tertium comparationis (das Dritte des Vergleichs). In Texten der Dichtung (**poetische** M.) können die Vergleichsbeziehungen u. U. sehr kompliziert sein, sodass ›kühne Metaphern‹ entstehen, z. B.: »*Die Abende blasen rote Fanfaren / und schütten Laub in den goldenen Ofen / der Frost bäckt.*« (Christine Busta: *Herbst über Wien*). →Stilfigur

Metonymie* (griech.-lat. metonymia – Namensvertauschung) | Übertragung einer sprachlichen Bezeichnung auf einen Sachverhalt, für den diese Bezeichnung eigentlich (primär) nicht gebraucht wird (z. B. *Berlin begrüßte den Gast* [Berliner Bürger begrüßten den Gast]). Grundlage einer solchen Übertragung ist ein real bestehender Zusammenhang: eine Raum-Beziehung (*Berlin – Einwohner Berlins*), eine Ding-Stoff-Beziehung (*Das Glas* [der Behälter aus Glas] *ist leer*), eine Teil-Ganzes-Beziehung (*sich in seinen vier Wänden* [seinem Haus] *wohl fühlen*). →Stilfigur

Mitlaut | →Konsonant

Mittelhochdeutsch | Neben dem Mittelniederdeutschen Erscheinungsform des Dt. im Hochmittelalter (1050–1350). Traditionell werden drei Phasen der Entwicklung des M. unterschieden: das Frühmittelhochdeutsche (1050–1150), das sogenannte klassische Mittelhochdeutsch (1150–1250) und das Spätmittelhochdeutsche (1250–1350). Als typische Sprachform des M. gilt das ›klassische Mittelhochdeutsch‹, die Sprache der höfischen Literatur. Sie galt überregional und war auch weitgehend genormt. Das M. allgemein ist gekennzeichnet u. a. durch die Abschwächung der voll klingenden Vokale in unbetonten Silben (ahd. *salbōn* – mhd. *salben*; ahd. *furihtan* – mhd. *fürehten*) und durch die damit verbundene Vereinfachung des Formenbestandes in der →Flexion. Textbeispiel: »*uns ist in alten mæren wunders vil geseit / von helden lobebæren, von grôzer arebeit, / von freuden, hôchgezîten, von weinen und von klagen, / von küener recken strîten muget îr nu wunder hœren sagen.*« (*Nibelungenlied*). →Althochdeutsch, →Frühneuhochdeutsch

Mittelwort | →Partizip

Modalbestimmung; Umstandsbestimmung der Art und Weise (lat. modus – Maß, Art, Weise, Form) | →Adverbiale Bestimmung, die die Art und Weise eines im Satz wiedergegebenen Geschehens kennzeichnet. Die M. kann auftreten als Wort (*Das Auto fuhr schnell*), als Wortgruppe (*Er lief sehr schnell*; … *ohne sich umzudrehen*) und als Nebensatz (Modalsatz; *Er ist viel älter, als ich gedacht hätte*). Die M. bezeichnet versch. inhaltliche Aspekte, u. a. den Vergleich (*Er ist so alt wie sein Freund*), das Instrument (*Er schreibt am liebsten mit dem Kugelschreiber*), die Intensität / Qualität (*Dieses Auto gefällt mir außerordentlich*), den Stoff (*Die Strümpfe sind aus Baumwolle hergestellt*), den begleitenden oder fehlenden Umstand (*Der Präsident spaziert ohne Begleitschutz durch die Stadt*), den ersetzenden Gegenstand oder Sachverhalt (*Anstatt die Hausaufgaben zu erledigen, las er den spannenden Roman*).

Modalität | →Modus

Modalsatz | Nebensatz in der Satzgliedfunktion einer →Modalbestimmung.

Modalverb, auch modales Hilfsverb | Untergruppe der →Hilfsverben neben den temporalen (›haben‹, ›sein‹ und ›werden‹) und den kopulativen Hilfsverben (→Kopula). M. bezeichnen die Einstellung des Sprechers (→Sprechereinstellung) zum ausgedrückten Sachverhalt: *Der Lehrling soll kommen*; *Er kann das schaffen*; *Die Tochter darf das Auto nehmen*. Ihnen nahe stehen die modifizierenden Verben (*Sie scheint zu schlafen*; *Der Abschleppwagen braucht nicht zu kommen*). Formal unterscheiden sich die modifizierenden Verben von den M. dadurch, dass sie den Infinitiv mit ›zu‹ fordern.

Modus, Pl. Modi; Aussageweise (lat. modus – Maß, Art, Weise, Form) | Kategorie des →Verbs. Die M. dienen v. a. dem Ausdruck des Geltungsgrades, der Modalität, einer Aussage. Im Dt. unterscheidet man die M. →Indikativ, →Konjunktiv und →Imperativ. Bei der Modalität handelt es sich im Wesentlichen um zwei Bedeutungen: die Modalität des Geltungsgrades (Überzeugtheit, Vermutung, Zweifel, Unsicherheit usw.) und die der Aufforderung (Bitte, Wunsch, Anweisung, Befehl usw.). Allerdings stehen zur Kennzeichnung der Modalität auch andere sprachliche Mittel als die M. zur Verfügung: →Adverb, →Partikel, →Satzsemantik.

Möglichkeitsform | →Konjunktiv

Monophthong (griech. mónon – eins, einfach; phthóngos – Laut) | Einfacher Vokal. ↔Diphthong

Morphem (griech. morphé – [äußere] Form, Gestalt) | Kleinstes bedeutungstragendes Element einer Sprache. M. bestehen aus einem oder einer Folge von →Phonemen bzw. →Graphemen. Zu unterscheiden sind Grundmorpheme, die die Basis eines Wortes bilden (*wahr*), Wortbildungsmorpheme (→Affix) (*Wahr-heit, Un-wahr-heit*) und Flexionsmorpheme (*Wahr-heit-en, ein wahr-er Sachverhalt*). Das M. stellt aufgrund seines Zeichencharakters den kleinsten Baustein sprachlicher Einheiten, insbesondere der Wörter, dar.

Morphologie; Formenlehre (griech. morphé – Form, [äußere] Gestalt, Ansehen; lógos – Lehre) | Lehre von der Gestaltveränderung der Wörter; Teildisziplin der →Grammatik. Die M. befasst sich mit den Formensystemen der →Flexion, ihren grammat. Funktionen und semantischen Merkmalen sowie mit der Klassifikation der →Wortarten.

Motiviertheit sprachlicher Zeichen | Beziehung zwischen dem Bezeichneten und der Bezeichnung, bei der die Beschaffenheit der Bezeichnung durch Merkmale des Bezeichneten begründet ist. Es lassen sich unterschiedliche Arten und Grade der M. sp. Z. erkennen. Eine **natürliche** oder **phonetische Motiviertheit** liegt z. B. bei den Verben *summen, klirren, krachen* vor. Die Phonemfolge ist dem bezeichneten Geräusch ähnlich. Von **morphologischer Motiviertheit** spricht man bei Wortbildungskonstruktionen, deren einzelne →Morpheme wesentliche Merkmale des Bezeichneten benennen bzw. bei denen sich die Gesamtbedeutung aus der Bedeutung der Teile erschließen lässt (*Haustürschlüssel, Autotürschloss*). In der Sprachentwicklung kann diese Motiviertheit abnehmen, bis hin zur idiomatisierten Bezeichnung (*Holzweg, Armutszeugnis*). Schließlich sei die **semantische Motiviertheit** erwähnt, die bei →Metaphern und →Metonymien zu finden ist, und zwar dann, wenn zwischen der primären und der sekundären Bedeutung noch eine Beziehung gegeben ist (*Fuchs* – listiges Raubtier mit rötlich-braunem Fell; listiger Mensch; Pferd mit rötlich-braunem Fell).

Mundart | →Dialekt

Muttersprache, auch Erstsprache | Sprache, die man als Kind als erste Sprache, ohne Vermittlung durch eine andere, erlernt hat und gewöhnlich am besten beherrscht.

Nachfeld | Im Kernsatz und im Stirnsatz (→Strukturtyp) jener Teil des Satzes, der auf das finite Verb folgt (*Gestern kam Besuch zu uns*; *Kommst du heute abend mit ins Theater?*). In Sätzen mit einem verbal-prädikativen Rahmen (→Rahmen, verbal-prädikativer) kann das Nachfeld noch weiter gegliedert werden (*Er hat sich bei diesem Vortrag gerne* [= Klammerfeld] *erinnert* [= Rahmenfeld] *an die Schulzeit* [= Nachstellungsfeld]). ↔Vorfeld

Nachsatz | Nebensatz, der hinter dem übergeordneten Satz steht (*Ich habe mir den Film angesehen, weil er in der Presse empfohlen worden ist*). →Nebensatz, →Satzform

Nachtrag | Ausgliederung eines Wortes oder einer Wortgruppe aus dem Satz. Im Unterschied zur →Ausrahmung gehört beim N. das nachgestellte Glied zwar noch inhaltlich, aber nicht mehr grammat. zum vorausgegangenen Satz: »*Sie singen übrigens sehr schön. Es ist sehr erhebend – sicher!*« (Arthur Schnitzler: *Leutnant Gustl*). Als →Stilfigur kann der N. der Hervorhebung, der Wiedergabe spontaner Rede, der Auflockerung u. Ä. dienen.

Nachzeitigkeit | →Vorzeitigkeit, →Tempus

Nationalsprache (lat. nātiō – Volksstamm [mit gemeinschaftlicher Abstammung, Sprache u. Sitte], Volk, Sippschaft; eigtl. das Geborenwerden, Geburt) | 1 Von J. G. Herder 1768 erstmals gebraucht; analog auch ›Nationalstaat‹, ›Nationalautor‹ (ders.), ›Nationaltheater‹ (Lessing); die Gesamtheit aller regionalen, sozialen, funktionalen, gesprochenen und geschriebenen Varianten einer (histor. gewachsenen) Sprachgemeinschaft. 2 →Standardsprache/Hochsprache einer Sprachgemeinschaft, also ohne →Mundarten und →Soziolekte. N. ist an den Begriff der Nation gebunden, nicht aber unbedingt an den der politischen Einheit des Staates. So kann es mehrere Staaten geben, die über eine gemeinsame N. verfügen (Deutsch in der Bundesrepublik Deutschland, in Österreich, in der Schweiz), andererseits gibt es Staaten mit mehreren N. wie die Schweiz (Dt., Franz., Ital., Rätoromanisch) oder Kanada (Engl., Frz.). →Standardsprache, →Mundart, →Soziolekt

Nebenordnung | →Koordination

Nebensatz | →Teilsatz, der von einem übergeordneten Satz abhängig ist. Diese Abhängigkeit kann sich beziehen auf den Inhalt, auf →Tempus, →Modus oder die Verbstellung; sie zeigt sich vor allem in der Umformbarkeit eines N. in eine nominale oder pronominale Einheit des übergeordneten Satzes (*Dass er mich besucht, freut mich* – *Sein Besuch freut mich*/*Das freut mich*). Ein N. kann ein →Gliedsatz oder ein Gliedteilsatz (→Attributsatz) sein. Darüber hinaus gibt es auch N., die nicht einem →Satzglied oder einem Satzgliedteil entsprechen, z. B. *Heute ist keine Post gekommen, was ich mir hätte denken können*; dieser Typ von N. wird z. T. als weiterführender N. bezeichnet. Der Form nach werden N. eingeteilt in 1. Konjunktionalnebensätze, eingeleitet durch eine subordinierende Konjunktion, 2. Relativnebensätze, eingeleitet durch ein →Relativpronomen oder ein Pronominaladverb (→Pronomen), 3. indirekte Fragesätze, umformbar in eine ›echte‹ Frage, 4. uneingeleitete N.

Negation (lat. negātiō – Verneinung) | Verneinung eines Satzes (*Er kommt morgen nicht*) oder eines Satzgliedes (*Keiner kommt morgen*; *Ich sehe nichts*). Sprachlich wird die N. durch unterschiedliche Mittel realisiert, u. a. durch Adverbien (*niemals, nicht*), Indefinitpronomen (→Pronomen) (*niemand, kein*), koordinierende →Konjunktionen (*weder – noch*), →Präpositionen (*ohne*), →Satzäquivalente (*nein*), Mittel der Wortbildung (<u>un</u>*genau*, *hilf*<u>*los*</u>), feste Wendungen/Wortgruppen (*sich einen Dreck kümmern*); diese sind oft auch mit bestimmten intonatorischen Mitteln (→Intonation) verbunden.

Neologismus, Pl. Neologismen (griech. néos – neu; lógos – Wort) | Ein zu einer bestimmten Zeit in einer Sprache auftauchendes Wort, das zumindest von einem Teil der Sprachgemeinschaft als neu empfunden wird. Es benennt entweder neue Erscheinungen oder ist ein →Synonym zu einem vorhandenen Wort. N. entstehen durch Wortbildung (*Entsorgung*), durch Bedeutungsübertragung (*Linse*), durch Entlehnung aus anderen Sprachen (*Software*) u. a.

Neuhochdeutsch | Neben dem Neuniederdeutschen die Erscheinungsform des Dt. in der Neuzeit. Der Beginn des N. wird unterschiedlich datiert. Durchgesetzt hat sich in letzter Zeit die Auffassung, dass das N. in der Mitte des 14. Jh. mit dem →Frühneuhochdeutschen beginnt. Seit der Mitte des 17. Jh. gibt es das eigentliche N. Keine Einigung erzielte man aber über die weiteren Stufen der Entwicklung. So nehmen manche Sprachwissenschaftler einen Schnitt um 1900 an (bezogen auf die Grammatik), andere setzen Einschnitte bei bedeutenden politischen Ereignissen an (1830 und 1870), wieder andere sprechen vom neuzeitlichen Deutsch bis 1945 und vom gegenwärtigen Deutsch seit 1945.
Von den →Dialekten des Neuniederdeutschen heben sich die des N. dadurch ab, dass sie in unterschiedlichem Grad an der zweiten oder hochdeutschen →Lautverschiebung teilgenommen haben. Zu den Dialekten des N. gehören die oberdeutschen (das Bairische, das Alemannische, das Südrheinfränkische und das Ostfränkische) und die mitteldeutschen (das Rheinfränkische, das Moselfränkische, das Ripuarische [Kölnische], das Thüringische, das Obersächsische, das Lausitzische, das Schlesische). →Frühneuhochdeutsch

Neutrum (lat. neuter – keiner [von beiden]) | →Genus

Nomen, Pl. Nomen oder Nomina; Hauptwort (lat. nōmen aus griech. ónoma – Wort, Name) | 1 Synonym für →Substantiv (→Nominalisierung). 2 Im weiten Sinn Bezeichnung für mehrere Wortarten, zu denen Unterschiedliches gezählt wird, einerseits nur Substantive und Adjektive, andererseits alle deklinierbaren Wortarten (Substantiv, Adjektiv, Pronomen, Numeral[e]).

nominales Prädikat | →Prädikat

Nominalisierung, auch Substantivierung | Ableitung eines Nomens bzw. eines Substantivs aus einer anderen Wortart (*lesen – Lesen, schwer – Schwere, schön – Schönheit*). Speziell versteht man unter N. die Umwandlung (Transformation) eines Satzes in eine Substantivgruppe (*Der Direktor überreichte den Abiturienten die Zeugnisse – die Überreichung der Zeugnisse an die Abiturienten durch den Direktor; Das Kind ist neugierig auf die Weihnachtsgeschenke – die Neugier des Kindes auf die Weihnachtsgeschenke; Mein Nachbar ist Direktor eines Gymnasiums – mein Nachbar, Direktor eines Gymnasiums*). Mit Hilfe der N. können Sätze zu Wortgruppen verdichtet werden. Es handelt sich also um ein Mittel der Sprachökonomie, mit dem man aber sorgsam umgehen sollte. →Nominalstil

Nominalstil | Dominieren nominaler / substantivischer Fügungen in Texten. Der N. ergibt sich daraus, dass ganze Sachverhalte nicht durch Sätze, sondern durch Wortgruppen (Substantivgruppen) ausgedrückt werden (*Der Präsident verliest das Fachgutachten – das Verlesen des Fachgutachtens durch den Präsidenten*). Es handelt sich also um eine besonders komprimierte Darstellungsweise. Der N. ist in bestimmten →Textsorten durchaus angemessen, weil er ein reguläres Mittel der Sprachökonomie ist (z. B. in wiss. und juristischen Texten). Andererseits darf eine verdichtende Darstellung nicht auf Kosten der Verständlichkeit und der Klarheit gehen. In einem solchen Fall ist eine verbale Darstellung, z. B. mit Hilfe von Nebensätzen, vorzuziehen. ↔Verbalstil

Nominativ, Wer-Fall, 1. Fall (lat. [cāsus] nōminātīvus, zu lat. nōmināre – [be]nennen, bezeichnen) | →Kasus

Norm | →Sprachnorm

Numeral(e), Pl. Numeralien oder Numeralia; Zahlwort | N. werden in der traditionellen Grammatik zu den →Wortarten gezählt; sie haben einen Zahlbegriff zum Inhalt. Unterschieden werden **Kardinalzahlen** (Grundzahlen) (*null, eins, zwei, dreizehn, zwanzig*) sowie **Ordinalzahlen** (Ordnungszahlen) (*der Erste, Zweite, Dreizehnte, Zwanzigste*), **Vervielfältigungszahlen** (*zweifach, dreifach*), **Gattungszahlwörter** (*zweierlei Sachen, viererlei Tiere*) und **indefinite** (unbestimmte) **Numeralia** (*zahlreich, zahllos, viele, wenige, einzelne*). Manche Zahlbegriffe sind jedoch Substantive und zählen nicht zur Wortart N. (*ein Dutzend, Hunderte von Menschen, mehrere Millionen* usw.). In der neueren Grammatik gilt das N. nicht als eigene Wortart, vielmehr werden die Wörter mit einem Zahlbegriff je nach gramm. Merkmalen versch. Wortarten zugeordnet, z. B. dem Adjektiv (*der erste Juli*), dem Pronomen (*Einer darf eintreten*), dem Substantiv (*Die Miete ist zum Ersten fällig*).

Numerus, Pl. Numeri; grammat. Zahl (lat. numerus – Zahl) | Grammatische Kategorie bei der →Deklination des Substantivs. Im Dt. gibt es zwei Numeri: **Singular** (Einzahl) und **Plural** (Mehrzahl). Sie geben an, ob das von einem Substantiv Bezeichnete als Einheit oder als etwas Mehrfaches angesehen wird (*der Tisch, die Gruppe, das Gebirge – die Tische, die Gruppen, die Gebirge*). Dabei kann auch das im Singular Genannte viele Einzelheiten einschließen (z. B. bei →Kollektiva), sprachlich aber wird es dann als Einheit gefasst (*die Bevölkerung*). Manche Substantive gibt es nur im Singular (= **Singularetantum**), z. B. *Gold, Nähe, Fleiß*, andere nur im Plural (= **Pluraletantum**), z. B. *Blattern, Kosten, Tropen*. Bei anderen Wortarten (→Adjektiv, →Artikel, →Pronomen,

→Partizip) tritt der Numerus in Abhängigkeit vom Substantiv auf (→Kongruenz).

Oberbegriff | →Hyperonym

Objekt; Satzergänzung (lat. obicere – entgegenwerfen) | Satzglied, das vom →Prädikat abhängt und allgemein das bezeichnet, worauf sich das Prädikatsgeschehen bezieht. Man unterscheidet **Kasusobjekte** (*sich des Freundes erinnern*) und **Präpositionalobjekte** (*sich an den Freund erinnern*). Die Form des O. wird durch das Prädikat bestimmt (→Rektion): *dem Freund danken* (danken + Dat.); *den Freund unterstützen* (unterstützen + Akk.); *der Hilfe würdig sein* (würdig sein + Gen.); *an den Freund denken* (denken + Präposition + Akk.). O. können sprachlich realisiert werden u. a. durch ein Substantiv (*das Buch lesen*), ein Pronomen (*ihn sehen*), durch Wortgruppen (*auf den nächsten Bus warten*; *befehlen den Flur zu reinigen*) oder Nebensätze (Objektsätze) (*sagen, dass der Zug bald kommt*). Sie können einzeln oder kombiniert auftreten (*dem Jungen ein Glas Wasser reichen*; *den Schüler an die Erledigung der Hausaufgaben erinnern*). Semantisch können O. u. a. Folgendes ausdrücken: das Ergebnis bzw. Produkt einer Tätigkeit (*einen Roman schreiben*), das Betroffene (*den Brief zukleben*), den Inhalt einer Äußerung (*sagen, dass er nicht an dem Vortrag teilnimmt*), den Täter (*geschrieben werden vom Vater*), den Adressaten (*an die Großmutter schreiben*).

Objektprädikativ | →Prädikativ(um)

Objektsatz | Abhängiger Nebensatz in der Rolle eines →Objekts.

Okkasionalismus, Pl. Okkasionalismen; Gelegenheitsbildung (lat. occāsiō – Gelegenheit, Anlass) | Sprachliche Bildung, vor allem Wortbildung, die von Gebräuchlichem abweicht, eine Form der Neubildung (→Neologismus) ist und durchaus ein einmaliger Fall bleiben kann, also keine Verbreitung finden muss. O. finden sich in der Dichtung (z. B. bei Erwin Strittmatter im Roman *Der Laden*: »*Ausgelächter*«, »*flinkäugig*«, »*Neubücherduft*«), aber auch in der journalistischen und in der Alltagssprache.

Onomasiologie; Bezeichnungslehre (griech. ónoma – Name, Wort, Ausdruck) | Teildisziplin der →Lexikologie. Im Gegensatz zur →Semasiologie setzt die O. bei den Dingen (Denotaten) der Wirklichkeit an und untersucht die Möglichkeiten der Bezeichnung (→Wortfeld). Es werden auch Aspekte der geografischen Verteilung bestimmter Bezeichnungen berücksichtigt, ebenso Fragen des Bezeichnungswandels. In onomasiologischen Wörterbüchern ist der Wortschatz nach Sachgruppen (→Wortfeldern) aufgelistet, z. B. Adjektive der Dimension: *groß, klein, breit, schmal, dick* usw. ↔Semasiologie

Onomatopöie*; Laut- bzw. Klangmalerei (griech. onomatopoiía – das Namenmachen) | Wiedergabe von Lauten und Geräuschen durch sprachliche Mittel: *Kuckuck, Matsch, knattern, quiecken, wauwau*. In der Dichtung ist O. ein sprachkünstlerisches Gestaltungsmittel (»[…] dem schnalzenden Geknack der Kastagnetten« – Thomas Mann: *Unordnung und frühes Leid*). Die Nachahmung fällt in den Einzelsprachen jedoch verschieden aus; so unterscheidet sich z. B. dt. *Kuckuck* von engl. *cuckoo*, frz. *coucou*, russ. *kukuska*, ungar. *kakuk*.

Ordinalzahl; Ordnungszahl (lat. ōrdō – Reihe) | →Numeral(e)

Organonmodell (griech. órganon – Werkzeug) | Sprach- und Zeichenmodell, 1934 von Karl Bühler entworfen, das von drei Funktionen der Sprache ausgeht: 1. Symptom-Funktion (Ausdrucksfunktion): der Sprecher drückt sein Inneres aus, 2. Signal-Funktion (Appellfunktion): der Sprecher appelliert an den Empfänger, 3. Symbol-Funktion (Darstellungsfunktion): der Sprecher bezieht sich auf Gegenstände und Sachverhalte der Wirklichkeit.

Orthoepie (griech. orthós – richtig; eípein – sprechen) | Norm der Lautung bzw. Lehre von der richtigen Aussprache, entsprechend der →Standardsprache. Ihr Ziel ist die Normierung (Vereinheitlichung) der individuellen Aussprache, was insbesondere für die Kommunikation in der Öffentlichkeit notwendig ist (Theater, Radio, Fernsehen, Versammlungen usw.). Bis zum Ende des 19. Jh. war die Lautung der dt. Standardsprache erheblich von mundartlich bedingten Ausspracheunterschieden geprägt, die u. a. durch Orientierung an der Schreibung schrittweise ausgeglichen wurden. Trotzdem bleibt die O. hinsichtlich ihrer Verbindlichkeit weit hinter der →Orthographie zurück. →Sprachnorm

Orthographie; Rechtschreibung (griech. orthós – richtig; gráphein – schreiben) | Norm aller Teilbereiche der Schreibung (→Schreiben). Bei der O. handelt es sich um eine Auswahl der im Sprachsystem angelegten Möglichkeiten der grafischen Realisierung der Sprache, die von einer Sprachgemeinschaft in einem bestimmten Zeitabschnitt allgemein anerkannt und als verbindlich betrachtet wird.

Orthographiereform | Bewusster Eingriff in die Rechtschreibung mit dem Ziel, sie besser an die Funktionen der Schreibung (→Schreiben) anzupassen. Bestrebungen zur Reform der dt. Rechtschreibung gibt es im 20. Jh. seit der amtlichen Bestätigung der durch die 2. Orthographische Konferenz 1901 geregelten und seit 1903 in Deutschland, Österreich und der Schweiz geltenden Rechtschreibnormen. Zu einer fachlichen Einigung auf umfassende Reformvorschläge kam es im Rahmen der 3. Wiener Gespräche zur Neuregelung der dt. Rechtschreibung im November 1994. Das nach einigen Modifikationen im Wesentlichen darauf beruhende Reformkonzept wird ab 1998 allgemein verbindlich eingeführt. Es betrifft Veränderungen in folgenden Bereichen: Laut-Buchstaben-Beziehungen, Getrennt- und Zusammenschreibung, Schreibung mit Bindestrich, Groß- und Kleinschreibung, Zeichensetzung, Worttrennung am Zeilenende.

Oxymoron, Pl. Oxymora (griech. oxýmōron – spitzfindiger Gedanke, dessen Ausdruck zunächst töricht erscheint; von griech. oxýs – scharf; mōrós – einfältig, dumm) | Rhetorische Figur (→Stilfigur). Paradoxe, scheinbar unsinnige Verknüpfung von einander widersprechenden Ausdrücken (→Antonym) zu einem →Lexem oder einer syntaktischen Konstruktion, wodurch eine scharfsinnige oder auch witzige Aussage entsteht (*dummschlau, bitter-süß, beredtes Schweigen, jugendlicher Greis, verschlimmbessern*).

Paradigma, Pl. Paradigmen oder Paradigmata (griech. parádeigma – Beispiel, Muster) | Gesamtheit von Elementen der Sprache, die über bestimmte Gemeinsamkeiten verfügen. P. bilden z. B. die Formen einer Wortart, u. a. die Konjugationsformen des Verbs oder die Deklinationsformen des Substantivs. P. gibt es aber auch in der Satzlehre (z. B. die Satzgliedformen oder die Formen des Attributs). Im weiten Sinn kann man zu einem P. auch austauschbare Einheiten des Lexikons (→Wortfeld, →Synonym) zählen. ↔Syntagma

Parallelismus* (griech. parállēlos – in gleicher Richtung und gleichbleibendem Abstand nebeneinander laufend; zu griech. pará – neben; állos – anderer) | Gleichförmigkeit im Satzbau durch Wiederholungen in der Anordnung von Satzelementen, oft in kunstvoller Gestaltung: »*Vier Soldaten. Und die waren aus Holz und Hunger und Erde gemacht. Aus Schneesturm und Heimweh und Barthaar. Vier Soldaten.*« (Wolfgang Borchert: *Vier Soldaten*). →Stilfigur

Paraphrase (griech. pará – neben; phrázein – zeigen) | Umschreibende Wiedergabe und Verdeutlichung eines Ausdrucks (<u>*Ich befehle dir zu laufen*</u> für *Lauf!*).

Parataxe (griech. pará – neben, bei; táxis – Anordnung) | →Koordination; ↔Hypotaxe

Parenthese (griech. parenthḗkē – Zusatz) | Einschub eines Satzes, einer Wortgruppe oder eines Wortes in einen Satz mit Unterbrechung des Satzablaufes, grafisch gekennzeichnet durch Gedankenstriche, Kommas oder Klammern, intonatorisch (→Intonation) gekennzeichnet durch Pausensignale. →Stilfigur

Parole (frz., Wort, Rede, Sprechweise, Spruch) | Auf Ferdinand de Saussure zurückgehende Fachbezeichnung für den individuellen Sprachgebrauch, in Abgrenzung zu →Langage als der angeborenen Sprachfähigkeit und zu →Langue als dem System der Sprache. Zugleich ist aber auch deren Zusammenhang zu beachten, bedient sich der Sprecher/Schreiber doch bei seiner individuellen Sprachtätigkeit des überindividuellen Sprachsystems.

Partikel, Pl. Partikeln; Füllwort (lat. particula – Teilchen; Diminutiv zu lat. pars – Teil) | 1 Zusammenfassende Bezeichnung für alle grammat. unveränderlichen, nicht flektierbaren Wortarten, also Adverb, Konjunktion, Präposition, Interjektion. 2 Im engeren Sinn: eine besondere Wortart innerhalb der Gruppe der unflektierten Wortarten; P. können nicht allein das Vorfeld des Kernsatzes besetzen, sind also nicht satzgliedfähig (→Satzglied, →Strukturtyp). Sie besitzen keine oder nur eine abgeschwächte lexikalische Bedeutung, verändern aber die Semantik der jeweiligen syntaktischen Konstruktion, z. B.: *Wann kommt er denn bloß?* Man kann Untergruppen aufstellen, z. B. Steigerungspartikeln (*gar, sehr, überhaupt, ziemlich*) oder Abtönungspartikeln (*bloß, eben, denn, wohl*). →Wortart

Partizip, Pl. Partizipien; Mittelwort (lat. particeps – Anteil habend) | Infinite, d. h. ohne Endung der 1., 2. oder 3. Person auftretende Formen des Verbs: P. des Präsens oder **Partizip I** (*singend*), P. des Perfekts oder **Partizip II** (*gesungen*). Da sie wie Adjektive deklinierbar sind (*des singenden Vogels*; *ein gesungenes Lied*), als →Attribut gebraucht werden können und auch ein Wechsel zur Wortart des Substantivs möglich ist (*ein Singender*; *das Gesungene*), ergibt sich eine ›Mittelstellung‹ zwischen Verb und Nomen (›Mittelwort‹). Das Partizip II gehört zu den →Stammformen des Verbs.

Partizipialkonstruktion, auch Partizipialgruppe | Wortgruppe, die aus der Verbform des →Partizips I oder II und einem erweiternden Element besteht: *Aus der Tür tretend(,) bemerkte ich die Kühle*; *Überredet von seinen Freunden(,) schloss er sich dem Vorhaben an.* Dass eine solche Wortgruppe z. T. als ›satzwertig‹ oder auch als ›Partizipialsatz‹ bezeichnet wird, ergibt sich daraus, dass eine Transformation in einen Nebensatz (eine Umformung der infiniten Partizipialform in eine finite Prädikatsform) möglich ist: *Als er aus der Tür trat, …*; *Nachdem er von seinen Freunden überredet worden war, …*

Passiv; Leideform (lat. pati – erdulden) | Eine der Formen des →Genus des Verbs. Das P. drückt die vom Verb bezeichnete Handlung vom Standpunkt des Betroffenen aus (*Das Buch wurde von allen Schülern gern gelesen*). Die Bildung erfolgt mit Hilfe der Hilfsverben ›werden‹ (*wird gelesen, wurde gelesen, ist/war gelesen worden, wird gelesen werden, wird gelesen worden sein*) (**Vorgangspassiv**) und ›sein‹ (*ist/war gelesen, ist/war gelesen gewesen, wird gelesen sein, wird gelesen gewesen sein*) (**Zustandspassiv**). Im Verhältnis zum ↔Aktiv ändert sich die syntaktische →Valenz: Das Subjekt wird zum Präpositionalobjekt, das Objekt zum Subjekt (*Der Junge las das Buch* – *Das Buch wurde vom Jungen gelesen*).

Patiens (lat. patiēns – leidend) | Bezeichnet im Satz das von der Handlung Betroffene (*Er liest einen Brief*) bzw. das von der Handlung Bewirkte/Geschaffene (*Er schreibt einen Brief*). Im Aktivsatz erscheint es als Objekt (*Der Maler streicht die Zimmerdecke*), im Passivsatz wird aus dem Objekt das Subjekt (*Die Zimmerdecke wird vom Maler gestrichen*). Entsprechend wird das ↔Agens (Täter) – im Aktivsatz durch das Subjekt realisiert – im Passivsatz durch ein präpositionales Objekt ausgedrückt (*Die Zimmerdecke wird von einem guten Maler gestrichen*). →Satzglied

pejorativ (lat. pēior – schlechter) | Als p. gelten Ausdrücke, die eine negative, abwertende Bedeutungskomponente enthalten, z. B. *abmurksen, Dirne, kindisch, Versöhnler, Schwächling*. Durch histor. bedingten Bedeutungswandel kann ein urspr. nicht p. besetztes Wort eine solche abwertende Bedeutungskomponente nachträglich erhalten (vgl. z. B. den heutigen Gebrauch von *Weib* gegenüber mhd. *wip – Frau*).

Perfekt; vollendete Gegenwart (lat. perfectus – vollkommen, vollendet) | Zusammengesetzte (analytische) Tempusform der Wortart →Verb. Das P. wird mit ›haben‹ und ›sein‹ und dem →Partizip II gebildet (*habe gelesen, bin gegangen*). Das temporale Hilfsverb ›haben‹ steht bei transitiven, reflexiven und solchen intransitiven Verben, die den Verlauf bezeichnen (*habe geschrieben/mich gefreut/gelebt*), ›sein‹ bei solchen intransitiven Verben, die den Abschluss kennzeichnen, bzw. bei jenen Verben der Bewegung, die eine Ortsveränderung angeben (*sind erfroren/bin durch den Saal getanzt*). In temporaler Hinsicht realisiert das P. vor allem den Vollzug von Prozessen in der Vergangenheit (*Er hat die Prüfung bestanden*) oder den als Abschluss gedachten Prozess in der Zukunft (*In vier Wochen haben wir das Buch geschrieben*). Als relatives Tempus (→Tempus) bezieht sich das P. auf das →Präsens: In einem Hauptsatz wird ein Geschehen im Präsens, in einem darauf zu beziehenden Nebensatz mit einem vorzeitig abgeschlossenen Geschehen im P. wiedergegeben (*Wenn wir die Arbeit beendet haben, kommen wir nach Hause*). →Vorzeitigkeit

Periode; mehrfach zusammengesetzter Satz (griech. períodos – Kreislauf, Umlauf) | →Satzform, die nicht einheitlich definiert ist. Meistens wird darunter ein zusammengesetzter Satz verstanden, der aus mehr als zwei →Teilsätzen besteht. Es kann sich – in der Grundform – um Satzverbindungen (*Morgens schien die Sonne, daher packte die Familie die Badesachen ein, schließlich fuhren alle mit den Nachbarn an den See*) und um Satzgefüge handeln (*Weil Sonderangebote angekündigt waren, auf die der Vater lange gewartet hatte, fuhr er schnell ins Kaufhaus*). Auch längere, u. U. kunstvoll gefügte ›Schachtelsätze‹ werden als P. bezeichnet.

Periphrase (griech. perí – um ... herum; phrásein – sagen) | Umschreibung eines üblichen Ausdrucks durch einen oder mehrere Ausdrücke zum Zweck der Beschönigung eines unangenehmen Sachverhalts, der Vermeidung von (unerwünschten) Tabuwörtern, der Umgehung von wörtlichen Wiederholungen oder der Hervorhebung besonderer Merkmale (z. B. *Rom, die Stadt auf den sieben Hügeln*). →Stilfigur

Permutation (lat. permūtātiō – Veränderung, Tausch) | →Umstellprobe

Person (lat. persōna – Maske, Rolle; jurist. Person) | Kategorie der Wortart →Verb. Die P. wird durch die →finite Verbform gekennzeichnet. Diese stellt dadurch die Beziehung zum Subjekt des Satzes her (→Kongruenz). Aus der Sicht des Sprechers sind zu unterscheiden: die sprechende P. (1. Person: *Ich gehe heute ins Kino*), die angesprochene P. (2. Person: *Du erledigst das; Ihr habt zu kommen*), die besprochene P. (3. Person: *Er kommt; Sie kommen; Die Gäste kommen*).

Personalform | →finite Verbform

Personalpronomen; persönliches Fürwort | →Pronomen

Personifikation* (lat. persōna – Maske, Rolle; facere – machen) | Sprachbild, das auf einem Vergleich zwischen zwei Erscheinungen beruht. Unbelebte Erscheinungen werden mit Eigenschaften und Verhaltensweisen von Lebewesen ausgestattet (*das Murmeln des Meeres; der Wind singt; die Sonne lächelt*). P. gibt es nicht nur in der Literatur, sie spielen auch in der Alltagssprache eine Rolle. Wie der Vergleich und die →Metapher kann auch die P. in die →Gemeinsprache eingehen (*die singende Geige*).

Phonem (griech. phṓnēma – Stimme, Ton) | Kleinste bedeutungsunterscheidende sprachliche Einheit. Im Unterschied zu Sprechlauten sind P. Sprachlaute (→Laut). Sie sind Gegenstand der →Phonologie, die nicht Laute an sich, d. h. in allen ihren physikalisch-akustischen Eigenschaften untersucht (→Phonetik), sondern nur im Hinblick auf ihre Funktionen

innerhalb des Sprachsystems (→Sprache). P. werden mit Hilfe phonologischer Oppositionen ermittelt; sie werden als Glieder solcher Oppositionen begriffen und verfügen über phonologisch relevante Merkmale (z. B. *Kiste – Liste*: ›k‹, ›l‹; *Boden – Bodden*: langes ›o‹, kurzes ›o‹).
Man unterscheidet Vokale (*i, a, o, u, e, …*) und Konsonanten (*l, m, z, …*). Die Vokale lassen sich differenzieren in kurze (*o – Ort*), lange (*a – Wagen*) und Diphthonge (*eu – Euter*). Konsonanten unterscheiden sich in der Verschluss- und Engebildung, sie können stimmhaft (*s – sehr*) oder stimmlos (*s – das*) sein.

Phonetik | Teildisziplin der Sprachwissenschaft. Sie untersucht und beschreibt die kleinsten Bestandteile der gesprochenen Sprache (→Laut), insbesondere das durch →Artikulation bewirkte Hervorbringen der Laute (artikulatorische P.), ihre gehörgemäße Verarbeitung (auditive P.) sowie ihre physikalischen Eigenschaften (akustische P.). Davon abzuheben ist die →Phonologie, deren Aufgabe darin besteht, die Funktionen von Lauten des Sprachsystems zu beschreiben. →Phonem

Phonologie | Sprachwissenschaftliche Disziplin, die sich mit der Erforschung der bedeutungsunterscheidenden Funktion der Sprachlaute befasst. Sie ermittelt und beschreibt die →Phoneme einer Sprache vor allem aufgrund distinktiver (unterscheidender) Merkmale: *k*ein/*s*ein, *H*aus/*M*aus.

Phraseologismus (griech. phrásein – sagen; lógos – Rede, Ausdruck) | Wortgruppe in Form einer Wendung, einer feststehenden Wortverbindung, deren Bedeutung idiomatisiert ist, d. h., die Semantik ergibt sich nicht (mehr) aus den einzelnen Elementen des mehrwortigen Ausdrucks (*jmdm. einen Bären aufbinden*). Als veraltete Bezeichnung wird dafür der Begriff →Idiom verwendet. Im Unterschied zum →Sprichwort ist ein P. nicht ein abgeschlossener, ausformulierter Satz (*Morgenstund hat Gold im Mund*), sondern lediglich ein Element des →Wortschatzes, also einem Wort vergleichbar (*den Mund voll nehmen – prahlen*) und in vielen Satzzusammenhängen anwendbar. Daher sind sowohl Wörter als auch phraseologische Ausdrücke →Lexeme.

Pleonasmus, Pl. Pleonasmen (griech. pleonasmós – Überfluss) | →Tautologie

Plural; Mehrzahl (lat. plūrālis – mehrere betreffend) | →Numerus

Pluraletantum, Pl. Pluraliatantum (lat. tantum – nur) | →Numerus

Plusquamperfekt; Vorvergangenheit, vollendete Vergangenheit (lat. plus quam perfectum – mehr als vollendet) | Zusammengesetzte (analytische) Tempusform des Verbs. Das P. wird mit dem Präteritum von ›haben‹ und ›sein‹ sowie dem →Partizip II gebildet (*hatte gelesen, war gegangen*). Das temporale Hilfsverb ›haben‹ steht bei transitiven, reflexiven und solchen intransitiven Verben, die den Verlauf bezeichnen (*hatte geschrieben/mich gefreut/gelebt*), ›sein‹ bei solchen intransitiven Verben, die den Abschluss kennzeichnen, bzw. bei jenen Verben der Bewegung, die eine Ortsveränderung angeben (*waren erfroren, waren durch den Saal getanzt*). In temporaler Hinsicht kennzeichnet das P. Prozesse als in der Vergangenheit abgeschlossen (*Der Meister hatte alle Mitbewerber überzeugend besiegt*). Als relatives →Tempus in zusammengesetzten Sätzen drückt das P. – zumeist im Verhältnis zum Präteritum – die →Vorzeitigkeit aus (*Nachdem der Regen aufgehört hatte, gingen die Besucher nach Hause*).

Polysemie; Viel-, Mehrdeutigkeit (griech. polý – viel; séma – Zeichen) | Man spricht von P., wenn ein Wort mehrere Bedeutungen hat, die in einem erkennbaren Zusammenhang stehen, z. B. beim Adjektiv *grün* – ›Farbe‹: *Blatt am Baum*; ›unreif‹: *Obst*; ›roh‹: *Hering*; ›jung, unerfahren‹: *Junge*; beim Substantiv *Krönung* – ›Akt, bei dem jmdm. die Krone aufgesetzt wird‹: *die Krönung des Königs in der Kathedrale*; ›glanzvoller Höhepunkt‹: *die Krönung seiner Laufbahn*.

Positiv (lat. positus – gesetzt) | →Komparation

Possessivpronomen | →Pronomen

Prädikat; Satzaussage (lat. praedicāre – aussagen) | Satzglied, das zusammen mit dem Subjekt die einfache Form eines grammat. vollständigen Satzes bildet: *Petra* [Subjekt] *tanzt* [Prädikat]. Es stimmt mit dem Subjekt in Person und Numerus überein: *Er lernt – Sie lernen* (→Kongruenz). Das Prädikat bestimmt die →Satzsemantik, es legt die denotative Komponente der Satzbedeutung fest (→Denotat, →Valenz).
Unterschieden werden zwei Arten von P., das **verbale P.** (*Mein Freund unterrichtet*) und das **nominale P.** (*Mein Freund ist Lehrer*). Das nominale P. besteht aus der →Kopula und dem →Prädikativum.
Das P. kann in versch. Formen auftreten, als einfache Verbform (*Der Vater schläft*), als zusammengesetzte Verbform (*Er hat geschrieben*), als feste Wortgruppe / Wendung (*Er ist kaum in Erscheinung getreten*), als Verbindung von Kopula und Adjektiv (*Das Buch ist interessant*), als Verbindung von Kopula und Substantiv (*Mein Freund ist Schlosser*). Semantisch drückt das P. vor allem aus: eine Tätigkeit (*Der Junge schreibt einen Brief*), einen Vorgang (*Die Blätter fallen von den Bäumen*), einen Zustand (*Das Baby schläft; Diese Alarmanlage ist sicher; Sie ist im Nachbarort Bürgermeisterin*).

Prädikativsatz | →Prädikat, →Prädikativ(um)

Prädikativ(um), Pl. Prädikativa, auch Prädikatsnomen | Bildet mit der →Kopula (Verben wie ›sein‹, ›werden‹, ›bleiben‹) das →Prädikat. Zumeist ist mit P. das sogenannte **Subjektprädikativ** gemeint, das sich auf das Subjekt bezieht (*Mein Nachbar ist ein hervorragender Sportler*). Es gibt aber auch **Objektprädikative**. Sie stehen bei Verben wie *nennen, schelten, schimpfen* (*Er nannte seinen Nachbarn einen Dummkopf*). Das P. stimmt mit dem Subjekt (bzw. mit dem Objekt) im Genus überein (*Mein Nachbar ist Lehrer*; *Meine Frau ist Lehrerin*). Das P. kann u. a. auftreten als Substantiv (*Das ist ein Hochhaus*), als Adjektiv (*Die Straße ist glatt; Er trinkt den Tee süß*) als Pronomen (*Das bin ich*), als Wortgruppe (*Dieser Vertrag ist von großer Bedeutung*), als Nebensatz / **Prädikativsatz** (*Das ist, was ich absolut nicht angestrebt habe*). Das P. bezeichnet ein Merkmal des vom Subjekt / Objekt Bezeichneten (*Dieses Auto ist eine Neuentwicklung / … ist schnell*). Wird das P. durch ein Substantiv realisiert, können unterschiedliche Bedeutungen ausgedrückt werden, u. a. eine Identifizierung (*Er ist mein bester Freund*), eine Klassifikation (*Der Löwe ist ein Raubtier*), eine Wertung (*Er ist ein Dummkopf*). An der Realisierung dieser Bedeutungen sind auch Artikel und Pronomen beteiligt. Das Prädikativum wird oft auch als eigenes Satzglied betrachtet.

Prädikatsnomen | →Prädikativ(um)

Präfix (lat. praefīgere – vorn anheften) | Dem Wortstamm vorausgehender Wortteil (*ablegen, abfahren, umgehen, verstehen*). Ein P. verändert die Semantik des Grundmorphems (→Morphem): *ziehen – abziehen; gehen – abgehen*. Im Unterschied zu dem ans Ende des Wortstamms angefügten →Suffix wird durch das P. im allgemeinen nicht die Wortart gewechselt. Präfixbildungen werden unterschiedlich eingeordnet: Zum einen rechnet man sie – wie die Suffixbildungen – zu den Ableitungen (→Derivation), zum anderen werden sie als gesonderte Art der →Wortbildung aufgefasst.

Pragmalinguistik | →Pragmatik

Pragmatik (griech. prágma – Handlung) | Als ›Sprachpragmatik‹ oder auch ›Pragmalinguistik‹ sprachwissenschaftliche Teildisziplin, die das Verhältnis von sprachlichem Zeichen und Zeichenbenutzer untersucht. Die P. hat eine enge Bindung zu anderen Wissenschaften, u. a. Psychologie und Soziologie. Im Mittelpunkt der P. stehen der Umgang mit sprachlichen Zeichen, sprachliches Handeln in Abhängigkeit von den nichtsprachlichen Voraussetzungen sowie Bedingungen und Wirkungen in der Kommunikation (Intentionen, Vorwissen, Strategien, Effekte). Gegenstand der Untersuchung sind also nicht nur die Zeichen und die Sachverhalte, auf die sie sich beziehen, sondern auch die Benutzer der Zeichen, mögliche →Kontexte und Situationen der Zeichenverwendung sowie Methoden der Einflussnahme. Eine spezielle Ausprägung der Pragmalinguistik ist die →Sprechakttheorie.

Präposition; Verhältniswort (lat. praepōnere – voranstellen) | Nichtflexionsfähige Wortart mit der Aufgabe, Wörter mit anderen zu verbinden, sie zu ›fügen‹. P. und Konjunktionen fasst man daher auch unter dem Begriff ›Fügewörter‹ zusammen. P. bestimmen den Kasus ihrer Bezugswörter. So verlangt z. B. die P. *nach* immer den Dativ (*nach ihm*). Es gibt aber verschiedene P., bei denen mehrere Kasūs in Betracht kommen, z. B. bei *über* der Dativ (*etwas über dem Tisch anbringen*) oder der Akkusativ (*über die Brücke gehen*). P. stehen – wie der Name sagt – meistens vor dem regierten Wort, aber auch danach (*der Anweisung zufolge*). In einigen Fällen kommt es zu einer Umrahmung (*um des lieben Friedens willen*). P. drücken – wie es die dt. Bezeichnung ›Verhältniswort‹ verdeutlicht – Beziehungen aus, u. a. lokale (*auf dem Tisch*), temporale (*vor drei Stunden*), modale (*in Armut*), kausale (*wegen Geldmangel[s]*).

Präpositionalobjekt | →Objekt

Präsens; Gegenwart (lat. praesēns – gegenwärtig) | Einfache (synthetische) Tempusform der Wortart Verb. Das P. bezeichnet allgemein den Verlauf eines Prozesses und kann alle drei Zeitstufen sowie die Bedeutung der Zeitlosigkeit ausdrücken: *Wir graben den Garten um*; *Da bin ich doch gestern im Warenhaus, als …*; *Morgen sehen wir uns den empfohlenen Film an*; *Bei Frostgraden bildet sich Eis*. Im Bereich der Modalität (→Modus) drückt das P. eine Aufforderung aus (*Du erledigst das sofort!*).

Präsupposition (lat. praesuppōnere – voraussetzen) | Voraussetzungen, die gegeben sein müssen, damit sprachliche Äußerungen verstanden werden können. Zu den sprachinternen P. gehören Voraussetzungen der Sprachkompetenz, d. h. Kenntnis der Systemnormen und der Verwendungsnormen einer natürlichen Sprache (→Kompetenz, →Sprachnorm). Zu den sprachexternen P. zählt man den Situations- und den Kulturkontext (→Kontext).

Präteritum, auch Imperfekt (lat. praeteritum – das Vorübergegangene) | Einfache (synthetische) Tempusform der Wortart Verb. Das P. gibt an, dass ein Sachverhalt vor dem Redemoment stattgefunden hat (*Der Fahrer fuhr den Wagen in die Garage*). Andere Tempusformen, die Vergangenes ausdrücken können, sind das →Perfekt, das →Plusquamperfekt und das →Präsens (historisches Präsens). Das P. gilt als typisches Erzähltempus, wird jedoch in mündlichen (Alltags-)Erzählungen meist durch das →Perfekt ersetzt.

Pronomen; Fürwort (lat. pronomen; prō – für; nōmen – Name, Benennung) | Wortart; Stellvertreter oder Begleiter von Nomen. P. verweisen (auf etwas/jmdn.), benennen jedoch nicht. Sie sind semantisch wie grammatisch-syntaktisch eine sehr heterogene Gruppe. Gemeinsam ist ihnen, dass sie meist deklinierbar, nicht artikelfähig und nicht komparierbar sind. Man unterscheidet folgende Gruppen: **Personalpronomen** (*ich, du, …*), **Possessivpronomen** (*mein, dein*), **Demonstrativpronomen** (*dieser, jener*), **Relativpronomen** (*der, die, das, welcher*), **Interrogativpronomen** (*wer, was, welcher*), **Indefinitpronomen** (*mancher, solche*) sowie **Reflexivpronomen** (*sich*) und **Reziprokpronomen** (*einander*) (→reziprok). Die P. spielen eine große Rolle bei der →Satz- und →Textverflechtung. →Satz, →Kohärenz

Pronominalisierung | Wiederaufnahme eines Textelements durch ein →Pronomen, vor allem ein Personalpronomen: *Der Vater sagt dem Jungen, dass er mit dem Vorschlag einverstanden sei*; *Bevor er zum Bahnhof ging, fragte der Junge einen Polizisten nach dem kürzesten Weg*. Die P. ist ein wichtiges Mittel der →Textverflechtung. →Satzverflechtung, →Textverflechtung, →Kohärenz

Proposition (lat. prōpōnere – aufstellen, darlegen) | Der in einem Satz wiedergegebene

Sachverhalt, d. h. der logische Gehalt eines Satzes als Kernbestandteil der →Satzsemantik. Bezogen auf komplexe Texte wird dementsprechend vom ›propositionalen Gehalt‹ eines Textes gesprochen. Der P. ist die →Illokution von Äußerungen gegenüberzustellen. Ein und dieselbe P. kann Inhalt verschiedener Illokutionstypen sein, z. B. *Die Haustür ist nicht verschlossen* als Feststellung, als Warnung, als Versprechen o. ä.

Psycholinguistik | Sprachwissenschaftliche Disziplin im Überschneidungsbereich von Sprachwissenschaft und Psychologie. Die P. beschäftigt sich u. a. mit den Prozessen der Sprachproduktion, des Sprachverstehens und des Spracherwerbs. Daher ergeben sich (neben den Beziehungen zur Psychologie) auch enge Beziehungen zur →Soziolinguistik. Eine wesentliche Fragestellung ist u. a., wie das im Gedächtnis gespeicherte sprachliche Wissen und das Sach- oder ›Weltwissen‹ miteinander verbunden sind, welche ›Vernetzungen‹ sie aufweisen. →Frame(-Theorie), →Valenz

Rahmen, nominaler | Struktur des →Vorfeldes einer Substantivgruppe. Der R. wird eröffnet durch →Artikel, →Pronomen oder →Präposition, geschlossen durch den Kern der Wortgruppe, das Substantiv (*das im Schaufenster liegende wunderschöne Kleid*; *dieser von vielen besuchte Vortrag*; *wegen des lange anhaltenden Regens*.) Ein überladenes Vorfeld sollte aus stilistischen Gründen eher vermieden werden. Um einen Spezialfall des R. handelt es sich, wenn der Satz durch das Substantiv begonnen und durch ein Attribut abgeschlossen wird (*Bücher besaß er viele*; *Filme sah man verschiedene*). →Satzform, →Spannsatzrahmen

Rahmen, verbal-prädikativer | Strukturelement, das im Kernsatz (→Strukturtyp) und im Stirnsatz auftritt. Er wird durch die finite Verbform eröffnet und durch andere Mittel (infinite Verbformen, unfeste →Präfixe, notwendige Bestandteile fester Wortgruppen, Richtungsangaben) geschlossen: *Der Mann hat sofort geantwortet*; *Kommst du jetzt mit?*; *Der Künstler ist der Auszeichnung würdig*; *Er trat während des Schuljahres kaum in Erscheinung*; *Dieser Zug fährt in 20 Minuten nach Berlin*. Der R. kann in unterschiedlichen Erscheinungsformen auftreten, u. a. als voller R., d. h., die Rahmenpartner umschließen alle Elemente außer dem →Vorfeld (*Der Vater ist berechtigterweise auf seine Tochter stolz*). Beim verkürzten R. steht ein Glied hinter dem Rahmenende (*Der Vater ist berechtigterweise stolz auf seine Tochter*). Im potentiellen R. haben die ›Partner‹ Kontaktstellung (*Der Vater ist stolz auf seine Tochter*). Die Nachstellung von Satzgliedern dient der Auflockerung. →Ausrahmung

Rechtschreibreform | →Orthographiereform

Rechtschreibung | →Orthographie

Redewendung | →Idiom (2), →Phraseologismus

Redewiedergabe | Wiedergabe von Äußerungen (Aussagen, Gedanken, Überlegungen, Wünschen). Das geschieht auf zweierlei Weise: durch die wörtliche/direkte Rede (*Die Professorin erklärte dem Kandidaten: »Sie haben die Prüfung bestanden«*) oder durch die abhängige/indirekte Rede (*Die Professorin erklärte dem Kandidaten, dass er die Prüfung bestanden habe*). Bei der Umwandlung direkter in indirekte Rede kann es zum Wechsel der Pronomen und der Modi (→Modus) des Verbs kommen: *Der Verkäufer sagte: »Ich werde die Ware bis übermorgen besorgen.« – Der Verkäufer sagte, dass er die Ware bis übermorgen besorgen werde.*

Redundanz (lat. redundantia – Überfülle) | Informationsüberschuss, Weitschweifigkeit der Rede, wiederholte Nennung eines Sachverhalts. Man unterscheidet die ›leere R.‹ (negativ): Textelemente sind funktionslos und können ohne weiteres weggelassen werden: *Das könnte vielleicht stimmen* – für den Ausdruck der Vermutung genügt *könnte*, *vielleicht* ist überflüssig; *Gestern habe ich dich bereits schon dazu aufgefordert* – *schon* ist weglassbar. R. kann in der Rede auch positiv wirken, dann haben wir es mit ›fördernder R.‹ zu tun. Sie kann dazu beitragen, dass eine Information besser verstanden und dauerhafter im Gedächtnis gespeichert wird. Daneben spricht man auch von einer ›grammatischen R.‹, der Mehrfachkennzeichnung einer grammat. Erscheinung (Übercharakterisierung): *die teuren Bücher* (mehrfache Kennzeichnung des Plurals durch *die*, *-en*, *ü*, *-er*).

Referenz (lat. referre – [sich] beziehen auf) | Beziehung zwischen einem Zeichen und dem Gegenstand oder Sachverhalt, auf den das Zeichen Bezug nimmt. In einem Text wird meist mehrfach auf ein und dasselbe Objekt ›referiert‹: *Hans ist neun Jahre alt. Der Junge ist tüchtig. Neulich hat er den Garten ganz allein gesprengt.* Dadurch wird →Kohärenz im Text hergestellt.

reflexives Verb; rückbezügliches Verb (lat. reflexum – zurückgebeugt) | Ein r. V. bezeichnet ein Geschehen, das von einem Geschehensträger ausgeht und sich auf diesen rückbezieht (*Er wäscht sich*). Zu unterscheiden ist zwischen Verben, die immer ein Reflexivpronomen (→Pronomen) bei sich haben (*sich freuen, sich schämen*), und solchen, die auch ohne ein Reflexivpronomen gebraucht werden können (*[sich] waschen, [sich] erinnern*). Dementsprechend wird von echten und unechten **Reflexiva** gesprochen. ↔reziprok

Reflexivpronomen | →Pronomen

Rektion (lat. regere – lenken, leiten, herrschen) | Eigenschaft bestimmter ›regierender‹ Wörter die grammat. Form abhängiger, ›regierter‹ Wörter festzulegen. Zu den regierenden Wörtern zählen Präpositionen: Sie bestimmen den Kasus des Substantivs bzw. des Pronomens (*nach dem* Unterricht, *nach ihm*; *für den* Unterricht, *für ihn*). Auch Verben können einen bestimmten Kasus regieren (*Ich helfe ihm*; *Ich unterstütze ihn*). Ferner können Adjektive eine Rektion aufweisen (*Er ist dem Lehrer dankbar*; *Er ist des Lobes würdig*). →Wortgruppe

Relativpronomen | →Relativsatz, →Pronomen

Relativsatz (lat. relātiō – Beziehung) | Nebensatz, der durch ein Relativpronomen (→Pronomen; *Das Buch, das ich mir gekauft habe, ist sehr spannend*) oder ein Relativadverb (→Adverb; *Gefällt dir die Gegend, wo der Vergnügungspark entsteht?*) eingeleitet wird. R. können Satzglieder versch. Art sein (Subjekt: *Wer wagt, gewinnt*; Attribut: *Die Wohnung, in die wir gezogen sind, gefällt uns sehr*). Er kann auch als weiterführender Nebensatz fungieren (*Die Mitarbeiter betraten den Raum, woraufhin sie sofort mit der Arbeit begannen*).

reziprok; wechselseitig, gegenseitig (lat. reciprocus – zurückkehrend) | Bezeichnet eine wechselseitige Beziehung. Es gibt **Reziprokpronomen** (›sich‹ und ›einander‹; →Pronomen) und **reziproke Verben**, die wechselseitige Handlungen ausdrücken: *Sie waschen sich* (einander), im Gegensatz zum reflexiven ›sich‹: *Sie waschen sich* (jeder sich selbst). ↔reflexiv (→reflexives Verb)

Rhema, Pl. Rhemata (griech. rhéma – Wort, Ausdruck, Lehre) | Hauptinhalt der Mitteilung. Als R. bzw. rhematisches Element innerhalb einer (Satz-)Äußerung gilt jener Teil (Wort oder Wortgruppe), der das Neue, das vorher nicht Erwähnte, die Information mit dem größten kommunikativen Gewicht enthält. Der Begriff R. ist im Zusammenhang mit dem Begriff →Thema zu sehen. Als Thema innerhalb einer (Satz-)Äußerung gilt das, was bereits eingeführt, d. h. vorher erwähnt worden ist oder als bekannt vorausgesetzt werden kann. Was im vorausgehenden Satz als R. fungiert, kann im folgenden Satz als Thema erscheinen: *Morgen fährt Jacob nach München. Dort trifft er sich mit seinem Schweizer Bekannten.* Bei einem Fragesatz (*Wann kommt der Interregio an?*) wird nach dem R. der Antwortäußerung gefragt (*In 30 Minuten [kommt der Zug an]*). Die Antwort hat die Funktion eines R.; thematische Elemente (*kommt der Zug an*) können weggelassen werden.

Rhetorik* (griech. rhētoriké [téchnē] – Redekunst) | Lehre von der effektvollen sprachlichen Gestaltung sowie der Fähigkeit, stilistisch gut und überzeugend zu reden (und zu schreiben). Die Traditionen der R. reichen weit ins klassische (griech.-röm.) Altertum zurück, so auch das traditionelle Begriffs- und Regelsystem der R. für die Anleitung und Analyse erfolgreichen Redens und Schreibens. Auffassungen und Konzepte der R. haben sich von der Antike bis zur Neuzeit z. T. wesentlich gewandelt, so vor allem auch das überlieferte Modell einer Aufeinanderfolge von fünf Bearbeitungsphasen eines Themas: 1. Auffinden des Stoffes (inventio), 2. Gliedern des Stoffes (dispositio), 3. sprachlich-stilistisches Umsetzen des Stoffes (elocutio), 4. Einprägen der Rede (memoria), 5. Vortragen der Rede (actio). Die neuere R. ist v. a. durch Nutzung von Erkenntnissen aus der modernen Kommunikationswissenschaft, der Argumentationstheorie und der Forschung zu Textproduktion und Textrezeption geprägt. Bedeutsam für die Lehre der sprachlichen Gestaltung (elocutio) ist der überlieferte Bestand an →Stilfiguren (rhetorischen Figuren).

rhetorische Frage | Frage, bei der eine Antwort nicht erwartet wird bzw. oft schon in der Frage enthalten ist. Die verneinte Form gibt an, dass es sich so verhält, wie der Sprecher meint, die bejahte, dass es nicht so ist: *Habe ich dir das nicht gestern prophezeit?* (Ich habe es dir prophezeit); *Wollen Sie, dass ich Ihr Verhalten anzeige?* (Sie wollen es nicht).

Rotwelsch | →Argot

Rückbildung | Form der Ableitung (→Derivation), bei der kein Ableitungselement (→Affix, →Suffix) hinzugefügt wird; vielmehr ist von einer ursprünglich längeren Ausgangsform (*sanftmütig*) etwas getilgt worden (*Sanftmut*). Synchron (→Synchronie) könnte jedoch gerade das Gegenteil angenommen werden, nämlich dass die längere Form (*sanftmütig*) eine Ableitung von der kürzeren Form (*Sanftmut*) ist.

Sachfeld | Auswahl und Zusammenstellung von Wörtern, die zu einem bestimmten Wirklichkeitsbereich gehören, z. B. zum Bereich ›Bahnhof‹: *Bahnhofshalle, Schalter, Auskunft, Gepäckaufbewahrung, Bahnsteig, Gleis, Anzeige* usw. Im Unterschied zum →Wortfeld wird beim S. nicht von gemeinsamen Bedeutungsmerkmalen der Wörter, sondern vom außersprachlichen Sachzusammenhang ausgegangen. →Feld.

Sammelbezeichnung, auch Sammelname | →Kollektivum

Satz | Grundlegende Einheit des Sprachsystems (→Langue). Die Struktur dieser Einheit hängt entscheidend vom Charakter des prädikativen Verbs ab (→Valenz). Der S. ist aus kleineren Einheiten (→Satzglieder) aufgebaut; die grundlegende Beziehung im Aufbau des S. ist die zwischen →Subjekt und →Prädikat. Zu unterscheiden ist zwischen Ganzsatz und Teilsatz (auch Elementarsatz). Ganzsätze sind hinsichtlich ihres Inhalts und ihrer grammat. Struktur relativ vollständig und unabhängig. Teilsätze sind Haupt- bzw. Nebensätze innerhalb einer komplexeren →Satzform (→Satzverbindung, →Satzgefüge). Der S. hat Zeichencharakter (→Zeichen), er verfügt über eine Formseite (→Satzform) und eine Inhaltsseite (→Satzsemantik). Vom S. als einer Struktureinheit des Sprachsystems ist der geäußerte S. (→Äußerung) zu unterscheiden; er ist inhaltlich und formal von der konkreten Situation des Sprachgebrauchs (→Parole) abhängig.

Satzabbruch | →Aposiopese

Satzäquivalent (lat. aequus – gleich; valēre – stark, geeignet, wert sein) | Einzelnes Wort, das inhaltlich und strukturell nicht Teil eines Satzes ist, sondern selbst den Inhalt eines ganzen Satzes ausdrückt. Man kann versch. Arten von S. unterscheiden. Eine Gruppe bilden die →Interjektionen: *Au* (du hast mich gestoßen), *Oh* (das ist schön), *Hallo!* (ich grüße dich). Eine andere Gruppe von Wörtern mit Satzcharakter sind →Partikeln, die z. B. als Antwort- und Gesprächspartikeln fungieren (*ja, nein, doch, bitte, danke, genau, richtig* u. a.).

Satzart | Grammatischer Grundtyp des Hauptsatzes: →Aussagesatz, →Interrogativsatz und →Aufforderungssatz. S. unterscheiden sich nach der Stellung der finiten Verbform (→Strukturtyp) und der →Intonation. Innerhalb dieser drei S. können weitere Differenzierungen vorgenommen werden, z. B. die Unterscheidung zwischen Entscheidungsfrage und Ergänzungsfrage (→Interrogativsatz) oder die Kennzeichnung von Sätzen als →Ausrufesätze.

Satzbauplan | →Satztyp

Satzform | Die S. ergibt sich aus der Anzahl der prädikativen Einheiten (ein Subjekt + ein Prädikat = eine prädikative Einheit) eines Satzes und den syntaktischen Beziehungen zwischen ihnen. Enthält der Satz nur eine prädikative Einheit, handelt es sich um einen einfachen Satz; besteht er aus mehreren solchen Einheiten, hat man es mit einem zusammengesetzten Satz zu tun. Besteht zwischen den Teilsätzen die Beziehung der →Koordination, handelt es sich um eine →Satzverbindung (*Mein Freund fährt zum Urlaub an die Ostsee, ich aber muss arbeiten*). Besteht zwischen den Teilsätzen die Beziehung der Subordination, haben wir es mit einem →Satzgefüge zu tun (*Ich bleibe zu Hause, weil ich noch viel zu tun habe*). Zur S. gehören weiter die Intonationstypen (→Intonation): terminal (fallende Intonation), interrogativ (anhebende Intonation), progredient (gleichbleibende Intonation); die →Strukturtypen: **Kernsatz, Stirnsatz, Spannsatz**; die Typen nach der syntaktischen →Valenz, d. h. dem Vorhandensein bestimmter Satzglieder, z. B. Subjekt – Prädikat (*Sie schläft*), Subjekt – Prädikat – Akkusativobjekt (*Sie besucht ihn*). →Satzsemantik, →Satz

Satzgefüge | Komplexer Satz, bestehend aus einem Hauptsatz und einem oder mehreren Nebensätzen (→Satzform). Der Hauptsatz ist der regierende, der Nebensatz der abhängige Satz (*Die Menschen strömen ins Kaufhaus, weil Ausverkauf ist*). Besteht das S. aus dem Hauptsatz und mehreren Nebensätzen (→Periode), sind diese Nebensätze einander koordiniert (→Koordination): *Diese Ware ist im Preis herabgesetzt, weil die Lagerräume voll sind und weil der Platz für andere Waren dringend benötigt wird* oder subordiniert (→Subordination): *Im Buchhandel ist der Roman jetzt erhältlich, den man mir empfohlen hat, weil er in der Presse gelobt wird*.

Satzglied | Man unterscheidet vier S.: →Subjekt (*Der Mann schreibt*), →Prädikat (*Der Zug fährt*), →Objekt (*Er isst Nudeln*) und →adverbiale Bestimmung (*Wir fahren nach Weimar*). Sie bilden relativ selbstständige Einheiten innerhalb eines Satzes und stehen in hierarchischen Beziehungen zueinander, die (semantisch) vom Prädikat bestimmt werden. Die einfache (grammatische) Satzbildung erfolgt durch die S. Subjekt und Prädikat. Jedes S. kann allein die Position vor der finiten Verbform im Kernsatz einnehmen (→Umstellprobe) und durch einen anderen Ausdruck mit gleichem Satzgliedwert ersetzt werden (→Ersatzprobe). Nicht als S., sondern lediglich als Satzgliedteil gilt das →Attribut. Ein S. wie auch ein Satzgliedteil kann in versch. Formen auftreten, u. a. als Einzelwort (*Obst ist gesund*), als Wortgruppe (*Gemüse in Konserven ist vitamingemindert*) oder als Nebensatz (*Wer frisches Gemüse bevorzugt, handelt richtig*).

Satzgliedfolge, auch Satzgliedstellung | Anordnung der Satzglieder und damit auch der →Wortfolge. Im Dt. wird die S. durch bestimmte Strukturbesonderheiten beeinflusst, u. a. durch die Stellung der finiten Verbform (→Strukturtyp) und den verbal-prädikativen Rahmen (→Rahmen, verbal-prädikativer). Als Grundformen der S. gelten hauptsächlich: Subjekt – Prädikat – Objekt (*Er liebt den Sohn*); Subjekt – Prädikat – Dativobjekt – Akkusativobjekt (*Die Großmutter schenkt der Enkelin Bonbons*); Subjekt – Prädikat – Akkusativobjekt – Objektprädikativ (*Er nennt ihn einen Esel*). Eng damit verbunden ist das Prinzip der Valenzbindung (→Valenz). So stehen im Kern- und im Stirnsatz (→Strukturtyp) im →Nachfeld des Satzes valenzabhängige hinter valenzunabhängigen Gliedern (*… überreicht am Montag im Festsaal den Absolventen die Diplome*). Die bisher genannten Prinzipien konstruieren eine Grundreihenfolge, die durch das Prinzip des Mitteilungswertes variiert werden kann. Im Kernsatz gilt, dass der Satz in der Regel mit einem thematischen Element (→Rhema) beginnt: Es bezeichnet Bekanntes, leicht Vorstellbares. Nach der finiten Verbform schließen die übrigen Satzglieder mit steigendem Mitteilungswert an (*Er fährt heute nach dem Essen die Waren nach Rostock / Er fährt die Waren nach dem Essen heute nach Rostock / Er fährt die Waren nach Rostock nach dem Essen*). Der Mitteilungswert hängt häufig mit dem Determinierungsgrad zusammen. Das Prinzip besagt, dass Bekanntes (Determiniertes) vor Unbekanntem (Nichtdeterminiertem) steht (*Er gab ihm eine Tafel Schokolade. Er gab sie dem Jungen*). Entscheidend ist die Anordnung nach dem Mitteilungswert. Dieses Prinzip kann die anderen Prinzipien z. T. außer Kraft setzen.

Satzgliedteil | →Attribut

Satzintonation | →Intonation

Satzklammer | →Rahmen, verbal-prädikativer

Satzlehre | →Syntax

Satznegation | →Negation

Satzreihe | →Satzverbindung

Satzsemantik, auch Satzbedeutung | Der durch einen Satz wiedergegebene Inhalt. Im Unterschied zur Semantik des Wortes, die sich auf einen einzelnen Begriff bezieht, bildet die S. einen Sachverhalt ab (→Proposition). Unter einem Sachverhalt versteht man die Beziehung von Eigenschaftsträger und Eigenschaft (*Möbel – teuer*; *Mutter – schlafen*; *Bruder – Lehrer*) oder die Beziehung zwischen zwei und mehr Partnern (*Junge – essen – Eis*; *Künstler – würdig – Preis*; *Mutter – erinnern – Kind – Schularbeiten*). Diese (denotative) Hauptkomponente der S. wird sprachlich durch den Valenzträger (→Valenz) des Satzes, das Prädikat, und die valenzabhängigen Glieder (Aktanten) realisiert. Daneben gibt es im Satz nichtvalenzabhängige Sachverhaltskomponenten, z. B. Angaben der Zeit (*Er kommt bald*), des Ortes (*... aus München*), des Grundes (*... wegen der Hochzeit*), der Stellungnahme (*Er kommt sicher/vielleicht/möglicherweise*). Auch Hervorhebung durch die Satzgliedfolge gehört zur S.: *Das Eis habe ich <u>mit Genuss</u> gegessen – <u>Mit Genuss</u> habe ich das Eis gegessen.*

Satztyp, auch Satzmodell, Satzbauplan | Art der Satzstruktur in Abhängigkeit von Anzahl und Art der Leerstellen (→Valenz) des Prädikats. So unterscheidet man Sätze mit einwertigem verbalem Prädikat (Subjekt + Prädikat: *Er arbeitet*), mit zweiwertigem verbalem Prädikat (z. B. Subjekt + Prädikat + Akkusativobjekt: *Das Werk produziert Autos*), mit dreiwertigem verbalem Prädikat (z. B. Subjekt + Prädikat + Dativobjekt + Akkusativobjekt: *Er überreicht ihm das Zeugnis*) und mit zweiwertigem adjektivischem Prädikat (z. B. Subjekt + prädikatives Adjektiv + präpositionales Objekt: *Er ist auf ihn wütend*).

Satzverbindung, auch Satzreihe | Zusammengesetzter Satz, der aus mindestens zwei Teilsätzen besteht, die in der Beziehung der →Koordination zueinander stehen. Die Teilsätze können unverbunden (asyndetisch) (*Draußen schneit es, die Straßen sind leer*) oder durch verknüpfende Elemente verbunden sein (syndetisch) (*Draußen schneit es, daher ziehen die Kinder mit ihren Schlitten in die Berge*). Es können einfache Sätze eine S. bilden (*Der Bus hält, viele Leute steigen ein*), aber auch Satzgefüge: *Weil es seit Stunden schneit, sind die Straßen unpassierbar*; *daher fallen die Busse aus, sodass viele Arbeiter nicht in ihren Betrieb kommen* (→Periode).
Zwischen den Teilen einer S. bestehen semantische Beziehungen, u.a. gegensätzliche (adversative): *Es schneit draußen, die Busse fahren aber trotzdem*, anreihende (additive/kopulative): *Die Busse fahren und die Menschen erreichen ihre Betriebe* oder kausale: *Der Busbahnhof war leer, denn infolge des Schneefalls fielen viele Busse aus.*

Satzverflechtung | Kennzeichnung der Verbindung zwischen Sätzen. Damit sind die Mittel der S. auch Teile der Textverflechtung (→Kohärenz). Zur S. gehört auch die Verflechtung der →Teilsätze innerhalb eines zusammengesetzten Satzes, u. a. durch die Folge der Tempora (→Tempus): *Nachdem ich den Brief geschrieben hatte, brachte ich ihn zur Post* (Vorzeitigkeit) und den Gebrauch der Modi (→Modus) z. B. in der indirekten Rede (*Er erklärte, der Versuch muss / müsse / müsste wiederholt werden*). Der S. dienen bestimmte Wortarten, vor allem Konjunktionen und Pronomen. Schließlich verflechten auch semantisch zusammengehörende lexikalische Mittel (*Das Buch gefiel mir nicht*; *von diesem Schinken hatte mir bereits mein Freund erzählt*).

Satzzeichen | →Interpunktion

Schaltsatz | →Parenthese

Schreiben | Umsetzen von Gedanken bzw. sprachlichen Äußerungen in eine sichtbare, zum Lesen bestimmte Form mit Hilfe von Schriftzeichen. Schreiben lernen im frühen Schulalter ist zunächst ein bewusster Lernvorgang; er wird dann mehr und mehr zu einer geläufigen Fertigkeit. Als Sch. wird aber auch das Verfassen von Texten bezeichnet, d. h. das Kommunizieren in geschriebener Sprache. Im Unterschied zur mündlichen Kommunikation, bei der der Hörer zugegen ist, hat es der Schreiber mit einem Kommunikationspartner (Leser) zu tun, der sich zeitlich und räumlich in einer anderen Situation befindet. Sch. erfordert daher eine inhaltliche und sprachliche Gestaltung, die es dem Leser ermöglicht, dem Text über Zeit und Raum hinweg alle beabsichtigten Informationen zu entnehmen. Typisch für Sch. ist, dass meist nicht spontan, sondern überlegt und z. T. auch mit Korrektur formuliert wird. Neben dem Sch. für andere gibt es auch Sch. für sich selbst, z. B. in Tagebüchern oder bei Textentwürfen als Hilfe, Gedanken und Formulierungen zu ordnen.

Schrift | Gesamtheit der grafischen Zeichen einer Sprache; Mittel der Aufzeichnung von Sprache nach einem bestimmten Schriftsystem. Man unterscheidet Begriffs-, Silben- und Buchstabenschrift. Bei Begriffsschriften (auch Wortschriften) bedeutet ein Zeichen ein ganzes Wort. Es sind die ältesten Schriftsysteme. Aber auch das Chinesische ist heute noch im Wesentlichen Begriffsschrift mit einer sehr hohen Zahl an Schriftzeichen. Geringer ist die Zahl an Zeichen bei Silbenschriften; hier steht jeweils ein Zeichen für einen (meist silbischen) Lautkomplex, so z. B. teilweise im Japanischen. Die größte Verbreitung haben Buchstaben- oder Alphabetschriften. Sie kommen im allgemeinen mit etwa 30 Buchstaben aus. Schriftzeichen (→Graphem) werden hier den Sprachlauten (→Phonem) zugeordnet; die Art der Zuordnung erfolgt nach dem Regelsystem der Rechtschreibung (→Orthographie).

Schriftsprache | →Standardsprache

Selbstlaut | →Vokal

Semantik (griech. sēmantikós – zum Zeichen gehörig) | **1** Lehre von der →Bedeutung; eine sprachwissenschaftliche Disziplin, die sich mit der Bedeutung von Wörtern (→Semasiologie), Sätzen und Texten beschäftigt. **2** Bedeutung eines Wortes im Sinne der inhaltlichen Seite sprachlicher Zeichen (→Bedeutung, →Satzsemantik, →Textsemantik). Im Rahmen einer allgemeinen Zeichentheorie untersucht die S. Beziehungen zwischen Zeichen und Objekt.

Semasiologie; Bedeutungslehre | Teildisziplin der →Lexikologie. Die S. untersucht die Bedeutung der →Morpheme und der →Lexeme, die Bedeutungsbeziehungen zwischen ihnen (→Antonym, →Synonym, →Polysemie) sowie Veränderungen im Wortschatz (Ursachen, Bedingungen, Resultate; →Bedeutungswandel). Im Unterschied zur →Onomasiologie, die von den Dingen der Wirklichkeit ausgeht (→Denotat) und danach fragt, wie sie bezeichnet werden, setzt die S. bei den sprachlichen Einheiten an und fragt nach deren Bedeutungen (→Semem): z. B. *scharf* – spitz, beißend, zerstörend, hitzig, sehr schnell.

Semem (griech. séma – Zeichen) | Bedeutungsvariante eines Wortes. Viele Wörter verfügen nicht nur über *eine* (lexikalische) Bedeutung, sondern über mehrere, sie sind polysem (→Polysemie). Das Adjektiv *scharf* hat z. B. folgende Sememe: ›spitz‹ (*Messer*), ›beißend‹ (*Senf*), ›ätzend‹ (*Säure*), ›hitzig‹ (*Kampf*), ›deutlich‹ (*Sehen*), ›besonders befähigt‹ (*Verstand*). Beim Substantiv *Erzeuger* sind es zwei Sememe: ›leiblicher Vater‹ und ›Produzent von Waren‹. Welche Bedeutung jeweils gemeint ist, ergibt sich aus dem Funktions- und Situationszusammenhang. →Semantik, →Polysemie

Semiotik (griech. sēmeiōtiké – Zeichenlehre) | Allgemeine Zeichentheorie; die Wissenschaft von den allgemeinen Eigenschaften der →Zeichen. Gegenstand der S. sind Zeichensysteme aller Art, z. B. das Morsealphabet, die Verkehrszeichen, natürliche und künstliche Sprachen. Die Untersuchung von Zeichen erfolgt im Wesentlichen unter drei Aspekten: Beziehungen zwischen einem Zeichen und dem durch das Zeichen repräsentierten Inhalt bzw. Objekt (semantische Zeichenrelation), Beziehungen zwischen den Zeichen innerhalb von Zeichenkombinationen (syntaktische Zeichenrelation) und Beziehungen zwischen Zeichen und den Zeichenbenutzern (pragmatische Zeichenrelation; →Pragmatik).

Signifikant; Bezeichnendes (lat. sīgnificāns – bezeichnend) | Zeichenkörper, Zeichenform. Sinnlich wahrnehmbarer, lautlicher oder grafischer Komplex, der zur Bezeichnung von etwas dient. So sind z. B. die Zeichenformen dt. *Baum*, engl. *tree*, lat. *arbor* unterschiedliche S. für denselben Inhalt bzw. dieselbe Sache. ↔Signifikat

Signifikat; Bezeichnetes (lat. sīgnificātus – bezeichnet) | Der Inhalt, die Bedeutung eines Zeichens. Eine Grundkomponente jedes sprachlichen Zeichens. So haben z. B. die Bezeichnungen *Anschrift* und *Adresse* das gleiche S. ↔Signifikant

Silbe (griech. syllabé – Fessel) | Phonetisch-sprecherisch zusammengehörende Lautgruppe in einem Wort; sprachlich-rhythmische Einheit, die sich durch Sprechpausen ermitteln lässt. Jede S. hat einen Vokal als Klangträger. Zu unterscheiden ist zwischen betonten und unbetonten S. (→Akzent). Silben können mit →Morphemen zusammenfallen (*Haus-eingang*), oft aber ist die Silbengliederung des Wortes anders als seine Morphemgliederung *Rei-ni-gung* (Silben), *Rein-ig-ung* (Morpheme). Es gibt offene S. (auf einen Vokal endend: *Ho-se*) und geschlossene S. (auf einen Konsonanten endend: *Karp-fen*).

Singular; Einzahl (lat. singulāris – einzeln) | →Numerus

Singularetantum, Pl. Singulariatantum (lat. tantum – nur) | →Numerus

Situationskontext | Außersprachlicher Zusammenhang, in dessen Rahmen sprachliche Äußerungen erfolgen. Wie die spezielle Bedeutung eines Wortes oft erst durch den sprachlichen →Kontext erkennbar wird (vgl. z. B.: *Der Stift* [der Lehrling] *soll sofort zu mir kommen – Gib mir bitte den Stift* [das Schreibgerät]), so kann unter Umständen auch der S. für das Erfassen der Bedeutung entscheidend sein. In dem Satz *Der Ball war wunderschön* klärt sich erst durch den S., ob es sich um ein Spielgerät oder um eine festliche Veranstaltung handelt. Mit dem Begriff S. werden also die allgemeine Gesprächslage, begleitende Umstände und äußere Bezugsgegenstände erfasst.

Sondersprache | Sprachform, die von einem bestimmten Personenkreis benutzt wird und sich vor allem durch Besonderheiten im Wortschatz ausweist. Der Begriff S. wird meist als Oberbegriff von →Fachsprache und →Gruppensprache gebraucht.

Soziolekt (lat. socius – gemeinsam) | Sprachform, die jeweils für eine bestimmte soziale Gruppe typisch ist. Erfasst werden unter diesem Begriff u. a. Sonderwortschätze bestimmter Fachkreise und Berufsgruppen (z. B. der Fleischer, Tischler, Ärzte, Juristen), sprachliche Besonderheiten bestimmter Alters- und Interessengruppen (z. B. bei Schülern, Jugendlichen, Skatspielern, Münzsammlern, Ökologen usw.) sowie Merkmale im Sprachverhalten unterschiedlicher Bildungsschichten innerhalb der Gesellschaft. →Fachsprache, →Gruppensprache, →Sondersprache

Soziolinguistik | Sprachwissenschaftliche Disziplin im Überschneidungsbereich von Sprachwissenschaft und Soziologie. Die S. untersucht die sozialen Aspekte des Sprachsystems und des Sprachgebrauchs, das wechselseitige Bedingungsgefüge von Sprach- und Sozialstruktur (Gesellschaftsstruktur). Berücksichtigt werden dabei u.a. die alters-, herkunfts-, berufs-, geschlechts- und bildungsspezifischen Besonderheiten des Sprachgebrauchs und die sozialen Bedingungen für die Verwendung der versch. Erscheinungsformen (→Varietäten) einer Sprache (Standardsprache, Umgangssprachen, Dialekte, Sondersprachen). Die S. trägt auch wesentlich dazu bei, Bedingungen des →Sprachwandels aufzudecken.

Spannsatz | →Strukturtyp

Spannsatzrahmen, auch Spannsatzklammer | Rahmen in eingeleiteten Nebensätzen. Der Sp. wird durch ein Pronomen, eine Konjunktion oder ein Adverb eingeleitet und durch die finite Verbform geschlossen: *Die Leute strömten in die Innenstadt, <u>weil</u> dort eine bedeutende Ausstellung eröffnet <u>wurde</u>.* →Rahmen, verbalprädikativer, →Ausrahmung

Spitzenstellung | →Strukturtyp

Sprache | **1** Die dem Menschen angeborene Voraussetzung und entwickelbare Fähigkeit, Sp. zu erwerben und mit Sp. umzugehen (→Langage; *Einige Monate nach dem Unfall hatte er seine Sprache wiedergewonnen*). **2** Sprachsystem (→Langue), Bezugsebene sind hier die Einzelsprachen (*Für Europäer ist das Japanische eine schwierige Sprache*). **3** Die Verwendung des Sprachsystems in konkreten →Kommunikationssituationen, also der jeweilige (mündliche und schriftliche) Sprachgebrauch (→Parole; *Sie bediente sich einer sehr leicht verständlichen Sprache*). Über diese Bedeutungen hinaus wird der im Dt. mehrdeutige Ausdruck Sp. auch für weitere Sachverhalte verwendet, oft in einem übertragenen Sinn, z. B. *Sprache der Bienen, Sprache der Musik, Sprache der Steine*.

Sprachfamilie | Gruppe von Sprachen, die miteinander verwandt sind, d. h. eine gemeinsame Herkunft haben, z. B. alle Sprachen, die zum →Indogermanischen gehören. Innerhalb größerer Sp. können sich besondere Sprachzweige entwickeln, wie innerhalb des Indogermanischen der Zweig des →Germanischen oder der des Romanischen. Die Verwandtschaft von Sprachen zeigt sich z. B. beim Wortvergleich: nhd. *Mutter*, engl. *mother*, altbulg. *mati*, lat. *mater*, ital. *madre*, frz. *mère* usw. →Sprachverwandtschaft, →Sprachwandel

Sprachfunktion | Die allgemeinen Funktionen der Sprache bestehen darin, dass sie ein Mittel der Verständigung (kommunikative Funktion) und ein Mittel des Denkens (kognitive Funktion) ist. Die kommunikative Funktion der Sprache ermöglicht das Zusammenwirken der Menschen in der Gesellschaft. Die kognitive Funktion zeigt sich darin, dass die Sprache der Bildung und der Aneignung von Begriffen dient und für das Denken notwendig ist. Eine grundlegende Funktion der Sprache besteht auch darin, dass im Wortschatz menschliches Wissen gespeichert ist und von Generation zu Generation übermittelt wird. Funktionen der Sprache werden u. a. im Rahmen des →Organonmodells und der →Sprechakttheorie erfasst.

Sprachgefühl | Intuitives Urteil des Sprechers über Richtigkeit und Angemessenheit des Sprachgebrauches. Es handelt sich um ein unterschwelliges Wissen, das unbewusst beim Sprachgebrauch angewandt wird.

Sprachgeschichte | Erforschung und Beschreibung der Ursprünge und historischen Entwicklungsprozesse einer Sprache einschließlich der sprachlichen Veränderungen in der jüngsten Geschichte und in der Gegenwart.

Die Sp. beschreibt sowohl den →Sprachwandel als Veränderung sprachlicher Erscheinungen im historisch-zeitlichen Prozess (→Diachronie), z. B. die Veränderungen in Lautung und Bedeutung der Wörter im Deutschen vom Ahd. bis zum heutigen Deutsch, als auch Sprachzustände in einer bestimmten historisch-zeitlichen Situation (→Synchronie), z. B. das grammat. System des Mhd. Da sich Veränderungen von Sprache in vieler Hinsicht nur in Verbindung mit Analysen der sozialen, kulturellen und politischen Lebensbedingungen des Sprachträgers erfassen und erklären lassen, ist Sp. eng mit der Geschichtsforschung verbunden. →Sprachwandel

Sprachgesellschaften | Nach ausländischem Vorbild (vor allem der florentinischen »Academia della Crusca«, seit 1582) in Deutschland im 17. Jh. gegründete Vereinigungen. Sp. bemühten sich um die Pflege der dt. Sprache. Man ersetzte Fremdwörter durch deutsche, stellte Regeln zum Gebrauch der dt. Sprache auf und bemühte sich um die Förderung der deutschsprachigen Literatur. Mitglieder von Sp. waren Adlige, Dichter und Wissenschaftler. Die bedeutendste Sp. in Deutschland war die 1617 in Weimar gegründete »Fruchtbringende Gesellschaft«, später nach ihrem Wappenzeichen auch »Palmenorden« genannt. In gewisser Weise setzen der 1885 gegründete »Deutsche Sprachverein« und die heute existierende »Gesellschaft für deutsche Sprache« (Sitz Wiesbaden, Zeitschrift »Muttersprache«) diese sprachkritischen Bemühungen fort. →Sprachpflege, →Sprachkultur, →Sprachkritik

Sprachkritik | Bewertung der Zustände einer Sprache und ihres Gebrauchs im Hinblick auf die Eignung sprachlicher Mittel für die Kommunikation und die kulturellen Ansprüche in der Gesellschaft. Insbesondere geht es dabei um Einhaltung oder auch Veränderung herrschender →Sprachnormen, um Fremdwortgebrauch, →Sprachmanipulation und das Sprachverhalten einzelner Menschen oder Sprechergruppen. Auch besondere Bereiche, z. B. die Sprache der Presse, der Werbung oder der Behörden, können Gegenstand der Sp. sein. Oft ist Sp. auch mit Gesellschaftskritik verbunden.

Sprachkultur | Wort im Gebrauch seit dem 18. Jh. (bei J. G. Herder als »Cultur der Sprache«). Normgerechter, schöpferischer Sprachgebrauch (Einhaltung u. a. der orthoepischen [→Orthoepie], der orthographischen [→Orthographie], der grammat. [→Grammatik], der stilistischen [→Stilistik] Normen [→Sprachnorm]). An einem hohen Niveau der Sp. wirken gesellschaftliche Institutionen wie Schule oder Sprachvereinigungen und auch die Literatur mit. →Sprachpflege, →Sprachregelung

sprachliches Handeln | Im Rahmen des →kommunikativen Handelns speziell der zielgerichtete Umgang eines Sprechers/Schreibers mit Sprache. Im Unterschied zum →Sprachsystem ist sp. H. also die praktische Verwendung von Sprache in der Kommunikation. Dabei ist zwischen sp. H. bei der →Textproduktion (Sprechen, Schreiben) und sp. H. bei der →Textrezeption (Hören, Lesen) zu unterscheiden. Typen sp. H. sind besonders in der →Sprechakttheorie entwickelt worden sowie im Zusammenhang mit Fragen der Textklassifikation (→Textsorte, →Darstellungsarten).

Sprachmanipulation | Sprachverwendung, die darauf gerichtet ist, Tatbestände auf geschickte Weise zu verschleiern und dadurch Denken und Handeln bestimmter Menschengruppen zu beeinflussen, zu steuern. Zur Sp. gehören auch gezielte Eingriffe in das →Sprachsystem (→Sprachregelung), indem z. B. bestimmte Wörter mit Bedeutungen verknüpft werden, die der Verschleierung nützen können (_Nullwachstum_ für _Stillstand_, _Diätenanpassung_ für _Diätenerhöhung_). Häufig wird Sp. im Rahmen einseitiger, ideologisierender Darstellungen in politischen Auseinandersetzungen oder im Bereich der kommerziellen Werbung angewandt. Sp. kann durch →Sprachkritik durchschaubar gemacht werden.

Sprachnorm | Meist in Regeln gefasste Gebrauchsweise der Sprache bzw. einzelner sprachlicher Erscheinungen, die in der Sprachgemeinschaft als verbindlich anerkannt wird. So unterscheidet man u. a. orthoepische (→Orthoepie), orthographische (→Orthographie), grammat. (→Grammatik), lexikalisch-semantische (→Lexem, Wortschatz), stilistische (→Stilistik) und rhetorische (→Rhetorik) Normen. Die Normen entstehen im praktischen Gebrauch der Sprache, haben sich histor. herausgebildet und verändern sich (gegebene Normen) bzw. werden durch bestimmte Institutionen festgesetzt (gesetzte Normen), v. a. in der Orthographie. Man kann zwischen zwei Arten von Normen unterscheiden: 1. Sprachsystemnormen (Normen der →Konjugation, der →Deklination, der →Rektion usw.); 2. kommunikative Normen, mit denen bestimmte Muster der Kommunikation erfasst werden (u. a. Textsortennormen, Anrede- und Grußformeln). →Funktionalstil, →Sprachkultur, →Sprachregelung

Sprachpflege | Aktive Einflussnahme gesellschaftlicher Institutionen (Schulen, Verbände, Universitäten) auf Sprache und Sprachgebrauch, um ein hohes Niveau der →Sprachkultur zu erreichen und zu erhalten. Hauptaufgaben der Sp. sind 1. die Arbeit an den →Sprachnormen (→Orthographiereform), 2. das Bemühen um eine wirksame →Sprachkritik, 3. Optimierung der (mutter-)sprachlichen Bildung und Erziehung in den entsprechenden Bildungseinrichtungen, 4. Einflussnahme auf das Sprachniveau öffentlicher Einrichtungen (Rundfunk, Fernsehen, Presse, Werbung, Sprache der öffentlichen Institutionen) u. a. →Sprachkultur, →Sprachkritik, →Sprachregelung

Sprachphilosophie | →Sprachtheorie

Sprachpolitik | 1 Im engeren Sinn Maßnahmen staatlicher oder politischer Institutionen zur Förderung oder Unterdrückung von Sprachen (z. B. die Anerkennung des Sorbischen als gleichberechtigter Sprache der sorbischen Minderheit in Deutschland oder die Unterdrückung der kurdischen Sprache der kurdischen Minderheit in der Türkei). Es geht dabei auch um die Geltung einzelner Sprachen in mehrsprachigen Staaten (z. B. Engl. und Franz. in Kanada) und die Anerkennung von Amts- und Arbeitssprachen in internationalen Gremien, z. B. im Rahmen der EU. 2 Im weiteren Sinn alle Maßnahmen der →Sprachregelung und →Sprachkritik im Dienst politischer Interessen.

Sprachregelung | Steuerung des Sprachgebrauchs durch gesellschaftliche Institutionen mit dem Ziel, bestimmte Formen und Inhalte der Kommunikation zu sichern. Hierzu gehören Maßnahmen zum Erhalt und Ausbau des bestehenden Sprachsystems sowie Eingriffe in den Sprachgebrauch. So gibt es in Deutschland staatliche Empfehlungen zur Gestaltung der Sprache der öffentlichen Verwaltung. Im Bereich von →Fachsprachen gibt es Festlegungen, wie bestimmte Wörter (Termini) zu gebrauchen und zu verstehen sind. Sp. kann es aufgrund von Absprachen oder Anweisungen geben, wie z. B. im Wahlkampf einer Partei, in der Einhaltung einer betrieblichen oder gesellschaftlichen Ordnung oder im abgestimmten Verkehr von Geschäftspartnern vorzugehen ist.

Sprachspiel | 1 Spielerischer Umgang mit sprachlichen Elementen (Sprachlauten, Buchstaben, Wortbildungselementen, Wörtern, Sätzen, Textstrukturen) zum Zweck überraschender Wirkungen. Solche Wirkungen können z. B. durch die Umstellung von Lauten und Silben zustande kommen (*Paprikaschnitzel – Schnaprikapitzel*; *du bist – Buddhist*) oder durch Wortkreuzung (*Stadtverwaldung, Qualverwandtschaften*); →Akrostichon, →Anagramm. 2 Ein auf den Philosophen Ludwig Wittgenstein (1889–1951) zurückgehender Begriff. ›Spiel‹ wird dabei als bildhafte (metaphorische) Bezeichnung für ›Handeln‹ allgemein verwendet: Zum ›Handeln‹ gehören immer Teilnehmer (›Handelnde‹), Gegenstände, mit denen Handlungen vollzogen werden, und Regeln, nach denen mit den Gegenständen umgegangen wird. In diesem Sinn wird auch der Umgang mit Sprache als ›Spiel‹

verstanden. Ein grundlegender Aspekt ist in diesem Konzept die Auffassung, dass die Bedeutung der Wörter nicht einfach vorgegeben ist, sondern sich erst aus ihrer Verwendungsweise in bestimmten Handlungszusammenhängen, also aus ihrem Gebrauch ergibt.

Sprachsystem | →Langue, →Sprache (2)

Sprachtheorie | Theoretische Grundlage einer wiss. Sprachbetrachtung und Sprachbeschreibung. Die Sp. enthält Aussagen über Ursprung, Funktionen, Struktur und Gesetzmäßigkeiten der Sprache. Bezogen auf einzelne Bereiche der Sprache handelt es sich um Teiltheorien, z. B. um eine bestimmte →Grammatiktheorie, Semantiktheorie oder Texttheorie. Sprachtheoretische Fragen spielen auch in der Philosophie eine Rolle, vgl. z. B. die Sprachphilosophie J. G. Herders, Wilhelm von Humboldts oder Ludwig Wittgensteins.

Sprachträger | Sprecher einer natürlichen Sprache. Dabei ist nicht vorrangig der individuelle Sprecher, sondern die Sprachgemeinschaft in ihrer geschichtlichen, sozialen und kulturellen Bedingtheit gemeint.

Sprachursprung | Entstehung, Herausbildung der menschlichen Sprache. Der Prozess der Sprachentstehung wird im allgemeinen im Zusammenhang mit der Entwicklung der Prähominiden und Hominiden (der Familie der sogenannten Menschenartigen) vor über 2 Mio. Jahren gesehen. Man nimmt an, dass sich im Lauf einer langwierigen Entwicklung Gehirnzentren und Koordinierungen im Zentralnervensystem herausgebildet haben, die besondere Leistungen der gedanklichen Umweltverarbeitung, der Zeichenproduktion und Zeichenverwendung ermöglichen. Als Voraussetzungen für die Speicherung und den Gebrauch funktionstüchtiger Zeichensysteme spielte das Bedürfnis nach wirksamer Kommunikation im Rahmen gesellschaftlicher Kooperationsformen eine entscheidende Rolle: Im Zusammenhang mit geografisch-klimatischen Bedingungen traten die Menschen in ein Entwicklungsstadium, in dem der Gebrauch von Werkzeugen, bestimmte Formen menschlicher Arbeit und die Arbeitsteilung für das Überleben notwendig waren. Insbesondere die Arbeitsteilung war ohne sprachliche Verständigung nicht möglich. Im Zusammenhang mit der sozialen Organisation der Menschen, der werkzeuggebundenen Arbeit, dem begrifflich-abstrakten Denken und dem menschlichen Bewusstsein ist Sprache eine typische Erscheinung der Herausbildung des Menschen als soziales Wesen.

Sprachvarietät | →Varietät

Sprachverwandtschaft | Genealogischer (auf Abstammung beruhender) Zusammenhang von Sprachen. Verwandte Sprachen haben eine gemeinsame Ursprache/Herkunftssprache/Grundsprache und bilden →Sprachfamilien. So bilden die indogermanischen Sprachen u. a. folgende Zweige: den indischen, slawischen, germanischen, baltischen, griechischen, albanischen, italo-romanischen. Zu diesen Zweigen gehören Einzelsprachen, u. a. zum germanischen das Englische, Dänische, Deutsche, Niederländische; zum slawischen das Russische, Tschechische, Slowakische, Serbische; zum baltischen das Lettische und Litauische; zum italo-romanischen das Italienische, Spanische, Rumänische. In Europa existieren auch Sprachen, die nicht aus dem Indogermanischen hervorgegangen sind, u. a. das Ungarische und Estnische.

Sprachverwendung | →Sprache (3), →Parole

Sprachwandel | Veränderungen der Sprache bzw. einzelner Elemente der Sprache. Der Begriff Sp. bezieht sich sowohl auf spezielle Komponenten des →Sprachsystems, z. B. auf Lautung, Wortschatz (→Lexik) oder Grammatik (→Bedeutungswandel, →Bezeichnungswandel, →Lautwandel) als auch auf das komplexe Gefüge der →Varietäten einer Sprache, d. h. auf Verschiebungen im Verhältnis von →Standardsprache, →Umgangssprache und →Dialekt oder auf das Eindringen von Elementen der →Fachsprachen und →Gruppensprachen in die →Gemeinsprache. Die Ursachen des Sp.

beruhen auf dem Zusammenwirken von inneren, sprachstrukturellen Bedingungen (→Struktur) und äußeren Einflüssen und Erfordernissen, die sich aus sozialen, wirtschaftlichen, technischen, kulturellen und politischen Entwicklungen ergeben. Eine besondere Rolle spielt das Prinzip der Sprachökonomie, z. B. beim Schwund der Kasusendung ›-e‹ bei Substantiven im Dativ (*in diesem Sinn*[*e*]; *im Dienst*[*e*] *der Wissenschaft*) oder im konkurrierenden Nebeneinander von präpositionalem Kasus (*sich an ihn erinnern*) und reinem Kasus (*sich seiner erinnern*).

Sprachwissenschaft | Wissenschaft von der Sprache. Im engeren Sinn umfasst die Sp. die →Grammatik, einschließlich ihrer spezielleren Gebiete wie →Phonologie (→Phonetik), →Orthographie, →Morphologie und →Syntax, sowie die →Lexikologie (→Semasiologie, →Onomasiologie). Damit ist die Beschreibung der Sprache als Sprachsystem, als →Langue, in den Mittelpunkt der Sp. gestellt. Zum Teil wird dieser Bereich als der eigentliche Gegenstandsbereich der Sp. verstanden und als **Linguistik** bezeichnet. Im weiteren Sinn erstreckt sich die Sp. jedoch auf viele zusätzliche Gebiete, deren Untersuchung zu einem wesentlichen Teil die fachübergreifende Zusammenarbeit mit anderen Wissenschaftsdisziplinen erfordert: →Soziolinguistik, →Psycholinguistik, →Pragmatik. In diesem Rahmen der Sp. im engeren und weiteren Sinn sind auch →Sprachtheorie, →Textlinguistik, →Sprachgeschichte, →Stilistik und solche Gebiete wie Mundartforschung (→Dialekt), Namensforschung und Sprachgeografie einzuordnen.

Sprechakt | →Sprechakttheorie

Sprechakttheorie | Theoretisches Konzept, nach dem sprachliche →Äußerungen in ihrem kommunikativen Kontext als Sprechakte (sprachliche Handlungen) charakterisiert und systematisch unter folgenden Gesichtspunkten beschrieben werden: 1. Äußerungsakt als das Hervorbringen einer (Satz-)Äußerung in einer bestimmten Situation, 2. propositionaler Akt (→Proposition) als Bezugnahme (Referenz) auf ein bestimmtes Objekt (*das Bild dort*) sowie als Aussage (→Prädikation) über das Referenzobjekt (*ist unverkäuflich*), 3. illokutiver Akt (→Illokution) als Ausführung eines bestimmten Handlungstyps (*Ich prophezeie/ behaupte/erkläre hiermit: Das Bild ist unverkäuflich*). Die Sp. geht davon aus, dass Sprechen/Schreiben regelgeleitetes Handeln ist, d. h. auf systematisch beschreibbaren gesellschaftlichen Voraussetzungen (→Präsuppositionen) und Konventionen beruht.

Sprechereinstellung | Stellungnahme des Sprechers zum Inhalt des Kommunizierten. Das geschieht im weiten Sinn schon durch die Wahl der Worte, mit denen ein bestimmter Sachverhalt bezeichnet wird. Auch die →Intention (Frage, Aussage, Aufforderung) ist Ausdruck der Sp. Im engen Sinn nimmt der Sprecher im Satz zu folgenden Dingen Stellung: zum Grad der Geltung einer Äußerung/ Modalität (*Diese Lösung ist tatsächlich/möglicherweise/vielleicht richtig*), zur Wichtigkeit (Hervorhebung/Abschwächung) eines Teils des Sachverhalts (*Gerade diese Antwort hat mir gefallen*) und zum Wert (Bewertung/Beurteilung) (*Dieses Buch gefällt mir sehr/nicht/ganz und gar*).

Stammform [des Verbs], auch Leitform | Es gibt drei St. des Verbs: 1. Infinitiv, 2. Präteritum (1. Person Singular), 3. Partizip II. Sie sind für die Bildung der Tempora (→Tempus) grundlegend. Im Hinblick auf die Konjugation unterscheidet man folgende Untergruppen: schwache Verben (gleicher Stammvokal, z. B. *putzen – putzte – geputzt*), starke Verben (Wechsel des Stammvokals, z. B. *fallen – fiel – gefallen*) und unregelmäßige Verben (z. B. *sein – war – gewesen*).

Stammvokal | Vokal des →Wortstamms.

Standardsprache, auch Hochsprache, Schriftsprache (um 1970 eingeführte Lehnübersetzung von engl. standard language) | Geschriebene und gesprochene Sprachform, die sich im Lauf der histor. Entwicklung überregional herausgebildet hat. Sie wird von allen Angehörigen der Sprachgemeinschaft verstanden und in allen Bereichen offizieller Kommunikation verwendet. Sie ist in ihren Normen (Lautung, Schreibung, Lexik, Grammatik) festgelegt und wird über das Bildungswesen, über Medien und andere gesellschaftliche Institutionen vermittelt.

Steigerung | →Komparation

Stil* (lat. stilus – u. a. Griffel, dann auch Schreibart, Ausdrucksweise) | Als st. bezeichnet man die Verwendungsweise der sprachlichen Mittel in Abhängigkeit von den jeweiligen Bedingungen, unter denen Kommunikation verläuft. Jeder Rede bzw. jedem Text liegt ein bestimmter St. zugrunde. Wieweit die jeweilige Ausdrucksweise als angemessen, als mehr oder weniger gelungen und wirkungsvoll bewertet wird, ist eine Frage der jeweils angelegten Kriterien und Maßstäbe. Für bestimmte Bereiche haben sich besondere St. herausgebildet: Amtsstil, journalistischer St. usw. (→Funktionalstil). Auch für viele →Textsorten gibt es bestimmte St., z. B. Telegrammstil, Briefstil, Nachrichtenstil, Predigtstil usw. Weitere Einteilungen / Unterscheidungen werden mit Begriffen wie Gruppenstil, →Individualstil, Zeit- oder Epochenstil vorgenommen.

Stilblüte* | Das Ergebnis unfreiwilliger sprachlicher Komik in Folge von ›schiefen‹, unstimmigen Bildern, gekünstelten Ausdrücken oder Denkfehlern in der Formulierung, z. B.: *An Pfingsten sprach unser Herr Pfarrer eingehend über die Niederkunft des Heiligen Geistes* (aus einem Schüleraufsatz [B. Sandig: Stilistik der dt. Sprache, 1986]).

Stilebene, auch Stilschicht | Merkmal eines sprachlichen Ausdrucks hinsichtlich seiner ›Höhenlage‹: So können Wörter der ›normalsprachlichen‹, der ›gehobenen‹ oder einer ›niederen‹ St. angehören, z. B. *Gesicht* – normalsprachlich, *Antlitz* – gehoben, *Fresse* – vulgär. Im Allgemeinen wird folgende Einteilung von St. vorgenommen: gehoben – normalsprachlich – umgangssprachlich – salopp – vulgär. Zusätzlich zur St. kann ein Ausdruck durch eine besondere →Stilfärbung markiert sein; so gehört das Wort *Adamskostüm* der ›normalsprachlichen‹ St. an und weist die →Stilfärbung ›scherzhaft‹ auf. In der antiken →Rhetorik wird der Begriff der St. für die Untergliederung sprachlicher Äußerungen (Reden, Texte) je nach ›Redeschmuck‹ durch →Stilfiguren in drei Gruppen verwendet: hohe, mittlere, niedrige St.

Stilelement, auch Stilmittel | Einzelnes sprachliches Mittel oder eine Kombination sprachlicher Mittel innerhalb des Text- und Stilganzen (z. B. die Wortwiederholung als Mittel der Hervorhebung). St. sind Ausdrucksmittel, an denen Einstellungen des Sprechers / Schreibers (z. B. Sachlichkeit oder Gefühlsbetontheit) oder Besonderheiten des Kommunikationsbereichs (z. B. inoffizielles Alltagsgespräch oder offizielles Vorstellungsgespräch) erkennbar werden. Unterschieden werden St. der Lautung (phonostilistische St.), z. B. Wiederholung des Anlauts: *»Lust und Leid und Liebesklagen«* (Joseph von Eichendorff); der Schreibung (grafostilistische St.), z. B. die Verwendung des Bindestrichs in dem folgenden Aufruf *Ent-rüstet euch!*; der Lexik (lexische St.; →Wortschatz), z. B. die Auswahl von Synonymen: *dick, beleibt, vollschlank, füllig, mollig, rundlich*; der Grammatik (morphologisch-syntaktische St.), z. B. die Wahl der Satzgliedfolge: *Er hat ihn verhöhnt / Verhöhnt hat er ihn.* Stilbildende Faktoren, die über einzelne sprachliche Details hinausgehen und große Einheiten der Textstruktur betreffen, werden als makrostilistische Einheiten bezeichnet, z. B. Formen der →Redewiedergabe oder der →Textkomposition.

Stilfärbung | Merkmal eines sprachlichen Ausdrucks hinsichtlich besonderer, vom emotional Neutralen abweichender Wirkungen wie ›scherzhaft‹ (*Adamskostüm*), ›vertraulich‹ (*Alterchen*), ›gespreizt‹ (*beehren*), ›altertümlich‹ (*alldieweil*), ›abwertend‹ (*verhökern*) usw. →Stilebene

Stilfigur, auch rhetorische Figur, Redefigur | Sprachliches Ausdrucksmittel mit besonderer stilistischer / rhetorischer Wirkung. Der Bestand an St. ist ein jahrtausendealtes Erbe der klassischen →Rhetorik. Die große Vielfalt der überlieferten St. kann den Formen (Strukturen) nach systematisiert werden. Verbreitet ist die Einteilung in 1. Figuren des Ersatzes (→ Tropus): →Periphrase, →Metapher, →Metonymie; 2. Figuren der Hinzufügung: →Aufzählung, →Antithese, →Parallelismus; 3. Figuren der Auslassung: →Ellipse, →Satzabbruch, →Zeugma; 4. Figuren der Anordnung (Umstellung): →Ausrahmung, →Nachtrag, →Parenthese usw. Funktion und Wirkung der St. können nicht derartig klassifiziert werden, sie sind jeweils abhängig von der Intention des Sprechers/ Schreibers, dem →Kontext und den konkreten Bedingungen der →Kommunikationssituation. So kann eine St. verschiedene, sogar gegensätzliche Wirkungen erzielen: Eine Metapher z. B. kann verhüllende, erhellende, schmückende, veranschaulichende, ironisierende o. a. Funktionen haben.

Stilistik | Lehre vom →Stil, als Linguostilistik speziell die Lehre vom Sprachstil, von der wirkungsvollen Formulierung der Gedanken (›elocutio‹). →Rhetorik

Stirnsatz | →Strukturtyp

Stoffbezeichnung, auch Stoffname | Substantiv als Masse- oder Materialbezeichnung (*Bier, Eisen, Wasser, Zement*). St. stehen nur im Singular (→Numerus). Werden solche Bezeichnungen mit einem individualisierenden Artikel oder im Plural verwendet, sind es keine St., sondern Gattungsbezeichnungen (→Appellativum): *Das Wasser in diesem Brunnen ist nicht trinkbar*; *Diese Hölzer sind wertvoll*.

Struktur* (lat. strūctūra – Ordnung, Bauart) | Aufbau eines →Systems. Während der Begriff System vor allem auf ein Ganzes Bezug nimmt (*Nerven-, Planeten-, Sprachsystem*), richtet sich der Begriff St. hauptsächlich auf die Elemente und die Beziehungen zwischen den Elementen innerhalb des Ganzen, auf die Art des inneren Zusammenhangs eines Systems. Bezogen auf Sprache bedeutet St. so viel wie Aufbau oder Bau der Sprache im Sinne ihrer →Grammatik. Auch auf speziellere Erscheinungen der Sprache kann der Begriff St. angewendet werden: Satzstruktur, Wortbildungsstruktur, Bedeutungsstruktur, Lautstruktur usw. →Strukturtyp

Strukturalismus | →strukturelle Linguistik

strukturelle Linguistik | Sprachwissenschaftliche Richtung, die sich, aufbauend auf der Tatsache, dass Sprache über →Struktur verfügt, vorwiegend den Strukturen zuwendet, sie analysiert und beschreibt. Repräsentativ für moderne st. L. ist vor allem die →generative Grammatik. Die Bezeichnung st. L. wird oft gleichbedeutend mit der Bezeichnung **Strukturalismus** verwendet. Darunter ist eine v. a. in den 50er/60er Jahren sich verstärkende Tendenz zu verstehen, der Strukturanalyse Vorrang zu geben. Als traditionelle strukturalistische Schulen in der Sprachwissenschaft gelten die Genfer Schule, die auf den Arbeiten von Ferdinand de Saussure (1857–1913) fußt, die Prager Schule mit N. S. Trubetzkoy (1890 bis 1938) und Roman Jakobson (1896–1982), die Kopenhagener Schule mit Louis Hjelmslev (1899–1965) sowie der amerikanische Strukturalismus unter Leonhard Bloomfield (1887 bis 1949). Prinzipiell ist hervorzuheben, dass sprachwissenschaftliche Untersuchungen immer Strukturbeschreibungen einschließen, ohne dass sie deswegen als strukturalistisch zu bewerten wären. Auch einzelne Methoden der Sprachwissenschaft können struktureller Art sein, z. B. →Umstellprobe, →Ersatzprobe, →Weglassprobe.

Strukturtyp | Aufbau des Satzes, abhängig von der Position der →finiten Verbform. Danach ergeben sich drei Typen: **Kernsatz** (Zweitstellung des finiten Verbs: *Mein Vater arbeitet in Schwerin*), **Stirnsatz** (Erststellung des finiten Verbs: *Kommst du morgen zu mir?*), **Spannsatz** (Endstellung des finiten Verbs: *Kein Wunder, dass er morgen zum Fußballplatz geht*).

Subjekt; Satzgegenstand (lat. subiectum – das Daruntergelegte) | Satzglied, gründet mit dem →Prädikat zusammen den Satz. Das S.

stimmt mit der →finiten Verbform im Prädikat in Person und Numerus überein (→Kongruenz). Es tritt vor allem in folgenden Formen auf: Substantiv (*Das Kleid* ist neu), Substantivgruppe (*Dieses schwarze Kleid* gefällt meiner Frau), präpositionale Wortgruppe (*An die Hunderttausend* nahmen an der Demonstration teil), verbale Wortgruppe (*Früh aufzustehen* ist nicht jedermanns Sache), Nebensatz (*Wer nicht wagt, der nicht gewinnt*; *Dass du nicht mitkommen kannst*, ist sehr schade). Das S. kann u. a. in folgenden Bedeutungen auftreten: als →Agens (*Der Monteur* repariert die Heizung), als Instrument (*Das Messer* schneidet gut), als Vorgangsträger (*Der Lastwagen* kippte um).

Subjektprädikativ | →Prädikativ(um)

Subjektsatz | Nebensatz in der Funktion des →Subjekts.

Subjunktion | →Konjunktion

Subordination; Unterordnung (lat. subōrdinātiō – Unterordnung) | Syntaktische Beziehung zwischen sprachlichen Elementen. Ein Element wird einem anderen untergeordnet, z. B. ein Objekt einem Prädikat (*… baut ein Haus*), ein Attribut seinem Bezugswort (*das neue Kleid*), der Nebensatz dem Hauptsatz (*Er bleibt zu Hause, weil er zu arbeiten hat*), ein Nebensatz einem anderen Nebensatz (*Das Haus, das meinem Nachbarn gehört, der es vor ein paar Jahren gebaut hat, …*). In Determinativkomposita (z. B. *Schlafzimmer*) ist der bestimmende (*Schlaf-*) dem bestimmten Wortteil (*-zimmer*) untergeordnet. →Kompositum

Substantiv, auch Nomen; Hauptwort, Dingwort (lat. substantia – Wesen, Substanz) | Wortart, die Gegenstände, Lebewesen, Erscheinungen und abstrakte Begriffe bezeichnet. Das entscheidende grammat. Merkmal ist, dass S. artikelfähig (→Artikel) und damit einem →Genus (Maskulinum, Femininum, Neutrum) zugeordnet sind. Die grammat. Formabwandlung des S. ist die →Deklination. Inhaltlich (semantisch) gliedern sich die S. in →Konkreta und →Abstrakta, Konkreta wiederum in →Eigennamen, Gattungsbezeichnungen (→Appellativum), Sammelbezeichnungen (→Kollektivum) und →Stoffbezeichnungen.

Substantivierung | →Nominalisierung

Substitution (lat. substitūtio – Ersetzung) | →Ersatzprobe

Suffix (lat. suffīxum – Angeheftetes) | Endung, die an ein Wort oder einen Wortstamm angefügt wird. S. sind →Morpheme und kommen in der Regel nicht selbstständig vor. Zu unterscheiden sind Flexionssuffixe – sie bezeichnen als Endungen z. B. die Kasūs (*des Fensters*) und kennzeichnen den Plural (*Kinder*) oder den Komparativ (*älter*) – und Ableitungssuffixe (*Schönheit, süßlich, Unterhaltung*). Letztere kennzeichnen – im Gegensatz zu →Präfixen – Wortarten. Typische S. für Adjektive sind z. B. *-ig, -lich, -sam, -haft, -bar*, für Substantive *-chen, -ung, -heit, -keit, -er, -ling*. →Wortbildung, →Ableitung

Suggestivfrage (lat. suggestiō – Einflüsterung) | Art der Frage (→Interrogativsatz), deren Inhalt die erwartete Antwort schon enthält. Die Antwort wird dem Empfänger ›in den Mund gelegt‹, ihm aufgedrängt (z. B. fragt der Vater die kleine Tochter, nachdem ihr die Großmutter zu ihrem Geburtstag eine Puppe geschenkt hat: *Na, freust du dich nicht auch über dieses schöne Geschenk?*). →Entscheidungsfrage, →Vergewisserungsfrage, →rhetorische Frage

Superlativ (lat. superlātiō – Übertreibung) | →Komparation

Symbol* (griech. sýmbolon – Merkmal, Kennzeichen) | **1** Zeichen, das als Sinnbild für eine abstrakte Vorstellung oder eine Idee steht, z. B. die Taube als S. des Friedens, ein von einer Schlange umwundener Stab (Äskulapstab) als S. für Heilkunde, eine Fahne als S. eines Staates. S. haben meist anschaulich-bildlichen Charakter und beruhen auf Überlieferung (z. B. Kreuz des Christentums) oder auf Festlegungen (z. B. Beschluss über ein Landeswappen). **2** Innerhalb der Zeichentheorie sind S.

eine besondere Art von →Zeichen. Zu ihnen gehören u. a. sprachliche, Morse- und Klingelzeichen oder Musiknoten.

Synästhesie* (griech., das Zusammenempfinden/-wahrnehmen) | Besondere Form der →Metapher. Verbindung eines bildhaften Ausdrucks aus einer Sinnessphäre mit einem Ausdruck aus einer anderen, z. B. *schreiende Farben* oder *klirrende Fahnen* (Hölderlin: *Hälfte des Lebens*, 1803). →Stilfigur

Synchronie (griech. syn – zusammen; chrónos – Zeit) | Sprachbetrachtung im Hinblick auf den Zustand einer Sprache zu einem bestimmten Zeitpunkt. Synchronische Sprachbeschreibungen sind Voraussetzung und Grundlage für diachronische (histor.) Sprachbeschreibungen, da Sprachveränderungen nur durch Vergleich versch. Sprachzustände erfasst werden können. →Sprachgeschichte, →Sprachwandel, ↔Diachronie

Synonym (griech. synónymos – gleichbedeutend, sinnverwandt) | Bedeutungsgleiche oder bedeutungsähnliche Wörter oder Ausdrücke. Zu unterscheiden sind lexikalische und syntaktische S. Lexikalische Synonymie besteht zwischen Wörtern und Wendungen, deren Lautgestalt zwar unterschiedlich ist, die aber eine ähnliche Bedeutung aufweisen und dasselbe →Denotat bezeichnen können: *Dichter – Poet*; *Gasthaus – Raststätte – Kneipe*; *schlafen – schlummern – pennen*; *essen – fressen – schlingen*; *dick – beleibt – mollig – drall – fett*. Bei der syntaktischen Synonymie drücken mehrere Konstruktionen denselben Sachverhalt aus: *Der LKW transportiert Schweine zum Schlachthof – der Transport der Schweine zum Schlachthof durch LKWs*. →Polysemie, →Homonymie, →Antonym, →Semem

Syntagma, Pl. Syntagmen (griech. syntágma – Zusammengestelltes; syn – zusammen, mit; tágma – Klasse, Ordnung) | ›Baustein‹ des Satzes: Gliederungseinheit innerhalb eines Satzes, z. B. ein Wort (*er*) oder ein Wortverband (*der Junge von nebenan*) mit einer bestimmten Satzgliedfunktion. Auch kleinere Einheiten, z. B. Attribute als Satzgliedteile, wie auch größerer Einheiten, z. B. Teilsätze innerhalb zusammengesetzter Sätze, sind S.

Syntax; Satzlehre (griech. sýntaxis – Anordnung, Zusammenstellung) | Lehre von den Beziehungen der Wörter im Satz und der Rolle der Wörter und Wortgruppen als →Satzglieder. Die S. untersucht und beschreibt den Aufbau der Sätze und ordnet die Sätze entsprechend ihren Bauplänen nach →Satztypen. Grundlegend sind dabei die Lehre von den Satzgliedern sowie Erkenntnisse der →Dependenzgrammatik und der →Konstituentenanalyse. →Satzverflechtung, →Kohärenz

System (griech. sýstēma – aus einzelnen Teilen zusammengefügtes Ganzes) | Ein gegliedertes Ganzes, das aus Elementen und regelhaften Beziehungen zwischen den Elementen besteht. In diesem Sinn ist auch →Sprache als →Langue ein System. →Struktur

Tautologie (griech. tautó – dasselbe; lógos – Wort) | Form der Wiederholung, ein Doppelt-Sagen oder Überfluss des Ausdrucks, z. B. *kleines Häuschen*, *Hohn und Spott*. In der mündlichen Kommunikation kommen T. verhältnismäßig häufig vor, da oft spontan, ohne längeres Nachdenken formuliert werden muss (*Das habe ich bereits schon gesagt*; *Er pflegte gewöhnlich zu sagen*, …). Bei schriftlicher Kommunikation ist zwischen stilistisch begründeter und nicht begründeter T. zu unterscheiden. Begründet sein können Doppelungen u. a. als Mittel der Verstärkung (*ein alter, betagter Greis*). Viele Wortpaare (›Zwillingsformeln‹) haben als →Phraseologismen tautologischen Charakter (*Feuer und Flamme, Schimpf und Schande, nackt und bloß*). Unnötige Doppelungen werden auch **Pleonasmus** genannt, z. B. *weißer Schimmel, stets und immer*.

Teiltext | Textabschnitt, der ein bestimmtes Thema innerhalb eines Gesamttextes beinhaltet und es dem Gesamttext zuordnet. Ein T. erfüllt somit eine bestimmte Funktion. Mehrere T. können – je nach der Komplexität des Gesamttextes – in hierarchischen Beziehungen zueinander stehen. →Textlinguistik, →Textkomposition, →Text

Temporalbestimmung; Umstandsbestimmung der Zeit | Adverbiale Bestimmung als Mittel, einen Sachverhalt (→Satzsemantik, →Proposition) zeitlich einzuordnen. Die T. kann ausgedrückt werden durch ein Wort (*Morgen kommt mein Freund*), eine Wortgruppe (*Er kommt am nächsten Montag*) oder einen →Nebensatz (*Nachdem die Mannschaft den Sieg errungen hatte, begann eine große Fete*). Die T. kann ausdrücken: den Zeitpunkt (Frage ›wann?‹: *Er fährt übermorgen ab*; Frage ›seit wann?‹: *Der Film läuft seit gestern*; Frage ›bis wann?‹: *Die Ferien dauern bis zum 9. August*), die Zeitdauer (*Der Lehrgang dauert zwei Wochen*) und die Häufigkeit (*Die Vorstellung wurde dreißigmal gegeben*).

Temporalsatz | Nebensatz in der Rolle einer →Temporalbestimmung.

Tempus, Pl. Tempora; grammat. Zeit/Zeitform (lat. tempus – Zeit) | Grammatische Kategorie des Verbs. Unterschieden werden sechs Tempusformen: als einfache Formen →Präsens und →Präteritum (*er läuft/lief*; *er spielt/spielte*), als zusammengesetzte Formen →Perfekt (*er ist gelaufen/hat gespielt*), →Plusquamperfekt (*er war gelaufen/hatte gespielt*), →Futur I und Futur II (*er wird laufen, spielen/ er wird gelaufen sein, gespielt haben*). In der Umgangssprache gibt es auch eine 4. Vergangenheit (*Er hat das bald geschafft gehabt*) und eine 5. Vergangenheit (*Er hatte es in kurzer Zeit geschafft gehabt*). Den sechs grammat. Tempusformen stehen drei natürliche Zeitstufen gegenüber (Gegenwärtiges = Redemoment; Vergangenes = vor dem Redemoment; Zukünftiges = nach dem Redemoment). Daraus ergibt sich, dass zwischen grammat. und natürlicher Zeit keine einfache Entsprechung besteht. Vielmehr hat jedes einzelne Tempus besondere Funktionen der zeitlichen (temporalen) und zum Teil auch der modalen (→Modus) Geschehenscharakteristik. Der zeitlichen Einordnung eines Sachverhalts dienen neben dem T. meist auch lexikalische Mittel (*soeben, morgen, vorgestern, ein Jahr lang* usw.). Perfekt und Plusquamperfekt fungieren oft als relative Tempora, d. h., sie werden im Nebensatz mit Bezug auf das T. im Hauptsatz gebraucht. Dabei werden drei Arten von Beziehungen unterschieden: a) Gleichzeitigkeit: *Während andere verreisten, musste er zu Hause bleiben*; b) Vorzeitigkeit: *Wenn sie die Arbeit geschafft haben, können sie die Rückreise antreten*; c) Nachzeitigkeit: *Ehe der Handwerker kam, hatte der Vater den Schaden schon selbst behoben*.

Terminologie; Fachwortschatz | →Fachsprache, →Terminus

Terminus, Pl. Termini (lat. terminus – Grenze, Begrenzung) | Fachwort (Wort oder Wortgruppe) eines Sachbereichs bzw. einer Wissenschaftsdisziplin, z. B. *Wurzel* (Mathematik), *außerordentliche Kündigung* (Rechtswesen). T. sind inhaltlich streng festgelegt und somit im Gegensatz zu den oft mehrdeutigen Ausdrücken der →Gemeinsprache eindeutig. Ein T. ist meist in ein ganzes System von Fachausdrücken eingeordnet, d. h. Bestandteil einer **Terminologie**.

Text* (lat. textum – Gewebe, Geflecht) | Folge von Sätzen, die einen inhaltlich-thematischen Zusammenhang haben (→Äußerung). Die Zahl der Sätze, d. h. der Textumfang, kann stark variieren. Die kleinste Form eines T. ist eine Einzeläußerung als →Ellipse (*Hierher!*; *Feuer!*; *Hallo!*; *Wie geht's?*; *Eine Scheibe Brot, bitte*). Jeder T. hat eine oder mehrere Funktionen; so soll z. B. ein Werbetext informieren, (zum Kauf) anregen und überreden. Jeder T. hat ein →Thema, d. h. einen gedanklichen Kern oder Grundgedanken, der im T. entwickelt wird (Themenentfaltung). Bestimmend für den Aufbau, die Struktur des T. ist die gedankliche Verknüpfung (→Kohärenz) und die Stimmigkeit zwischen den einzelnen Sätzen bzw. zwischen den →Teiltexten innerhalb der →Textkomposition. Dieser gedankliche Zusammenhang wird meist durch sprachliche Mittel der Satzverflechtung (→Kohäsion) erreicht. Sprachliche Analyse und Beschreibung von T. ist Gegenstand der →Textlinguistik.

Textkohärenz | →Kohärenz

Textkohäsion | →Kohäsion

Textkomposition (lat. compositiō – Zusammensetzung, Anordnung) | Innerer Aufbau eines →Textes. Damit ist seine Themen- und Intentionsstruktur (→Intention) gemeint, d. h. die Summe der →Teiltexte in ihrer Anordnung und Verzahnung. Der T. steht die Textarchitektonik gegenüber, der äußere Aufbau eines Textes (nach Kapiteln, Absätzen, Abschnitten). T. und Textarchitektonik stehen in enger Wechselbeziehung zueinander.

Textlinguistik | Teildisziplin der Sprachwissenschaft. Sie beschreibt Regelhaftigkeiten im Aufbau von Texten, die Arten von Texten (→Textsorten) und deren Funktionen (Informationsfunktion, Appellfunktion usw.). Im Mittelpunkt der T. stehen nicht die grammat. Strukturen des Satzes, sondern satzübergreifende Zusammenhänge wie das →Thema eines Textes, die →Textkomposition und der →Stil. Innerhalb der T. kann zwischen grammatischen, semantischen und pragmatischen Beschreibungsansätzen unterschieden werden. Der grammat. Ansatz erfasst z. B. Formen und Funktionen der →Satzverflechtung, den Gebrauch der grammat. Zeitformen im Text oder auch Möglichkeiten der sprachlichen Verdichtung bzw. Auflockerung eines Textes. In semantischer Hinsicht (→Textsemantik) untersucht die T. u. a., wie die Sachverhalte (→Propositionen) der einzelnen Sätze zum Gesamtinhalt ›verschmolzen‹ werden, wie das Thema des Textes ›entfaltet‹ wird und auch welche →Konnotationen mit dem Text verbunden sind. Unter pragmatischem Aspekt (→Pragmatik) beschreibt die T., was mit Texten bewirkt werden soll, welche sprachlichen Handlungen ausgeführt werden, z. B. etwas behaupten, versprechen, in Frage stellen, beweisen, empfehlen, anweisen (→Sprechakttheorie). Über die Analyse und die Beschreibung von Texten hinaus untersucht die T. Gesetzmäßigkeiten der →Textproduktion und der →Textrezeption.

Textproduktion (lat. prōductiō – Hervorbringung) | Teil des Kommunikationsaktes: Entstehung und Verwirklichung eines Textes. Bei der T. werden gedankliche Inhalte, d. h. vor allem Sachverhalte (→Proposition), ein bestimmtes →Thema und eine bestimmte Absicht (→Intention) sprachlich umgesetzt. Die sprachliche Realisierung erfolgt mit Hilfe der lexikalisch-grammatischen Textelemente und der →Teiltexte. Man nimmt u. a. folgende Phasen der T. an: Orientieren – Konzipieren – Formulieren. Verlauf, Entfaltung und Rückkopplung dieser Phasen hängen ab vom Bildungsniveau und den sprachlichen Fähigkeiten des Textproduzenten, aber auch von der →Kommunikationsabsicht und der →Kommunikationssituation. ↔Textrezeption

Textrezeption (lat. receptiō – Aufnahme) | Teil des Kommunikationsaktes. Die T. ist das Aufnehmen (Dekodieren) eines →Textes (↔Textproduktion). Der Ablauf der dabei möglichen Rezeptionsphasen beginnt beim elementaren Verstehen/Nichtverstehen/Missverstehen eines Textes und kann weitergeführt werden bis zur Analyse elementarer sprachlich-semantischer Bausteine. Die T. schließt neben den im Text dargestellten Sachverhalten auch die ihm zugrunde liegende Absicht (→Intention) ein. Unterschiede im Verstehen und in der Tiefe der Verarbeitung hängen (wie bei der Textproduktion) vom Bildungsniveau und den sprachlichen Fähigkeiten des Aufnehmenden ab, sind aber auch bedingt durch die Kommunikationssituation.

Textsemantik; Textbedeutung, Textinhalt | Gesamtheit der durch einen Text vermittelten Informationen im Rahmen eines bestimmten →Themas. Das Thema ist der Informationskern, der Grundgedanke des Textes. Dabei sind zwei Gesichtspunkte bestimmend: zum einen die Abfolge der einzelnen Sachverhalte im Text von Satz zu Satz, zum anderen der Aufbau, die Gliederung des Textinhalts als →Textkomposition. Alle durch den Text vermittelten Sachverhalte (→Propositionen) ergeben den propositionalen Gehalt, den Sachgehalt des Textes. Zur T. gehören darüber hinaus aber auch die im Text ausgedrückten Einstellungen und Wertungen des Textproduzenten. Sie kommen u. a. in der Art der Wortwahl und der Verwendung grammat. →Stilelemente, im Einsatz sprachlicher Mittel, die den Geltungsgrad (→Modus) kennzeichnen, zum Ausdruck. Zur T. kann ferner die Handlungsbedeutung gezählt werden, d. h. die Art der →Illokution, die für den Text bestimmend ist (so kann ein Text eine bloße Mitteilung oder ein Aufruf, eine Anfrage oder eine Empfehlung o. a. sein).

Textsorte* | In der Sprachgemeinschaft historisch herausgebildetes Muster, das jeweils für eine Gruppe von Texten kennzeichnend ist. Zu unterscheiden ist zwischen T. und Textexemplar. Während das Textexemplar der konkrete Einzeltext ist (z. B. der Wortlaut eines Wetterberichts für einen bestimmten Tag), werden mit dem Begriff T. die verallgemeinerbaren Merkmale erfasst (beim Wetterbericht etwa der für diese Gruppe von Texten typische Inhalt, die Funktion bzw. Intention zu informieren, die sich wiederholende Form der Themenbehandlung, die Bindung an bestimmte Medien, typische sprachliche Wendungen und Stilmerkmale). Die →Textlinguistik unterscheidet deskriptive (beschreibende), narrative (erzählende), expositorische (darstellende), fiktionale, protokollarische, religiöse u.a. T. Weitgehend durchgesetzt hat sich die Einteilung von T. nach dem Kriterium ihrer vorherrschenden Funktion: 1. T. mit Informationsfunktion (Nachricht, Bericht, Gutachten usw.), 2. T. mit Appellfunktion (Werbeanzeige, Wahlaufruf, Antrag usw.), 3. T. mit Obligationsfunktion (Vertrag, Vereinbarung, Garantieschein usw.), 4. T. mit Kontaktfunktion (Unterhaltungsgespräch, Glückwunschschreiben, Liebesbrief usw.), 5. T. mit Deklarationsfunktion (Ernennung, Vollmacht, Taufe usw.), 6. T. mit ästhetischer Funktion (Novelle, Komödie, Volkslied usw.). Innerhalb dieser Gruppen kann es viele Überschneidungen und Mischformen geben.

Textstruktur | →Text, →Textkomposition, →Struktur

Textverflechtung | →Satzverflechtung, →Topikkette

Thema (griech. théma – das Gesetzte) | 1 Haupt- oder Grundgedanke eines Textes, unter dem sich der gesamte Textinhalt (→Textsemantik) zusammenfassen lässt. In manchen Fällen ist das T. bereits im Titel des Textes vorgegeben und konzentriert ausgedrückt (Schulaufsätze, Fachtexte, Zeitungsmeldungen), meistens aber ist es erst aus dem Text zu erschließen (v. a. bei literarischen Texten). Zu unterscheiden ist zwischen Hauptthema und Subthemen, d. h. dem Hauptthema untergeordneten Teilthemen. Außerdem gibt es Nebenthemen, die sich dem Hauptthema meist nicht einfach unterordnen: Es kann sich um ein bewusstes Abschweifen (als Unterbrechung, Exkurs, in der Behandlung des eigentlichen T.) oder um ein ungewolltes Wegkommen vom T., ein Verfehlen des T., handeln. Vom T. aus werden alle spezielleren Gedankengänge entfaltet. Die Art und Weise dieser Gedankenführung im Text wird als **Themaentfaltung** bezeichnet (→Textsemantik). In Abhängigkeit von der Art des Textes (→Textsorte) kann man Typen der Themaentfaltung, z. B. narrative (erzählende), deskriptive (beschreibende), argumentative (erörternd-beweisende) Formen unterscheiden. 2 Begriff aus der Grammatik zur Kennzeichnung der Wort- bzw. Satzgliedfolge. Als T. im Satz gilt das Wort (bzw. die Wortgruppe), mit dem normalerweise begonnen wird (*Hans hat eine Reise gewonnen. So etwas hätte er sich nicht träumen lassen*). Inhaltlich ist das T. das als jeweils ›bekannt‹ Vorausgesetzte (*Hans*) bzw. das durch vorausgegangene Sätze ›bekannt‹ Gewordene (*so etwas*). Das T. als das ›Bekannte‹ steht im Satz dem →Rhema als dem ›Neuen‹ gegenüber.

Topikkette (griech. tópos – Ort) | Begriff aus der →Textlinguistik. Eine T. ist die mehrfache Wiedererwähnung einer Sache oder einer Erscheinung im Text. Die Art der Wiedererwähnung kann in unterschiedlichen sprachlichen Formen erfolgen. Normalerweise wird etwas im Text unmittelbar vorher Genanntes bei Wiederaufnahme durch ein Pronomen (*Volker hat Geburtstag. Er rechnet mit vielen Gästen*) oder durch ein Pronominaladverb (*Mein Freund war 1980 in Stuttgart. Damals habe ich ihn kennengelernt*) benannt. Oft aber erfolgt die Wiederholung durch die Verwendung des gleichen Wortes (wörtliche Wiederholung) oder durch andere Bezeichnungen, die sich auf die gleiche Sache beziehen (z. B.: *die Mannschaft von Hansa Rostock – die Rostocker Kicker – alle Hanseaten – die Spieler …*). T. tragen zum gedanklichen und sprachlichen Zusammenhalt eines Textes bei (→Kohärenz, →Kohäsion). Ein Text hat viele T.; in den Haupttopikketten drückt sich das →Thema, der Grundgedanke des Textes aus.

Topologie | →Wortfolge

Transformation; Umformung, Umformungsprobe (lat. trānsfōrmāre – umgestalten) | Verfahren zur Kennzeichnung bestimmter Formen und Beziehungen sprachlicher Konstruktionen. Bei der T. wird ein Ausdruck (z. B. die Form des Aktivs: *Er streicht den Gartenzaun*) zu einem anderen Ausdruck umgeformt: *Der Gartenzaun wird von ihm gestrichen* (Vorgangspassiv), *Der Gartenzaun ist gestrichen* (Zustandspassiv). Damit wird demonstriert, dass es sich bei solchen Konstruktionen um unterschiedliche Formen mit gleichem Grundinhalt handelt. Derartige Beziehungen bestehen auch zwischen Gliedsatz und Satzglied (*Nachdem er das Museum besucht hatte, … – Nach seinem Besuch des Museums …*); die Anwendung der Transformationsprobe zeigt, dass beide Formen ein und denselben Satzgliedwert haben. T. ist in vielen Fällen auch zwischen Wortzusammensetzung und Wortgruppe möglich (*Aluminiumtopf – ein Topf aus Aluminium; Kochtopf – ein Topf zum Kochen; Blumentopf – ein Topf für Blumen*); mit Hilfe der T. wird die Art der inhaltlichen (semantischen) Beziehung zwischen den Bestandteilen des →Kompositums verdeutlicht.

transitives Verb (lat. trānsitiō – das Hinübergehen, Übergang) | Besondere Klasse von Verben: Diese können ein Akkusativobjekt (→Objekt) bei sich führen, das im →Passiv zum →Subjekt des Satzes wird: *Er unterschreibt den Brief – Der Brief wird von ihm unterschrieben*. Intransitive Verben dagegen haben im Passiv nur ein unpersönliches Subjekt: *Er dankt seinem Freund – Seinem Freund wird gedankt* (= *Es wird seinem Freund gedankt*).

Transkription (lat. trānscrībere – übertragen) | Wiedergabe eines Wortes in einer phonetischen Umschrift (Lautschrift), d. h. in Schriftzeichen, die die Aussprache (z. B. englischer oder französischer Wörter) erkennen lassen. In den Wörterbüchern wird hierfür meist das Internationale Phonetische Alphabet (IPA) verwendet. Als T. wird außerdem die lautgerechte Übertragung von Wörtern oder Texten aus Sprachen mit nichtlateinischen Schriftsystemen (→Schrift) in lateinische Buchstaben bezeichnet.

Transliteration (lat. trāns – hinüber; littera – Buchstabe) | Übertragung der Buchstaben eines Alphabets (z. B. der griech. Buchstaben) in die Buchstaben eines anderen Alphabets (z. B. die lateinischen Buchstaben), ohne dass dabei – wie bei der →Transkription – auch die Aussprache unbedingt mit berücksichtigt wird.

Tropus*, auch Trope, Pl. Tropen (griech. trópos – Wendung, Richtung) | Begriff der Rhetorik für Ausdrücke mit übertragener Bedeutung. T. werden klassifiziert nach ihrem semantischen Verhältnis zum ›eigentlichen‹, ersetzten Wort, u. a. als →Emphase, →Metonymie, →Metapher.

Umgangssprache | Bezeichnung für vorwiegend gesprochene Sprachvarianten in dem Bereich zwischen →Standardsprache/Hochsprache und →Mundart. Sie stellt eine Art Ausgleichsvarietät (→Varietät) zwischen Standardsprache und Mundart dar. Die U. ist regional gefärbt, besitzt aber keine extremen Dialektismen. Man unterscheidet bestimmte

Grade der U., die kleinlandschaftliche (in einem kleineren Territorium gesprochen, enthält in stärkerem Maß mundartliche Merkmale), die großlandschaftliche (in einem größeren Gebiet gesprochen, in weniger starkem Maß mundartlich geprägt). Ferner gibt es die gehobene U., die gegenüber der Standardsprache einige landschaftliche Besonderheiten aufweist und vielfach mit der gesprochenen Variante der Standardsprache gleichgesetzt wird. In zunehmendem Maß werden Großstädte zu Zentren der U. (u. a. die berlin-brandenburgische U.). Für die U. gibt es keine strengen Normen. Typische Merkmale sind Bildhaftigkeit (*Benzinkutsche*), Nuancenreichtum, Synonymie (*auspusten, erledigen, kaltmachen, abmurksen, umlegen, aufbaumeln* – ›jmdn. töten‹), Übertreibung (*Idiot, Oberidiot, Vollidiot, Superidiot*), Einsparung des Vollverbs (*Der Knopf ist ab[-gegangen]*).

Umlaut | Besondere Art von →Vokal. U. im Dt. sind ›ä‹, ›ö‹, ›ü‹ sowie der →Diphthong ›äu‹. Ein U. tritt auf bei der grammat. Formenbildung, z. B. beim Plural (*Mutter – Mütter*), beim Komparativ (*hoch – höher*) wie auch bei der Wortbildung (*froh – fröhlich* / *Hase – Häschen*). Sprachgeschichtlich ist er auf die lautliche Anpassung eines dunklen Stammsilbenvokals (›a‹, ›o‹, ›u‹) v. a. an einen i-Laut der Folgesilbe (Primärumlaut) zurückzuführen (z. B. ahd. *gast – gesti*; nhd. *Gast – Gäste*).

Umstandsbestimmung | →Adverbialbestimmung

Umstellprobe, auch Wortstellungstransformation; Permutation | Umstellung von Wörtern, Wortgruppen oder Satzteilen innerhalb eines Satzes, um festzustellen, welche Elemente besonders eng zusammengehören. Elemente, die gemeinsam umstellbar sind, fungieren als →Satzglieder. Sind sie nicht allein umstellbar, handelt es sich u. a. um Attribute: *Das Kino an der Ecke* | *bringt* | *heute* | *einen ganz neuen amerikanischen Western.* Durch die Umstellung kann man sprachliche Elemente hervorheben (*Heute* | *bringt* | *das Kino ...* – *Einen ganz neuen amerikanischen Western* | *bringt* | *heute ...*) oder Sätze verflechten (→ Satzverflechtung, → Kohärenz), indem an den Satzanfang jeweils das gestellt wird, was im vorangegangenen Satz zum Ende hin steht: *Der Nachbar hat sich beim Autohändler das neueste Modell gekauft. Dieses Modell hat ihm ein Bekannter empfohlen. Der verfügte bereits über Erfahrungen.*

Unterbegriff | Hyponym

Unterordnung | →Subordination

Valenz; Wertigkeit, Fügungspotenz (lat. valēre – wert sein) | Fähigkeit eines Wortes, vor allem des Verbs, um sich herum Leerstellen zu eröffnen; diese Leerstellen müssen bzw. können mit Satzgliedern besetzt werden, um einen grammat. vollständigen Satz zu bilden. Das Verb *geben* z. B. eröffnet drei Leerstellen, d. h., es ist dreiwertig (*Maria* | *gibt* | *ihrer Freundin* | *etwas Geld*: ›geben‹ schließt immer eine Person, die gibt (*Maria*), eine Sache (*etwas Geld*) und eine Person, der etwas gegeben wird (*ihrer Freundin*), ein. Diese drei als ›Kontextpartner‹ erforderlichen Größen des Verbs *geben* werden als Aktanten (›Mitspieler‹) bezeichnet. Zahl und Art der Leerstellen sind unterschiedlich. Es gibt einwertige Verben (*Er schläft*), zweiwertige Verben (*Sie gedenken der Toten*), dreiwertige Verben (*Er legt das Buch auf den Tisch*) und vierwertige Verben (*Sie transportieren die Gegenstände mit einem Kran auf den Turm*). Man unterscheidet v. a. zwischen syntaktischer V. und (logisch-)semantischer V. Bei syntaktischer V. geht es um die Anzahl der Aktanten (Zahl der Wertigkeit), um ihre grammat. Form (Kasus des Substantivs, Substantiv mit oder ohne Präposition) und darum, ob die vom Verb eröffnete Leerstelle obligatorisch (auf jeden Fall) oder fakultativ (nach Belieben) zu besetzen ist: *Er wohnt in Köln* – zwei obligatorische Aktanten (*Er wohnt* ist kein vollständiger Satz); *Er isst Fisch* – ein obligatorischer + ein fakultativer Aktant (*Er isst* gilt als vollständiger Satz). Mit semantischer V. ist der Inhalt (die →Semantik) der Leerstellen gemeint, d. h., die Aktanten werden danach unterschieden, ob es sich z. B. um belebte oder unbelebte Größen, um einen ›Täter‹, einen ›Betroffenen‹, ein ›Instrument‹ o. a. handelt.

Varietät (lat. varietās – Verschiedenheit) | Spezielle Ausprägung (Sprachform, Variante) innerhalb einer Sprache. Als V. werden die →Standardsprache, die →Umgangssprachen, →Dialekte (Mundarten) sowie →Sondersprachen (Fach- und Gruppensprachen) bezeichnet. Es sind Subsysteme oder Subkodes (→Kode) innerhalb einer für die gesamte Sprachgemeinschaft geltenden Sprache.

Verb, Pl. Verben; Zeitwort (lat. verbum – Wort) | Wortart, mit der Tätigkeiten (*lesen, helfen, gedenken*), Vorgänge (*erkranken, wachsen, schneien*) oder Zustände (*besitzen, liegen, wohnen*) ausgedrückt werden. Dementsprechend werden sie auch in Tätigkeitsverben, Vorgangsverben und Zustandsverben untergliedert. Alle Verben können konjugiert werden (→Konjugation); sie können allein im Satz das →Prädikat bilden; aufgrund ihrer →Valenz bestimmen sie auch, welche weiteren Satzglieder für die Bildung eines grammat. vollständigen Satzes erforderlich sind. Im Unterschied dazu gibt es die →Hilfsverben ›haben‹, ›sein‹ und ›werden‹, die zur Bildung der zusammengesetzten Zeitformen (→Tempus) und des →Passivs gebraucht werden, sowie →Modalverben (*er darf / kann / soll kommen*), die das Prädikat zusammen mit einem →Vollverb im →Infinitiv bilden. Weitere Untergruppen des V. ergeben sich aus seiner Verbindung mit anderen Wörtern im Satz. V., die mit einem Akkusativobjekt verbunden werden können, das bei der Umformung ins Passiv zum Subjekt wird (*Er öffnet das Fenster – Das Fenster wird von ihm geöffnet*), werden →transitive V. genannt, alle anderen V. sind intransitiv. V., die ein Reflexivpronomen (*ich freue mich, du freust dich, er freut sich*) bzw. ein Reziprokpronomen (*sie lieben sich, ihr streitet euch*) erfordern (→Pronomen), werden als →reflexive bzw. reziproke V. bezeichnet. Eine andere Unterteilung ist die Gegenüberstellung von persönlichen und unpersönlichen V. Persönliche V. können in allen drei Personalformen gebraucht werden (ich, du, er/sie/es); unpersönliche V. haben als Subjekt das unpersönliche Pronomen ›es‹ (→Impersonale). Ferner wird nach der Formenbildung beim Konjugieren zwischen schwachen, starken und unregelmäßigen V. unterschieden (→Stammform).

Verbaladjektiv | →Gerundiv(um)

verbales Prädikat | →Prädikat

Verbalstil | Dominieren verbaler Fügungen in Texten. Der V. ergibt sich dadurch, dass der Textproduzent vorwiegend mit Sätzen arbeitet, in deren Mittelpunkt →Vollverben stehen, dadurch den Text auflockert und oftmals verständlicher gestaltet: *Er versuchte seine Unschuld zu beweisen* (statt ↔Nominalstil: *Er stellte seine Unschuld unter Beweis*). V. ist für jene →Textsorten typisch, in denen Sachverhalte aneinander gereiht werden oder über sie erzählt oder berichtet wird.

Verbform | Man unterscheidet bei der Konjugation zwischen →finiter V. (mit Personalendung: *ich schreibe, du schreibst, …*) und →infiniter V. (ohne Personalendung: *schreiben* [Infinitiv], *schreibend* [Partizip I], *geschrieben* [Partizip II]). Im Satz besteht zwischen dem Subjekt und der finiten V. →Kongruenz in Person und Numerus (*Ich habe ihm geschrieben; Du hast ihm geschrieben; Ich werde ihm schreiben; Ihr werdet ihm schreiben*). Die infinite V. dagegen bleibt beim Wechsel der Person und des Numerus unverändert.

Vergewisserungsfrage | Art der Frage (→Interrogativsatz), die auf eine erwartete Antwort zielt. Der Grad der Unsicherheit bezüglich der Antwort ist gering, es wird eine Bestätigung erwartet (*Du kommst doch mit zur Technoparty?*).

Vergleichsform | →Komparation

Vergleichspartikel | Unflektierbares Wort (→Partikel), das beim Vergleichen von Eigenschaften verwendet wird (→Komparation). Bei Gleichheit wird ›so … wie‹, bei Ungleichheit ›als‹ gebraucht, z. B.: *Dieses Motorrad ist so* teuer *wie* ein gutes Auto; *Der Jugendmeister springt weiter als der Meister der Senioren.*

Verhältniswort | →Präposition

Verkleinerungsform | →Diminutiv

Verneinung | →Negation

Vervielfältigungszahlen | →Numeral(e)

Vokal (lat. vōcālis – tönend) | Laut, dessen Bildung (→Artikulation) durch offenes, ungehindertes Austreten des Luftstromes mit Stimmton erfolgt. Die Vokalqualität (z. B. langes ›a‹, kurzes ›a‹) wird entscheidend durch die Lage der Zunge und die Lippenrundung bestimmt. →Laut, ↔Konsonant

Volksetymologie, auch Fehletymologie | Selten auftretende Art der (unbewussten) →Wortbildung. Ein Wort (oder Wortteil), das für den Sprachnutzer aus bestimmten Gründen unverständlich (undurchsichtig) geworden war, wurde in Anlehnung an ein ähnlich klingendes Wort inhaltlich umgedeutet und lautlich umgeformt. Beispiel: *Bockbier* ist nicht auf *Bock* zurückzuführen, sondern bezieht sich auf den Ortsnamen *Eimbeck*. Man nannte das berühmte Bier aus dieser Stadt zunächst *Eimbock* (münchnerisch *Oambock, Ambock*); daraus wurde dann *ein Bock* (ein Glas dieses Bieres). In ähnlicher Weise ist aus dem indianischen Ausgangswort *hamaca* (Schlafnetz) über das Ndl. das dt. Wort *Hängematte*, aus dem ahd. *multwurf* (Hügelaufwerfer) das heutige Wort *Maulwurf* geworden. →Etymologie

Vollverb | Besitzt (im Gegensatz zum →Hilfsverb) eine selbstständige lexikalische →Semantik und ist aufgrund dieser Eigenschaft in der Lage, das syntaktische Zentrum des Satzes, das →Prädikat, zu bilden (z. B. *geben, laufen, trinken*).

Vordersatz | Nebensatz, der dem übergeordneten Satz (Teilsatz) vorangestellt ist (*Wenn er sich nicht meldet, stimmt etwas nicht*).

Vorfeld | Jener Teil des Kernsatzes (→Strukturtyp), der sich vor der →finiten Verbform befindet. Er wird nur durch ein Satzglied besetzt (→Umstellprobe): *Der seit mehreren Tagen angekündigte Vortrag findet nicht statt.*

Vorgangspassiv | →Passiv

Vorzeitigkeit | Zeitliche Beziehung zwischen Sachverhalten. Zwischen Sachverhalten können Beziehungen der V., der **Gleichzeitigkeit** und der **Nachzeitigkeit** bestehen. Von der Art des Zeitverhältnisses hängt auch der Gebrauch des →Tempus ab. In folgender Satzverbindung z. B. wird der Sachverhalt ›schneien‹ mit dem Wechsel des Zeitverhältnisses auch in unterschiedlichem Tempus gebraucht (V.: *Das Auto blieb stecken, es hatte stark geschneit*; Nachzeitigkeit: *Es schneite sehr, daher blieb das Auto stecken*). Im Satzgefüge wird das Zeitverhältnis vom Nebensatz aus gekennzeichnet (V.: *Nachdem das Haus gebaut worden ist, wird es übergeben*; Gleichzeitigkeit: *Wenn du pünktlich um acht Uhr eintriffst, fahren wir sofort ins Hotel*; Nachzeitigkeit: *Bevor die Mannschaft am Wettkampf teilnimmt, muss sie fleißig trainieren*). Auch innerhalb eines einzelnen Satzes kann ein Zeitverhältnis zwischen einer Wortgruppe und dem Prädikat im Satz ausgedrückt werden (V.: *Nach dem Hochwasser wurden die Schäden beseitigt*; Nachzeitigkeit: *Vor Eintreffen des Rettungswagens war der Verunglückte gestorben*). Aus den Beispielen geht hervor, dass neben den Tempora auch andere sprachliche Mittel an der Kennzeichnung der zeitlichen Beziehungen beteiligt sind. →Präposition, →Konjunktion, →Adverb, →Adverbialbestimmung

Weglassprobe; Elimination | Methode der Reduzierung des Satzes bis auf das syntaktische Minimum, das aus dem Prädikat als dem zentralen Valenzträger des Satzes (→Valenz) und den notwendigen Ergänzungen (Aktanten) besteht: *Das junge Mädchen geht heute in einem superengen Mini zur Party in den Klub – Das Mädchen geht in den Klub*. Die W. ermöglicht es auch, unnötige Wiederholungen zu vermeiden. →Redundanz

Wortart, auch Wortklasse | Wörter, die bestimmte formale und funktionale Eigenschaften gemeinsam haben, z. B. →Verben, →Substantive, →Adjektive. Für die Einteilung von Wörtern in W. gelten im Wesentlichen drei Kriterien: 1. Das semantische Kriterium (die Wortartbedeutung) gibt an, in welcher Weise die Realität im Bewusstsein begrifflich erfasst wird, als Gegenstand, Eigenschaft oder Prozess. So geht es bei *Auto* und *Laufen* um ›Gegenstände‹ im weiten Sinn, bei *dünn* um eine Eigenschaft/ein Merkmal, bei *gehen* um einen Prozess. 2. Morphologisch können W. flektiert/unflektiert, d.h. dekliniert, konjugiert (Verben), kompariert (Adjektive) oder unveränderbar, auftreten. 3. Das syntaktische Kriterium berücksichtigt die Verwendungsweise der W. im Satz, z. B. als Subjekt, Prädikat, Objekt, Partikel usw. (→Satzglied, →Wortgruppe). Die unterschiedliche Anwendung der drei Kriterien führt auch zu unterschiedlichen Wortartsystemen und zu unterschiedlichen Auffassungen über bestimmte W. Am wenigsten umstritten sind →Verb, →Adjektiv, →Substantiv. Problematisch erscheinen vor allem →Numeral(e), →Modalwort, →Interjektion und →Partikel.

Wortartwechsel | Wechsel eines Wortes von einer →Wortart in eine andere. Ein W. kommt u. a. durch →Suffixe und →Präfixe zustande (*bellen – Gebell*; *danken – dankbar*; *lang – verlängern*; *überreichen – Überreichung*). Vielfach wechseln Wörter auch ohne Hinzufügen weiterer Mittel die Wortart (*laufen – Laufen*; *Laut – laut*; *grün – Grün*); dieser W. ist neben der Zusammensetzung, Ableitung und Kurzwortbildung eine besondere Art der →Wortbildung.

Wortbildung | Bildung neuer Wörter auf der Basis vorhandener sprachlicher Mittel. Die W. gehört neben der →Wortschöpfung, dem →Bedeutungswandel und der →Entlehnung aus fremden Sprachen zu den Möglichkeiten der Bereicherung des Wortschatzes. Die wichtigsten Wortbildungsarten sind die →Komposition, die Ableitung (→Derivation) und die Kurzwortbildung (→Kurzwort).

Wortbildungsmorphem | →Affix

Wortfamilie, auch Wortsippe | Gruppe von Wörtern, die etymologisch verwandt sind und auf eine gemeinsame Wurzel zurückgehen, z. B. *geben, Geben, Gabe, Geber*. Dabei kann die semantische Beziehung zur Wurzel bzw. der Wörter untereinander verloren gehen; das drückte und drückt sich häufig in der Schreibung aus: *Hand – behende, blau – verbleuen* (deshalb nach der neuen Orthographie auch *behände* und *verbläuen*). Die Zahl der Elemente einer W. hängt ab von der Bedeutung des Stammmorphems und der Häufigkeit seines Gebrauchs. Eine große W. bilden z. B. *ziehen, Zug, zücken, Zücken, zeugen, Zeugung, Erzeuger, züchten, Züchtung, zögern, Zögling* usw.

Wortfeld, auch Bedeutungsfeld, lexikalisches Feld | Wörter, die über Gemeinsamkeiten ihrer lexikalischen Semantik verfügen, z. B. *rennen, laufen, kriechen, robben, fahren*; *backen, braten, dünsten, kochen*; *liebenswürdig, höflich, lieb, boshaft, herzlos*; *Einigung, Abmachung, Verabredung, Bündnis, Konvention*. Man kann auch Wörter unterschiedlicher Wortarten zu W. ordnen: u. a. *spenden, spendieren, Spenden*; *stehlen, bestehlen, Diebstahl*; *stiften, Stiften, Stiftung*.

Wortfolge; Topologie | Folge der Wörter im Satz. Die W. ist die lineare Anordnung sprachlicher Elemente im Satz. Sie beinhaltet die Folge der Attribute innerhalb einer →Substantivgruppe (*der Dank des Vaters an den Lebensretter seines Sohnes*, nicht: *der Dank an den Lebensretter seines Sohnes des Vaters*), die Position/Reihenfolge der rahmenschließenden Elemente (*Er hatte den Angeklagten nicht sehen können*), die Stellung der finiten Verbform (→Strukturtyp) und die mögliche Position der versch. Partikelarten (→Partikel). Von der W. ist die →Satzgliedfolge zu unterscheiden, die die Anordnung der Satzglieder in den einzelnen Teilsätzen betrifft.

Wortgruppe | Wörter mit selbstständiger lexikalischer Bedeutung, die einander subordiniert sind und ein Satzglied bilden. Demzufolge werden W. nach der →Wortart des regierenden Wortes benannt: substantivische (*das kleine Heft* / *das Geschrei der Zuschauer*), verbale (*das Buch lesend* / *gelesen von vielen* / *um in die Stadt zu fahren*), adjektivische (*sehr groß* / *des Preises würdig*), adverbiale (*kurz davor*). Darüber hinaus wird aber auch von einer W. gesprochen, wenn das regierende Wort keine selbstständige lexikalische Bedeutung hat, z. B. bei einer präpositionalen W. (*auf dem Fahrrad*).

Wortklasse | →Wortart

Wortkreuzung | →Kontamination

Wortschatz, auch Lexik | Gesamtheit der lexikalischen Einheiten, d. h. der Wörter und Redewendungen (Phraseologismen) einer Sprache (→Lexem), aber auch eines einzelnen Menschen, einer Epoche oder eines Textes. Das Deutsche wird auf etwa 300 000 bis 500 000 Einheiten geschätzt, wobei die speziellen fachsprachlichen Ausdrücke in Wissenschaft und Technik unberücksichtigt bleiben. Der aktive W. eines Erwachsenen umfasst etwa 3 000 bis 10 000 Wörter. Insgesamt ist der W. einer entwickelten Sprache sehr veränderlich und daher nur schwer quantitativ bestimmbar. Neue Wörter und Ausdrücke kommen hinzu, andere veralten. Der W. lässt sich nach Kriterien der Wortbildungsformen, der Grammatik (→Wortarten), der Stilebene, der regionalen Zugehörigkeit u. a. gliedern, ist also in sich strukturiert. →Struktur, →Wortfeld, →Wortfamilie

Wortschöpfung | Im Unterschied zur →Wortbildung entsteht bei der W. ein völlig neues Wort, eine erstmalige Verbindung von Wortform und Wortsemantik einschließlich einer neuen Wortwurzel. In früheren Stadien der Sprachentwicklung ist vermutlich die Mehrzahl der Wörter so entstanden. Eine Annäherung an diesen Vorgang stellen Lautnachahmungen der Gegenwart dar (*Wauwau, Töfftöff*). W. tritt heute kaum noch auf. →Kunstwort

Wortspiel | Spiel mit Doppelbedeutungen oder Klangähnlichkeiten von Wörtern und Ausdrücken (*Wer nichts wird, wird Wirt*). →Sprachspiel

Wortstamm, auch Stammmorphem, Grundmorphem, Basismorphem | Träger der lexikalischen Bedeutung innerhalb der Morphemfolge eines Wortes (→Morphem). Bei den Wörtern *Tisch, Tische, Tischler, auftischen, aufgetischt* ist ›tisch‹ der W.; die anderen Elemente sind Wortbildungsmorpheme bzw. Flexionsmorpheme (→Konstituentenanalyse). Bei →Komposita (z. B. *Handtuch, Fußbodenheizung, Aufbewahrungsstätte*) liegen jeweils zwei oder mehr W. vor, z. T. wiederum verbunden mit Wortbildungs- und Flexionsmorphemen.

Zahlwort | →Numeral(e)

Zeichen | Sinnlich wahrnehmbare Form mit einer bestimmten Bedeutung. Z. dienen der Informationsübermittlung und der Speicherung von Erfahrungen (im Rahmen menschlicher wie tierischer Kommunikationsformen; →Kommunikation). Es gibt unterschiedliche Arten von Z. Verbreitet ist die Einteilung in 1. **natürliche Z.**, die den Charakter von Anzeichen, Symptomen haben (z. B. gelbe Hautfarbe als Anzeichen für eine Krankheit; bestimmte Wolkenformen als Ankündigung für ein bestimmtes Wetter), und 2. **künstliche Z.**, die – da sie auf histor. bedingter Übereinkunft (Konvention) beruhen – konventionelle Z. sind. Grundlage aller konventionellen Zeichentypen sind v. a. **sprachliche Z.** Es gibt unterschiedliche Grade in der inhaltlichen Begründung und Durchsichtigkeit der Z. (→Motiviertheit sprachlicher Z.); danach wird unterschieden zwischen anschaulichen (ikonischen) Z., bei denen die Zeichenform Ähnlichkeit mit dem Bezeichneten hat (z. B. Piktogramme), und symbolischen Z., bei denen die Beziehung zwischen der Zeichenform und dem Bezeichneten als willkürlich (arbiträr) erscheint (z. B. Morsezeichen). Sprachliche Z. bzw. Zeichensysteme (→Langue) sind – abgesehen von Formen der Lautnachahmung und

Lautmalerei (→Onomatopöie) – arbiträr. Sie dienen der Übermittlung und Speicherung gedanklicher, auch hochabstrakter Inhalte und spezifisch menschlicher Bewusstseinszustände (Wertungen, Emotionen, Intentionen). Im Zusammenhang mit sprachlichen Z. zu sehen und mit Hilfe von Sprachzeichen interpretierbar sind **nichtsprachliche** Z., wie Gesten und Gebärden, aber auch andere nichtsprachliche, konventionelle Z., wie Eisenbahn-, Telegrafensignale, Seezeichen usw., auch Interpunktionszeichen, mathematische Z. (z. B. ›+‹ und ›–‹), musikalische Z.; des Weiteren religiöse oder politische Symbole (ein Schwert als Z. des Krieges: »*Schwerter zu Pflugscharen*«; das Z. des Kreuzes als christliches Symbol). Zur näheren Charakteristik von Z. sind unterschiedliche →Zeichenmodelle entwickelt worden. →Semiotik

Zeichenmodell | Darstellung des →Zeichens mit seinen versch. Seiten bzw. Komponenten. Im Allgemeinen wird das Zeichen als eine bilaterale (zweiseitige) Erscheinung dargestellt, d. h. als Einheit von Zeichenform (Formativ, Zeichenkörper) und Zeicheninhalt (→Bedeutung, →Semantik). Dagegen zählt die unilaterale (einseitige) Zeichenauffassung zum Zeichen lediglich die Zeichenform, die Bedeutung ist nicht Bestandteil des Zeichens selbst, sondern nur eine Zuordnung von Inhalten. Ein wiederum anderes Z. ist triadisch, d. h., es stellt als wesentliche Eigenschaften von Zeichen eine dreifache Beziehung in den Mittelpunkt: Form, gedanklichen Inhalt und Bezugsobjekt (→Referenz). Alle diese Z. schließen sich nicht gegenseitig aus, sie heben unterschiedliche Aspekte hervor.

Zeichensetzung | →Interpunktion

Zeichentheorie | →Semiotik

Zeugma*, Pl. Zeugmas, Zeugmata (griech. zeýgma – Joch, Zusammengefügtes) | Verbindung zweier oder mehrerer Wörter innerhalb eines Satzes, die eigentlich nicht mit ein und demselben Verb verbunden werden können: *Sein Gepäck und die Flucht ergreifen*. Das Z. ist eine →Stilfigur, die besonders in humoristischer Funktion verwendet wird.

Zusammensetzung | →Kompositum, →Komposition

Zustandspassiv | →Passiv

Zweitstellung | →Strukturtyp

Zwischensatz | →Nebensatz, der zwischen den Teilen eines übergeordneten Satzes steht: *Das Gasthaus, in dem wir gestern gegessen haben, ist heute geschlossen.*

Anhang
Literaturhinweise

Literatur

Wörterbücher

Balzer, Bernd, u.a.: Dt. Literatur in Schlaglichtern. Hg. B. Balzer/V. Merten. Mannheim/Wien/Zürich: Meyer Lexikonverl. 1990.
Best, Otto F.: Handbuch lit. Fachbegriffe. Definitionen und Beispiele. Frankfurt a. M.: Fischer Tb. ³1994.
Borchmeyer, Dieter, u.a.: Moderne Literatur in Grundbegriffen. Hg. D. Borchmeyer/V. Žmegač. Frankfurt a. M.: Athenäum 1987.
Henckmann, Wolfhart, u.a.: Lexikon der Ästhetik. Hg. W. Henckmann/K. Lotter. München: C. H. Beck 1992.
Killy, Walter, u.a.: Literatur Lexikon. Hg. W. Killy. 14 Bde. (Bd. 1–12: Autoren und Werke; Bd. 13 u. 14: [Hg. V. Meid]: Begriffe, Realien, Methoden). Gütersloh/München: Bertelsmann Lexikon Verl. 1988/95 [ein Registerbd. folgt].
Naumann, Manfred, u.a.: Lexikon der franz. Literatur. Hg. M. Naumann. Leipzig: Bibliograf. Institut 1987.
Pongs, Hermann: Lexikon der Weltliteratur. Handwörterbuch der Literatur von A–Z. Wiesbaden: F. Englisch Verl. 1984.
Reallexikon der dt. Literaturgeschichte. Begr. v. Paul Merker/Wolfgang Stammler. Berlin: de Gruyter 1925 ff. Neubearb. Werner Kohlschmidt/Werner Mohr. Berlin: de Gruyter ²1955 ff.
Ritter, Joachim, u.a.: Histor. Wörterbuch der Philosophie. Hg. J. Ritter/K. Gründer. Darmstadt: Wiss. Buchgesellschaft 1971 ff. [bisher 9 Bde., A–Sp.].
Träger, Claus, u.a.: Wörterbuch der Literaturwissenschaft. Hg. C. Träger. Leipzig: Bibliograf. Institut 1986.
Schweikle, Günther, u.a.: Metzler Literatur Lexikon. Stichwörter zur Weltliteratur. Hg. G. und I. Schweikle. Stuttgart: Metzler ²1990.
Wilpert, Gero von: Sachwörterbuch der Literatur. Stuttgart: Alfred Kröner ⁷1989.

Einführungen und Übersichtsdarstellungen

Arndt, Erwin: Dt. Verslehre. Berlin: Volk und Wissen ¹³1996.
Arnold, Heinz-Ludwig, u.a.: Grundzüge der Sprach- und Literaturwissenschaft. Bd. 1. Hg. H.-L. Arnold/V. Sinemus. München: dtv ²1973.
de Boor, Helmut, u.a.: Geschichte der dt. Literatur. Von den Anfängen bis zur Gegenwart. Hg. H. de Boor/R. Newald u. a. Bde. 1–7 u. 12. München: C. H. Beck 1957/94.
Brackert, Helmut, u.a.: Literaturwissenschaft. Grundkurs 1 und 2. 2 Bde. Hg. H. Brackert/J. Stückrath. Reinbek b. Hamburg: Rowohlt 1981.
Einsiedel, Wolfgang von, u.a.: Kindlers Literatur Lexikon. 12 Bde. Zürich: Kindler Verl. 1970 [vorrangig Autoren und Werke].
Glaser, Hans Albert, u.a.: Dt. Literatur. Eine Sozialgeschichte. Hg. H. A. Glaser. Reinbek b. Hamburg: Rowohlt 1988.
Gysi, Klaus, u.a.: Geschichte der dt. Literatur von den Anfängen bis zur Gegenwart. Hg. K. Gysi/K. Böttcher u. a. Bde. 1–2, 4–12. Berlin: Volk und Wissen 1960/1990.
Habicht, Werner, u.a.: Der Literatur Brockhaus. Hg. W. Habicht. 3 Bde. Mannheim: Brockhaus 1988.
Hinck, Walter, u.a.: Handbuch des dt. Dramas. Hg. W. Hinck. Düsseldorf: Bagel 1980.
Hinderer, Walter, u.a.: Geschichte der dt. Lyrik vom Mittelalter bis zur Gegenwart. Hg. W. Hinderer. Stuttgart: Reclam 1983.
Knörrich, Otto, u.a.: Formen der Literatur. Hg. O. Knörrich. Stuttgart: Kröner 1981.
Koopmann, Helmut: Handbuch des dt. Romans. Düsseldorf: Bagel 1983.
Markwardt, Bruno: Geschichte der dt. Poetik. 5 Bde. Berlin: de Gruyter ²1958/67.
Polheim, Karl Konrad: Handbuch der dt. Erzählung. Düsseldorf: Bagel 1983.
Ueding, Gert/Bernd *Steinbrink*: Grundriß der Rhetorik. Geschichte – Technik – Methode. Stuttgart: Metzler ³1994.
Wagenknecht, Christian: Dt. Metrik. Eine historische Einführung. München: C. H. Beck 1981 (Beck'sche Elementarbücher).

Sprache

Wörterbücher

Bußmann, Hadumod: Lexikon der Sprachwissenschaft. Stuttgart: Alfred Kröner ²1990.

Homberger, Dietrich: Sachwörterbuch zur dt. Sprache und Grammatik. Frankfurt a. M.: Diesterweg 1989.

Lewandowski, Theodor: Linguistisches Wörterbuch 1–3. Heidelberg/Wiesbaden: Quelle & Meyer ⁵1990.

Lexikon der Germanistischen Linguistik. Hg. Hans Peter Althaus/Helmut Henne/Herbert Ernst Wiegand. Tübingen: Niemeyer ²1980.

Metzler Lexikon Sprache. Hg. Helmut Glück. Stuttgart/Weimar: Metzler 1993.

Einführungen und Übersichtsdarstellungen

Braun, Peter: Tendenzen in der dt. Gegenwartssprache. Sprachvarietäten. Stuttgart/Berlin/Köln/Mainz: W. Kohlhammer ³1993.

Brinker, Klaus: Linguistische Textanalyse. Eine Einführung in Grundbegriffe und Methoden. Berlin: Erich Schmidt ²1988.

Duden. Bd. 4: Grammatik der dt. Gegenwartssprache. Hg., Bearb. Günter Drosdowski in Zusammenarb. m. Peter Eisenberg/Hermann Gelhaus/Helmut Henne/Horst Sitta/Hans Wellmann. Mannheim/Leipzig/Wien/Zürich: Dudenverl. ⁵1995.

Eisenberg, Peter: Grundriß der dt. Grammatik. Stuttgart/Weimar: Metzler ³1994.

Erben, Johannes: Einführung in die dt. Wortbildungslehre. Berlin: Erich Schmidt ²1983.

Fleischer, Wolfgang/Irmhild *Barz*: Wortbildung der dt. Sprache der Gegenwart. Mitarb. Marianne Schröder. Tübingen: Niemeyer 1992.

Fleischer, Wolfgang / Georg *Michel* / Günter *Starke*: Stilistik der dt. Gegenwartssprache. Frankfurt a. M./Berlin/Bern/New York/Paris/Wien: Peter Lang 1993.

Heinemann, Wolfgang/Dieter *Viehweger*: Textlinguistik. Eine Einführung. Tübingen: Niemeyer 1991.

Lyons, John: Einführung in die moderne Linguistik. München: C. H. Beck ⁷1989.

Porzig, Walter: Das Wunder der Sprache. Probleme, Methoden und Ergebnisse der modernen Sprachwissenschaft. Bern: Peter Lang ⁷1982.

Schildt, Joachim: Kurze Geschichte der dt. Sprache. Berlin: Volk und Wissen 1991.

Schippan, Thea: Lexikologie der dt. Gegenwartssprache. Tübingen: Niemeyer 1992.

Schmidt, Wilhelm: Geschichte der dt. Sprache. Ein Lehrbuch für das germanistische Studium. Erarbeitet unter der Leitung von Helmut Langner. Stuttgart/Leipzig: Hirzel Verl. ⁷1996.

Sommerfeldt, Karl-Ernst/Günter *Starke*: Einführung in die Grammatik der dt. Gegenwartssprache. Tübingen: Niemeyer 1992.

Vater, Heinz: Einführung in die Textlinguistik. Struktur, Thema und Referenz von Texten. München: Fink 1992.

Wolff, Gerhart: Dt. Sprachgeschichte. Ein Studienbuch. Frankfurt a. M.: Athenäum 1986.

Sachwortregister

Abenteuerroman S. **9**, 41a, 67b, 90a, 97b, 100b.
Abgesang →Aufgesang/A.
Abhängigkeitsgrammatik →Dependenzgrammatik; S. 151a.
Abkürzung S. **150a**.
Ablaut S. **121**, 151a.
Ableitung S. **121**, 134a, 138b, 141a, 146a, 162b, 166a, 178b, 187a; →Derivation
Absicht →Intention
absolute Metapher S. **78a**.
Abstraktum S. 87a, **121**, 147b, 178a.
absurdes Theater S. **9**, 32a, 52b, 66a, 112a, 112b.
Abtönungspartikel S. 159a.
Abvers/Anvers S. 83a/b, 86b.
Abzählvers S. 69b.
Adaption S. **9**.
Adjektiv S. 37a, **121**, 136b, 145a, 162b, 165a, 187a.
Adressat S. 23a, 23b, 71a, 126b, 157a.
ad spectatores S. **9**, 74a.
ad usum delphini S. **9 f.**
Adverb S. **121**, 125b, 145a, 147a, 159a, 171a.
Adverbial(e) →Adverbialbestimmung
Adverbialbestimmung/adverbiale Bestimmung S. **121 f.**, 121b, 122a, 141b, 143a, 145b, 146b, 148a, 149a, 152a, 153a, 167b, 180a.
Adverbialsatz S. **122**.
Adversativsatz S. **122**.
Affix S. **122**, 166a.
Agens S. **122**, 159b, 178a.
Agitprop S. **10**, 48a, 68b, 89b, 107b.
Akkusativ S. **122**, **143a**.
Akrostichon S. **10**, 68a, **122**, 173b.
Akt S. **10**, 31a, 31b, 32a, 36b, 41b, 50a, 84b, 87a, 95b, 102b, 109b, 110a.
Aktionsart S. **122**, 135a.
Aktiv S. **122**, 159b.
Akzent S. 78b, **122**, 142b, 170b.
akzentuierendes Versprinzip S. 91b, 105b, **115a**.

Album S. **10**, 106a.
Alexandriner S. **10**, 22b, 32b, 64b, 70b, 104b, 118a.
alkäische Strophe S. **10 f.**, 84a.
Allegorie S. **11**, 17b, 19a, 20b, 33a, 49a, 76b, 77b, 87a, 93a, 109a, 113a.
allgemeine und vergleichende Literaturwissenschaft S. **73b**.
Alliteration S. **11**, 54b, 69a, 106a.
Alltagsrede S. **122 f.**
Almanach S. 10b, **11**, 42a, 52a, 80a, 110b, 118a.
Alphabetschrift S. 169b.
Alternativfrage S. **123**, 132a, 142a.
Althochdeutsch S. **123**, 151a, 153a.
Amphibrach(ys) S. **11**.
Amtssprache S. **123**, 173b.
Anagramm S. **11**, 68a, 92a, 93a, **123**, 173b.
Anakoluth S. **123**.
Anakreontik S. **11 f.**, 58a, 73b, 75a.
Analogiebildung S. **123**.
Anapäst S. **12**, 115a.
Anapher S. **12**, 97a, **123**.
Anekdote S. **12**, 43a, 62a, 68b, 117b.
Anfangsreim S. 94a.
Angemessenheit S. 146a.
Anglizismus S. **123**.
Annalen S. **12**, **25b**.
Annotation S. **12**, 72a.
Anrede S. **124**.
Antagonist S. **12**, **92a**.
Anthologie S. 10b, **12**, 42a, 81a.
Antike S. **13**.
antikes Drama/Theater S. 10a, 13a, 23a, 23b/24a, 28a, 29a, 30a, 35b, 43b, 50a, 63a, 66a, 67a, 76a, 79a, 79b, 81b, 106b, 110b, 113a.
Antiklimax S. **143b**.
Antithese S. **13**, 13b, 35a, 44b, 46b, 97a, 104b, **124**, 125a, 128b, 177a.
Antizipation →Vorausdeutung
Antonym S. **124**, 151b, 158b, 169b, 179a.

Anvers/Abvers S. 83a/b, 86b.
Aphorismus S. 12b, **13**, 39b, 46a, 51b, 85b, 105b.
apollinisch/dionysisch S. **13**.
Apologie S. **13 f.**
Apologetik S. **14a**.
Aposiopese S. **124**.
Apostroph S. **124**.
Apparat S. 56a.
Appellativum S. **124**, 147b, 177a, 178b.
Appellfunktion S. 157b.
Apposition S. **124**.
Arabeske S. **14**.
Arbeiterlied S. **14a**.
Arbeiterliteratur S. **14**.
Arbeitertheater S. **14a**, 68b.
Archaismus S. **14**, 22b, **125**.
Arenabühne S. 92a.
Argot S. **125**.
Argument S. **14**, **125**.
argumentieren S. 14b, **125a**.
aristophanischer Vers S. **12a**.
aristotelisches Drama S. **14 f.**, 36a, 114b.
arkadische Poesie S. **24a**; →Bukolik, →Hirtendichtung
Arlecchino S. 26b, 74a.
Artes liberales →freie Künste
Art nouveau S. 61a.
Artikel S. **125**, 149a, 178a.
Artikulation S. **125**, 127a, 148a, 150a, 161a, 186a.
Artikulationsorgan S. 125b.
Artikulationsweise S. 125b.
asklepiadeische Strophe S. **15**, 84a.
äsopische Fabel S. **42a**.
Assonanz S. **15**, 94a.
Ästhetik S. **15**, 31a, 50b, 78b, 86a, 86b, 87b, 89a, 97a, 101a, 112a.
ästhetische Urteilskraft S. 50b.
ästhetische Wertung →Wertung
ästhetisches Verhalten S. 15b.
Ästhetizismus S. **15 f.**, 32b, 64b, 69b.
attische Tragödie S. 13b, 31a, **112b**.
Attribut S. 121b, 122a, 124b, **125 f.**, 126a, 132b, 149a, 167b, 187b.

Attributsatz S. 126.
Aufforderung S. 153b.
Aufforderungsform S. 126,
→Imperativ
Aufforderungssatz S. 126,
126b, 139b, 167a.
Aufgesang/Abgesang S. 16, 37b,
62b, 76b/77a, 104b, 107b.
Aufklärung S. 12b, 13b, 16,
17a, 21a, 21b, 24a, 28b, 29b,
33a, 34b, 37a, 37b, 42a, 46b,
56a, 63a, 71a, 72a, 79a, 80a,
82a, 87b, 89a, 90b, 94b, 97a,
97b, 98b, 99a, 111b, 112b,
113b, 114a.
Auflockerung S. 154b.
Auftakt S. 16.
Auftritt S. 109b.
Aufwertung/Abwertung S.127b.
Aufzählung S. 126, 141b, 147a.
Aufzug →Akt
auktoriale Erzählperspektive
S. 39a.
auktoriale Erzählsituation S. 16,
39a.
auktorialer Erzähler S. 16b,
23b, 83b.
Ausdrucksfunktion S. 157b.
Ausdruckskraft S. 132b.
Ausdruckswechsel S. 138a.
Ausdruckswort S. 126, →Interjektion
Ausgabe letzter Hand S. 16, 56a.
Ausklammerung →Ausrahmung
Auslaut S. 126.
Auslautverhärtung S. 126b.
Ausrahmung S. 126, 154b,
164b, 177a.
Ausrufesatz S. 126, 167a.
Aussagesatz S. 125b, 126, 126b,
142b, 167a.
Aussageweise →Modus
Äußerung S. 126 f., 129a, 131a,
136b, 148b, 163a, 165b, 166b,
175a, 180b.
Aussprache S. 127, 183b.
Autobiografie S. 17, 21b, 77a,
88a, 108b.
Autonomie [der Kunst] S. 69b.
Autor/Autorin S. 16b, 17, 28b,
31b, 32a, 35b, 37b, 39a, 40b,
46a, 46b, 49a, 51a, 53a, 59a,
60a, 71a, 71b, 72b, 76a, 84b,
85b, 88a, 101b, 105b, 107a,
115a, 115b, 117a.

Avantgarde S. 17, 26b, 41b,
47a, 79b, 83b, 90b, 108b.
Aventuire S. 17.

Ballade S. 17 f., 54b, 61b, 95b,
99a, 102b.
Bänkelsang S. 18, 21a, 80b,
101a, 105a.
Barde S. 18a, 37b.
Bardendichtung S. 18.
Barock S. 18, 33a, 37a, 38a,
44a, 44b, 47b, 49b, 55b, 58a,
63b, 68a, 70a, 75a, 81b, 85a,
87b, 91a, 93a, 95a, 97b, 101a,
105a, 110a, 117a.
Beatgeneration S. 18, 113b.
Beatniks S. 18b.
Bedeutung S. 28a, 70a, 77b,
96b, 127, 128a, 132b, 135b,
138b, 145b, 146a, 147b, 154b,
161a, 161b, 169b, 170a, 170b,
179a, 183b, 188b, 189a.
Bedeutungserweiterung S. 127b.
Bedeutungslehre →Semantik (1),
→Semasiologie
Bedeutungsmerkmal S. 127a,
146a, 147b.
Bedeutungsübertragung S.127b,
155b.
Bedeutungsverengung S. 127b.
Bedeutungswandel S. 127,
132a, 169b, 174b, 187a.
Befehlsform →Imperativ
Begleitsatz S. 127.
Begriff S. 128, 129b, 131a.
Begriffsinhalt S. 128a.
Begriffsumfang S. 128a.
Beifügung →Attribut
Beispielerzählung S. 85b.
Beispielgeschichte S. 18 f., 40b,
70b, 106a.
Belletristik S. 19, 29a, 72a, 99a.
Benennung S. 127b, 128b,
129b, 131a.
Bereichsstil S. 134b.
Bericht S. 19, 21a, 30a, 57a,
77b, 95b.
Berichten S. 128b.
Beschreiben S. 128b.
Beschreibung S. 19a.
Bestiarium S. 19.
bestimmter Artikel →Artikel
Bestimmungsfrage →Ergänzungsfrage
Bestimmungswort S. 128, 137b,
146a.

Bestseller S. 19.
Betonung →Akzent
Beugung →Flexion
Beweis S. 125a.
Bewerbungsschreiben S. 135a.
Bewertung S. 175b.
Bewusstseinsstrom S. 19, 59b,
104a.
Bezeichnendes →Signifikant
Bezeichnetes →Signifikat;
S. 129b, 154a.
Bezeichnung S. 128, 152b,
153a, 154a, 157b, 170a.
Bezeichnungslehre →Onomasiologie
Bezeichnungslücke S. 131b.
Bezeichnungswandel S. 128,
157b, 174b.
Bezugssatz →Relativsatz
Bezugswort S. 125b.
Bibliografie S. 19.
bibliografische Angaben S. 12a.
Bibliomane S. 20a.
Bibliomanie S. 19 f.
Bibliophilie S. 20.
Biedermeier S. 20, 98b, 102b,
116b.
Bild S. 11a, 20 f., 31b, 33a, 44b,
51a, 77b, 87b, 109a, 113a,
152b.
Bildbruch S. 63a.
Bilderbogen S. 21.
Bild(er)geschichte S. 21a, 26a.
Bilderrätsel S. 93a.
Bildgedicht S. 21, 29b; →Figurengedicht.
Bildungsroman S. 21, 34a, 39b,
88a, 94b, 118b.
Bindewort →Konjunktion
Binnenerzählung S. 92b.
Binnenreim S. 21, 33b, 93b, 94a.
Biografie S. 17a, 21 f., 115b.
biografischer Roman S. 22a.
Bîspel →Beispielgeschichte
Bitterfelder Programm/Weg
S. 14b, 22.
Blankvers S. 10b, 22, 94a.
Blut- und Bodenliteratur S. 22,
30b, 54b, 81a.
Boheme S. 22, 27b, 69b, 89a,
109a.
Botenbericht S. 19a, 23, 36b,
76a.
Botschaft S. 144b.
Boulevardstück S. 23, 65b, 95b.
Brief S. 23, 72b, 80a.

193

Briefessay S. 23b.
Briefgedicht S. 23b.
Briefroman S. 23b, 23.
Bruitismus S. 27a.
Buchdruck S. 53a, 57a, 59b, 62a, 63a, 72b, 115a, 118b.
Buchhandel S. 72b, 115a.
Buchmarkt →Literaturmarkt
Buchstabe S. 137b.
Buchstabenschrift S. 169b.
Bühne S. 19b, 23a, **23f.**, 31a, 36b, 46b, 53a, 53b, 61b, 62b, 63b, 79b, 82a, 92a, 92b, 94a, 103b, 106b, 109b, 111a, 116a; →Simultanbühne.
Bühnenaussprache S. 127a, 138b.
Bukolik S. **24**, 55b.
bürgerliches Trauerspiel S. **24**, 25b, 101a, 112a.
Burleske S. **24**.

Capitano S. 26b, 76a.
Captatio Benevolentiae S. **24**.
Caput S. **24**.
Chanson S. **24**, 25b, 26b, 61b, 101a, 105a.
Chanson de Geste S. **25**, 55a.
Charakterdrama S. **25**.
charakterisieren S. 129a.
Charaktermaske S. 26b, **76a**.
Charge S. **25**.
chargieren S. **25a**.
Chiasmus S. **128**.
Chiffre S. **25**, 80b.
Chor S. **25**, 29a, 35b, 36b, 37a, 79b, 91a, 93b, 102b, 107b.
Chorführer S. **25b**.
Chorlied S. 37a, 75a.
Chrestomathie S. **12b, 25b**.
Chronik S. **25**.
Code →Kode
Collage S. **25f.**, 27a, 80a.
Colombina S. 26b, 76a.
Comic S. 21a, **26**, 90a, 113b.
Commedia dell'Arte S. **26**, 26b, 42b, 53b, 66a, 74a, 76a.
Commedia erudita S. 26b, **26**, 66a.
Computerlinguistik S. **128**.
Couplet S. 24b, **26**, 61b, 96a, 104b.

Dadaismus S. 26a, **26f.**, 41b, 67a, 69b, 108b, 113b.

daktylische Verse S. 16b, **27a**.
Daktylus S. 16a, **27**, 55a, 86b, 100a, 115a.
Dandy S. **27**, 69b, 109a.
Dandyismus S. **27a**.
Darstellungsarten S. 125a, **128f.**, 172b.
darstellungsästhetisch S. 94b.
Darstellungsfunktion S. 157b.
Dativ S. **129, 43a**.
Dehnung S. **129**.
Deixis S. **129**.
Dekadenz S. 27b, **27f.**, 45a, 54a, 79b, 83a, 105a.
Dekadenzdichtung S. **27b**.
Deklination S. 121a, **129**, 158b, 178a.
Deklinationsart S. 129a.
Dekonstruktion S. **28**, 108a.
Dekonstruktivismus S. 108a.
Demonstrativpronomen S. **129**, **163b**.
Denotat S. **129**, 157b, 162a, 169b, 179a.
Denotation S. **129**, 147b.
Dependenzgrammatik S. **129f.**, 137b, 151a, 179b.
Derivation S. **130**, 138b, 162b, 166a, 187a.
Designat S. **129b, 130**.
Detektivgeschichte S. **67b**.
Determinativkompositum S. **130**, 137b, **146a**.
Deus ex Machina S. **28**, 63a.
Deutsche Philologie →Germanistik
Diachronie S. **130**, 172a, 179a.
Dialekt S. 123a, **130**, 135b, 150b, 155b, 171a, 174b.
Dialektdichtung →Mundartdichtung
Dialog S. 21a, 23b, 25b, 26b, **28**, 31a, 31b, 39b, 43b, 57a, 79b, 80a, 92a, 104a, 106b, **136b**.
Dichtarten S. **48a**.
Dichter/Dichterin S. **28**, 88b, 101b.
Dichterkreis S. **28f.**, 29a, 69b.
Dichterkrönung →Poeta laureatus
Dichterpoetik S. **89a/b**.
Dichtung S. **29**, 44b, 48b, 69b, 72b, 81b, 88b.
Dichtungstheorie S. 89a.
Dichtungswissenschaft S. **29a**.

didaktische Dichtung →Lehrdichtung; S. 47b.
Didaskalien S. **29**, 31a.
Dilettant S. **29**.
Dilettantismus/dilettantisch S. **29b**.
Diminutiv S. **130**.
Dinggedicht S. **29**, 74b.
dionysisch →apollinisch/d.
Diphthong S. **130**, 161a, 184a.
Diphthongierung S. 151a.
direkte Rede S. 38b, **130**, 164b.
Diskurs S. **29f.**, **130f.**
Diskursanalyse S. **29b/30a**, **131a**, 136b.
Distichon S. **30**, 32b, 35a, 37a, 86b, 115a, 117b.
Dithyrambus S. **30**, 31a, 58a, 66a, 91b, 112a.
Dokumentarliteratur S. **30**, 45a, 83a.
Dokumentartheater S. **30b**, 83a.
Dorfkomödie S. **30b**.
Dorfliteratur S. **30**, 54a.
Drama S. 9b, 10a/b, 12a, 13a, 14b, 19a, 23a, 23b, 25a, 28a, **30f.**, 31b, 32a, 35a, 35b, 36a, 36b, 41b, 43b, 49a, 50a, 53a, 62b, 65b, 66b, 76b, 81a, 84b, 87a, 91a, 91b, 94a, 95b, 101a, 102a, 104a, 109b, 112a.
Dramatik S. **31**, 47b, 70b.
dramatis personae S. 31a.
Dramaturg S. **31a**.
Dramaturgie S. 14b, 15a, 29a, **31**, 31b, 36a, 79b, 95b, 114b.
Drehbuch S. **31**.
Drehbühne S. **24a**.
Dreiakter S. **31**, 50a.
drei Einheiten S. 31a, **31f.**, 50a, 53a, 84b.
Dreiheber, Vierheber [usw.] S. 115a.
Dreisilber, Viersilber [usw.] S. 115a.
Duodrama S. **32**.

écriture automatique S. **32**, **108b**.
Edition S. 16b, **32**, 56a, 66b, 96a, 111a.
Editionstechnik S. **32a**.
Eigenname S. 124b, **131**, 147b, 178b.
Eigenschaftswort →Adjektiv

Einakter S. 32, 59a.
Einbildungskraft →Phantasie
einfacher Satz S. 167a.
Einfühlung S. 114b.
Einführungssatz S. 127b.
Einheiten →drei Einheiten
Einzahl →Singular
Einzelsprache S.136a, 140b.
Elativ S. 131, 145b.
Elegie S. 30a, 32, 35a, 35b, 87a.
Elegisches S. 32b.
Elfenbeinturm S. 32.
Elision S. 55b, 149a.
Ellipse S. 33, 9/a, 126b, 131, 177a, 180b.
Eloge →Panegyrikos
Emanzipation S. 46b.
Emblem S. 10b, 20b, 33, 35a, 93a, 109a.
Emblemata/Emblematik S. 33a.
Emigrantenliteratur S. 33, →Exilliteratur
Empfänger / Empfängerin S. 144b.
Empfindsamkeit S. 33, 38b, 52a, 58a, 71b, 81b, 88a, 94b, 108b.
Empfindungs-/Erlebnislyrik S. 12a, 71b, 108b.
Empfindungswort →Interjektion
Emphase S. 131, 183b.
Empire S. 20a.
Endecassilabo S. 106b.
Endreim S. 10b, 33f., 91b, 94a.
Endsilbenreim S. 34a.
Endstellung S. 177b.
Endung S. 178b.
Engagement S. 34, 41b, 48a, 86a, 89b, 110b.
engagierte Literatur S. 34a, 48a.
Engelaut S. 125b.
Enjambement S. 34, 110b.
Entlehnung S. 123b, 131, 134a, 151b, 155b, 187a.
Entscheidungsfrage →Alternativfrage; S. 167a, 178b.
Entwicklungsroman S. 21b, 34, 39b.
Enzyklopädie S. 34.
Enzyklopädisten S. 34b.
epigonale Literatur S. 34f.
Epigonen S. 35a.
Epigramm S. 12b, 29b, 30a, 32b, 33, 35, 35b, 37, 87a, 118a.

Epik S. 30b, 35, 36a, 39a, 47b, 70b, 75b, 83b, 98a.
Epilog S. 35.
Epiphanie S. 35 f.
Epipher S. 36, 97a.
episch/lyrisch/dramatisch S. 35a, 36.
episches Präteritum S. 35a, 38b.
episches Theater S. 10a, 14b, 25b, 36a, 36, 51a, 63b, 84b, 89b, 100b, 114b.
Episode S. 36, 53a, 100b.
Epistel S, 23a/b
Epitaph S. 37.
Epitheton S. 37.
Epoche S. 16a, 18b, 20a, 27b, 37, 42b, 45a, 49a, 50b, 57a, 64a, 71b, 73b, 79b, 86a, 90a, 93a, 93b, 95a, 97b, 98b, 106b, 107b.
Epochenstil S. 106b, 176a.
Epode S. 37, 84a.
Epopöe S. 37, 98a.
Epos S. 9a, 13a, 17b, 25a, 31a, 35a, 37, 39a, 48a, 55a, 95b, 96b, 98a.
Erbauungsliteratur S. 37 f., 48a.
Erbwort S. 132.
Ergänzung S. 132, 186b.
Ergänzungsfrage S. 132, 142a, 167a.
erhaben/Erhabenes S. 15a, 24b, 38, 58a, 84a, 86a, 101b, 117a.
Erlebnisdichtung S. 38, 108b.
erlebte Rede S. 19a, 38, 39b, 59b, 84b.
Erörtern S. 128b.
erotische Literatur S. 38 f., 90a.
Ersatzprobe S. 132, 146b, 167b, 177b.
Erstausgabe S. 72b.
erste o. germanische Lautverschiebung S. 150b.
Erststellung S. 177b.
Erzählform S. 12b, 98a, 110a.
Erzählen S. 19a, 39b, 59b, 128b.
Erzähler / Erzählerin S. 16b, 21a, 28b, 35b, 39a, 39, 92b, 93b, 116b.
Erzähl(er)standpunkt S. 35b, 39a.
Erzählperspektive S. 16b, 23b, 35b, 39, 83b, 90b, 98a.
Erzähltechnik S. 84b.
erzählte Zeit S. 35b, 39b, 59b, 103b.

Erzählung S. 17b, 18b, 21a, 39, 92a, 103a, 110b.
Erzählzeit S. 35b, 39, 59b, 103b.
Erziehungsroman S. 21b, 34b, 39.
Essay S. 23b, 39 f., 44a, 61b.
Etymologie S. 121a, 132, 152a, 186a.
Euphemismus S. 40, 132.
Euphuismus S. 75a.
Exegese S. 40, 55a.
Exempel S. 40, 85b.
Exilliteratur S. 40 f., 59b, 72a, 102a.
Existentialismus S. 34a, 41a.
existentialistische Literatur S. 41.
Exotismus S. 41.
experimentelle Kunst/Literatur S. 47b, 69b, 73a.
Exposé S. 31b, 41b.
Exposition S. 31a, 31b, 36b, 41.
Expressionismus S. 17b, 27a, 33a, 41 f., 84b, 108b.
Expressivität S. 132 f.
Fabel S. 20b, 31a, 40b, 42, 51b, 53a, 62a, 70b, 80a, 83b, 85b, 87a, 95b, 105b, 106b, 110b.
Fachsprache S. 133, 135b, 171a, 173b.
Fachwort →Terminus
Faksimile S. 42.
Fälschung S. 84b.
Familienroman S. 42, 82b.
Familiensaga S. 99b.
Farce S. 42, 65b, 103a.
Fastnachtspiel S. 42b, 42, 49a, 53a, 65b, 68b.
Faustvers S. 47a.
Fazetie S. 43.
Feature S. 43, 43a, 57a.
Feengeschichte S. 43.
Feenmärchen S. 43a.
Feenoper S. 43a/b.
Feen- o. Zauberstück S. 43a.
Feld S. 133, 166b.
Femininum S. 133, 136a.
Feminismus S. 46b.
Fernsehen S. 9b, 31a, 43, 43b, 111a, 118b.
Fernsehfeature S. 43b.
Fernsehfilm S. 43b.
Fernsehserie S. 43b.
Fernsehspiel S. 31b, 43.

195

Festspiel S. **43 f.**, 50a.
Feuilleton S. 35b, **44**, 51b, 61b, 96a, 104b, 110a, 118b.
Feuilletonismus S. **44a**.
Feuilletonroman S. **46a**.
Figaro S. 26b.
Figur (literarische F.) S. 16b, 21a, 26b, 28a, 35b, **44**, 45b, 51a, 52a, 54b, 75b, 83b, 100b.
Figur (rhetorische/stilistische F.) S. 13a, **44**, 60b, 87a, 112b, 119a; →Stilfigur.
Figurenaufbau S. 31a/b.
Figurencharakterisierung S.14b.
Figurenensemble S. **44b**.
Figurengedicht S. **44**.
Figurenkonstellation S. **44b**, 85b.
Figurenpersonal S. 26b.
Figurentypus S. 20a, 27a, 53a.
Fiktion S. 17a, 22a, 30a, **44 f.**, 70b, 90b.
fiktionale Literatur S. **45a**.
Film S. 9b, 26a, 30a, 31a, 31b, 43b, 59b, 64a, 77a, 80a, 83b, 94a, 96a, 103a, 113b, 114b.
Filmtechniken S. 80a, 83b, 103b.
Finalbestimmung S. **133**, 143a.
Finalsatz S. **133**.
Fin de Siècle S. 27b, **45**.
finite Verbform S. 123a, 126a/b, **133**, 146b, 160b, 164a, 167a/b, 178a, 185b, 187b.
Flexion S. 129a, **133**, 134a, 146b.
Flexionsendung S. 133b, 178a.
Flexionsmorphem S. 154a.
Floiade S. 75a.
Flugschrift S. 21a, **45**, 89b, 112b.
Folklore S. **45**.
Form S. **45**, 48a, 107a, 108a, 127a.
Formale Schule S. **45b**.
Formalismus S. **45**, 47b, 60a, 105a, 108a.
Formativ S. **133**, 189a.
Fortsetzungsroman S. 44a, **45 f**.
Fragesatz →Interrogativsatz
Fragment S. **46**, 84b, 98b.
Frame(-Theorie) S. **133 f.**, 164a.
Frauenliteratur S. **46**.
Frauenlob S. **79a**.
Freie Bühne S. **46**.
freie Künste S. **46 f.**, 97a.

freie Rhythmen S. 10b, **47**, 47a, 58a, 84a, 84b, 91b, 94a, 108b.
freier Vers S. **47**.
Freilichtbühne S. **24a**.
Frikative S. 148a, 150b/151a.
Fremdwort S. **131b**, **134**, 172a.
Frühneuhochdeutsch S. 129a, **134**, 153a, 155b.
Fugenelement S. **134**, 141a.
Fügewort S. 163a.
Fünfakter S. 31b, 87a.
Funk S. 9b, 21a, 31a, 43a.
Funkdrama →Hörspiel
Funkspiel →Hörspiel
Funktion (Literatur/ Texte) S. 16b, 20b, 41a, 42a, 45b, 81b, 89b, 90b, 108a, 117b, 180b, 181a, 182a.
Funktion (Sprache) S. **134**, →Sprachfunktion; S. 123a, 151b, 157b, 174a, 177a.
funktionale Grammatik S. **134**.
Funktionalstil S. **134**, 176a.
Funktionsverb S. **134b**.
Funktionsverbgefüge S. **134 f**.
Furcht und Mitleid →Katharsis
Fürstenspiegel S. **39b**.
Fürwort →Pronomen
Futur/Futur I u. II S. **135**, 180a.
Futurismus S. 17a, 26a, 27a, 45b, **47**, 67a, 70a, 108b.

galante Dichtung S. **47**.
galanter Roman S. **47b**.
Gassenhauer S. **101a**.
Gattung S. 17b, 20b, 28b/29a, 30b, 36a, 39a, **47 f.**, 53a, 60a, 70b, 74a, 79b, 89a, 98a, 106b, 111b.
Gattungsbezeichnung →Appellativum
Gattungsstil S. 106b.
Gattungszahlwörter S. **156b**.
Gaunersprache S. 125a.
Gebrauchsformen S. 95b, **135**.
Gebrauchsliteratur S. 47b, **48**, 49b, 89b, 99a.
Gebrauchswert S. 48a.
gebrochener Reim S. **34a**.
gebundene Rede S. **48**, 48b, 115a.
Gedankenlyrik S. **48**.
Gedicht S. 21a, 32b, **48**, 51a, 74b, 84a.
Gedichtform/Gedichtmaß S. 51a, 74b, 104b.

geflügelte Worte S. **48**, 119b.
Gegenspieler →Antagonist
Gegenwart →Präsens
Gegenwort →Antonym
Gehalt/Gestalt S.45b, **48**, 106b, 107b.
Geistesgeschichte S. **48 f.**, 55a.
geistliches Drama S. **49**, 102b, 103b, 107b.
Gelegenheitsbildung →Okkasionalismus
Gelegenheitsdichtung S. 48a, **49**.
Geltungsgrad S. 153b.
Gemeinplatz S. 111b.
Gemeinsprache S. 130b, 133a, **135**, 138a, 142b, 180b.
generative Grammatik S. **135**, 137b, 145b, 152a, 177b.
generative Transformationsgrammatik S. **135b**.
Genie S. 28b, **49 f.**, 85a, 88b, 106b, 108a, 117b.
Genieperiode/Geniezeit S. **49b**, 108a.
Genitiv S. **135**, 143a.
Genre S. 31a, 44a, **48a**, 118b.
Genus S. 129a, **135 f.**, 178a.
Genus des Verbs (genus verbi) S. 122b, **136**, 147a, 159b.
Germanisch S. **136**, 151a, 171b.
Germanistik S. **50**, **87b**.
Gerundium S. **136**.
Gerundiv(um) S. **136**.
Gesamtkunstwerk S. **50**.
Gesang S. 26b, 31a.
Geschichtsroman →historischer Roman
Geschlecht →Genus
Geschlechtswort →Artikel
geschlossene Form S. **50**.
Geschmack S. 15a, 29b, **50**, 64a, 117b.
Gesellschaftsroman S. **50 f**.
Gesetz der Serie S. 45b.
Gespräch S. 126b, 131a, **136 f**.
Gesprächsanalyse S. **136b**.
Gesprächsarten S. **136b**.
Gesprächsphasen S. **136b**.
Gesprächsschritt S. **136b**.
gesprochene Sprache S. 130b.
Gestalt →Gehalt/Gestalt
Gestik S. 51a, 71a, 114b.
Gestus S. **51**.
Ghasel S. **51**.
Ghostwriter S. **51**.

Gleichnis S. 40b, **51**, 115a.
Gleichzeitigkeit S. 180b, **186b**.
Gliedsatz S. **137**, 155a, 183a.
Gliedteilsatz →Attributsatz; S. 155a.
Glossar S. **51b**.
Glosse S. **51**.
Gnome S. **51**.
Goethe-Gesellschaft S. 72a.
Gongorismus S. 75a.
Göttersage/Götterdichtung S. 37b, 81b.
Göttinger Hain S. 28b, 33b, **51 f.**
Grammatik S. 134b, **137**, 141a, 172b, 175a, 176b, 177b.
Grammatiktheorie S. 129b, 135b, **137**, 141a.
Graph S. **137, 137b**.
Graphem S. **137**, 150b, 151b, 154a, 169b.
grobianische Dichtung S. **52**.
grotesk/das Groteske S. **52a**, 66a, 75a, 101b.
Groteske S. 9a/b, **52**, 52b, 57b, 100a, 112a.
Grundform →Infinitiv
Grundmorphem S. 162b.
Grundwort S. 128a. **137 f.**, 146a.
Grundzahlen S. 156b.
Gruppe 1925 S. **52**.
Gruppe 47 S. 28a, **52**.
Gruppe 61 S. 14b, **52**.
Gruppensprache S. 125a, 135b, **138**, 143a, 170b.
Guckkastenbühne S. **24a**, 36b, 92a.

Hainbund →Göttinger Hain
Halbreim S. 15a.
Handlung S. 9a, 10a, 16b, 17b, 19a, 22b, 23a, 25a, 28a, 30b, 31a, 31b, 32a, 35b, 36b, 39b, 41a, 41b, 42a, 42b, 43a, 43b, 46a, 50a, **53**, 53a, 54a, 55a, 57a, 63a, 65b, 66b, 67b, 68b, 69b, 75b, 79b, 84b, 88b, 91b, 92a, 95b, 102a, 103a, 104a, 106b, 107a, 110a, 112b, 116b.
Handschrift S. 42a, **53**, 56b, 65a, 72b.
Hanswurst S. **53**, 53b, 54a, 74a.
Hanswurstiade/Hanswurstspiel S. **53a**.
Happening S. **53**.

Harlekin S. 26b, **53b**.
hässlich/Hässliches S. 13a, 15a, 15b, 27b, 50b, 63b, 64a, 69a, 75a, 75b, 82a, 84a, **101b**, 117a.
Hauptsatz S. **138**, 149b, 166b, 167a.
Haupt- und Staatsaktion S. 53a, **53 f.**, 92b.
Hauptwort →Substantiv
Heber/hebig S. 115a.
Hebung/Senkung S. 16a, 47a, **54**, 55a, 61a, 62a, 64b, 75a, 86b, 91b, 110b, 115a.
Heidelberger Romantik S. **98b**.
Heimatdichtung/Heimatkunst S. 22b, **54a**.
Heimatliteratur S. 30b, **54**, 80b/81a.
Held/Heldin S. 9a, 17b, 26a, 37b, 46a, **54**, 56b, 57b, 63a, 75a, 76a, 83b, 87a, 92a, 100b, 112b.
Heldendichtung S. 37b, **54 f.**, 56b, 90b, 97a.
Heldenepos S. 9a, 25a, 54b, **55a**, 56b, 97a.
Heldenlied S. 25a, **54b**, 55a, 90b.
Heldensage S. **54b**, 81b, 99b.
Herausgeber S. 66b.
Hermeneutik S. 40b, **55**, 60a, 117b.
Hervorhebung S. 126b, 131a, 154b, 160b, 175b.
Hexameter S. 27a, 30a, 32b, **55**, 78a, 86b, 94a, 115b, 118a.
Hiatus S. **55**.
Hilfsverb S. **138**, 153b, 159b, 160a, 161a, 185a, 186a.
Hirtendichtung S. 12a, 24a, **55**, 58a, 73b, 74b; →Bukolik.
Hirtengedicht S. **55b**.
Hirtenroman S. **55b**.
historischer Roman S. 14b, 55 f., 118a.
historisch-kritische Ausgabe S. 16a, 32a, 53a, **56**, 85b, 96a, 111a.
Historismen S. **125a**.
Hochdeutsch S. **138**.
Hochlautung S. 138b.
Hochsprache S. 80b, **138**, 138a, 152a, 155a, 183b.
höfische Dichtung S. 25a, 52a, **56**.

höfische Lyrik S. **56b**.
höfischer Roman S. **56b**.
höfisches Epos S. 25a, **56b**.
hohe Literatur S. 117b.
Homonym S. **138**, 179a.
Honorar S. 115a.
Hörbild S. **57a**.
Hören S. 144a.
Hörer/Hörerin, Zuhörer/Zuhörerin S. 20b, 34b, 39a, 48a, 60b, 86b, 92a, 96b.
Hörfolge S. **57a**.
Hörfunk →Funk; S. 43a.
Hörspiel S. 43a, **56 f.**
Humanismus S. 17a, 19a, 20a, 26a, 38a, 43b, **57**, 63a, 68a, 84a, 87a, 95a.
Humanistendrama S. 102a.
Humor S. 42b, **57**, 60b, 65b, 93b.
Humoreske S. **57b**, 58b.
humoristisch S. 13a, 16b, 21b, 57b, 62a, 92a, 93b.
Hybridbildung S. **138**.
Hybris S. **57**, 112b.
Hymne S. **57 f.**, 84a, 108b.
hymnisch S. 30a, 58a, 84a.
Hyperbel S. **58**, **138**.
Hyperonym S. **138**.
Hyponym S. **139**.
Hypotaxe S. **139**.

IC-Analyse S. 148a.
Idiolekt S. **139**.
Idiom S. **139a**, **139**, 161a, 164b.
Idylle S. 48a, 55b, **58**, 73b.
Ikon S. **139**, 188b [ikonisches Zeichen].
Illokution S. **139**, 142a, 164a, 175b, 182a.
Illokutionstypen S. **139b**.
Illusionstheater S. 35b.
Imitation S. **58**, 86a.
Imperativ S. 123b, 126a, **139**, 140a, 153b.
Imperfekt S. **139**, →Präteritum
Impersonal(e) S. **140**, 185b.
impliziter Leser/Leserin S. **71a**.
Impressionismus S. 15b, 27b, 41b, 54a, **58 f.**, 83a.
Impressum S. **59**.
Imprimatur S. **59**.
indefinite Numeralia S. **156b**.
Indefinitpronomen S. **140, 163b**.
Index S. **59**, 118b.
Indikativ S. **140**, 147b, 153b.

197

indirekte Rede S. 38b, 130b, **140**, 147b, 164b.
indirekter Fragesatz S. 155a.
indirekter Sprechakt S. 139b.
Individualität S. 21b, 33b, 40a, 85a, 88a, 108a, 112a.
Individualstil S. 106b, **140**, 176a.
Indoeuropäisch →Indogermanisch
Indogermanisch S. 136a, **140**, 151a, 171b, 174b.
industrielle Literatur (serielle L.) S. **46a**.
infinite Verbform S. **141**, 185b.
Infinitiv S. 125b, 136b, **141**, 153b, 175b, 185a.
Infinitivgruppe/Infinitivkonstruktion S. **141**.
Infix S. **141**.
Information S. 43a, 43b, 44a.
Inhalt S. 45b, 48b, 107b, 108a, 111b.
inhaltsbezogene Grammatik S. **141**.
Inhaltssatz S. **141**.
Inkunabel S. **59**.
Inkunabelnkunde S. **59b**.
innere Emigration S. **59**.
innerer Monolog S. 19b, 39a, 39b, 56b, **59**, 79b, 84b, 104a.
Instrumentalbestimmung S. **141**.
Instrumentalsatz S. **141**.
Inszenierung S. 29a, **59**, 94a.
Intention S. **141 f.**, 144b, 175b, 181a, 181b.
Interjektion S. **142**, 166b, 187a.
Interlinearglosse S. 51b.
Interlinearversion S. **60**.
Internationalismus S. **142**.
Interpretation S. 29a, 40b, 55a, **60**, 60a, 67a, 94a, 117b.
Interpunktion S. 126b, 137b, **142**.
Interrogativpronomen S. 132a, **142**, **163b**.
Interrogativsatz S. 126b, **142**, 167a, 178b, 185b.
Intertextualität S. **60**.
Intonation S. 126b, 131b, **142**, 167a.
intransitives Verb S. 160a, 161b, 183b.
Intransitivität →transitives Verb
Inversion S. **60**, **142**.

Ironie S. 21b, 57b, 58b, **60 f.**, 73b, 77b, 85a, 86b, 98a, 98b, 100a/b, 113b.
ironisch S. 16b, 19b, 21b, 24b, 28a, 35a, 58b, 60b, 61b, 71b, 73b, 86a, 90a, 97b, 98a, 100b, 117a.
Irrealität S. 147b.

Jahrbuch S. 11b, 87a.
jambisch S. 10b, 16b, 22b, **61a**.
Jambus S. 16a, 22b, **61**, 113a, 115a.
Jargon S. 125a, **142 f.**
Jenaer Romantik S. **98b**.
Journal S. **61**, 118b.
Jugendstil S. 15b, **61**, 83a, 108b, 109b.
Junges Deutschland S. 20b, 44a, **61**, 110b, 116b.

Kabarett S. 10a, 24b, 26b, **61 f.**, 104a, 105a.
Kadenz S. **62**, 83a, 94a, 106a.
Kalender S. 11b, **62**, 65a.
Kalendergeschichte S. **62b**, 68b.
Kammerspiel S. **62**, 111a.
Kammerspiele S. **62b**.
Kanal S. 144b.
Kanon S. **62**, 64a, 73a, 117a, 117b.
Kanzone S. **62**, 107b.
Kanzonenform S. 16a.
Kardinalzahl S. **143**, **156b**.
Kasus S. 129a, **143**.
Kasusobjekt S. **157a**.
Katachrese S. **63**, 107a.
Katastrophe S. 31b, **63**, 66b, 87a.
Katharsis S. 15a, 31a, 36a, **63**, 78b, 86b, 89a, 96b, 112a, 112b, 114b.
Kausalbestimmung S. 141b, **143**, 146b, 148a, 149a.
Kausalität S. 144a.
Kausalsatz S. **143**
Kehrreim →Refrain
Kernsatz S. 154b, 164a, **167a**, **177b**, 186a.
Kinderlied S. 69b, 93b.
Kirchenlied S. 18b, 58a, **63**.
Kitsch S. 46b, 50b, **63 f.**, 104b, 113a, 117a.
Klammerfeld S. 154b.
Klangmalerei →Onomatopöie

Klassik S. 13a, 17a, 21b, 32a, 33a, 35a, 36a, **64**, 93a, 95a, 98b, 101b, 108a, 109a.
Klassiker S. 9b, 33a, **64b**.
klassisch S. 23a, **64b**, 79b, 84b, 109a.
klassische Philologie S. **87b**.
Klassizismus S. 50a, 58b, **64**, 66a, 108a.
Kleinkunstbühne S. 24b, 61b.
Klimax S. 96a, **143**.
Klischee S. 46a, 111b.
Knittelvers S. 10b, **64 f.**, 103a.
Kode S. 25a, **143**, 144a, 185a.
Kodex S. 53a, **65**.
kognitive Funktion S. 171b.
Kohärenz S. **143 f.**, 144a, 163b, 165a, 169a, 179b, 180b, 183a, 184b.
Kohäsion S. 143b, **144**, 180b, 183a.
Kollektivum S. **144**, 147b, 156b, 178b.
Kolon S. **65**.
Kolportage S. 22b, 46a, **65**.
Kolportageliteratur **65a**.
Kolporteur S. **65a**.
komisch S. 9b, 16a, 16b, 18a, 23a, 24a, 24b, 26a, 42b, 53a, 57b, 58a, 63a, 65a, 65b, 66b, 74a, 75a, 86a, 90a, 100a, 107a, 111a, 112b, 114b, 117a, 119a.
Komisches S. 13a, 15a, 24b, 38a, 50b, 52a, 57b, **65**, 65b, 66b, 100a, 112a, 112b.
Kommunikation S. 134a, **144**, 152b, 162b, 169a, 173b, 174a, 176a.
Kommunikationsabsicht →Intention
Kommunikationsbereich S. 134b.
Kommunikationseffekt S. **144**.
Kommunikationsmodell S. **144**.
Kommunikationspartner S. 126b, 144b, 169a.
Kommunikationssituation S. 39a, 122b, 124a, 127a, 142b, 144b, **144 f.**, 149a, 171a, 181b.
Kommunikationsstrategie S. **145**, 145a.
Kommunikationstheorie S. 137b.
kommunikative Funktion S. 171b.

kommunikative Kompetenz S. **146a**.
kommunikatives Handeln S. **145**, 172b.
Komödie S. 24a, 24b, 25a, 26a, 26b, 29a, 30b, 31a, 35b, 65b, **65 f.**, 66a, 67a, 74a, 79a, 86a, 87a, 100a, 100b, 112a.
Komparation S. 121a, **145**, 185b.
Komparatistik S. 66a, **73b**.
Komparativ S. **145a**, 184a.
Komparativbestimmung S. **145**.
Komparativsatz S. **145**, 147b.
Kompetenz S. **146 f.**, 163b.
Kompilation S. **66**.
Komponentenanalyse S. 127a, **146**.
Komposition S. 48b, 68b, 71a, 85b, 134a, **146**, 148b, 187a.
Kompositionsfuge S. 134a.
Kompositum S. 128a, 138b, **146**, 178a, 183a, 188b.
Konditionalbestimmung S. 143a, **146**.
Konditionalsatz S. **146**, 147b.
Konflikt S. 24a, 28a, 31a, 31b, 36b, 41b, 62b, 65b, **66**, 95b, 106b.
Kongruenz S. 136a, **146**, 157a, 162a, 178a, 185b.
Konjektur S. **66**.
Konjugation S. **146 f.**, 158b, 185a.
Konjunktion S. 126a, **147**, 147a, 149b, 159a, 163a, 169a, 171a.
Konjunktionaladverb S. 147a, **147**.
Konjunktionalsatz S. **147**, 147a, 155a.
Konjunktiv S. 123b, 140a, **147**, 153b.
konkrete Poesie S. **66 f.**, 69b, 81a.
Konkretisierung S. 139a.
Konkretum S. 87a, 121a, **147**, 178a.
Konnotation S. 129b, **147 f.**, 181a.
Konsekutivbestimmung S. 143a, **148**.
Konsekutivsatz S. 147b, **148**.
Konsonant S. 125b, **148**, 186a.
Konstituente S. 146a, **148**.
Konstituentenanalyse S. 130a, 146b, **148**, 179a, 188b.

Konstruktionswechsel →Anakoluth
Konstruktivismus S. **67**.
Kontamination S. **148**.
Kontext S. **67**, 127a, 129a, **148 f.**, 163a/b, 170b.
Kontextualität S. **67a**.
Kontraktion S. **149**.
Konversationslexikon S. **34b**.
Konzessivbestimmung S. 143a, **149**.
Konzessivsatz S. 147b, **149**.
Koordination S. 126a, **149**, 167a, 168b.
Kopie S. 84b.
Kopula S. **149**, 153b, 162a.
Kopulativkompositum S. **146b**.
Körpersprache S. 51a.
Kothurn S. **67**.
Kreuzreim S. **67**, 94a.
Kreuzzugschronik S. **67b**.
Kreuzzugsdichtung S. **67**.
Kreuzzugsepik S. **67b**.
Kreuzzugslied S. **67b**.
Kriegslied S. 74a.
Kriminalroman S. 9a, **67 f.**
Kritik S. 29a, 43b, 96a, 100a.
kritische Ausgabe S. **56b**.
kritischer Realismus S. **93b**.
Kryptogramm S. **68**.
Kubismus S. 27a.
Küchenlatein S. **68**.
Kulturgeschichte S. 48b.
Kulturkritik S. 27b, 28a.
Kunst S. 29b, 32b, 33a, 33b, 39b, 45b, 47b, 50a, 50b, 53b, 60a, 61b, 64b, 69a, 69b, 75b, 78b, 79b, 82a, 82b, 90b, 95a, 96b, 98b, 101b, 105a, 108a, 117b, 127b.
Kunstgeschichte S. 64b, 97b.
Kunstkritik S. 28a, 44a, 82b, 90a.
Künstler S. 15b, 22b, 26a, 27b, 28b, 32b, 41b, 43b, 47b, 57a, 68a, 71b 72a, 75a, 76b, 77a, 83a, 86a, 86b, 87b, 88b, 89b, 92b, 98b, 101b, 107a, 116a.
Künstlerästhetik S. 15b.
Künstlerbiografie S. **68a/b**.
Künstlerproletariat S. 23a.
Künstlerroman/-novelle S. **68**.
künstliche Sprache S. **149**.
künstliche Zeichen S. **188b**.
Kunstlied S. 71b, 74b.
Kunstmärchen S. 42a, 42b, **76a**.

Kunstperiode S. 61b.
Kunstpolitik S. 47b, 86a.
Kunstrichtung S. 45b, 75b, 108b.
Kunstschönes S. 83a, 101b.
Kunstströmung S. 41b, 79b, 82a, 83a.
Kunsttheorie S. 69a, 69b, 89a.
Kunstwerk →Werk; S. 26a, 28b, 29a, 45a, 45b, 47b, 48b, 50a, 53b, 60a, 80b, 87b, 97a, 107a, 107b.
Kunstwort S. **149**.
Kurzgeschichte S. **68**.
Kurzwort S. **149 f.**, 187a.
Kurzzeile S. 10b, 83a.

Laie S. 49a, 68b, 71b.
Laienkunst S. 22a, 29b.
Laienspiel S. 26a, **68**.
Laienspieler / Laienspielerinnen S. 26b, 68b.
Langage S. **150**, 159a, 171a.
Langue S. **150**, 150a, 159a, 171a, 175a, 179b.
Langzeile S. 10b, 54b, **68 f.**, 88a.
Langvers →Langzeile
Laokoon S. **69**, 89a.
L'art pour l'art S. 15b, 27b, 32b, 34a, 48a, **69**.
Laut S. 69b, 70a, 125b, 126b, 130b, 135b, 138b, 142a, 148b, **150**, 154a, 157b, 160b, 161a, 173b, 184a, 186a.
Lautbildung →Artikulation
Lautform S. 132b.
Lautgedicht S. 67a, **69**, 84b.
Lautgestalt →Signifikant; S. 179a.
Lautmalerei →Onomatopöie
Lautnachahmung S. 188a, 188b.
Lautschrift S. 183b.
Lautsymbolik S. **69 f.**, 84b.
Lautung S. 134a, 138b, 151a, 151b, 157b, 158a, 172a, 174a, 176a, 176b.
Lautverschiebung S. 123a, 138a, **150 f.**, 151a, 155b.
Lautwandel S. 132a, **151**, 174b.
Lebenslauf S. 135a.
Leerstelle S. **151**, 184b.
Legende S. 35b, **70**, 70b.
Lehnbedeutung S. **131b**.
Lehnschöpfung S. **131b**.
Lehnübersetzung S. 123b, **131b**.
Lehnübertragung S. **131b**.
Lehnwort S. **131b**, 134a, **151**.

199

Lehrdichtung S. 19a, 40b, 42a, 47b, 49a, 51b, **70**, 74b, 85b, 111a.
Lehrstück S. 10a, **36b**, 82b.
Leich S. **70**, 79a.
Leihbibliothek S. **71a**.
Leis S. 63b, **70**.
Leitmotiv S. **71**, 80b.
Lektor/Lektorin S. **71**.
Lesart S. 32a, 56a, **71**, 111a.
Lesegesellschaft S. **71**.
Lesekabinett S. **71a**.
Lesen S. 144a, **151**, 169a.
Lesepublikum S. 92a, 115a.
Leser/Leserin S. 9a, 16b, 20b, 24b, 35b, 48a, 56a, 60a, 62b, 65b, 70a, **71**, 83b, 96b, 98a, 101a, 117a, 141b, 144a, 145a, 151b, 169a.
Leserschicht S. 12b, 40a, 90b.
Lesetechniken S. 151b.
Lexem S. **151**, 152a, 158b, 161b, 169b, 173a, 188a.
Lexik →Wortschatz
lexikalisierte Metapher S. **152b**.
Lexikografie S. **152a**.
Lexikologie S. 137a, **151 f.**, 157b, 169b, 175a.
Lexikon S. 34b, **152**.
Librettist S. **71b**.
Libretto S. **71**.
Liebesdichtung/Liebeslyrik S. 38b, 51a, 70b, 74a, 79a, 87b, 99a, 110a, 114b.
Lied S. 11b, 12a, 14a, 16a, 17b, 18a, 18b, 24b, 25a, 26b, 30a, 32b, 37a, 37b, 57b, 62b, 63b, 67a, 70b, **71**, 74a, 74b, 76b, 77b, 78b, 79a, 80b, 90b, 93b, 96b, 99a, 100b, 101a, 102b, 105a, 110a, 114b, 116a.
Liederbuch S. **71**.
Liedermacher S. 18a, 28b, **71b**.
Linguistik S. 50a, 128b, 137a, **152**, 162b, 164a, 171a, **175a**, 177a, 180a.
Liquide S. 148a.
literarische Gesellschaft S. **71 f.**
literarische Wertung →Wertung (2)
literarische Zeitschrift S. 61a, **72**, 118b.
Literatur S. 19a, 29a, 30a, 31a, 34a, 45a, 46a/b, 48a, 65a/b, **72**, 80b, 82a, 84b, 89b, 90b, 102b, 103b, 111a, 113a,
113b/114a, 116b, 117a/b, 119a/b.
Literaturarchiv S. **72**.
Literaturbegriff S. 29a, 72a/b.
Literaturgeschichte S. **73a**, 87b, 98a/b.
Literaturkritik S. **73a**, 117b.
Literaturmarkt S. 9a, 17a, **72**, 73a, 96a, 114a.
Literaturpreis S. **73**.
Literatursoziologie S. **73b**.
Litteratursprache S. 80b, **152**.
Literaturtheorie S. **73b**.
Literaturwissenschaft S. 28a, 29a, 29b/30a, 38b, 43b, 44b, 45b, 48b, 50a, 60a, 61a, 67a, 71a, 72a, **73**, 87b, 89a, 90b, 93b, 94b, 96a/b, 107a/b, 109a, 111b, 113a, 107a/b, 117a, 117b.
Litotes S. **73**, 113a.
Littérature engagée S. 34a, 41a.
Liturgie S. 49a.
Loblied S. 57b, 58a.
Locus amoenus S. 55b, **73 f.**, 111b.
Lokalbestimmung S. **152**.
Lokalsatz S. **152**.
Lösung S. 23a, 28a, 31b, 35a, 36b, 52a, 63a, 95b, 97a, 66b, 117b.
lustige Person S. **74**, 90a, 106b.
Lustspiel S. 49a, 65b, **66a**, 103a.
Lyrik S. 10b, 12a, 18b, 20b, 25a, 30a, 33a, 33b, 35a, 36a, 47b, 48a, 48b, 50a, 56b, 66b, 70b, **74**, 78a, 79b, 83a, 84b, 88b, 90a, 91b, 108b, 109a, 113b.
Lyriker/Lyrikerin S. 28b.
lyrisch S. 21a, **74b**.
lyrisches Ich S. **74**.

Mädchenlied S. **74**.
Madrigal S. 47a, **74 f.**, 107b.
Madrigalverse S. 47a.
Maieutik S. **60b**.
makkaronische Dichtung S. **75**.
Manierismus S. **75**, 87b, 91a.
Manifest S. 17b, 47a/b, **75**, 109a.
männlicher Reim →Kadenz; 93a, 94a.
Manuskript S. **53a**, 71a, **75**.
Märchen S. 26a, 35b, 43b, 70a, **75 f.**, 80b, 85b, 87a, 99b, 102b.
Marinismus S. 75a.
Marionette S. 92b, 111a.
Maske S. 26b, **76**, 87a.
Maskenspiel S. **76a**.
Maskulinum S. **136a**, **152**.
Masque S. **76a**.
Massenliteratur S. 113a.
Massenmedien/Massenpresse S. 21a, 77b.
Mauerschau S. 19a, 23a, 36b, **76**.
Mäzen S. **76**, 82a.
Mäzenatentum S. **76b**.
Medien S. 9b, 19a, 20b, 31b, 48a, 92a, 95b, 118b.
Medienästhetik S. 69a.
Medium S. 9b, 19a, 43a, 43b.
Mehrzahl →Plural
Meister(ge)sang S. 16a, 37b, 42b, 49a, 62a, 71b, **76 f.**, 79a, 107b, 111b.
Meistersangstrophe S. **76b**.
Meistersingerschulen S. 76b, 77a.
Meistersonett S. **105a**.
Melodrama S. **76**, 104b.
melodramatisch S. **77a**, 104b.
memento mori S. 18b.
Memoiren S. 17a, 21b, 77.
Metakommunikation S. **152**.
Metapher S. 20b, 63a, **77 f.**, 78a, 87a, 109a, 109b, 113a, **115a**, **152**, 154a, 160b, 177a, 179a, 183b.
Methodenpluralismus S. 60a.
Metonymie S. 20b, 67a, 77b, **78**, 109b, 113a, **153**, 154a, 177a, 183b.
Metrik S. 16a, 37a, 55b, 65a, **78**, 86b, 91b, 97a, 107b, 110b.
Metrum S. 48a, 74a, **78**, 91a, 115a.
Mimesis S. 58b, **78**, 89a.
Mimik S. 26b, 51a.
Mimus S. 31a, **78 f.**
Minne S. 74b.
Minnedienst S. 79a.
Minnesang S. 16a, 56a, 71b, 74b, **79**, 87a, 106a, 107b, 111b.
Minnesänger S. **79a**.
Mitlaut →Konsonant
Mitleid und Furcht →Katharsis
Mitteilungswert S. 168a.
Mittelhochdeutsch S. 129a, 134a, 151a, **153**.
Mittelwort →Partizip

200

Modalbestimmung S. 141b, 145b, **153**.
Modalität S. 153b, 163a, 175b.
Modalsatz S. **153**.
Modalverb S. 138a, **153**, 185a.
Modalwort S. 121b, 187a.
modern S. **79a**.
Moderne S. 27b, 28a, 45b, **79**, 90b, 99a, 101b.
modernistisch/Modernismus S. **79b**.
Modern Style S. 61a.
Modus S. 140a, 147a, **153**, 155a, 164b, 169a, 180a, 182a.
Möglichkeitsform →Konjunktiv
Monografie S. **79**.
Monolog S. 28a, 31a, **79f.**, 91a, 136b.
Monophthong S. **154**.
Montage S. 26a, 30a, 43b, **80**, 84b, 104a.
moralische Wochenschriften S. **80**.
Moralität S. **49a/b**.
Moritat S. **18a**, 21a, **80**, 105a.
Morphem S. 122a, 127a, 148a, **154**, 162b, 169b, 170b, 178b, 187b, 188b.
Morphologie S. 137a, **154**, 175a.
morphologische Motiviertheit S. **154a**.
Motiv S. 71a, **80**, 88b, 99b, 100a, 103a.
Motiviertheit sprachlicher Zeichen S. **154**, 188b.
Motto S. 33a.
Mundart →Dialekt; S. 80b, 152a, 155a, 183b, 184a, 185a.
Mundartdichtung S. **80f.**
Mundartsprecher S. 130b.
Musenalmanach S. 11b, 52a, **81**, 110b, 118a.
Musik S. 13b, 15a, 16b, 18b, 26b, 47a, 50a, 56b, 71a, 71b, 74a, 74b, 77a, 94a, 96a, 104a, 109b, 110b, 111b, 116a.
Musiktheater S. 100b.
Muttersprache S. **154**.
Mysterienspiel S. 42b, 49a, 76a, **81**.
Mystik S. **81**, 91b.
Mythologie S. 33a, 37b, **81b**, 87b.
Mythos S. 13b, 74a, 76a, **81**, 83a, 99b.

Nachahmung →Mimesis; S. 64b, 58b, 86a.
Nachdichtung S. **113b**.
Nachfeld S. **154**.
Nachsatz S. **154**.
Nachstellung S. 164b.
Nachstellungsfeld S. 154b.
Nachtrag S. 126b, **154**, 177a.
Nachzeitigkeit S. 180b, **186b**.
naiv/sentimentalisch S. 32b, 58b.
Namensarten S. 131a.
Namensforschung S. 175a.
Nasale S. 148a.
Nationalliteratur S. 58b, 73a, 73b, **82**, 116b.
Nationalsprache S. 82a, **154f**.
Nationalstil S. 106b.
Nationaltheater S. 31a, **82**.
Natur S. 108a.
Naturalismus S. 27b, 41b, 54a, 58b, 61a, 72a, 77b, 79b, 81a, **82**, 83a, 93a, 103b.
Naturbühne S. 24a.
Naturdichtung S. 58a, 73b.
Naturformen der Poesie/Dichtung S. 36a, 47b.
Naturpoesie S. 116a.
natürliche Motiviertheit S. **154a**.
natürliche Zeichen S. **188b**.
Naturschönes S. 101b.
Nebenordnung →Koordination; S. 126a.
Nebensatz S. 122a, 137a, 141a/b, 147a, 148a, 149a/b, 152b, 153b, **155**, 157a, 159b, 162b, 165b, 166a, 167a, 171a, 178a, 180a/b, 186a, 186b, 189b.
Negation S. **155**.
negative Utopie S. 103a.
Nekrolog S. 21b, **82**.
Neologismus S. 123b, **155**, 157a.
Neue Sachlichkeit S. 41b, **82f**.
Neuhochdeutsch S. 134a, **155**.
Neuklassizismus S. **83**.
Neuniederdeutsch S. 155b.
Neuromantik S. **83**, 109b.
Neutrum S. **136a**, **156**.
New Criticism S. **60a**.
Nibelungenstrophe S. 69b, **83**.
nichtaristotelisches Theater →episches Theater; S. 14b.
nichtsprachliche Zeichen S. **189a**.

niedere Literatur S. 117b.
Nomen S. 149a, **156**, 163b.
nominales Prädikat S. **162a**.
Nominalisierung S. 134b, **156**.
Nominalstil S. **156**.
Nominativ S. **143a**, **156**.
Nonfiction S. **45a**.
Nonsensdichtung →Unsinnspoesie
Norm (Sprache) →Sprachnorm; S. 144b, 145a, 163a/b, 176a, 184a.
Norm (Literatur) S. 50a, 58b, 64b, 84a, 85a, 89a, 98b, 108a, 117a, 117b.
Nouveau Roman S. **83**.
Novelle S. 36b, 50a, 68b, **83f.**, 95b.
Numeral(e) S. **156**, 187a.
Numeralia S. **156b**.
Numerus S. 129a, 147a, **156f.**, 177a.
Nullartikel S. 125b.

Oberbegriff →Hyperonym; S. 124b.
Objekt S. 125b, **157**, 159b, 162a, 167a, 183b, 187a.
Objektprädikativ S. **162a**.
Objektsatz S. **157**.
Ode S. 10b, 11a, 15a, 30a, 47a, **84**, 94a, 100a, 115b.
Odenmaß S. 10b, 15a, 100a.
offene Form S. **84**.
Offener Brief S. 23b.
Öffnungslaut S. 125b.
Okkasionalismus S. **157**.
Oktave →Stanze
Onomasiologie S. **152a**, **157**, 169b.
Onomatopöie S. 58b, 69b, **84**, 109b, **157**.
Oper S. 24b, 43a, 43b, 50a, 71b, 75a, 76a, 77a, 104a, 114a, 114b.
Operette S. 26b, 71b, 104a, 114b.
oral poetry S. **84**.
Oratorium S. 75a.
Ordinalzahl S. **156b**, **157**.
Ordnungszahl S. 156b.
Organonmodell S. **157**, 171b.
Original S. 49b, 56b, **84f.**, 86a, 88b, 112b.
Originalgenie S. 9b, 85a.
Originalität S. **84b**.

Ornament S. 52a, 61a, 75a, 97b.
Orthoepie S. **157 f.**, 172b, 173a.
Orthographie S. 137a, **158**, 169b, 172b, 173a, 175a, 187b.
Orthographiereform S. **158**.
Osterspiel S. **49a**.
Ottaverime →Stanze
Oxymoron S. 13a, 37a, 63a, **158**.

Paarreim S. 34a, **85**, 94a.
Palindrom S. **11b**.
Pamphlet S. **85**, 89b.
Panegyrikos S. **85**.
Pantalone S. 26b, 76a.
Pantomime S. 43a, 61b, 94a, 96a.
Parabel S. 40b, 51b, 70b, **85**, 115a.
Parabelstück S. **85b**.
Paradigma S. **158**.
Paradoxon S. **85**.
Paralipomenon S. 56a, **85**.
Parallelismus S. **85 f.**, 123b, **158**, 177a.
Paraphrase S. **158**.
Parataxe →Koordination; S. 139a, **158**.
Parenthese S. **158 f.**, 177a.
Parodie S. 24b, 60b, 61b, 64b, 65b, 75a, **86**, 87a, 99a, 112b.
Parole S. 150a, **159**, 171a.
pars pro toto S. **86**, **109b**.
Parteilichkeit S. 34a, **86**, 89b, 105a, 110b, 114b.
Partikel S. 114b, **159**, 166b, 185b, 187a.
Partizip S. 125b, 141a, **159**, 160a, 161b, 175b.
Partizip I u. II S. 136b, **159a**, 159b, 160a, 161b, 175b, 185b.
Partizipgruppe/Partizipialkonstruktion S. **159**.
Passiv S. 122b, **159**, 183b, 185a.
Passionsspiel S. 43b, **49a**, 103b.
Pastiche S. **86a**.
pathetisch S. **86a**.
Pathos S. 42a, 67a, 82b, 84a, **86**.
Patiens S. 122a, **159**.
pejorativ **159 f.**
PEN S. 10a, **86**.
Pentameter S. 27a, 30a, 32b, 78b, **86 f.**, 115b.
Perfekt S. 127a, 133a, 135a, 147a, 159a, **160**, 163b, 180a, 180b.

Periode (als Satzform) S. **160**, 167a, 168b.
Periodikum S. **87**.
Periodisierung S. 37a.
Peripetie S. **87**.
Periphrase S. **160**, 177a.
Permutation S. **160**, →Umstellprobe.
Persiflage S. **87**, 112b.
Person 140a, 147a, **160**.
personale Erzählperspektive S. 39a.
personaler Erzähler S. 35b, 39a.
Personalform →finite Verbform
Personalpronomen S. **160**, **163b**.
Personalstil S. 106b.
Personifikation S. 49a, **87**, **160**.
Perspektive →Erzählperspektive
Petrarkismus S. **87**.
Phantasie S. 15a, 20b, 28b, 49b, 60b, 78b, **87**, 88b, 98b, 108b, 109a.
Phantastisches S. 26a, 94b.
Philologie S. 73a, **87**.
Phon S. 150b.
Phonem S. 130a, 137b, 148a, 150b, 154a, **160 f.**, 161a, 169b.
Phonetik S. 150a, **161**, 160b, 175a.
phonetische Motiviertheit S. **154a**.
Phonologie S. 137a, 150a, 160b, **161**, 175a.
Phraseologismus S. 138b, 151b, **161**, 188a.
Pickelhering S. 74a.
Pietismus S. 81b, **87 f.**
pikaresker/pikarischer Roman →Schelmenroman
Pikaro S. 100b.
Pirckheimer-Gesellschaft S. 20a.
Pitaval S. 67b, **88**.
Plagiat S. 66b, **88**.
Pleonasmus S. **161**, **179b**.
Plosive S. 148a.
Plot S. **42a**.
Plural S. 121a, 144a, **156b**, **161**, 184a.
Pluraletantum S. **156b**, **161**.
Plusquamperfekt S. **161**, 180a.
Poesie S. 11b, 15a, 19a, 28b, 29a, 36a, 47b, 48a, 60b, 69a, 78b, **88**, 89b, 91b, 96b, 108a, 109a, 109b, 116a.

Poésie engagée →Engagement
Poésie pure →L'art pour l'art
Poet / Poetin S. **28b**, 101b.
Poeta doctus S. **88**, 89a.
Poeta laureatus S. **88**.
Poète maudit S. **88 f.**, 109a.
Poetik S. 15a, 18b, 25a, 31a, 36a, 38a, 48a, 49b, 50a, 50b, 53a, 63a, 64b, 66a, 72b, 73b, 78b, 82a, 85a, 87a, 87b, **89**, 95a, 97a, 98a, 98b.
poetische Metapher S. **152b**.
poetische Prosa S. 91b.
poetischer Realismus S. 50b, **93b**.
Poetologie S. 89b.
Poiesis S. 28a, 78a, 88a.
Pointe S. 12b, 35a, 43a, **89**, 117b.
point of view S. 35b, 39a.
politische Dichtung S. 61b, **89**, 110b.
politische Lyrik S. 74a, **89b**.
Polysemie S. 127a, **161**, 169b, 179a.
Popliteratur S. 18b, 26a, **89 f.**, 90b, 113b.
populäre Literatur S. 113a.
Pornografie S. 38b, **90**, 102b, 113b.
Positiv S. **145a**, **162**.
Posse S. 26b, 65b, **90**, 103a, 114b, 116b.
Possessivpronomen S. **163b**.
Postmoderne S. 16b, **90**, 98a.
postmoderne Literatur S. **90b**.
Prädikat S. 157a, **162**, 162a, 166b, 167a, 167b, 177b, 185a, 186a, 187a.
Prädikativsatz S. **162b**.
Prädikativ(um) S. 121b, 125b, 149b, **162**, 162a.
Prädikatsnomen →Prädikativ(um)
Präfix S. 122a, 130a, 146a, 146b, 162, 164a, 178b, 187a.
Pragmalinguistik →Pragmatik
Pragmatik S. 137a, **162 f.**, 170a, 175a.
Präposition S. 143a, 159a, **163**, 164a, 165a, 186b.
Präpositionalobjekt/präpositionales Objekt S. 122a, **157a**, 159b, 168b.
Präsens S. 160a, **163**, 180a.
Präsupposition S. **163**, 175b.
Präteritum S. **163**, 175b, 180a.

Predigt S. 23b, 38a, **90**.
Preislied S. 57b/58a, **90**.
Premiere S. **114a**.
preziöse Literatur S. 75a, **90 f.**
Preziosität S. **91a**.
Primärliteratur S. **103b**.
Produktion S. 15b, 43b, 45b, 71b, 73b, 113b, 119a.
produktionsästhetisch S. 94b.
Produzent S. 31b, 144b.
Proletkult S. 47b, **91**.
Prolog S. 41b, **91**.
Pronomen S. 125b, 129a, 132a, 140a, 149a, 162b, **163**, 163a, 164b, 165a, 169a, 171b, 183a.
Pronominaladverb S. 121b, 132a/b, 183a.
Pronominalisierung S. **163**.
Proposition S. **164 f.**, 168a, 175a, 181a, 182a.
Prosa S. 15a, 34a, 47a, 48a, 48b, 65a, 88b, **91**, 98a.
Prosagedicht S. **91**.
Prosarhythmus S. 97a.
Prosodie S. 78a, **91**, 97a, 115a.
Proszenium 24a.
Protagonist / Protagonistin S. **91 f.**
Protokoll S. 135a.
Provinzstück S. 81a.
Pseudonym S. 11b, 45a, **92**, 123b.
Psycholinguistik S. **164**, 175a.
Publikum S. 35b, 36b, 43b, 62a, 72b, 74a, 82a, **92**, 96a, 114a, 116a.
Puppenspiel S. 43a, **92**, 94a.

Quadrivium S. **46b/47a**.
quantitierendes Versprinzip S. 91b, 105b, **115a**.
Quartett S. 104b.
Quelle S. 119a/b.

Rahmenerzählung S. 53a, 84a, **92 f.**
Rahmenhandlung S. 53a.
Rahmen, nominaler S. **164**.
Rahmen, verbal-prädikativer S. 126b, 154b, **164**, 167b, 171a.
Randglosse S. 51b.
Rationalismus S. 108a.
Rätsel S. 62a, **93**, 122b, 123b.
Räuberroman →Ritterroman; S. 65a.

Realismus S. 20a, 50b, 61a, 79b, **93**, 98b, 105a, 108b, 109a.
Rechtschreibreform →Orthographiereform
Rechtschreibung →Orthographie
Rede S. 30a, 35b, 38a, 65a, 91a.
Redewendung →Idiom, →Phraseologismus; S. 151b.
Rediwiedergabe S. 130b, 140a, **164**, 176b.
Redundanz S. **164 f.**, 186b.
Referenz S. 144a, **165**, 189b.
Reflexiva S. **165a**.
reflexives Verb S. 160a, 161b, **165**, 185a.
Reflexivpronomen S. **163b**.
Reformation S. 23b, 45a, 57a, 63b, 89b, 95a, 102b.
Refrain S. 26b, **93**, 99a.
Regel S. 135b.
Regelpoetik S. 89a.
Regie S. 59b, **93 f.**
Regisseur S. 59b, **94a**.
Register S. 59a.
Reibelaut S. 125b, 148a, 150b, 150b.
Reihung S. 149a.
Reim S. 10b, 11b, 15a, 16a, 21b, 26b, 33b, 34a, 47a, 48a, 51a, 64b, 67a, 70b, 71b, 76b, 74a, 75b, 78a, 83a, 84b, 91a, 91b, 93b, **94**, 102b, 103b, 104b, 106a, 106b, 110b, 113b.
Reisebericht S. **94a/b**.
Reisebeschreibung S. **94b**.
Reisebild S. 61b.
Reiseliteratur S. 23b, 61b, **94 f.**, 95b, 99a, 114a.
Reiseroman S. **94b**.
Reiseskizze S. 104b.
reitender Bote S. 28a.
Rektion S. **165**.
Relation S. 130a.
Relativadverb S. **165b**.
Relativpronomen S. **163b**, 165b.
Relativsatz S. **165**.
Renaissance S. 13a, 13b, 17a, 22a, 24a, 26b, 37a, 37b, 39b, 40b, 43a, 43b, 49b, 55b, 57a, 62b, 64b, 66a, 75a, 76a, 77b, 83b, 84a, 85a, 87b, 89a, 92b, **95**, 111b, 112a, 112b.
Repertoire S. 53b.
Reportage S. 30a, 35b, 43a, 48a, 82b, **95**, 104b, 118b.

Restaurationsperiode S. 20b.
Retardation S. 31a, 36b, **95**.
retardierendes Moment S. **95b**.
Revue S. 10a, 23a, 26b, 89b, **95 f.**
Rezension S. 12b, 72a, **96**, 111a.
Rezeption S. 45b, 71a, **96**, 97a.
rezeptionsästhetisch S. 60a, 96b.
Rezeptionsforschung S. 96b.
Rezipient / Rezipientin S. 117a, 144b.
reziprok S. **165**.
reziproke Verben S. **165b**, 185a.
Reziprokpronomen S. **163b**, **165b**.
Rhapsode S. 37b, 54b, **96**, 105b.
Rhapsodie S. **96b**.
Rhema S. **165**, 168a, 182b.
Rhetorik S. 12a, 13a, 18a, 19a, 33a, 35a, 36a, 37a, 38a, 44a, 46b, 51a, 58a, 60b, 65a, 73b, 78a, 85a, 85b, 86b, 87a, 87b, 89a, 90b, **96 f.**, 101a, 102a, 106b, 107a, 111b, 113b, 114b, 117a, 125a, **165 f.**, 173a, 176b, 177a, 183b.
rhetorische Figur →Figur (1); S. 13a, 60b, 87a, **97a**, 119a, 158b, 166a, 176b.
rhetorische Frage S. 142a, **166**, 178b.
Rhythmus S. 47a, 48a, 65a, 74a, 78a, 78b, 91a, **97**, 109b, 115a.
Ritterdrama S. **97b**.
Ritterroman S. 65a, 94b, **97**.
Robinsonade S. 9a, 41a, 94b, **97**, 114a.
Rokoko S. 18a, 38a, 47b, 55b, 68a, **97 f.**
Roman S. 9a, 14a, 14b, 16b, 18b, 19b, 20b, 21a, 21b, 22a, 23b, 24a, 31a, 34a, 35a, 35b, 36a, 36b, 37b, 38b, 39a, 39b, 40a, 42b, 45b, 46a, 47b, 48a, 50a, 50b, 54b, 55b, 56a, 56b, 59b, 65a, 67b, 68a, 74a, 80a, 81a, 83b, 84b, 92a, 93b, 94a, 94 f., 97a, 97b, **98**, 98b, 99b, 100b, 101a, 103a, 110a, 111b, 114a, 118a.
Romanbiografie S. **22a**.
Romanserie S. **46a**.

203

Romantik S. 12a, 20a, 23b, 27a, 28b, 35a, 38b, 43b, 46a, 50a, 60b, 64b, 68a, 78b, 81b, 82a, 84b, 87b, 93a, 94b, **98 f.**, 99a, 99b, 102b, 103b, 105a, 109b, 115b, 116a.
romantische Ironie S. 60b.
Romanze S. **99**.
Romanzero S. **99a**.
Rondeau S. 93b, **99**.
Rotwelsch S. **125a**.
Rückbildung S. **166**.
Rückblende S. 39b.
Rundfunk →Funk; S. 21a.

Sachbuch S. 59a, **99**.
Sachfeld S. 133a, **166**.
Saga S. **99**.
Sage S. 35b, 37b, 54b, 70a, 75b, 99b, **99**, 102b.
Salon S. **28b**, 46b.
Samisdat S. **99**, 113b.
Sammelbezeichnung →Kollektivum
Sänger S. 18a, 54b, 65b, 79a, 90b, 96b, 105b, 114a.
Sangspruch S. 106a.
sapphische Strophe S. 84a, **100**.
Satire S. 23b, 42b, 52a, 57b, 60b, 62a/b, 65b, 75a, 80a, **100**, 100b, 111b, 119a.
Satirisches S. 52a, 66a, 75a, **100a**.
satirisch S. 13a, 18a, 19b, 24b, 26b, 28a, 35a, 41a, 49a, 52a, 61b, 62a, 66a, 74b, 75a, 85a, 86a, 89b, 100a, 100b, 107a, 111a, 111b, 117a.
Satyrspiel S. **100**, 113b.
Satz S. 67a, 123b, 124a, 126b, 129b, 138a, **166**, 179a, 184b.
Satzabbruch →Aposiopese; S. 177a.
Satzäquivalent S. 155b, **166**.
Satzart S. 126b, 142a, 142b, **167**.
Satzbauplan →Satztyp
Satzform S. 160a, 166b, **167**, 167a.
Satzgefüge S. 160b, 166b, **167**, 167a, 168b, 186b.
Satzglied S. 125b, 130a, 132a, 143a, 148a, 159a, 159b, 162a, 165b, **167**, 167b, 177a, 179a, 183a, 184a, 184b, 187a, 188a.
Satzgliedanalyse S. 132b.

Satzgliedfolge S. **167 f.**, 168b, 182b, 187b.
Satzgliedstellung S. 126b.
Satzgliedteil S. 125b/126a.
Satzgliedwert S. 147a, 167b.
Satzintonation S. **142b**.
Satzklammer →Rahmen, verbalprädikativer
Satzlehre →Syntax
Satznegation →Negation
Satzreihe →Satzverbindung
Satzschlusszeichen S. 126a, 139b.
Satzsemantik S. 162a, 164a, 166b, **168**, 169b.
Satztyp S. **168**, 179b.
Satzverbindung S. 160a, 167a, **168**, 186b.
Satzverflechtung S. 163b, **169**, 179b, 181a, 184b.
Satzzeichen →Interpunktion
Schäferdichtung →Hirtendichtung; S. 12a, 24a, 58a.
Schaltsatz →Parenthese
Schauder und Jammer S. 63a, 112b.
Schauspiel S. 9b, **100**, 104a, 111a.
Schauspieler / Schauspielerin S. 25b, 26b, 28a, 31a, 36b, 51a, 67a, 68b, 78b, 91b, 111a, 114b.
Schelmenroman S. 9a, 94b, **100**.
Schiller-Gesellschaft S. 72a.
Schlager S. 48a, **100 f.**, 111a.
Schlagreim S. 21b.
Schlesische Dichterschule S. 28b, 47b, 75b, **101**, 102b.
schlesisches Kunstdrama S.**101a**, 102b.
Schlüsselroman S. **101**.
Schönes/Schönheit S. 15a, 15b, 27b, 38a, 50b, 63b, 64a, 75a, 84a, 97b, **101**, 101, 117a.
Schreiben S. 144a, **169**.
Schreibung S. 134a, 158a.
Schrift S. 23a, 25a, 53a, 81b, 84b, 101b, 118b, **169**, 136b, 137b, 169a, 183b.
Schriftsprache →Standardsprache; S. 80b, 138a, 151b.
Schriftsteller / Schriftstellerin S. 28b, 34a, **101 f**.
Schriftstellerverbände S. 102.
Schuldrama S. 9b, 49b, **102**.

Schundliteratur S. **102**, 113a, 114a.
Schüttelreim S. 11b, **102**.
Schwäbische Schule S. **102**.
Schwank S. 40b, 43a, 100b, **103**.
Schweifreim S. **103**.
Sciencefiction S. 9a, 26a, 90a, 94b, **103**.
Sekundärliteratur S. **103**.
Sekundenstil S. **103**.
Selbstlaut →Vokal
Semantik S. 69b, 127a, 168a, **169**, 184b, 187b, 189a.
semantische Motiviertheit S. **154a/b**.
Semasiologie S. **152a**, 157b, 169b, **169**, 175a.
Semem S. **170**, 169b, 179a.
Semiotik S. **170**, 189a.
Sender S. 144b.
Sendschreiben S. 23b.
Senkung →Hebung/S.
Sentimentalismus →Empfindsamkeit
Serapionsbrüder S. **103**.
Serie S. 46b.
Sezessionsstil S. 61a.
Shakespearebühne S. **24a**.
Shakespeare-Gesellschaft S. 72a.
Shakespearesonett S. **104b**.
Shortstory S. **68b**.
Signalfunktion S. 157b.
Signifikant S. **170**.
Signifikat S. **170**.
Silbe S. 54a, 94a, 115b, 122b, **170**.
Silber/Silbler S. 115b.
Simpliziade S. **100b**.
Simultanbühne S. 49a, 81b, 84b, **103 f.**, 104a, 107b.
Simultantechnik S. 27a, 84b, **104**.
Singspiel S. 26b, 75a, **104**.
Singular S. 144a, **156b**, **170**.
Singularetantum →Numerus; S. **156b**, **170**.
Sinn S. 35b, 40b, 55a, 96b, 109a.
Sinngedicht/Sinnspruch S. 10b, **35a**, 51b.
Situationskontext S. **170**.
Skalde S. 54b, **96b**.
Skene S. 24a.
Sketch S. 61b, **104**.
Skizze S. 61b, 95b, **104**.

204

Skop S. 54b, **96b**.
Skribent S. 101b.
Soap-Opera S. 77a, **104**.
sokratische Ironie/Maieutik S. 60b.
Sondersprache S. 125a, **170**, 171a, 185a.
Sonett S. 49b, 50a, **104f**.
Sonettenkranz S. **105a**.
Song S. 24b, 26b, 61b, **105**, 114b.
sozialer Roman →Gesellschaftsroman
sozialistischer Realismus S. 86a, 93b, **105f**.
Soziolekt S. 142b, 155a, **170f**.
Soziolinguistik S. 137a, 164a, **171**, 175a.
Spannsatz S. **167a, 177b**.
Spannsatzrahmen S. **171**.
Spielmann S. 25a, **96b, 105b**.
Spielmannsdichtung S. 25a, 94b, **105**, 114a/b.
Spielmannsepen S. **105b**.
Spitzenstellung/Erststellung S. **177b**.
Spondeus S. 54b, 86b, **105**, 115a.
Sprachbild S. 20b.
Sprache S. 60a, 75b, 150a, **171**, 174a, 179b, 185a.
Spracherwerb S. 127a, 134a, 164a.
Sprachfähigkeit S. 150a.
Sprachfamilie S. 140b, **171**, 174b.
Sprachfunktion S. **171**.
Sprachgebrauch S. 134a, 150a, 159a, 166b, 171a, 171b, 173b.
Sprachgefühl S. **171**.
Sprachgeschichte S. **171f**., 175a, 179a.
Sprachgesellschaften S. 18b, 28b, **172**.
Sprachgemeinschaft S. 127b, 141b, 155a, 173a, 174a, 176a, 185a.
Sprachgruppe S. 136a, 140b.
Sprachhandlungstyp S. 142a.
Sprachkritik S. 123a, **172**, 173a.
Sprachkultur S. **172**, 173a.
sprachliche Kompetenz S. **145a/146b**.
sprachliches Handeln S. 139b, 145a, 162b, **172**, 173b, 175a, 181a.
sprachliche Zeichen S. **188b**.

Sprachmagie S. 69b.
Sprachmanipulation S. **172**.
Sprachmystik S. 69b.
Sprachnorm S. 158a, 172a, **173**, 173a.
Sprachökonomie S. 156a, 175a.
Sprachpflege S. 172b, **173**.
Sprachphilosophie S. 174a.
Sprachpolitik S. **173**.
Sprachregelung S. 172b, **173**, 173a.
Sprachspiel S. **173f**., 188b.
Sprachsystem S. 137a, 143b, 150a, 159a, 171b, 173b.
Sprachtheorie S. 137b, 141a, **174**, 175a.
Sprachträger S. **174**.
Sprachursprung S. **174**.
Sprachvarietät →Varietät
Sprachverwandtschaft S. 171b, **174**.
Sprachverwendung (auch Sprachgebrauch) S. **171a**, 172b.
Sprachwandel S. 123b, 171b, 172a, **174f**., 179a.
Sprachwissenschaft S. 50a, 87b, 99b, 108a, 128a, 131a, 134b, 136a, 145b, **175**, 181a.
Sprechakt S. 152b, 175a.
Sprechakttheorie S. 139a, 141b, 163a, 171b, 172b, **175**, 181a.
Sprechen S. 144a.
Sprecher/Sprecherin S. 145a.
Sprechereinstellung S. **175**.
Sprechspruch S. 106a.
Sprichwort S. **105f**., 161a.
Spruchdichtung S. 79a, 105b, **106**, 111b.
Stabreim S. **11a**, 54b, 69b, 94a, **106**.
Stammbuch S. 10b, **106**.
Stammessprache S. 136a.
Stammform S. 121a, 147a, **175**, 185b.
Stammvokal S. 121a, **175**.
Standardsprache S. 122b/123a, 135b, 138a, 152a, 155a, 158a, 169a, 171a, 174b, **175f**., 183b, 184a, 185a.
Ständeklausel S. 24a, **66a, 112b**.
Stanze S. **106**, 107b.
Stationendrama S. 104a.
Stegreifspiel S. 26a, 53a, 78b/79a, **106**.
stehende Bühne S. 82a.
Steigerung →Komparation

Stichomythie S. **106**.
Stil S. 14a, 18b, 20a, 24b, 27b, 36a, 38a, 39b, 41b, 52a, 54b, 58a, 61a, 64a, 67a, 84a, 86a, 86b, 91a, 97a, **106f**., 108a, 122b, 125a, 134b, 140b, **176**, 181a.
Stilblüte S. 63a, **107**, 176.
Stilbruch S. 63a, **107**.
Stilebene S. 107a, 125a, **176**, 188a.
Stilelement S. **176**, 182a.
Stile floreale S. 61a.
Stilfärbung S. **176a, 176**.
Stilfigur S. 85b, 123b, 124a, 126a, 128b, 131b, 133a, 138b, 143a, 152b, 153a, 154b, 158b, 159a, 160b, 166a, 176b, **176f**., 179a, 189b.
Stilideal S. 91a.
Stilistik S. 87b, 97a, **107a**, 113a, 137a, 172b, 173a, 175a, **177**.
stilistische Metapher S. 152b.
Stilmittel S. 26a, 54b, 61a, 63a, 84a, 114b, 119a, 123b, 176b.
Stilrichtung S. 41b, 58b, 61a, 87b, 97b.
stimmhaft/stimmlos S. 126b, 148a, 150b, 161a.
Stirnsatz S. **167a, 177b**.
Stoff S. 9b, 17b, 22a, 25a, 26a, 45a, 47b, 54b, 55a, 55b, 56a, 56b, 57a, 57b, 60a, 62b, 76a, 80b, 82a, 88a, 88b, 90a, 92b, 98a, 99b, **107**, 112b, 116a, 118a.
Stoffbezeichnung S. 147b, **177**, 178b.
Stollen S. **16a, 76b**.
Straßentheater S. **107**.
stream of consciousness →Bewusstseinsstrom
Streckform S. 134b.
Streitgespräch S. **28b, 106b**.
Streitschrift S. 85a.
Strophe S. 10b, 15a, 16b, 26b, 30a, 37a, 69a, 70b, 71b, 74a, 76b, 78a, 83a, 84a, 93b, 100a, 101a, 106a, **107**, 110b, 114a.
Strophenform/Strophenmaß S. 32b, 35a, 106b, 107a, 111b.
Strophensprung →Enjambement
Struktur S. 42a, 45b, 60a, 96b, **107f**., 108a, 130a, 135b, 137a, 148a, 166b, 175a, **177**, 177b, 179b, 181a, 182b, 188a.

205

Strukturalismus S. 45b, **108a**, **177b**.
strukturelle Linguistik S. **177**.
Strukturtyp S. 123a, 154b, 159a, 164a, 167a, 167b, 177b, **177**, 186b.
Stückeschreiber S. 28b.
Stummfilm S. 26a.
Sturm und Drang S. 12a, 18a, 30a, 32a, 38b, 42b, 49b, 53b, 64b, 84b, 85a, **108**, 114a.
Subjekt S. 122a, 125b, 126a, 132a, 133b, 139b, 140a, 142b, 143a, 146b, 149a, 149b, 159b, 160a, 162a, 162b, 165b, 166b, 167a, 167b, 168a, **177 f.**, 178a, 183b, 184a, 185b, 187a.
Subjektivität S. 88a.
Subjektprädikativ S. **162a**.
Subjektsatz S. 137a, 139b, **178**.
Subjunktion S. **147a**.
Subordination S. 139a, 147a, 149b, 167a, 167b, **178**.
Substantiv S. 121a, 124b, 125a, 125b, 126a, 129a, 130a, 131a, 134b, 136a, 136b, 140a, 144b, 146a, 147b, 149a, 149b, 156a, 156b, 157a, 162b, 164a, 177a, **178**, 184b, 187a, 187b.
Substantivierung →Nominalisierung
Substitution S. **178**, →Ersatzprobe
Suffix S. 122a, 130a, 130b, 146a, 146b, 166a, **178**, 187a.
Suggestivfrage S. **178**.
Superlativ S. **145a**, **178**.
Surrealismus S. 9b, 17b, 26a, 27a, 32a, 44b, 75b, **108**, 113b.
Symbol S. 11a, 20b, 25a, 31a, 33a, 80b, **108 f.**, 109a, **178 f.**, 189a.
Symbolfunktion S. 158a.
Symbolismus S. 15b, 26a, 27b, 47b, 70a, 83a, 108b, **109**, 109b.
Symposion S. **28b**.
Symptomfunktion S. 157b.
Synästhesie S. 58b, 109b, **109**, **179**.
Synchronie S. 166a, 172a, **179**.
Synekdoche S. 77b, **109**.
Synonym S. 151b, 155b, 169a, **179**, 184a.
Syntagma S. **179**.
Syntax S. 47a, 137a, 175a, **179**.

System S. 107b, 177a, **179**.
Systemnorm S. 163a.
Szene S. 10a, 23a, 28a, 31b, 43b, 49a, 76a, 78b, 104a, **109**.
Szenenwechsel S. 23b.
szenische Dokumentation S. **43b**.
Tableau S. **109 f.**
Tableaux de Paris S. **110a**.
Tagebuch S. **110**, 169a.
Tagebuchroman S. 88a, **110a**.
Tagelied S. **110**.
Takt S. 64b, **110**.
Tanz S. 26b, 31a.
Taschenbuch S. **110**.
Tautologie S. **179**.
Teichoskopie →Mauerschau
Teilsatz S. 155a, 166b, 168b, 169a, 179b.
Teiltext S. **179 f.**, 181a, 181b.
Temporalbestimmung S. 180.
Temporalität S. 133a.
Temporalsatz S. **180**.
Tempus S. 133a, 135a, 138a, 147a, 149a, 155a, 160a, 161b, 163a, 163b, 169a, 175b, **180**, 185a, 186b.
Tendenzdichtung S. 34a, 48a, 86a, 89b, **110**.
Tendenzdrama S. 102b.
Terminologie S. **133a**, **180**.
Terminus S. 128a, **180**.
Tertium Comparationis S. 51b, 114b, 152b.
Terzett S. 74b, 104b.
Terzine S. 107b, **110**.
Tetralogie S. 100a, **110 f.**, 113a.
Text S. 26b, 28a, 30a, 32a, 53a, 55a, 56a, 59a, 60a, 66a, 68a, 71a, 72a, 80a, 96a, **111**, 126b, 131a, 136a, 143b, 145a, 176b, **180 f.**, 180a, 181a, 181b.
Textinhalt/Textbedeutung →Textsemantik
Textkohärenz →Kohärenz
Textkohäsion →Kohäsion
Textkomposition S. 176b, 180a, 180b, **181**, 181b.
Textkritik S. 32a, 53a, 56a, 66b, 71a, 87b, 96a, **111a**.
Textlinguistik S. 175a, **181**, 181a.
Textproduktion S. 143b, 166a, 172b, **181**, 181b.

Textrezeption S. 143b, 166a, 172b, **181**, 181b.
Textsemantik S. 169b, 181a, **181 f.**, 182b.
Textsorte S. **111a**, 124a, 146a, 156a, 172b, 176a, 181a, **182**, 185b.
Textstruktur S. 180b.
Textverflechtung S. 163b, 169a.
Theater S. 9a, 10a, 14a, 15a, 15b, 23a, 23b, 24a, 25a, 26b, 28a, 30b, 31a, 31b, 32a, 35b, 36a, 43b, 46b, 48a, 50a, 51a, 53a, 62b, 68b, 74a, 80a, 82a, 83a, 89b, 90a, 92a, 94a, 95b, 96a, 100a, 100b, 106b, 107a, **111**, 111b, 113a, 110b, 114b, 116a, 117b; →absurdes Theater, →episches Theater.
Theater der Absurden S. 9b.
theatrum mundi S. 117a.
Thema S. 39b, 165b, 180a, 181b, **182**, 183a.
Themaentfaltung S. 180b, **182b**.
These S. 125a.
Tierdichtung S. 19a, 42a, **111**.
Tierepos S. **111a**.
Tiergeschichte S. 26a.
Tischzucht-Literatur S. 52a.
Titel S. 12b, 14b, 34b, 42a, 57a, 73a, 75a, **111**.
Ton S. 76b, **79a**, 106a, **111**.
Tonbeugung S. 77a.
Topik S. **111b**.
Topikkette S. **182 f.**
Topologie →Wortfolge
Topos S. 29b, 33a, 73b, **111**, 115b, 117a.
Toposforschung S. 33a, **111b**.
Totengespräch S. **111 f.**
Tradition S. 47a, 58b, 60a, 72a, 82a, 85a, 90b, 91a, 111b.
Traditionsbruch S. 47b.
Tragikomisches S. 65b.
Tragikomödie S. 65b, **112**.
tragischer Konflikt S. **112a/b**.
Tragisches/Tragik S. 15a, 24b, 65b, 66a, 112a, **112**, 117a.
Tragödie S. 13b, 15a, 24a, 24b, 25b, 31a, 36b, 57a, 63a, 66b, 86b, 87a, 91b, 100a, 112a, **112**.
Traktat S. 23b, 40a, **112**.
Transformation S. 141a, 159b, **183**.

Transformationsgrammatik S. **135b**.
transitives Verb S. 122a, 160a, 161b, **183**, 185a.
Transkription S. **183**.
Transliteration S. **183**.
Trauerspiel →bürgerliches Trauerspiel, →Tragödie
Travestie S. 60b, 61b, 86a, 87a, **112**.
Treatment S. **31b**.
Trilogie S. 100a, **112 f.**
Trivialliteratur S. 26a, 46a, 46b, 54b, 64a, 65a, 89b, 90b, 97b, **113**, 114a, 117b.
Trivium S. **46b**.
trochäisch S. 16b, 113a.
Trochäus S. 16a, 55a, 105b, **113**, 115a.
Trope →Tropus
Tropus S. 20b, 60b, 63a, 73b, 77b, 78a, 97a, 109b, **113**, 177a, **183**.
Troubadourdichtung S. 70b, **79a**.
Truffaldino S. 26b.
Typoskript S. **53a**.

Übersetzung S. 60a, **113**.
Übertragung S. 113b, 152b, 153a.
Über- und Untertreibung S. 58a, 60b, 73b, 113b, 138b.
Umgangssprache S. 11a, 123a, 135b, 138a, 152a, 171a, 174b, 180a, **183 f.**, 185a.
Umlaut S. 130a, 130b, 141a, 151a, **184**.
Umschreibung S. 160b.
Umstandsbestimmung →Adverbialbestimmung
Umstellprobe S. 125b, 132a, 147a, 167b, 177b, **184**, 186b.
Understatement S. **113**.
uneigentliches Sprechen S. 113a.
uneingeleiteter Nebensatz S. **155a**.
ungebundene Rede S. 115a.
Unsinnspoesie S. 69b, 90a, **113**.
Unterbegriff →Hyponym; S. 124b.
Untergrundliteratur S. 18b, 26a, **113**.
Unterhaltung S. 43a, 43b, 44a, 67b.
Unterhaltungsliteratur S. 9a, 65a, 89b, 98a, 113a, **113 f.**

Unterhaltungstheater S. 23a.
Unterordnung →Subordination; S. 126a.
Uraufführung S. **114**.
Urheberrecht S. 17a, 72b.
Urindogermanisch S. 140b.
Utopie S. **114**.
utopischer Roman S. **114a**.
ut pictura poesis S. 69a, 89a, **114**.

Vaganten S. 114a.
Vagantendichtung S. 74b, 105b, **114**.
Valenz S. 129a, 132a, 143a, 151a, 159b, 164a, 166b, 167a, 167b, 168b, **184 f.**, 186b.
Vanitas S. 18b.
Varietät S. 146a, 152a, 171a, 183b, **185**.
Varietee S. 24b.
Vaudeville S. 23a, 26b, **114**.
Verb S. 122a, 122b, 123a, 126a, 126b, 129b, 130a, 130b, 133b, 134b, 135b, 136a, 136b, 138a, 139b, 140a, 141b, 142a, 143a, 146b, 147a, 149b, 151a, 153b, 158b, 159a, 159b, 160a, 160b, 161b, 162a, 163a, 163b, 165a, 165b, 175b, 177b, 180a, 183b, 184b, **185**, 187a.
Verbaladjektiv →Gerundiv(um)
verbales Prädikat S. **162a**.
Verbalstil S. 156b, **185**.
Verbform S. 133b, **185**.
Verfasser S. 17a, 56a, 99b.
Verfremdung S. 36b, 41a, 63b, 76a, 80a, 92a, **114**.
Vergewisserungsfrage S. 117a, **185**.
Vergleich S. 50b, 85a/b, **114 f.**, 145b, 152b, 153b, 160b.
Vergleichsform →Komparation
Vergleichspartikel S. **185 f.**
Verhältniswort →Präposition
Verkleinerungsform →Diminutiv
Verlag S. 59a, 71a, 72b, 99b, **115**.
Verneinung →Negation
Vers S. 10b, 12a, 15a, 21b, 22b, 26b, 54a, 62a, 65a, 74a, 78a, 83a, 85a, 91b, 94a, 97a, 104b, 107b, 110b, **115**, 118a.
Verschlusslaut S. 125b, 126b, 148a, 150b, 151a.

Verschronik S. **25b**.
Versdrama S. 22b, 106b.
Versenkbühne S. **23b**.
Versfuß S. 11b, 12a, 27a, 54a, 61a, 105b, 110b, 113a, **115a**.
Verslehre →Metrik; S. 84a, 91b, 118a.
vers libres S. 47a.
Versmaß →Metrum; S. 10b, 32b, 70b, 78a, 86b, 104b, 115a.
Verspaar S. 26b, 30a, 32a, 51a, 115a.
Verstakt →Takt
Vervielfältigungszahlen S. **156b**.
Verwendungsnorm S. 163b.
visuelle Dichtung S. 44b.
Vita S. 21b, **115**.
Vokal S. 55b, 125b, 129a, 130b, 153b, 154a, 161a, 170b, 184a, **186**.
Volksballade S. 17b.
Volksbuch S. 14b, 17a, 59b, 65a, **115 f.**
Volksbühne S. 46b, **116**.
Volksdichtung S. 45a, 71b, 93b, 99b, 101a, 115b, **116**.
Volksetymologie S. **186**.
Volkskunde S. 45a, 99a.
Volkslied S. 67a, 71b, 74b, 101a, **116a**.
Volksmärchen S. **76a**.
Volksstück S. 26b, 77a, 114b, **116**.
Volkstheater S. 90a, **116b**.
Vollverb S. 138a, 185b, **186**.
Vorausdeutung S. **116**.
Vordersatz S. **186**.
Vorfeld S. 154b, 159a, 164a, **186**.
Vorgangspassiv S. **159b**.
Vormärz S. 20a, 20b, 23b, 44a, 89b, 94b, 95b, 98b, 110b, **116**.
Vorspiel S. 41b.
Vorzeitigkeit S. 161b, 180b, **186**.

Wanderbühne S. 53a, 53b.
Weglassprobe S. 177b, **186**.
weiblicher Reim →Kadenz; S. 94a.
Weihnachtsspiel S. 43b, **49a**.
Weimarer Klassik S. 21b, 36a, **64a**, 98b, 106b, 108a.
weiterführender Nebensatz S. 155b.
Weltchronik S. 25b.

207

Welthilfssprache S. 149b.
weltliches Spiel S. 49a.
Weltliteratur S. 73b, 82a, **116f.**
Welttheater S. 18b, **117**.
Wendepunkt →Peripetie
Werk S. 9b, 16b, 17a, 26a, 28b, 29a, 31b, 32a, 42a, 43b, 45b, 46a, 47b, 48b, 50a, 53a, 56a, 60a, 62b, 64b, 66a, 71b, 72a, 73a, 84b, 88a, 96a, 96b, 101b, **117**, 117a, 117b.
werkästhetisch S. 94b.
werkimmanente Interpretation S. 29a, 60a, **117a**.
Werkkreis Literatur der Arbeitswelt S. 14b, **52b**.
Werkstil S. 106b.
werkübergreifende Interpretation →Interpretation; S. 117a.
Wertigkeit S. 151a.
Wertung S. 13a, 29a, 50b, 64b, 73a, 73b, 101b, 107b, **117**.
Wiederholung S. 12a, 36a, 123b, 128b, 144a, 158b, 160b, 176b, 179b, 183a, 186b.
Wiegendruck S. **59a/b**.
Wiener Volkstheater S. **116a/b**.
Wirkung S. 15b, 63a, **96b**, 97a, 117b, 141b, 144b, 173b, 177a.
Wirkungsabsicht S. 23b, 71a, 107b.
Wirkungsästhetik S. 15a, 36a.
wirkungsästhetisch S. 63b, 96b.
Witz S. 12b, 26b, 43a, 49b, 65b, 85b, 89b, 104a, **117**.
Wortart S. 129a, 133b, 142a, 147a, 154a, 156b, 159a, 163a, **187**, 188a.
Wortartwechsel S. 141a, **187**.
Wortbedeutung S. 127b, 146a.

Wortbildung S. 127b, 130a, 137a, 146a, 149b, 155b, 157a, 162b, 178b, 186a, **187**.
Wortbildungsmorphem →Affix; S. 154a.
Wortfamilie S. 121a, **187**, 188a.
Wortfeld S. 133a, 157b, 166b, **187**, 188a.
Wortfolge S. 167b, **187**.
Wortgruppe S. 126b, 132b, 137a, 157a, 165a, 178a, 186b, **187f.**
Wortklasse →Wortart
Wortkreuzung →Kontamination; S. 173b.
wörtliche Rede S. 130b, 164b.
Wortschatz S. 125a, 133a, 138a, 140b, 151b, 161a, 170b, 171b, 173a, 176b, **188**.
Wortschöpfung S. 187a, **188**.
Wortspiel S. 123b, **188**.
Wortstamm S. 162b, **188**.
Xenie S. 30a, 34b, **117f.**
Zahlwort S. 156b.
Zäsur S. 10b, 86b, 104b, **118**.
Zäsurreim S. 21b.
Zauberspruch S. 74a, **118**.
Zauberstück S. **43a**.
Zeichen S. 25a, 34a, 127a, 162b, 165a, 166b, 170a, 178b, **188f.**
Zeichenform S. 127a.
Zeichenkombination S. 127a.
Zeichenkörper S. 128a.
Zeichenmodell S. 157b, **189**.
Zeichensetzung →Interpunktion
Zeichensystem S. 144a, 149b, 174a.
Zeichentheorie →Semiotik

Zeilensprung →Enjambement
Zeitalter →Epoche
zeitgleiches Erzählen S. 39b.
Zeitkolorit S. 125a.
zeitraffendes Erzählen S. 39b.
Zeitroman S. 35a, 61b, **118**.
Zeitschrift S. 19b, 26a, 42a, 43b, 45b, 59a, 61a, 68b, 72a, 80a, 87a, 89b, 92b, 93a, 96a, 115a, **118**.
Zeitstil S. 106b.
Zeitstück S. 83a.
Zeitstufe S. 163a, 180a.
Zeitung S. 19b, 26a, 43a, 44a, 45b, 59a, 61a, 87a, 92b, 95a, 95b, 96a, 111a, **118**.
Zensur S. 39a, 45a, 59a, 61b, 62a, 92a, 99b, 101a, 105a, 113b, **118**.
Zeugma S. **119**, 177a, **189**.
Zitat S. 48b, **119**.
Zukunftsroman S. 114a.
zusammengesetzter Satz S. 167a, 168b.
Zusammensetzung →Kompositum, →Komposition; S. 128a, 138a, 141a, 187b.
Zusammenziehung S. 124b, 149a, 150a.
Zuschauer/Zuschauerin S. 9b, 10a, 23b, 24b, 28b, 36b, 53b, 62b, 63a, 86b, 114b.
Zustandspassiv S. 159b.
zweite o. althochdeutsche Lautverschiebung S. **150b/151a**.
Zweitstellung S. 126b, **177b**.
Zwischenreim S. **103a**.
Zwischensatz S. **189**.
Zyklus S. 82b, 93a, 99b, 100a, 105a, **119**.